Hartmut Leppin
Theodosius der Große

GESTALTEN DER ANTIKE

Herausgegeben von
MANFRED CLAUSS

Hartmut Leppin

Theodosius der Große

Wissenschaftliche Buchgesellschaft

Gedruckt auf säurefreiem und alterungsbeständigem Papier
Printed in Germany

Besuchen Sie uns im Internet: www.wbg-darmstadt.de

ISBN 3-534-15431-2

Inhalt

Vorwort zur Reihe

„Gestalten der Antike“ – die Biographien dieser Reihe stellen herausragende Frauen und Männer des politischen und kulturellen Lebens jener Epoche vor. Ausschlaggebend für die Auswahl war, dass die Quellenlage es erlaubt, ein individuelles Porträt der jeweiligen Personen zu entwerfen, und sie konzentriert sich daher stärker auf politische Persönlichkeiten. Sie ist gewiss auch subjektiv, und neben den berühmten „großen Gestalten“ stehen interessante Personen der Geschichte, deren Namen uns heute vielleicht weniger vertraut sind, deren Biographien aber alle ihren je spezifischen Reiz haben.

Die Biographien zeichnen spannend, klar und informativ ein allgemein verständliches Bild der jeweiligen „Titelfigur“. Kontroversen der Forschung werden dem Leser nicht vorenthalten. So geben auch Quellenzitate – Gesetzestexte, Inschriften, Äußerungen antiker Geschichtsschreiber, Briefe – dem Leser Einblick in die „Werkstatt“ des Historikers; sie vermitteln zugleich ein facettenreiches Bild der Epoche. Die Darstellungen der Autorinnen und Autoren zeigen die Persönlichkeiten in der Gesellschaft und Kultur ihrer Zeit, die das Leben, die Absichten und Taten der Protagonisten ebenso prägt wie diese selbst die Entwicklungen beeinflussen. Die Lebensbeschreibungen dieser „Gestalten der Antike“ machen Geschichte greifbar.

In chronologischer Reihenfolge werden dies sein:

Hatschepsut (1479–1457), von den vielen bedeutenden Königinnen Ägyptens nicht nur die bekannteste, sondern auch die wichtigste, da sie über zwei Jahrzehnte die Politik Ägyptens bestimmt hat;

Ramses II. (1279–1213), der Pharao der Rekorde, was seine lange Lebenszeit wie die nahezu unzähligen Bauvorhaben betrifft;

der spartanische König ***Agesilaos (398–361)***, sein Engagement in Kleinasien, seine Auseinandersetzungen mit Athen und Theben veränderten nachhaltig das Erscheinungsbild Spartas und ganz Griechenlands;

Alexander (356–323), der große Makedonenkönig, dessen Rolle in der Geschichte bis heute eine ungebrochene Faszination ausübt;

Ptolemaios I. (323–282), unter den zahlreichen Nachfolgern Alexanders der fähigste Politiker und interessanteste Staatsgründer;

Hannibal (247–183), einer der begabtesten Militärs der Antike und Angstgegner der Römer; seine Kriege gegen Rom haben Italien mehr geprägt als manch andere Entwicklung der römischen Republik;

Sulla (138–78), von Caesar als politischer Analphabet beschimpft, weil er die Diktatur freiwillig niederlegte, versuchte, in einem eigenständigen Konzept, den römischen Staat zu stabilisieren;

Cicero (106–43), Philosoph, Redner und Politiker, von dem wir durch die große Zahl der überlieferten Schriften und Briefe mehr wissen als von jeder anderen antiken Persönlichkeit; sein Gegenpart,

Caesar (100–44), ein Machtmensch mit politischem Gespür und einer ungeheuren Energie;

Kleopatra (69–30), Geliebte Caesars und Lebensgefährtin Marc Antons, die bekannteste Frauengestalt der Antike, die vor allem in den Darstellungen ihrer Gegner unsterblich wurde;

Herodes (73 v.–4 n. Chr.), der durch rigorose Anpassung an die hellenistische Umwelt die jüdische Monarchie beinahe in den Dimensionen der Davidszeit wiederherstellte, dem seine Härte jedoch letzten Endes den Ruf des „Kindesmörders" eintrug;

Augustus (43 v.–14 n. Chr.), der mit unbeugsamer Härte, aber auch großem Geschick das vollendete, was Caesar angestrebt hatte; da er den Bürgerkriegen ein Ende setzte, wurde er für die Zeitgenossen zum Friedenskaiser;

Nero (54–68), der in der Erinnerung der Nachwelt als Brandstifter und Muttermörder disqualifiziert war, auch wenn ihn die zeitgenössischen Dichter als Gott auf Erden feierten;

Hadrian (117–138), einer der eigenwilligsten römischen Kaiser, der nach früheren Expansionen das riesige Römische Reich stabilisieren wollte; seine Regierung war durch den Bar-Kochba-Aufstand ebenso geprägt wie durch seine leidenschaftliche Beziehung zu Antinoos;

Marc Aurel (161–180), der so gerne als Philosoph auf dem Thron bezeichnet wird und doch immer wieder ins Feld ziehen musste, als die ersten Wellen der Völkerwanderung das Römische Reich bedrohten;

Septimius Severus (193–211), der erste „Nordafrikaner" auf dem Thron, aufgeschlossen für orientalische Kulte; er förderte die donauländischen Truppen und unterwarf das Reich zahlreichen Veränderungen;

mit ***Diocletian (284–305)*** lässt man die Spätantike beginnen, die sich vor allem durch konsequente Ausübung der absoluten Monarchie auszeichnet;

Konstantin der Große (306–337), der im Zeichen des Christengottes in die Schlacht zog und siegte, hat den Lauf der Geschichte nachhaltig verändert; dem Christentum war nun der Weg zur Staatsreligion vorgezeichnet;

Athanasius (295–373), unter den großen politischen Bischöfen der Spätantike einer der radikalsten und erfolgreichsten in dem Bemühen, den neuen Glauben im und gegen den Staat durchzusetzen;

Julian (361–363), dessen kurze Regierungszeit vieles von seinen Plänen unvollendet ließ und deshalb die Phantasie der Nachwelt anregte;

Theodosius der Große (379–395), von dem man sagt, er habe mit einer rigorosen Gesetzgebung das Christentum zur Staatsreligion erhoben; er bewegte sich mit Geschick durch eine Welt religiöser Streitigkeiten;

Galla Placidia (390–450), seine Tochter, eine jener spätantiken Herrscherinnen, die nicht länger hinter den Kulissen, sondern auf der politischen Bühne agierten;

Anastasius (491–518), der nicht nur den größten Staatsschatz aller römischen Kaiser hinterließ, sondern durch seine Regierungsmaßnahmen wesentlich zur Langlebigkeit des Oströmischen Reiches beitrug;

Theoderich der Große (474–526), der bedeutendste jener „barbarischen" Heerführer, die das Weströmische Reich beendeten,

und schließlich Kaiser ***Justinian (527–565)***, der zusammen mit Theodora die Größe des alten Imperium Romanum wiederherstellen wollte; die Beschreibung seiner Herrschaft kann insofern einen guten (chronologischen) Abschluss bilden.

Mai 2002 Manfred Clauss

Vorwort des Autors

Eine neue Biographie des Theodosius bedarf angesichts der Forschungslage keiner Rechtfertigung. Mein Entschluss, mich an diese Aufgabe zu wagen, geht auf die Anregung meines Frankfurter Kollegen Manfred Clauss zurück, der mein Unternehmen in jeder Beziehung, im Kleinen wie im Großen, und allen inhaltlichen Differenzen zum Trotz gefördert hat. Martina Erdmann hat als Lektorin der Wissenschaftlichen Buchgesellschaft das Manuskript mit einem eindrucksvollen persönlichen Einsatz betreut und zahlreiche Verbesserungsvorschläge beigesteuert, Nicole Strobel in einer schwierigen Situation die Arbeit tatkräftig weitergeführt. Daniel Gejic und Helmut Schubert sind bei der Bildrecherche eine große Hilfe gewesen. Simone Eff, Manuela Keßler und René Meininger haben mir manche Routinearbeiten abgenommen.

Dem Konzept der Reihe gemäß wird Vollständigkeit bei den Literatur- und Quellenangaben nicht angestrebt; auf ausführliche Diskussionen von Einzelproblemen in Anmerkungen wurde, so weit möglich, verzichtet. In den verbliebenen Anmerkungen, die ja dem spezieller Interessierten dienen sollen, habe ich die im Fach üblichen Abkürzungen verwendet.

Einheitlichkeit bei der Wiedergabe griechischer Namensformen anzustreben erscheint mir als Zeitvergeudung. Geistig tätige Persönlichkeiten werden eher mit der griechischen Namensform bezeichnet, politisch tätige mit der lateinischen; in Zweifelsfällen verfahre ich nach Gusto.

Gewidmet ist das Buch meinem Vater, der schon früh meine Liebe zur Geschichte geweckt hat.

Nieder-Erlenbach, Weihnachten 2002 Hartmut Leppin

Prolog

Undurchdringlicher Nebel beherrscht die Po-Ebene während vieler Wintertage. Eine solche Witterung hätte gut zu dem Anlass gepasst, zu dem römische Soldaten, gewöhnliche Bürger und der kaiserliche Hofstaat am 25. Februar 395 in einer Mailänder Kirche zusammenkamen. Der Kaiser war gestorben, Theodosius, dem es soeben erst gelungen war, einen Usurpator niederzuwerfen, der die Herrschaft über das ganze Römische Reich, von der Ostgrenze bis zum Ozean, errungen hatte, jener Theodosius, der seinen letzten Sieg ganz unter das Zeichen des Kreuzes gestellt hatte.[1]

Was wird den Teilnehmern durch den Kopf gegangen sein? Honorius, der zehnjährige Kaisersohn, durfte beim Altar sitzen, eine Auszeichnung für jemanden, der nicht dem Klerus angehörte. Der Junge führte bereits den Titel eines *Augustus* und war zum Kaiser des Westens ausersehen, während sein älterer Bruder Arcadius, der sich in Konstantinopel aufhielt, Kaiser im Osten bleiben sollte. Dachte Honorius an die Verantwortung, die ihm damit zufiel, oder dachte er, während er bei der Rede des Bischofs in Tränen ausbrach, an den Vater, den er verloren hatte? Vielleicht wanderte manch scheuer Blick zu Stilicho, der zur Trauergemeinde gehört haben dürfte, einem Militär germanischer Herkunft, der sich in der römischen Welt souverän zu bewegen wusste. Er war der mächtigste Mann vor Ort, als Gatte der Adoptivtochter des Kaisers und als Vormund des Honorius. Wahrscheinlich waren auch die Consuln des Jahres zugegen, Olybrius und Probinus, zwei Sprösslinge vornehmster, aber machtentwöhnter römischer Familien. Sie verdankten Theodosius ihre Erhebung zu dem hohen Amt. Würden die nächsten Herrscher genauso freundlich mit Senatoren umgehen?

Die Leichenrede hielt, und das war man in diesen Kreisen noch nicht gewohnt, ein Bischof, der berühmte Ambrosius. Er rückte seine eigene Beziehung zu Theodosius ins Zentrum seiner Ansprache und demonstrierte sein rhetorisches Können, indem er aus einem Psalm, der während des Gottesdienstes gelesen worden war, immer wieder die Formel ‚Ich habe geliebt' zitierte: *Ich habe den Mann geliebt, der mitleidig war, demütig in seiner Macht und reinen Herzens … Ich habe den Mann geliebt, der mehr vom Kritiker als vom Schmeichler hielt … Ich habe den Mann geliebt, der am Ende seines Lebens mit letzter Kraft nach mir rufen ließ. Ich habe den Mann geliebt, der noch, als sein Körper schwach wurde, sich mehr um die Lage der Kirche als um seine Bedrängnisse sorgte. Ich habe ihn also geliebt, das gebe ich zu, und deswegen hat mich der Schmerz im tiefsten Inneren getroffen.*[2]

Jedermann unter den Zuhörern wusste: Die Beziehung zwischen Bischof und Kaiser war in Wirklichkeit belastet, zeitweise sogar zerrüttet gewesen; noch wenige Wochen zuvor hatte der Kaiser den Bischof seinen Ärger spüren lassen. Doch Ambrosius gelang es, das Bild eines christlichen, den wahren Glauben unermüdlich fördernden, im Einvernehmen mit den wahrhaftigen Bischöfen, allen voran mit ihm selbst, regierenden Kaisers zu verbreiten. Der Weg, den Ambrosius bahnte, führte dazu, dass die Kirche bald in dem Verstorbenen Theodosius den Großen erblickte.

Doch hat er den Namen wirklich verdient? Bei näherem Zusehen zeigen sich in seinem Leben Schwächen und Defizite. Er hat oft persönlich versagt und dann doch noch Glück gehabt. Sein Glaube war ernst, doch sein Machtbewusstsein stärker, oft scheint er die Kirche für seine Interessen genutzt zu haben. Jedenfalls ergibt sich dieses Bild des Kaisers aus dem, was im Folgenden erzählt werden soll.

I. Einführung: Ein Reich der Vielfalt

Das Römische Reich war ein Reich der langen Grenzen.[1] Vom Euphrat bis zum Atlantik, von Britannien bis zur Sahara erstreckte es sich um die Mitte des 4. Jahrhunderts, und dieser gewaltige Raum schien bemerkenswert einheitlich organisiert. Überall galt römisches Recht. Überall wirkte eine vom Lateinischen geprägte Verwaltung. Überall prunkten die Beamten mit denselben klangvollen Titeln. Überall zirkulierten ganz ähnliche Münzen. Wer von einer Stadt in die andere zog, und mochte er auch Tausende von Kilometern überwinden, konnte sich in der neuen Umgebung rasch zurechtfinden, so musste es jedenfalls scheinen.

Doch der Eindruck von Uniformität trügt. Die ethnische Vielfalt des Mittelmeerraums hatte sich im Römischen Reich nicht nivelliert, selbst Jahrhunderte römischer Herrschaft hatten die regionalen Eigenheiten nicht völlig beseitigt, mancherorts entstanden gar neue Regionalismen. Viele Sprachen wurden in diesem Reich gesprochen, und gerade in der Spätantike erwachten manche, wie etwa das Syrische, zu einem neuen Leben; die Bedeutung des Griechischen im Osten wuchs, die des Lateinischen nahm langsam ab. Die Lebensformen waren sehr verschieden, die Mentalitäten gingen auseinander.[2] Die einen Städte strotzten vor Reichtum, so etwa das syrische (heute türkische) Antiochia (Antakya), das sich eine nächtliche Straßenbeleuchtung leisten konnte, oder Trier mit seinen kaiserlichen Prachtbauten (Abb. 1), andere waren völlig verarmt und konnten ihren Bürgern weder Bäder noch Spiele bieten.

Auch die Nähe zur Grenze bestimmte die Lebensverhältnisse. Im Reichsinnern, in Italien zum Beispiel oder in Spanien, brauchte man Vorstöße fremder Völker nicht mehr – oder sollte man schon sagen: noch nicht – zu fürchten. In den Grenzprovinzen, zumal den westlichen, hingegen musste man damit rechnen, das Opfer derartiger Angriffe zu werden. Die Einfälle zielten zwar nicht darauf, das Reich zu zerstören oder Teile von ihm abzutrennen, doch waren sie für die Einheimischen bedrückend und oft lebensbedrohlich. Ob am Rhein oder an der Donau, ob in Ägypten oder im sonstigen römischen Afrika: die Grenzen waren nicht verlässlich geschützt. Immer mehr, immer weiter im Binnenland gelegene Städte wurden mit Mauern umgeben, auch Gutshöfe erhielten eigene Verteidigungsanlagen.

An den meisten Grenzen hatten die Römer es mit Stämmen oder besser: Stammesverbänden zu tun, die sich oft aus verschiedenen Ethnien zusammensetzten, von den Römern aber mit einem Namen wie Goten oder Mauren belegt wurden. Diese Gruppen waren bisweilen nur von kurzer

Abb. 1: Das spätantike Trier in der zeichnerischen (teils hypothetischen) Rekonstruktion.

Lebensdauer, zumeist aber von höchster Durchschlagskraft, da ihre Angehörigen von Kriegen und Plünderungszügen lebten. Am Euphrat hingegen stand das römische Heer einem anderen wohl organisierten Großreich mit einer regulären Armee gegenüber, dem Perserreich, das im Kriegsfall ein gewaltiges Potential entfalten konnte, das aber nach Friedensschlüssen gewöhnlich verlässlich still hielt. Fortwährend waren römische Truppen somit an den verschiedenen Grenzen in kleinere oder größere Kämpfe verstrickt, die an den Kräften zehrten, obschon die Römer zumeist siegreich blieben, wenn es zu einer größeren militärischen Konfrontation kam.

Die Grenzsicherung bildete indessen die Hauptaufgabe des römischen Militärs; an Expansion war nicht ernsthaft zu denken.[3] Während die fremden Völker aus scheinbar unerschöpflichen Bevölkerungsreservoiren Zu-

strom von Menschen erhielten, war die Bereitschaft von Reichsbewohnern, in der Armee zu dienen, generell begrenzt. Durch allerhand Zwangsmaßnahmen – die Söhne von Veteranen sollten wieder Soldaten werden, die Großgrundbesitzer sollten aus ihren Bauern Soldaten stellen und vieles mehr – versuchte die Verwaltung, mehr Römer zu rekrutieren, mit mäßigem Erfolg. Am ehesten konnte man noch in den bedrohten Grenzprovinzen junge Männer zum Militärdienst motivieren, doch diese Soldaten waren oft nicht willens, weiter entfernt Dienst zu tun. Sie bildeten zunehmend eine Art von Bauernmiliz mit starker regionaler Verwurzelung (*limitanei*). Das Heer, das aufgrund seiner Mobilität einst die Klammer des Reiches gebildet hatte, verstärkte jetzt die Tendenz zur Regionalisierung. Immerhin gab es noch andere Einheiten: so ein Bewegungsheer (*co-*

mitatenses) von Elitesoldaten, dessen Verbände zu den schwersten Kriegsschauplätzen eilten und oft dem Kaiser eng verbunden waren, ferner eine Palastgarde, die organisatorisch von den übrigen Truppe getrennt war und stets in der Nähe des Herrschers blieb.

Der Unterhalt der Soldaten, die hohe Zahlungen fordern konnten, belastete die Staatskassen schwer. Auf ihn verwendeten die Kaiser einen Großteil ihrer Einnahmen. Denn ohne die Armee waren sie nichts. Der hohe Wert der Armee führte zu einem Verhalten, das leicht als Friedfertigkeit oder Feigheit missverstanden werden kann. Nur selten ließen die Römer sich auf Schlachten ein, bei denen ja auch im Falle eines Sieges wertvolle Kräfte verloren gehen konnten; oft zogen sie in vernünftiger Berechnung Verhandlungen vor.

Viele und immer mehr Angehörige des Heeres waren nichtrömischer Herkunft, vor allem germanische Stämme stellten eine große Zahl von Soldaten für Rom. Die Bedeutung dieses Faktors sollte man nicht dramatisieren; der gern benutzte Begriff ‚Barbarisierung des Heeres' vermittelt einen schiefen Eindruck. Denn die Auseinandersetzungen zwischen Germanen und Römern waren kein Krieg zwischen dem Römischen Reich und einer germanischen Nation. Vielmehr verfolgten die Germanen jeweils ihr eigenes Interesse, das gewöhnlich darin bestand, an die Fleischtöpfe des Römischen Reiches zu gelangen, und ob sie dahin auf Plünderungszügen kamen oder als reguläre römische Militärs, war letztlich gleich.

Die Germanen, die in römische Dienste traten, mussten sich normalerweise an die römische Ausrüstung und Kommandostruktur, nicht zuletzt an die Befehlssprache Latein gewöhnen. Zwar war ihnen die Ehe mit Römerinnen gewöhnlich verwehrt, doch scheinen sie sich nicht als einen Fremdkörper empfunden zu haben. Manch einer gerade aus der germanischen Elite integrierte sich auch sozial und kulturell. So korrespondierte Libanios, der als Rhetoriklehrer in Antiochia die Ideale klassischer Bildung hochhielt und ein höchst komplexes Griechisch schrieb, mit einem akkulturierten Germanen wie dem Heermeister Hellebich. Heiratsverbindungen banden einzelne Germanen an das Kaisergeschlecht. Erst als die germanischen Einheiten ihre spezifischen Kommandostrukturen erhielten und sich verselbständigten, wurden sie zu einer Gefahr für das Reich.

Die militärische Rangordnung war fein ausdifferenziert, von niederen Offiziersstellen über das Militärkommando in einzelnen Provinzen bis hinauf zum Heermeister (*magister militum*). Es gab den *magister peditum*, zuständig für die Fußtruppen, und den *magister equitum*, zuständig für die Reiterei, wobei diese Titel oftmals einen eher formalen Charakter hatten und verschiedene Truppengattungen unter einem Kommandeur standen, sodass der Titel *magister utriusque militiae*, Heermeister beider Truppengattungen, oder einfach *magister militum* immer gebräuchlicher wurde.

Diese befehligten in der Zeit des Theodosius entweder einen Amtssprengel im Umfang mehrerer Provinzen oder konnten in unmittelbarer Nähe des Kaisers nachgerade die Rolle eines Oberkommandierenden einnehmen. Regelmäßig gab es im Reich deutlich mehr als zwei Amtsträger, wodurch der Übermacht Einzelner zumindest entgegengewirkt wurde.

So streng die militärische Hierarchie war, sie bot zahlreiche Aufstiegsmöglichkeiten, nach der Anciennität ebenso wie nach dem Leistungsprinzip. Viele Fremdstämmige vermochten bis in den höchsten Rang aufzurücken, von dem Heermeister Hellebich war schon die Rede. Dies zeigt die Integrationsbereitschaft auf beiden Seiten. Für traditionsbewusste Römer war die bedeutende Rolle von Germanen ein Graus, für den Schutz des Reiches ein Segen. Allerdings besaßen die Fremdstämmigen keineswegs ein Monopol auf militärische Leistungsfähigkeit. Auch Römer gelangten im Heer zu Macht und Ansehen und konnten ihre niedere Herkunft kompensieren: Die Familie des Theodosius bildet dafür ein Beispiel.

Neben der ethnisch gemischten militärischen Elite des Reiches gab es, deutlich von ihr getrennt, eine zivile, administrative, die sich allein aus Römern zusammensetzte und deren Hierarchie ebenfalls fein verästelt war.[4] Die unterste Verwaltungsebene bildeten die Städte, die anders als im Mittelalter vom Umland rechtlich nicht getrennt waren, darüber lag die Ebene der Provinzen, die ihrerseits wieder übergeordnete Einheiten bildeten, darüber stand der kaiserliche Hof oder besser: standen die kaiserlichen Höfe. Es gab in der Regel mehrere Kaiser nebeneinander, die in unterschiedlichen Städten – etwa Trier, Mailand, Sirmium, Konstantinopel oder Antiochia – residierten.

Die Verwaltung der Spätantike bemühte sich mit – im Vergleich zur Moderne – wenigen Mitarbeitern und mit oft sehr schlichten Mitteln, den Missständen zu wehren, die man wahrnahm; dabei ergriffen die oberen Instanzen des Reiches selten die Initiative, sondern reagierten in der Regel auf Anfragen von Beamten. Die formellen Antworten, die uns in verschiedenen Sammlungen überliefert sind, gelten als Gesetze.[5] Eines der zentralen Probleme, die hier behandelt wurden, bildeten die Steuereintreibung und die Versorgung der Bevölkerung mit Lebensmitteln. Die verschiedenen Glieder der Versorgungskette – Bauern bzw. Pächter (*coloni*), Müllerbäcker (*pistores*) und Reeder (*navicularii*) – versuchte die Administration an ihre Aufgaben zu binden. Die Bauern waren zwar inzwischen überwiegend frei und die Sklavenarbeit auf dem Lande weit zurückgegangen; doch immer mehr von ihnen wurden mitsamt Familien an ihren Boden gebunden, sodass sie nicht mehr entscheiden durften, wo sie tätig werden wollten. Viele traten dennoch die Flucht von ihren Äckern an. Oft hört man von *agri deserti*, verlassenem Land, aber es gab nach wie vor blühende Landschaften mit einer selbstbewussten Landbevölkerung.

Vergleichbares wie für die *coloni* galt für die Müllerbäcker, die ihre Tätigkeit nicht wechseln durften und den Beruf an ihre Söhne, möglichst sogar an die Schwiegersöhne, weiterzugeben hatten, und die Reeder, die ihr risikobehaftetes – aber potentiell profitables – Geschäft ebenso wenig aufgeben durften. Die Bedeutung dieser Bestimmungen für das Alltagsleben sollte man nicht überschätzen: Immer wieder wurden sie neu eingeschärft, was einerseits bedeutet, dass die Verwaltung sie für wichtig hielt, andererseits, dass sie nicht durchsetzbar waren. Schon deswegen ist es unangemessen, von einem spätantiken Zwangsstaat zu sprechen.[6]

In den Städten führten die Ratsherren, die man als Dekurionen oder Kurialen bezeichnet, die Geschäfte. Ihre Hauptlast bestand darin, für das Steueraufkommen ihrer Stadt und des zugehörigen Landes geradestehen zu müssen. Wenn sie bei den übrigen Steuerpflichtigen nicht genügend Abgaben eintreiben konnten, hielt die Reichsverwaltung sich an ihnen schadlos. Es gab reiche Städte, deren Ratsherren ohne weiteres mit diesem Verfahren zurechtkamen, doch auch arme Städte, deren Dekurionen alles daransetzten, sich diesen Belastungen zu entziehen. In unzähligen Gesetzen waren die Kaiser bemüht, mit Lockmitteln und Drohungen die Ratsherren, die sozial inhomogen waren, an ihre Aufgaben zu binden, doch bei immer geringerem Erfolg. Die Zugehörigkeit zum städtischen Rat, einst eine hohe Auszeichnung, war für viele jetzt eine schwere Bürde.

Weitaus attraktiver war der Dienst in der Reichsverwaltung. Hier konnte man Macht erwerben und hohe, reguläre wie irreguläre Einkünfte erzielen. Wie beim Militär, so spielte hier die persönliche Leistungsfähigkeit eine gewichtige Rolle für das individuelle Fortkommen. Das Studium des Rechts oder der Rhetorik, zumal der lateinischen, war das, was ehrgeizigen jungen Männern weiterhalf; daneben wirkten Protektion und Herkunft. Der Weg nach oben erfolgte, auch darin ist das Heerwesen vergleichbar, über viele Stufen, deren jeweiliges Rangverhältnis in Gesetzen genauestens festgelegt wurde. Die Gunst des Kaisers indes konnte die Karriere rasant beschleunigen und seine Ungunst sie jäh beenden. Valentinian I. (364–375) etwa genoss den Ruf, Aufsteiger zu begünstigen, besonders wenn sie aus seiner pannonischen Heimat kamen, zum Verdruss der etablierten Senatoren.

Der Handlungsspielraum der Provinzstatthalter war gewöhnlich nicht weit. Zum einen dauerte ihre Amtszeit nur etwa ein Jahr, sodass sie keine wirkliche Ortskenntnis gewinnen konnten; zum anderen hatten die zivilen Statthalter in vielen Provinzen Militärkommandeure neben, faktisch oft über sich. Über allen Provinzstatthaltern standen die Vikare, die anscheinend vornehmlich den Prätorianerpräfekten bei der Appellationsgerichtsbarkeit entlasteten. Eine Sonderstellung besaß im syrischen Bereich der *comes Orientis*, der offenbar eine Stellung ähnlich den Vikaren einnahm, ihnen aber dem Rang nach übergeordnet war.

Die Spitze der Verwaltung bildete der Prätorianerpräfekt. Der Titel hatte früher den Kommandeur der Garde Roms bezeichnet, jetzt war sein Träger aller militärischen Befehlsfunktionen entbunden, hatte aber die Versorgung der Armee zu gewährleisten und somit auch die eigentlich in Naturalien zu liefernde Grundsteuer zu überwachen. Vor allem wirkte er als der oberste Richter. Dieses Amt gewährte tatsächlich Macht. Allerdings gab es zeitgleich gewöhnlich drei oder vier, bisweilen noch mehr Prätorianerpräfekten, die für jeweils einen größeren geographischen Raum – etwa Vorderasien und Ägypten oder Illyricum, Italien und Africa – zuständig waren.

Noch andere Hofämter vermittelten Einfluss. Der *magister officiorum* leitete die Verwaltung des Hofes und regelte den Kontakt mit Gesandtschaften. Zudem gebot er über die Palastwache und gewann unter Theodosius die Aufsicht über die Waffenfabriken. Die staatlichen Einnahmen, soweit sie in Form von Geld abgeführt wurden, verwaltete der *comes sacrarum largitionum*; der *comes rerum privatarum* kontrollierte das kaiserliche Krongut. Schließlich ist unter den Hofbeamten noch der *quaestor sacri palatii* zu nennen, der nichts mehr mit dem republikanischen Magistrat zu tun hatte, sondern mit der Ausfertigung kaiserlicher Gesetze betraut war und dabei anscheinend so viel Spielraum besaß, dass manche Forscher den individuellen Stil einzelner Quästoren in den Gesetzen zu erkennen meinen; wie weit das Auswirkungen auf die Gesetzesmaterie hatte, steht dahin.[7]

Doch nicht allein die formellen Zuständigkeiten der Amtsträger darf man sehen. Wichtig ist darüber hinaus ihre persönliche Nähe zum Kaiser. Sie konnten unmittelbar auf ihn einwirken und dadurch die Dinge so lenken, wie es ihnen gut schien. In der Nähe des Kaisers bewegten sich auch ganz andere Personen, etwa ihre Frauen oder die Eunuchen. Deren Einfluss galt in traditionalistischen Milieus als illegitim, gewann aber weithin Akzeptanz, etwa wenn Kaisergattinnen als Fürsprecherinnen der Schwachen auftraten. Die Stellung der Eunuchen wurde gar im Amt des *praepositus sacri cubiculi*, des Oberkammerherrn, formalisiert. Weitaus wichtiger und wirklich neu war, dass im 4. Jahrhundert bestimmte Bischöfe einen persönlichen Einfluss auf den Herrscher erlangten – ein Einfluss, der ihren religiösen Gegnern natürlich nicht behagte.

Inhaber von Hofämtern waren oft verhältnismäßig niedriger, etwa kurialer Herkunft und bekleideten automatisch den senatorischen Rang; auch andere erfolgreiche Staatsdiener konnten in diesen Stand erhoben werden. Dies verstärkte die ohnehin gegebene Inhomogenität der Senatorenschaft, zu der neben Angehörigen der großen alten Familien eben solche Aufsteiger standen. Zwar gab es noch die berühmtesten der alten republikanischen Ämter wie Prätur und Consulat, aber sie hatten ihre einstigen Befugnisse verloren und besaßen vornehmlich eine zeremonielle Funktion; vergeben wurden sie vom Kaiser, nicht von den Standesgenossen. Weitaus bedeutender war inzwischen die Stadtpräfektur zumal in Rom, welche die Alltagsgeschäfte in der Stadt verwaltete. Als politisches Gremium hatte der Senat schon lange ausgedient, und nur eine Minderheit von Senatoren pflegte an Senatssitzungen teilzunehmen. Der alte Senat von Rom versammelte sich zwar an würdiger Stätte, doch weit entfernt von den Zentren der Macht; nur selten suchte noch ein Kaiser die alte Hauptstadt auf. Immerhin gehörte es für die Herrscher zum guten Ton, den Senat über kaiserliche Beschlüsse zu unterrichten. Mithilfe von Sendschreiben und Gesandtschaften mochte dieser zudem den Kaiser zu beeinflussen suchen, doch durchsetzen konnte er sich nur selten. Der neue Senat von Konstantinopel war dem Kaiser räumlich näher. Er durfte sich häufiger kaiserliche Verlautbarungen anhören und in den unterschiedlichen Graden des Jubels die Intensität seiner unvermeidlichen Zustimmung zum Ausdruck bringen. Als Gremium verfügte er über keine Macht.

Obwohl nur wenige Senatoren über Einfluss am Hof verfügten, gehörten sie alle zur sozialen Elite des Reiches. Sie zeichneten sich durch Wohlhabenheit aus und oft durch weitreichende Kontakte in die Provinzen, wo manch ein Senator über gewaltige Macht verfügte und den kaiserlichen Statthaltern durchaus Paroli bieten konnte; zugleich verklammerten sie als Personen die Provinzen mit den politischen Zentren.

Die Senate von Konstantinopel und Rom unterschieden sich nicht allein in Hinblick auf die Nähe zum Kaiser, sondern auch in ihrer Zusammensetzung. Die stadtrömischen Senatoren behaupteten mit Erfolg und meist zu Unrecht, sie wären Nachkommen der großen Geschlechter der römischen Republik. Aufsteiger hatten es hier schwer, und der alte Glaube hielt sich lange dort, obgleich zur Zeit des Theodosius die Christen wohl bereits überwogen.[8] In Konstantinopel war der soziale Aufstieg tendenziell leichter als im Westen, da die senatorische Elite sich hier auf keine uralten Traditionen berufen konnte: Der östliche Senat war erst unter Konstantin dem Großen (306–337) begründet und von seinem Sohn Constantius II. (337–361) mit dem stadtrömischen Senat fast gleichgestellt worden. Viele Mitglieder waren durch Dienste am Kaiser in dieses Gremium aufgenommen worden; ihre Geschlechter waren somit vergleichsweise jung.

An der Spitze stand der Kaiser mit seinem Hof.[9] Der Herrscher war durch ein prunkvolles, respektheischendes Hofzeremoniell aus der übrigen Bevölkerung herausgehoben. Er besaß überdies eine überragende Macht und konnte über Leben und Tod seiner Untertanen entscheiden. Viele Kaiser ließen das gerade die Angehörigen der Elite stets spüren;

auch hierfür galt Valentinian I. als Beispiel, dessen Grausamkeit gegenüber Senatoren allenthalben gefürchtet war. Der Monarch selbst musste durchaus nicht hoher Herkunft sein. Noch der Vater Valentinians war vom Bauern zu einem hohen Offiziersamt aufgerückt; der Sohn bestieg den kaiserlichen Thron, nachdem er zuvor lediglich einen höheren Offiziersposten bekleidet hatte. Hierin zeigt sich erneut die bemerkenswerte Mobilität dieser Gesellschaft.

So mächtig der Kaiser war, überschätzen sollte man seinen Handlungsspielraum nicht. Er musste darauf achten, Akzeptanz bei den Eliten, namentlich den Militärs, und bei der Bevölkerung zu gewinnen und zu wahren. Unter der breiten Bevölkerung waren die städtischen Massen gefährlicher, da sie zu Unruhen neigten und dann gleich Regierungsgebäude bedrohen konnten. Die ländliche Bevölkerung hingegen wurde überwiegend in drückender Abhängigkeit gehalten und besaß weder den Spielraum noch die Organisationsmöglichkeiten, um aufzubegehren.

Im Hippodrom, dem Ort der Wagenrennen, fokussierte sich das politische Leben der städtischen Bevölkerung. Indem der Kaiser Spiele veranstaltete, bewies er dem Volk seine Großzügigkeit; außerdem ergab sich hier eine der wenigen Anlässe, bei denen es den Kaiser zu Gesicht bekam. Der Hippodrom Konstantinopels war mit dem Palast direkt verbunden; von dort aus konnten der Kaiser und sein Hof auf eine Tribüne treten, aus der man die Rennen verfolgte. Indem das Volk ihm dankend applaudierte und zugleich gemeinsam mit ihm die Rennen verfolgte, vereinte sich der Kaiser mit seinen Untertanen. Andererseits konnten die Auftritte im Hippodrom eine Gelegenheit sein, bei der man Widerspruch äußerte. Oft tadelte das Volk in Sprechchören das Verhalten des Herrschers: Insofern dienten die Auftritte dort als Stimmungsbarometer. Der Monarch hatte dabei die Chance, sich seine Beliebtheit bestätigen zu lassen oder strittige Maßnahmen zu korrigieren.

Die Akzeptanz des Kaisers bei den Eliten wurde ferner dadurch verstärkt, dass der Kaiser, sofern er sich normgemäß verhielt, seine Entscheidungen nicht einsam traf, sondern mit seinem Rat, dem *sacrum consistorium*, besprach. Dem *consistorium* gehörten die hohen Hofbeamte und die *magistri militum praesentales* an, aber auch andere hoch gestellte Persönlichkeiten, die der Kaiser berief. Manchmal ist von der Teilnahme der kaiserlichen Frauen oder der Eunuchen die Rede, das aber war verpönt. Gewiss war der Kaiser keineswegs an die Meinungen seines Rats gebunden; nichts und niemand konnte verhindern, dass er sich selbst dann darüber hinwegsetzte, wenn alle anderen einer Meinung waren. Aber der Kaiser durfte den Bogen nicht überspannen, wenn er die Loyalität seiner Umgebung wahren wollte.

Noch schwieriger war es für den Kaiser, in dem weiträumigen Reich eine Kontrolle auszuüben. Er war vornehmlich durch seine Präsenz mächtig. Doch da, wo er nicht war, in den vielen fernen Provinzen, an den langen Grenzen, musste er darauf setzen, dass loyale Beamte, Militärs oder Bischöfe seine Sache vertraten. Erneut ist die wiederholte Einschärfung bestimmter Gesetze ein Indiz der Schwäche der Zentrale. Wenn zudem Beamte ermahnt werden mussten, die Bestimmungen durchzusetzen oder sich auch nur selbst daran zu halten, zeigt sich, welche Schwierigkeiten dem kaiserlichen Machtanspruch entgegenstanden.

Das ist einer der Gründe für die Teilung der kaiserlichen Macht in der Spätantike. Entweder herrschten mehrere Kaiser (*Augusti*) nebeneinander, unter denen der Dienstältere als *senior Augustus* einen gewissen zeremoniellen Vorrang besaß, oder ein Augustus berief so genannte *Caesares*, die ihm klar unterstanden, in ihrem Machtbereich aber die kaiserliche Gewalt repräsentierten. Waren mehrere Brüder vorhanden, so konnte die Herrschaft unter ihnen geteilt werden: Kaiser Valentinian I. (364–375), der zunächst Alleinherrscher gewesen war, hatte alsbald, offenbar auf Druck seiner Umgebung, seinen Bruder Valens (364–378) zum Mitherrscher erhoben. Valentinian übernahm den Westen des Reiches, Valens den Osten.

Auch wenn in diesem Falle die Berater, die Soldaten und der Hofstaat formell getrennt wurden, darf man die Bedeutung derartiger Reichsteilungen nicht überschätzen. Sie waren nicht auf Dauer angelegt, sondern orientierten sich an jeweiligen persönlichen Konstellationen. Nach dem Tode Konstantins etwa erlebte das Reich eine Dreiteilung. Aufgegeben wurde der Gedanke der Reichseinheit jedoch niemals. Die Gesetze etwa erließen formell alle Kaiser gemeinsam, obgleich sie normalerweise lediglich von einem Kaiser verantwortet wurden und nur in einem Teil des Reiches angewandt wurden. Dass die Teilung in ein West- und ein Ostreich sich im 5. Jahrhundert verfestigen würde, war für die Zeitgenossen nicht abzusehen.

Die Schwäche kaiserlicher Gewalt in den Regionen erweist sich ebenso an der großen Zahl von Usurpationen, die immer wieder das Imperium erschütterten. Die Reichseinheit mochte dabei für eine gewisse Zeit aufgehoben werden, doch niemand stellte sie grundsätzlich in Frage. Die Usurpatoren strebten gewöhnlich danach, sich mit dem verbleibenden Herrscher zu arrangieren. Ein eigenes Reich rief keiner der Usurpatoren aus – die in ihrem eigenen Verständnis natürlich legitime *Augusti* waren.

Seit Konstantin dem Großen bekannten sich alle Herrscher mit Ausnahme Julians (361–363) zum christlichen Glauben zumindest in dem Sinne, dass sie im Christengott ihren machtvollsten Beschützer erblickten. Neben der militärischen und der administrativen gewann im 4. Jahrhundert daher eine dritte Elite an Bedeutung, der Klerus, der ähnlich wie die Verwaltungsangehörigen auf verschiedenen Ebenen agierte. Jede ernst zu nehmende Stadt besaß einen Bischof.[10] Seine Macht war durchaus von dieser Welt, denn er war das Oberhaupt der Kirchen seiner Stadt, die mittlerweile als Empfängerinnen von Geschenken und als Erbinnen sehr reich sein konnten und durch milde Gaben die breite Masse der Bevölkerung an sich zu binden wussten. In den Gottesdiensten, bei denen üblicherweise allein dem Bischof zu predigen erlaubt war, hatte dieser Gelegenheit, seine Meinung über weltliche Angelegenheiten kundzutun, oft in einer Atmosphäre, die durch Kirchengesang und geheimnisvolle Zeremonien emotional aufgeladen war. Zudem vermochte der Bischof durch persönliche Kontakte mit den Honoratioren der Stadt und mit Angehörigen der Reichsverwaltung oder des Militärs, selbst mit dem Kaiser, seinen Einfluss geltend zu machen. Gegenüber den Angehörigen der Reichsverwaltung besaß der Bischof einen entscheidenden Vorteil: Er war sein Leben lang vor Ort, kannte die Verhältnisse ausgezeichnet und wusste, mit wem man über was zu reden hatte. In vielen Auseinandersetzungen erwies sich der Bischof daher dem Vertreter der weltlichen Macht überlegen, zumal es in den Städten kaum polizeiliche oder militärische Einheiten gab, mit denen Beamte ihren Wünschen hätten Nachdruck verleihen können.

Der Machtgewinn der Bischöfe geht mit einem Wandel ihrer sozialen Herkunft einher. Zunächst stammten sie typischerweise aus den kurialen Familien: Wer von ihnen zum Bischofsamt gelangte, war in jedem Fall mächtiger als seine früheren Standesgenossen – und brauchte zudem keine Steuern zu zahlen. Im letzten Drittel des 4. Jahrhunderts ließen sich indes zunehmend Senatoren zu Bischöfen wählen, beginnend mit Ambrosius (seit 374 Bischof von Mailand). Bischöfe mit diesem Hintergrund wussten das Potential des Amtes besonders gut zu nutzen, wodurch das Bischofsamt weiter an Macht gewann. Zunehmend ersetzen die Bischöfe als Patrone und Förderer ihrer Städte die alten lokalen Eliten.

Doch nicht jedem war die neue Macht der Kirche geheuer. Entschiedene Christen zogen sich aus dem weltlichen Leben zurück, um als Asketen in der Wüste oder in den Bergen ein Leben der Hingabe an Gott zu führen. Oft erlegten sich diese Männer und in geringerer Zahl Frauen schwere Aufgaben auf, indem sie etwa lange fasteten, Eisenketten mit sich herumtrugen, konsequent schwiegen oder andere schwere Einschränkungen auf sich nahmen. Gerade die Lösung aus der Welt verhalf ihnen indes zu Ansehen und Macht, nicht allein, weil man ihnen die Kraft zuschrieb, Wunder zu wirken, sondern auch weil die Aura der Heiligkeit ihnen erlaubte, mit größter Unabhängigkeit zu reden. So konnten diese Männer, die oft niedrigster Herkunft waren und bisweilen keinerlei Bildung genossen hatten, zu Beschützern der Schwachen und zu Gesprächspartnern der Angehörigen der Eliten werden – noch ein eindringliches Zeichen für die soziale Mobilität in dieser Epoche. Die Bischöfe sahen die schwer kontrollierbaren Mönche nicht nur mit Wohlgefallen, weil sie ein Charisma eigenen Rechts besaßen und durch ihre schiere Präsenz das Ansehen der Kleriker erheblich schmälern konnten.[11]

Eingeschränkt wurde die Macht der Bischöfe und der Kirche überdies dadurch, dass die Bevölkerung des Römischen Reiches in religiöser Hinsicht weiterhin bunt gemischt war. An vielen Orten lebten zahlreiche Anhänger der alten Kulte und blieben einflussreich, da sie viele Angehörige der Eliten zu binden vermochten. Die verschiedenen Kulte wurden von den Christen allesamt als heidnisch betrachtet, waren ihrerseits jedoch sehr vielfältig: Neben den schlichten bäuerlichen Kulten gab es ausgefeilte philosophische Systeme, neben den altrömischen Göttern Mysterienkulte wie die für Mithras oder Isis. Die einen liebten die blutigen Opfer, den anderen genügte die einsame Kontemplation, und diese Unterscheidungen ließen sich beliebig vermehren. Zwar entwickelte sich unter den Heiden zunehmend ein Gefühl der Zusammengehörigkeit, aber eine geschlossene heidnische Front, die sich gegen das Christentum zur Wehr setzte, entstand keineswegs.[12]

Die jüdische Religion, die im ganzen Römischen Reich überwiegend griechischsprachige Anhänger besaß, genoss eine Sonderstellung, welche die römische Verwaltung grundsätzlich respektierte. Die Juden hatten teils eine eigene Gerichtsbarkeit und leisteten spezifische Abgaben; mit ihrem Patriarchen stand der kaiserlichen Verwaltung ein Ansprechpartner zur Verfügung, der dem Rang nach einem Prätorianerpräfekten gleichgestellt war. Die Christianisierung des Reichs bedeutete zunächst keine unmittelbare Verschlechterung der Lage der Juden, doch sahen die Christen in ihnen viel stärker als die Heiden Rivalen; daher verstärkte sich im Alltag der soziale Druck auf sie. Zunehmend entluden sich die Spannungen in Gewaltakten. Diese wurden von der kaiserlichen Verwaltung, deren wichtigstes Anliegen stets die innere Ruhe war, missbilligt, doch keineswegs konsequent geahndet – da die Bestrafung von Christen ihrerseits Unruhen auslösen konnte.[13] Je mehr die soziale Macht christlicher Personen und Instanzen zunahm, umso prekärer wurde die Lage der Juden.

Unklar in ihrem Status war die Religion der Manichäer, die von manchen als eine Spielart des christlichen Glaubens betrachtet wurde, weil in dieser Religion Jesus eine gewisse Rolle spielte. Der Manichäismus war im 3. Jahrhundert in Persien entstanden und lehrte einen strengen Dualismus zwischen Bösem und Gutem. Diesem konnte der Gläubige sich über verschiedene Stadien annähern. Ähnlich wie das Christentum orientierte der Manichäismus sich an heiligen Texten; er baute zudem kirchenähnliche Strukturen auf. Gerade wegen seines Erfolges gehörte der Manichäismus schon vor Konstantin dem Großen zu denjenigen Religionen, die die härtesten Verfolgungen zu erdulden hatten, da er auch politisch Argwohn erregte: Einige erblickten in den Manichäern eine fünfte Kolonne der Perser, mit denen Rom seit vielen Jahrhunderten verfeindet war.

Im Alltag für die christlichen Kleriker irritierend, vielleicht sogar gefährlich, war die Glaubenspraxis, die vielerorts gelebt wurde. Mancher selbst von denen, die häufiger zur Kirche gingen, hatte keine Scheu, auch andere Kultstätten zu besuchen. Solche Gläubige betrachteten die verschiedenen Religionen gleichsam als die Angebote eines Marktes, aus dem man je nach Bedürfnis seine Auswahl traf. Das aber widersprach der Forderung des Christentums nach Eindeutigkeit des Bekenntnisses, die von den konsequenten Theologen so auffällig oft eingeschärft wurde.

Als Schwachpunkt der Kirche erwies sich vor allem, dass innerhalb der Christenheit zahlreiche Spannungen aufbrachen, die zum Teil die Lehre, zum Teil die christliche Praxis betrafen.[14] Da die Streitigkeiten mitunter bis heute eine theologische Bedeutung besitzen, wäre aus der Sicht des Historikers eine möglichst neutrale Terminologie wünschenswert. Diese ist jedoch angesichts der Komplexität der Auseinandersetzungen und den vielen Verschiebungen zwischen den Gruppen nicht erreichbar. Um eine gewisse Neutralität zu erreichen, verzichte ich für die Großkirche auf die beiden parteiisch gefärbten Begriffe ‚katholisch' (allumfassend) und ‚orthodox' (rechtgläubig) und ziehe ich es vor, stattdessen von Nizänern zu sprechen, weil die Berufung auf das Glaubensbekenntnis des Konzils von Nizäa (325) die gemeinsame Basis dieser Lehren bildet.

Nicht vermeiden kann ich den Begriff ‚Häretiker' für die Gegner der Nizäner. Selbstverständlich erhoben zwar auch diese Gruppen den Anspruch der Rechtgläubigkeit und nannten sich selbst in diesem Sinne ebenfalls orthodox, sodass jene Bezeichnung ihrem Selbstverständnis nicht gerecht wird, doch klingt sie weniger hölzern als eine Wendung wie nichtnizänisch. Auf jeden Fall ist sie dem Begriff ‚arianisch' vorzuziehen, denn die Vielfalt der Richtungen, die von Nizänern polemisch nach Arius, einem umstrittenen Theologen des beginnenden 4. Jahrhunderts, bezeichnet worden sind, ist unüberschaubar; viele hatten mit Arius gar nichts zu tun.

Der theologische Streit mag den modernen Betrachter befremden, war aber für viele Zeitgenossen von grundlegender Bedeutung: Er rankte sich zunächst um das Verhältnis Gott und Christus, vor allem darum, wie stark der menschliche Anteil in Christus zu bewerten sei, in dem ja, das war weitestgehend Konsens, Menschliches und Göttliches sich vereinten. Während die Nizäner den Begriff des Wesensgleichen/Wesensähnlichen (gr. *homooúsios*) gebrauchten und daher Homoousianer genannt werden können, lehnte die Gruppe der Homöer, die hier als Beispiel dienen möge, diesen Begriff ab, da er nicht in der Bibel auftaucht, und zog es vor, Gott und Christus für gleich (gr.: *hómoios*) zu erklären, was in der Sicht der Nizäner wiederum zu wenig prägnant war.

Als Kompromissformel schien jedoch die Lehre der Homöer am geeignetsten. Sie wurde daher von den – an einer Beruhigung der Kirche interessierten – Kaisern Constantius II. (337–361) und Valens (364–378) unterstützt, die beide im Osten regierten, während die Westkaiser Constantin II. (337–340), Constans (337–350) und – deutlich zurückhaltender – Valentinian I. (364–375) eher mit den Nizänern sympathisierten. Nur als Constantius II. das gesamte Reich regierte (350–361), gab es kurzlebige Versuche, das Homöertum auch im Wesen durchzusetzen.

Doch nicht einmal die energische kaiserliche Unterstützung für die Homöer vermochte die Nizäner auszumerzen. Zahlreiche machtbewusste und theologisch avancierte Bischöfe unterstützten diese Lehre und entwickelten eine ausgeprägte Sensibilität gegenüber kaiserlichen Eingriffen in kirchliche Angelegenheiten. Dass die Nizäner sich schließlich durchsetzten, ist gar nicht leicht zu erklären. Wichtig war ohne Zweifel das Scheitern von Constantius II., der von einem Usurpator aus der eigenen Verwandtschaft abgelöst wurde, noch wichtiger das des Valens, dessen Herrschaft mit einer schweren militärischen Niederlage endete, was nach den Begriffen der Zeit eine Zeichen dafür war, dass Gott ihm seine Gnade entzogen hatte. Bevor diese Niederlage geschildert wird, sei jedoch ein Blick auf die Jugend des Theodosius geworfen, der den Nizänern zum Durchbruch verhelfen sollte.

II. Die Jugend eines Militärs

Theodosius war nicht zum Kaiser geboren. Als er am 11. Januar 347 in Cauca (im heutigen spanischen Galicien) vermutlich als jüngstes mehrerer Geschwister auf die Welt kam, herrschten zwei Söhne des ersten christlich orientierten Kaisers, Konstantins des Großen, über das Römische Reich, und da sie jung waren, durfte man mit kaiserlichem Nachwuchs rechnen. Selbst als der ausblieb, gab es mit Gallus und Julian noch zwei hoffnungsvolle junge Angehörige der constantinischen Hauses, die nach allen menschlichen Maßstäben die Kontinuität der Dynastie sichern mussten.

Die Familie des Theodosius gehörte offenbar einer regionalen Elite an. Sie muss einigermaßen wohlhabend gewesen sein; sie war Neuem gegenüber aufgeschlossen, wie die Hinwendung zum Christentum zeigte, und sie brachte einige begabte Persönlichkeiten hervor, allen voran den Vater des Theodosius, der den gleichen Namen trug.

Dessen Begabung entfaltete sich da, wo der soziale Aufstieg für den Tüchtigen am ehesten möglich war, im Militär. Die Anfänge seiner Karriere liegen, wie stets in solchen Fällen, im Dunkeln.[1] Wahrscheinlich begann sie im Bereich des Niederrheins mit Kämpfen gegen Franken oder gegen Sachsen. Etwa 368 bekleidete Theodosius einen hohen Kommandoposten in Britannien. Kaiser Valentinian I. (364–378) hatte ihn beauftragt, dort Ordnung zu schaffen. Aufständische, die mit Eindringlingen zusammengegangen waren, hatten römische Würdenträger erschlagen und es war bisher nicht gelungen, sie wieder unter Kontrolle zu bringen. Theodosius bekam vorzügliche Truppen. Zu seinem Stab gehörte sein gleichnamiger Sohn. Das hatte nichts Anrüchiges an sich, sondern entsprach dem Komment: Man schulte und förderte die jungen Leute aus der Verwandtschaft, und so erhielt auch der junge Theodosius Gelegenheit, militärische Erfahrungen zu sammeln.

Sein Vater konnte sich dank seines entschlossenen Vorgehens und seines diplomatischen Geschicks rasch durchsetzen, sodass sogar die zivile Verwaltung bald wiederhergestellt war. Er unterdrückte eine gegen ihn gerichtete Verschwörung von Römern, stellte die Befestigungsanlagen umsichtig wieder her und reorganisierte die Verteidigung; eine ganze Provinz, Valentia in Nordwestengland, wurde neu geordnet. Auch den Hadrianswall scheint er verstärkt zu haben.[2] Theodosius schien so erfolgreich und effizient wie die großen Feldherren der Republik.

Diesen Eindruck erweckt jedenfalls der Historiker Ammianus Marcellinus, der unter der Herrschaft des Kaisers Theodosius schrieb und dabei dessen Wunsch, seinen Vater rühmen zu lassen, gewiss berücksichtigte.

Schon die einführende Charakterisierung Theodosius' des Älteren illustriert die Tendenz seiner Darstellung: *Theodosius war durch militärische Leistungen rühmlichst bekannt geworden, er zog die tapfere Jugend der Legionen und Kohorten an sich und machte sich rasch auf den Weg, wobei ihm sein glänzender Ruf vorauseilte.*[3]

Selbst wenn Ammian übertrieben hat, waren die Erfolge des älteren Theodosius doch eindrucksvoll genug, dass er 369 das Amt eines Heermeisters, anscheinend mit der Zuständigkeit für die gallischen Provinzen, erhielt, wohl wieder mit seinem Sohn im Stab. Er wurde nunmehr an einem zweiten Brennpunkt römischer Verteidigungspolitik tätig, an der Rheingrenze im Kampf gegen die Alamannen. Diese hatten, jede Schwäche der römischen Verteidigung ausnutzend und trotz eines Ausbaus der Verteidigungsanlagen, immer wieder Plünderungszüge in das Reichsinnere unternommen.

Wieder weiß Ammian von einem Erfolg zu berichten, der allerdings bei genauem Zusehen an Glanz verliert. Von Rätien aus sei Theodosius – das Ereignis gehört etwa in das Jahr 371 – nach Alamannien vorgestoßen, wo ein Krieg zwischen Germanen entbrannt war. Er habe viele Stammesangehörige gefangen genommen und sie in Norditalien angesiedelt.[4] Mehr als eine kleine Razzia, welche die momentane Schwäche der Germanen nutzte, kann das nicht gewesen sein. Als ein alamannischer König unter dem Schutz der Dunkelheit gefasst werden sollte, scheiterte Theodosius sogar, weil er seine plündernden, lärmenden Soldaten nicht in den Griff bekam. Obgleich Ammian hier alle Schuld den Soldaten gibt, zeigt sich doch ein eklatanter Mangel an Durchsetzungsfähigkeit.[5]

Dieser Fehlschlag schadete dem Heermeister indes nicht; er erhielt wohl 373 – möglicherweise nach einer Verwendung gegen die Sarmaten – einen wichtigen neuen Auftrag, nämlich Africa. Africa war wie Britannien eine Grenzprovinz, die immer wieder von Einfällen fremder Völker heimgesucht wurde. Hier hatte zudem ein gewisser Firmus offenbar aus vornehmlich persönlichen Gründen den Versuch unternommen, Africa aus dem römischen Herrschaftsverband zu lösen, und vielleicht sogar den Kaisertitel angenommen. Mit Geschick wusste der Spross einer maurischen Fürstenfamilie die Unzufriedenen um sich zu sammeln. Sofortiges Eingreifen war erforderlich, denn an Africa hing die Getreideversorgung Roms.

Theodosius setzte, offenbar weiterhin von seinem Sohn begleitet, von Arles aus nach Africa über und traf dort unerwartet ein. Nicht allein mit Firmus setzte er sich indes auseinander, sondern auch mit Romanus, der als *comes Africae* neben ihm der wichtigste römische Beamte in der Region war. Theodosius schickte ihn zunächst an die Grenze, um ihn hernach, offenbar weil er ihm eine Mitschuld an der Usurpation gab, zusammen mit seinem Stab festzunehmen. Das sollte sich als ein fataler taktischer Fehler erweisen, denn er hatte sich so einen rachedurstigen und einflussreichen Feind gemacht.

Mit einem Täuschungsmanöver hielt Theodosius den friedensbereiten Firmus hin, organisierte seine Truppen und bemühte sich, Ansehen bei der einheimischen Bevölkerung zu gewinnen, der er sogar die Pflicht erließ, die Truppen zu verproviantieren. In mehreren Kämpfen erwies der Feldherr sich als erfolgreich, und schließlich unterwarf sich Firmus. Doch damit war der Fall noch nicht erledigt. Theodosius benötigte ausgreifende, offenbar mehrere Jahre beanspruchende Feldzüge, um die Landschaft zu sichern, zumal Firmus wieder entwich. Rückschläge blieben nicht aus. Doch am Ende, wohl 374, errang Theodosius einen klaren Sieg. Die Meuterer trafen harte und oft brutale Strafen, Firmus nahm sich das Leben.

Das dürfte der jüngere Theodosius nicht mehr miterlebt haben. Denn im Jahre 374 kam der nachmalige Kaiser zu einem ersten selbständigen militärischen Einsatz. Er bekleidete das Amt eines *dux Moesiae*, des Militärkommandeurs der an der Donau im Bereich des heutigen Bulgarien gelegenen Provinz Moesia, die ebenfalls von Angriffen bedroht war. Dort focht er erfolgreich gegen Angehörige des iranischen Reiterstamms der Sarmaten, die immer wieder Einfälle in das Reich wagten. Ammian berichtet darüber eindringlich und lobrednerisch:

Als sie (sc. die Sarmaten) *von der anderen Seite in unsere Grenzgebiete einfielen, schlug er* (sc. Theodosius der Jüngere) *sie mehrfach zurück. Er brachte ihnen Verluste bei und rieb sie in dicht aufeinander folgenden Kämpfen auf. Und obwohl sie äußerst tapfer Widerstand leisteten, bedrängte er sie so hart, dass er mit der Unzahl von Gefallenen nachgerade wie mit Mastfutter die Vögel und die wilden Tiere sättigte. Den Übrigen schwand der Mut, und sie fürchteten, derselbe Anführer werde mit seiner unverkennbar herausragenden Leistungsfähigkeit beim ersten Einmarsch in ihr Gebiet ihre anstürmenden Haufen niederwerfen und in die Flucht schlagen oder Hinterhalte in den Verstecken der Wälder legen. Nachdem sie sodann erfolglos mehrere Durchbruchversuche unternommen hatten, verloren sie das Vertrauen in ihre Kampffähigkeit und erbaten Vergebung und Verzeihung für das Geschehene. Da sie zur rechten Zeit besiegt waren, handelten sie dem Friedensabkommen, das man ihnen gewährt hatte, in keiner Weise entgegen, wobei sie vor allem deswegen von Furcht erfüllt waren, weil zum Schutz Illyricums eine starke Macht gallischer Truppen eingetroffen war.*[6]

Hier ist gewiss vieles übertrieben. Es handelte sich um den Alltag der Militärs an der Grenze, den Theodosius anscheinend einigermaßen glücklich bewältigte. Ammian selbst lässt durchblicken, dass der römische Kommandeur nicht kraftvoll genug handelte, um auf das Gebiet der Sarmaten auszugreifen, und gibt zudem einen weiteren Grund für den Erfolg an: Ein starkes Heer rückte an, das ihn hätte unterstützen können. Dem fühlten die Sarmaten sich nicht mehr gewachsen. Dennoch, Theodosius besaß zu dieser Zeit beides: militärische Erfahrung und Beziehungen. Der Aufstieg im römischen Heer schien vorgezeichnet.

Man weiß nicht, wann und wo ihn jene Nachricht ereilte, die seine Zukunftsperspektiven verdüsterte. Wohl 375/6 wurde sein Vater wegen Hochverrats verklagt oder zumindest verleumdet.[7] Dahinter standen jener Romanus, den Theodosius beim Feldzug in Africa in Haft genommen hatte, der aber inzwischen freigesprochen worden war, und dessen Freunde. Die Einzelheiten des Verfahrens sind schwer zu rekonstruieren. Zwar liegen eine Reihe detaillierter Berichte vor, aber sie haben alle die Tendenz, Theodosius als völlig unschuldiges und nur am Gemeinwohl interessiertes Opfer zu zeichnen, seine Feinde hingegen als verruchte Verschwörer, die allein von Eigensucht geleitet waren und den Kaiser in Lügengespinste einwoben. Diese Tendenz ist unschwer zu erklären: Der dann weitergetragene Kern der Erzählung entstand unter der Herrschaft Theodosius' des Großen; die andere Seite kann vom modernen Historiker nicht mehr gehört werden.

Offensichtlich vollzog sich im Hintergrund ein Ringen um den Einfluss am kaiserlichen Hof, das sich nach dem Tode Valentinians I. am 17. November 375 verschärft hatte. Jetzt trat etwas ein, was den Wünschen des verstorbenen Kaisers und des nunmehr regierenden Gratian (375–383) widersprach: Eine Gruppe einflussreicher Männer sorgte dafür, dass der jüngere, gleichnamige Sohn Valentinians I. zum Kaiser ausgerufen wurde. Dieser, heute als Valentinian II. bezeichnet, war noch ein Kind und somit ein Werkzeug seiner Kaisermacher. Möglicherweise gehörte der ältere Theodosius zu jenen, die das Verfahren missbilligten, und sollte deswegen unschädlich gemacht werden.[8] Allerdings fehlte den Vorwürfen seiner Gegner durchaus nicht jede Grundlage. Denn allem Anschein nach war Theodosius eigenmächtig gegen einen hohen römischen Beamten vorgegangen und hatte so einen Teil der kaiserlichen Amtsgewalt usurpiert. Dies konnte in der Tat als Hochverrat gedeutet werden, und der Verdacht mochte sich dadurch verdichten, dass Theodosius in Africa auffällig um die Gunst der Bevölkerung geworben hatte. Bezeichnenderweise behaupten nicht einmal die wohlgesonnensten Quellen, die Anklagen gegen Theodosius seien unbegründet gewesen. Wie dem auch sei, man verhängte über Theodosius das Todesurteil. Anfang 376 wurde er in Karthago hingerichtet, nachdem er, wie jedenfalls eine fromme Tradition behauptet, die Taufe empfangen hatte.[9]

Für den jüngeren Theodosius war das eine persönliche Katastrophe. Er hatte seinen Vater verloren, und seine nicht besonders beeindruckende, aber doch hoffnungsvolle Karriere schien am Ende. Er zog sich nach Spanien zurück. Vermutlich rechnete er damit, fortan in der Provinz als Landedelmann ein ruhm- und womöglich gefahrloses Leben zu führen. Er heiratete ein Frau aus seiner Heimat, Flaccilla, und bekam seinen ersten Sohn Arcadius. Währenddessen regierte Gratian, der junge Sohn Valentinians, den Westen, umgeben von seinen Beratern; Valentinian II. spielte eine eindeutig nachgeordnete Rolle; im Osten herrschte Valens. Die Dauerhaftigkeit der valentinianischen Dynastie schien gesichert. Von ihr durfte Theodosius nicht viel erwarten; vielleicht verfolgte er indes mit Genugtuung, wie einige Feinde des Vaters bald die kaiserliche Gunst verloren. Und es dauerte gar nicht lange, da wurde er selbst wieder gebraucht.

III. Die ersten Jahre: Ein fremder Kaiser im Osten (379–382)

Kaiserwahl im Schatten der Niederlage: Die Schlacht von Adrianopel und die Folgen

Diese Schlacht war der Anfang des Schreckens für das Römische Reich damals und späterhin, notierte der Kirchenhistoriker Rufin kurz nach 400, als er auf den 9. August 378 zurückblickte, auf die römische Niederlage bei Adrianopel.[1] Nur wenige Tagesmärsche von Konstantinopel entfernt hatten die Germanen ein römisches Heer geschlagen und etwa zu einem Drittel vernichtet; Kaiser Valens – dessen Nachfolge Theodosius antreten sollte – war gefallen. Der Sieg der Barbaren kam gänzlich unerwartet und ist schwer erklärlich. Es gibt dafür keine entscheidende, gar strukturelle Ursache; vielmehr addieren sich zahlreiche kleine Versäumnisse zu einem großen Versagen. Was also hatte sich zugetragen?

Die Gemengelage von Völkerschaften in den Gebieten nördlich der Donau war seit jeher instabil, in den letzten Jahren aber in heftigere Bewegung geraten. Ausgelöst hatten den Wandel die berüchtigten Hunnen, ein Reitervolk aus dem Inneren Asiens, das seinerseits in den Westen abgedrängt worden war. Was die Hunnen dort suchten, weiß man nicht so recht. Vermutlich ging es ihnen zunächst um nichts anderes als um das Überleben der Gruppe und ihrer Anführer. Zu verlieren hatten sie nicht viel, entsprechend rücksichtslos gingen sie vor. Ihre Brutalität ist sprichwörtlich geworden: Im Englischen steht das Wort *huns* bis heute für östliche Völker, die barbarisch handeln – zumal für Deutsche.

Zu den Opfern der Hunnen gehörten die Alanen und die Greutungen, die sich beide dem heranstürmenden Feind unterwarfen. Dann folgte ein weiteres germanisches Volk, die Tervingen, die sich im Laufe ihrer Wanderungsbewegungen zu den ‚Westgoten' entwickeln sollten.[2] Damals hatten sie ihren Sitz wohl im Raum des heutigen Rumänien, nördlich der Donau, die die Grenze des Römischen Reiches bildete. Der Ausdruck ‚Volk' ist übrigens in diesem Falle mit Vorsicht zu gebrauchen. Man weiß nicht, inwieweit sich diejenigen, die in der Rückschau wie ein Volk wirkten, tatsächlich schon als eine ethnische Gemeinschaft fühlten, die klar von anderen abgegrenzt war. Vielleicht entstand erst durch das gemeinsame Erlebnis der Vertreibung ein Gemeinschaftsgefühl, das sie als Volk definierte. Vielleicht war es die Treue gegenüber einem einzelnen Heerführer oder König, die sie auf der Flucht zusammenschweißte; vielleicht war es erst der

Blick der anderen, der Römer, der den losen Verband als Volk wirken ließ. Keinesfalls darf man sich die Menschen, die unter dem Druck der Hunnen aus dem Gebiet des heutigen Rumänien zu unbekannten Zielen aufbrachen, als eine fest gefügte Gruppe vorstellen. Erst im Rückblick machten die Goten aus ihrer Vergangenheit die Geschichte eines Volkes mit langer Kontinuität, und allzu oft sind die neuzeitlichen Historiker ihnen darin gefolgt.

Immerhin scheinen sich in den Jahrzehnten vor dem Hunnensturm die Strukturen bei den späteren Westgoten gefestigt zu haben; es bestand eine königliche Dynastie, die sich über mehrere Generationen hatte halten können und die in der Lage war, die Geschicke der Tervingen trotz ihrer inhomogenen Zusammensetzung über alle Krisen hinweg zu steuern. Selbst in einem Krieg gegen die Römer unter Valens (367–369) vermochten sie sich unter der Führung Athanarichs zu behaupten. Dieser Erfolg ist umso bemerkenswerter, als seine Leute religiös gespalten waren. Eine starke Fraktion war von homöischen Christen missioniert worden, eine andere dagegen hing dem hergebrachten Glauben an. Sogar von Christenverfolgungen, an denen Athanarich beteiligt gewesen sein soll, hört man verschiedentlich. Das lockerte die Geschlossenheit des Verbandes; ein Rivale Athanarichs, Fritigern, der sich dem Christentum zugewandt hatte, löste sich mit seiner Gefolgschaft allmählich von den anderen.

Unter dem Ansturm der Hunnen spalteten sich die Tervingen 376 vollends.[3] Die einen, unter Befehl des seit 365 regierenden Athanarich, zogen sich in die schwer zugänglichen Karpaten zurück, die anderen, wohl das Gros – von 200 000 Menschen ist gewiss übertreibend die Rede[4] –, zogen, angeführt von Fritigern und einem gewissen Alaviv, zur unteren Donau. Ihnen musste es ebenso wie ihren Vertreibern, den Hunnen, zunächst einmal um nichts anderes als um das physische Überleben gehen. Sie brauchten Nahrung und irgendwann wieder einen Siedlungsraum. Dies konnte ihnen das Römische Reich mit seinen festen Strukturen und seinem überlegenen Reichtum bieten. Dahin wollten sie übertreten, und zwar als Freunde.

Alaviv und seine Gefolgschaft richteten daher an die Römer das Ersuchen, die untere Donau überschreiten zu dürfen. Sie wollten künftig friedlich leben und als Hilfstruppen den Römern Heeresfolge leisten. Ein solches Ansinnen war keineswegs ungewöhnlich und entsprach durchaus den römischen Interessen, da man in den wenig besiedelten Grenzregionen Bauern, somit Steuerzahler, und potentielle Rekruten gewann, denen daran gelegen sein musste, ihr gerade erworbenes Land gegen nachdrängende Völkerschaften zu verteidigen. Allerdings waren in den Präzedenzfällen den Ansiedlungsmaßnahmen römische Siege vorausgegangen.[5] Insofern barg das Angebot der Tervingen für die Römer ein gewisses Risiko.

Nach intensiven Beratungen stimmte Valens dem Donauübertritt der Bittsteller zu. Der erfolgte unter chaotischen Umständen. Viel mehr Menschen gelangten über die Donau, als geplant war. Die eigentlich vorgesehene Entwaffnung fand nicht statt. Die Lebensmittelversorgung misslang; korrupte römische Offiziere versuchten die Einwanderer auszupressen. Über alle Bedrängnisse hinweg behielten die Tervingen, die man allmählich mit dem Namen Westgoten bezeichnen kann, ihre Geschlossenheit und setzten sich schließlich zur Wehr. Die Römer mobilisierten Truppen aus dem Osten wie aus dem Westen, doch zwei Jahre verheerten die Goten trotz einzelner Rückschläge weite Teile des Balkans. Schließlich entschloss Valens sich dazu, persönlich energisch einzugreifen; der eigentlich vorgesehen Perserzug wurde hintangestellt, die Verfolgungen gegen nizänische Bischöfe beendet, Verbannte wohl sogar zurückberufen.[6] Offenbar strebte der Kaiser eine Konzentration der Kräfte an. Gratian entsandte erfahrene Militärs, unter ihnen Richomeres, der zu einem der wichtigsten Mitarbeiter des Theodosius werden sollte, und rückte später selber vom Westen her mit erfahrenen Truppen vor. Die Goten jedoch ließen sich dadurch nicht einschüchtern. Sie hatten sich trotz aller Auseinandersetzungen und trotz mehrerer Rückschläge nicht zerstreut und sogar unter den Reichsbewohnern Zulauf gewonnen.[7] So wichen sie nicht aus, als das gewaltige Heer des Valens – auf 40 000 Mann belaufen sich die entsprechenden Schätzungen – aufmarschierte. Vielmehr verlegten sie sich auf Verhandlungen, vermutlich um die Kämpfe hinauszuzögern, denn ihnen fehlte noch die Reiterei. Während seine Soldaten immer nervöser wurden und immer mehr unter dem Mangel an Proviant litten, tauschte Valens mit den Goten Botschaften aus.

Da brach die gotische Reiterei, geführt von Alaviv und Safrax, unterstützt von Alanen, aus den Bergen hervor und richtete, wo sie auf Römer traf, ein entsetzliches Blutbad an. Jetzt begann die Schlacht. Der moderne Historiker könnte sie mit dramatischen Worten schildern, da Ammianus Marcellinus einen eindringlichen Bericht hinterlassen hat. Doch gerade die Beobachtung, wie glanzvoll dieser Gewährsmann die entsprechenden Passagen gestaltet hat, muss misstrauisch stimmen: Manches an seinem Bericht dürfte mehr dem Kunstwollen geschuldet sein als den Tatsachen.[8] So viel wird sich immerhin einigermaßen verbindlich sagen lassen: Die geschwächten und überraschten Römer hatten sich der wild heranstürmenden Barbaren zu erwehren und waren dabei durchaus nicht chancenlos. An einzelnen Stellen vermochten sie sogar vorzurücken, aber es mangelte an Koordination. Vor allem den schnellen Reiterbewegungen der Goten waren die Römer offenbar nicht gewachsen.

Bald konnte es für die Römer nur noch um den geordneten Rückzug gehen oder darum, die Schlacht so weit in die Länge zu ziehen, dass sie ohne allzu große Verluste abrücken konnten. Beides misslang, und dann geschah gegen Abend etwas, was die schlimmsten Befürchtungen übertraf: Der römische Kaiser fiel oder genauer, er kam um. Keiner wusste genau, was geschehen war, sein Leichnam war verschwunden, vielleicht tatsächlich zusammen mit dem Gehöft verbrannt, in das er verletzt gebracht worden sein soll. Schwer dezimiert und führerlos retteten sich die Reste des römischen Heeres nach Adrianopel. Ein Drittel derer, die ausgezogen waren, kehrte nicht zurück.

Man kann es sich leicht machen, indem man Valens die Schuld an dieser verheerenden Niederlage gibt und ihn dafür verdammt. Tatsächlich waren im Umgang mit den Goten Fehler gemacht worden: Die Beamten an der Donau hatten viel zu frei schalten und walten können, aber das galt für fast alle römischen Beamten, und Korruption ist ein Element der spätantiken Verwaltung, das selten fehlt.[9] Zudem hatte man die Ausbildung der Truppen vernachlässigt und sie miserabel gerüstet. Allerdings rechtfertigten die Umstände durchaus die Entscheidung des Valens, das Risiko einer Schlacht einzugehen. Hätte er auf Gratian gewartet, so wäre das römische Heer gewiss noch stärker geworden – aber warum hätte seines ihm zu schwach erscheinen sollen für einen Gegner, dessen Mannschaften die Kundschafter auf 10 000 schätzten? Hätte ein langes Zögern nicht die durch erste Erfolge ermunterten römischen Truppen wieder demoralisiert? War nicht die Abwesenheit der gotischen Reiterei ein gewaltiger Vorteil? War es nicht innerhalb der römischen Herrschaftslogik legitim, wenn Valens darauf sah, persönliche Erfolge zu erringen, zumal Gratian gerade in der letzten Zeit militärischen Ruhm gesammelt hatte?

Die entscheidenden Fehler wurden wohl im unmittelbaren Vorfeld der Schlacht gemacht. Es ist schwer verständlich, warum nicht auf eine angemessene Versorgung der Soldaten geachtet wurde. Vielleicht erwartete Valens, schon der Anblick des wohl geordneten römischen Heeres werde die Barbaren zur Vernunft bringen. Eine solche Fehleinschätzung würde erklären, warum er sich bei den Verhandlungen vor der Schlacht so lange hinhalten ließ und nicht den Vorteil nutzte, dass die gotischen Reiter fehlten. Es war eine vermeidbare Niederlage.

Die Zeitgenossen standen unter Schock. Auf dem Reichsboden, unweit von Konstantinopel, hatten die Römer schmählich eine Schlacht verloren und die Folgen konnte man nicht absehen. Der Kaiser war verschwunden, viele hohe Offiziere, selbst Heermeister gefallen. Barbaren tobten plündernd und zerstörend durch das Land, und neue Horden drängten nach, von denen einige bis zu den Alpen vordringen sollten.

Ammian, der nachdenklichste Historiker seiner Zeit, lässt sein Geschichtswerk mit dieser Schlacht und ihren unmittelbaren Folgen enden. Er vergleicht sie mit Cannae,[10] der schweren Niederlage der Römer gegen

Hannibals Karthager im Jahre 216 v.Chr., die über Jahrhunderte ein Trauma blieb. Gerade in diesem Vergleich lag jedoch auch eine Hoffnung. Denn die Römer hatten in jener Schlacht zwar viele Soldaten und einen Gutteil ihrer Elite verloren, aber sie hatten danach ihr Reich erneuert und die Grundlage für die Weltherrschaft gelegt. So ist es denn gewiss kein Zufall, dass Ammian sein Geschichtswerk mit einigen ersten Abwehrerfolgen der Römer ausklingen lässt, und noch weniger, dass es sich bei der letzten Tat eines Römers, die er – ausdrücklich lobend – erwähnt, um die heimtückische Ermordung von Goten handelt, die in das Reich aufgenommen worden waren.[11] So sollte man seiner Meinung nach mit diesen Völkern umspringen. Mit dieser, aus moderner Sicht übermäßig harten Position stand er keineswegs allein: Im Jahre 400 sollte es tatsächlich zu einem Massaker an den Goten Konstantinopels kommen.

In der Provinz machte man sich ebenfalls Gedanken. Libanios, ein heidnischer Rhetoriklehrer in Antiochia ohne jede militärische Erfahrung, formulierte in einer Rede seine Schlussfolgerungen aus der Niederlage bei Adrianopel: Nicht die römischen Soldaten seien schuld, sie seien genauso tüchtig gewesen wie immer.[12] Vielmehr habe ein Gott die Niederlage herbeigeführt, da die Ermordung Julians, des heidnischen Kaisers, ungesühnt geblieben sei.

Und die Nizäner? Brachen sie in ein Triumphgeschrei über die Niederlage ihres Verfolgers aus, die so deutlich erwies, dass er Gott verhasst war? Wahrscheinlich (noch) nicht,[13] denn auch die verfolgten Christen fühlten sich als Römer. Zudem hatte Valens ihnen ja zuletzt Zugeständnisse gemacht, und wer konnte wissen, was für ein Kandidat folgen würde? Die Katastrophenstimmung, die noch bei Rufin mitschwingt, war allgemein.

Dies sollte man ernst nehmen als Ausdruck der Stimmungslage und als Indiz für den Horizont der Handelnden, man sollte jedoch die längerfristige Bedeutung der Schlacht nicht übertreiben. Zwar bietet 378 ein handliches Datum, wenn man den Beginn der ‚Völkerwanderung' für den Prüfungsgebrauch datieren will, aber der Kampf ist Folge schon länger anhaltender Wanderungsbewegungen. Und seine Auswirkungen waren, nüchtern gesehen, beschränkt.

Die Goten versuchten, die Stadt Adrianopel, die viel Beute versprach, zu bestürmen, und scheiterten. Sie versuchten, Konstantinopel zu bestürmen, und scheiterten. Den Versuch, Perinth zu bestürmen, wagten sie gar nicht erst. Es gelang den Römern mithin durch zupackendes Handeln eine Art *containment* der Gegner. Nirgends konnten die Goten sich festsetzen, und nachdem sie das Land geplündert hatten, fehlten ihnen die Lebensmittel. Sie mussten wieder hungern. Zugleich marschierte von Westen her ein weiteres kampferprobtes römisches Heer Richtung Adrianopel. Überdies vermochte Theodosius, wie noch zu schildern sein wird, innerhalb weniger Jahre den Balkan für eine gewisse Zeit zu befrieden. Dass später dann die Goten sich nicht mehr an die Treue zum Reich gebunden fühlten, steht auf einem anderen Blatt und hat mit neuerlichen politischen Fehlern zu tun. Die Geschehnisse von Adrianopel waren ein Menetekel, aber die Probleme, die sich jetzt stellten, ließen sich noch beherrschen.

Der viele Jahrhunderte später arbeitende Historiker kann sich eine Kühle des Blicks leisten, die den Zeitgenossen fehlte. Das Gefühl der Bedrängnis, der Not, der Unterlegenheit war in den Wochen nach der Schlacht von Adrianopel verständlicherweise allgemein. Der Westkaiser Gratian hatte zwar gewisse Erfolge errungen, genoss aber kein hohes Ansehen und erschien vielen zu jung; Valentinian II., der andere *Augustus*, war noch ein Knabe. Zudem hatte es sich für einzelne Kaiser als unmöglich erwiesen, alleine über das ganze Römische Reich zu herrschen. Man brauchte jemanden, der die Lage unter Kontrolle zu bringen verstand. Und da kam Theodosius.

Zu jener Zeit war Theodosius aufgrund des Ruhmes seiner Vorfahren und seiner eigenen Tapferkeit hochberühmt. Da er deswegen den Neid von Gleichgestellten und Ebenbürtigen erregte, hielt er sich in Spanien auf. Dort war er nämlich geboren und aufgewachsen. Da der Kaiser (sc. Gratian) *nicht wusste, was er tun sollte – aufgebläht von ihrem Sieg, waren und schienen die Barbaren nämlich unbezwinglich –, betrachtete er die Übertragung des Feldherrenamtes an Theodosius als Lösung für die Übel. Sofort ließ er also den Mann aus Spanien herbeiholen, erhob ihn zum Feldherren und entsandte ihn mit dem zusammengebrachten Heer. Der zog, durch den Glauben gestärkt, mutig aus. Und er betrat Thrakien, erblickte die Barbaren, die ihm entgegenmarschierten, und ordnete das Heer wie zu einer Schlacht. Als das Geplänkel begonnen hatte, hielten sie* (sc. die Feinde) *dem Vorstoß nicht stand und verließen die Schlachtreihe. Nachdem die Entscheidung gefallen war, flohen die einen, und die anderen setzten energisch nach. Die Barbaren erlitten hohe Verluste. Sie wurden nämlich nicht nur von den Römern, sondern auch von ihren eigenen Leuten getötet. So wurden die meisten beseitigt, die wenigen, die sich verbergen konnten, überschritten die Donau.*

Der vorzügliche Feldherr verteilte das Heer, das er führte, sofort in die nahe gelegenen Städte, und er selbst begab sich auf raschem Wege zu Kaiser Gratian, als Bote der eigenen Siege. Und nicht einmal dem Kaiser selbst schien er Glaubwürdiges zu sagen, da der von dem Ereignis völlig außer Fassung gebracht war. Die aber von den Stacheln des Neides getroffen waren, behaupteten, er selbst sei geflohen und das Heer vernichtet. Theodosius indes verlangte, dass seine Gegner durch Boten die Menge der beseitigten Barbaren in Erfahrung bringen sollten. Leichter aber würden sie anhand der Beute die Zahl ermessen. Diesen Worten gab der Kaiser nach und entsandte Leute, die das Geschehene ansehen und das Ergebnis melden sollten.

Der vorzügliche Feldherr blieb da und hatte eine wunderbare Erscheinung, die ihm ohne Zweifel vom allmächtigen Gott offenbart worden war. Er glaubte nämlich, den göttlichen Meletios zu erblicken, den Bischof der Kirche von Antiochia, der ihm das kaiserliche Gewand umlegte und mit einem entsprechenden Diadem sein Haupt schmückte. Als er das nachts gesehen hatte, teilte er es morgens einem der Verwandten mit. Der sagte, das Traumbild sei klar und habe nichts Rätselhaftes oder Zweideutiges an sich. Nachdem nur ganz wenige Tage verstrichen waren, kehrten diejenigen, welche die Geschehnisse untersucht hatten, zurück und erklärten, viele Myriaden Barbaren seien hingemetzelt. Der Kaiser war überzeugt, dass es eine vorzügliche Entscheidung gewesen war, Theodosius zum Feldherren zu ernennen. Er erhob ihn zum Kaiser und übertrug ihm die Gewalt über die Reichsteile des Valens. Und er selbst kehrte nach Italien zurück, jenen entsandte er zur Übernahme der Herrschaft.[14]

Er kam, sah, siegte – und anders als Julius Caesar wurde Theodosius dann noch mit Gottes Hilfe Kaiser. Dies ist die dramatisch gestaltete Darstellung der Ereignisse um seine Thronerhebung, die der Kirchenhistoriker Theodoret in der Mitte des 5. Jahrhunderts bietet. Seine Geschichte leuchtet unmittelbar ein: Ein so erfolgreicher Feldherr musste einfach Kaiser werden. Allerdings ist Theodoret wie Ammian, gerade weil er dramatisch und schlüssig darzustellen weiß, kein unverdächtiger Autor. Ihm geht es nicht um die Zuverlässigkeit der Details, sondern darum, Gottes Wirken in der Geschichte sichtbar zu machen. Als ein Beispiel dafür sollte unter anderem eine erfolgreiche Herrschaft des nizänischen Theodosius dienen.[15] Diesem hohen Ziel gegenüber wiegt spröde Detailtreue nicht schwer. Neuzeitliche Gelehrte werfen solchen Autoren dann gerne Verlogenheit vor, das aber ist ein ahistorisches Urteil. Zwar kannte die Antike durchaus Elemente der historischen Kritik, wie sie Forscher bis heute anwenden, aber gerade die Christen orientierten sich an anderen Ebenen der Wahrheit als an jener der Fakten.

Gleichwohl muss der heutige Betrachter versuchen, all das aus den Quellen zu destillieren, was nach modernen, säkularen Kriterien relevant ist, und das heißt, salopp ausgedrückt: Man muss Theodoret auseinander nehmen. Dabei kann man zunächst den Text für sich betrachten, um ihn dann mit anderen Quellen abzugleichen und in einen weiteren Zusammenhang einzuordnen, eine mühsame Arbeit, die aber einen detektivischen Charakter hat und dadurch Spannung verspricht. Was können wir also eruieren?

Zunächst fällt auf, dass eine Episode im Bericht Theodorets völlig unnötig ist: die Erscheinung des Meletios. Der war einer von mehreren Bischöfen, die in den Kirchen Antiochias um die Vorherrschaft rangen. Es ist mehr als zweifelhaft, ob Theodosius ihn überhaupt persönlich kannte.[16] Ferner war, wie wir noch sehen werden, Meletios keineswegs von Anfang an ein Vertrauter des Kaisers. Offenbar hat Theodoret oder ein Vorgänger diese Geschichte erfunden. Daran, dass es sich so zugetragen hätte, waren die Nizäner in Antiochia interessiert. Denn mit solchen Anekdoten konnten sie die Bedeutung ihres Bischofs, der mehrere Rivalen hatte, in den Augen der theodosianischen Dynastie hervorheben.

Bleiben noch die übrigen Punkte: die Ernennung zum Feldherren, der Sieg in einer Schlacht und die Ausrufung zum Kaiser. Sie werden bestätigt durch einen gewissen Pacatus, der im Jahre 389, also zehn Jahre später, in Rom, also weit entfernt, ein Lobrede auf Theodosius hielt.[17] Auch er berichtet, Theodosius sei in der Krisensituation sofort herbeigeholt worden und habe sich alsbald dank seiner Siege durchgesetzt. Das bedeutet eine wertvolle Unterstützung der Version Theodorets, denn Pacatus entstammt einem anderen Milieu als der Kirchenhistoriker. Dieser war Spross einer wohlhabenden, aber nicht besonders hoch gestellten Familie und hatte sein Leben im Dienste der Kirche von Antiochia verbracht. Pacatus dagegen gehörte zur westlichen Elite und wusste zumindest auf Heiden Rücksicht zu nehmen. Und wenn zwei voneinander unabhängige Zeugen das Gleiche berichten, so stützen sie sich wechselseitig. Zudem scheint ein anderer Panegyriker sagen zu wollen, dass Theodosius zum Heermeister der Reiterei (*magister equitum*) ernannt worden sei.[18]

Doch es gibt noch andere Quellen: Kurz vor Theodoret schrieben Sokrates und Sozomenos als Nizäner Kirchengeschichte. Die drei Autoren stimmen gewöhnlich in den entscheidenden Punkten überein, doch bei den Anfängen des Theodosius gibt es eine bemerkenswerte Abweichung: Sokrates und Sozomenos – der allerdings ohnehin über weite Strecken von Sokrates abhängig ist – sprechen zunächst von der Erhebung des Theodosius zum Kaiser und dann erst von seinen Siegen über die Barbaren.[19] Außerdem sind die Siege, die Theodosius erringt, bei ihnen weitaus unspektakulärer. Es ist nicht davon die Rede, dass er seine Feinde bis über die Donau zurückgeworfen hätte. Tatsächlich sollte Theodosius mehrere Jahre benötigen, um die Goten unter Kontrolle zu bringen, und war dann noch gezwungen, ihnen die Ansiedlung südlich der Donau zu gestatten. Theodoret hat die Erfolge seines Kaisers somit maßlos übertrieben.

Ist also auch die Abfolge der Ereignisse, wie sie Theodoret vermittelt, falsch? Nicht zwingend. Vielmehr sprechen Gründe der historischen Plausibilität dafür, dass Theodosius, der mit dem Kaiserhaus nicht verwandt war, sich erst militärisch bewähren musste, bevor er das hohe Amt erlangen konnte. Und ein Erfolg gegen die eingedrungenen Barbaren war ja, nüchtern gesehen, gar nicht so schwierig. Einzelne Gruppen ließen sich leicht fassen und aufreiben – das hatten einige römische Kommandeure das im Vorfeld der Schlacht von Adrianopel bewiesen. Theodosius dürfte sich somit vor seiner Erhebung zum Kaiser mit einem Sieg hervorgetan haben. Andere, darunter zeitgenössische Quellen bestätigen, dass er gegen die Sarmaten, die, von der Theiß-Gegend her kommend, den Balkan unsicher machten, einen Erfolg errang.[20] Vielleicht zog sich dieses Volk sogar über die Donau zurück. Dann hätte Theodoret fast die Wahrheit gesagt, obgleich er mit seinen Bemerkungen einen viel bedeutenderen Sieg suggeriert.

Sicherheit kann man immerhin über einen Punkt gewinnen, darüber, wann Theodosius die Herrschaft antrat. Denn solch ein Ereignis wurde in den Chroniken der Zeit genau aufgezeichnet: Es war der 19. Januar 379,[21] der Ort war Sirmium an der Save im heutigen Serbien, ein politisches Zentrum des Reiches, in dem schon viele Kaiser residiert hatten. Das Publikum dürfte das versammelte Heer gestellt haben, das in der Spätantike die Volksversammlung ersetzen konnte und dessen hauptsächliche Pflicht darin bestanden hätte, in einmütige Jubelrufe auszubrechen.

Doch gerade jenes verlässliche Datum führt auf ein neues Problem. Valens war am 8. August 378 gefallen. Danach hatte einige Tage Unklarheit über sein Schicksal geherrscht. Nachdem die Nachricht von seinem Tode sich durchgesetzt hatte, wären, wenn man Theodoret und Pacatus glauben will, Gratian und seine Berater übereingekommen, Theodosius, obwohl er ihnen fern war, zum Feldherren zu ernennen. Boten wären nach Spanien abgegangen, Theodosius wäre von Spanien auf den Balkan gereist, hätte seinen Sieg errungen und Gratian überzeugt, dass er tatsächlich gewonnen hatte. Danach wäre die Entscheidung gefallen, ihn zum Kaiser auszurufen. Ist das wirklich plausibel? Unter den antiken Reisebedingungen? Im Winter? Es erheben sich starke Zweifel.

So hat die These, Theodosius habe sich bereits deutlich vorher im Umkreis Gratians oder gar schon auf dem Balkan aufgehalten, eine hohe Wahrscheinlichkeit für sich.[22] Vor und nach Adrianopel hätte er Gelegenheit gehabt, militärische Verdienste zu sammeln. Möglicherweise haben die Anhänger des Theodosius dies verschwiegen, damit auf ihn nicht der Schatten der schweren Niederlage seines Vorgängers fiel. Überdies wird man die Gründe für die Erhebung des Theodosius mit einem anderen Faktor in Verbindung bringen dürfen, obgleich die Quellen darüber schweigen: Angesichts der Krise des Reiches und der Verluste an Führungspersonal musste Gratian daran gelegen sein, möglichst viele qualifizierte Männer an sich zu binden, und zwar auch potentielle Gegner wie eben Theodosius, dessen Vater erst kurz zuvor hingerichtet worden war. Zudem darf man nicht vergessen, dass mit Eucherius ein Onkel und mit Syagrius ein entfernterer Verwandter des Theodosius nach wie vor zur Umgebung des Kaisers zählten. Sie dürften für den bewährten, etwa vierzigjährigen, also nach antiker Auffassung in der Blüte seiner Manneskraft stehenden Mann, ein gutes Wort eingelegt haben.

Was lässt sich festhalten? Den Fixpunkt bildet die Kaisererhebung am 19. Januar 379. Ohne Zweifel war Theodosius einige Wochen davor zum Feldherren ernannt worden. Wahrscheinlich erzielte er, bevor er Kaiser wurde, militärische Erfolge, zumal er sich in dieser Gegend auskannte. Doch seine familiäre Herkunft dürfte bei der Entscheidung Gratians ebenfalls eine Rolle gespielt haben. Gut möglich erscheint, dass er sich schon in der Gegend aufhielt, als Valens noch lebte. Es war also kein rasches ‚Kam, sah, siegte', was zum Erfolg des Theodosius führte, sondern eine für ihn günstige politische Konstellation, die sich teils zufällig herausgebildet hatte.

Die kurze Frist bis zu seiner Kaisererhebung bleibt bemerkenswert. Anscheinend meinte Gratian, der Osten benötige eine starke Hand mit persönlicher Autorität. Oder waren Theodosius und seine Leute bereits mächtig genug, um den Kaiser zu einer bestimmten Entscheidung zu zwingen?[23] Ganz leicht kann Gratian die Entscheidung nicht gefallen sein. Immerhin musste er einen Kollegen berufen, der älter und erfahrener war als er selbst, der ferner über eine beträchtliche Anhängerschaft im Westen, dem Reichsteil Gratians, gebot, der nicht zuletzt bereits einen Sohn hatte und damit einen dynastischen Anspruch anmelden konnte. Vielleicht beruhigte Gratian, dass dem neuen Kaiser die Anhängerschaft im Osten fehlte. Schließlich darf man fragen, ob es zu Theodosius überhaupt eine Alternative gegeben hätte, nachdem man einmal die Entscheidung getroffen hatte, für den Osten alsbald einen Kaiser auszurufen. Auf jeden Fall muss die Umgebung Gratians angesichts der heiklen Aufgabe lebhafte Diskussionen geführt haben, über deren Einzelheiten sich nur noch spekulieren lässt.

Theodosius erhielt die kaiserliche Würde (Abb. 2), und Gratian wurde im Westen gebraucht – dort wartete ein Alamannenkrieg auf ihn. Theodosius übte im Osten die Herrschaft ohne Kollegen aus. Ohne Einarbeitungszeit war er mit zwei schwerwiegenden Problemen konfrontiert: mit einem Krieg, der weiter den Balkan verwüstete, sowie mit der Aufgabe, im Osten, den er kaum kannte und der von vielen inneren Konflikten heimgesucht wurde, eine Anhängerschaft zu gewinnen. Die beiden Probleme können, obwohl sie ineinander griffen, hier getrennt behandelt werden. Ich beginne mit den Goten.

Abb. 2: Theodosius als Kaiser. Die Umschrift um das Porträt auf der Vorderseite lautet *D(ominus) N(oster) Theodosius P(ius) F(elix) Augustus*: Unser Herr Theodosius, fromm und erfolgsverwöhnt, *Augustus*; auf der Rückseite *Victoria* (Sieg) *Augg* (= zweier *Augusti*) um ein einträchtiges Kaiserpaar.

Friede mit den Goten

Am 17. Juni 379 ist Theodosius in Thessalonica bezeugt, einer weiteren prachtvoll ausgebauten kaiserlichen Residenz (Abb. 3). Offenbar hatten sich aus seiner Sicht die Verhältnisse in Thrakien so weit beruhigt, dass er sich in die Küstenstadt zurückziehen konnte, aus der er ja rasch zum Kriegsschauplatz gelangen konnte.[24] In Thessalonica suchten den Kaiser viele Bittsteller und Gesandte verschiedenster Körperschaften auf. Selbst mit den Streitereien um einen Rhetorik-Lehrstuhl in Antiochia wurde er anscheinend belästigt[25] – die Menschen im Reichsinneren hatten nach wie vor ganz andere Probleme als die Verteidiger der Grenze.

Allerdings erhielt der neu ernannte Kaiser auch prominenten Besuch: Themistios, der unter Constantius II. (337–361) und Valens einer der angesehensten Panegyriker gewesen war, begab sich im Namen des Senats von Konstantinopel zu Theodosius, um dort eine Ergebenheitsadresse vorzutragen. Schon zuvor, vielleicht noch in Sirmium, hatte der Senat Theodosius pflichtschuldig zur Kaisererhebung gratuliert; damals war Themistios aber unpässlich. Möglicherweise zog er es einfach vor, in eine sichere Stadt zu reisen.

Themistios trägt allerhand vor, um in Theodosius das Interesse an Konstantinopel zu wecken, aber er spart, seiner Pflicht gemäß, nicht mit Lob für den Kaiser. *Du hast das rasende, die ganze Landschaft am Fluss* (der

Abb. 3: Mosaikfries aus der Kirche Hagios Georgios in Thessalonica; die Architektur gemahnt an die eines Palastes, um 400.

Donau) *überrennende Volk der Sarmaten allein zurückgetrieben, nachdem du ihm mit einem geringen, gar nicht speziell ausgewählten Heeresaufgebot widerstanden hattest.*[26] Ähnlich wie später Theodoret suggeriert Themistios also einen sofortigen, durchschlagenden Erfolg des neuen Kaisers, nennt aber einen glaubhaften Namen. Denn das Gotenproblem war durch den Sieg über die Sarmaten natürlich noch nicht gelöst.

Immerhin hatte die Lage sich etwas beruhigt, denn Theodosius war keineswegs untätig geblieben und hatte eine Armee aufgestellt, eine ziemlich bunte Truppe allerdings. Bauern, Bergleute, ferner einige reguläre Einheiten von den Grenzen des Reiches wurden hier, so rasch es eben ging, zusammengeführt. Mehrere Gesetze zielten darauf, die Zahl römischer Rekruten zu steigern und allen Versuchen, sich der Armee zu entziehen, einen Riegel vorzuschieben. Dass auch eine erhebliche Zahl von Goten in den gut bezahlten römischen Militärdienst eintrat, überrascht keineswegs. Der Gedanke ‚nationaler' Loyalität war diesen Völkern weitgehend fremd. Aus Angehörigen fremder Völker scheint Theodosius ethnisch geschlossene Einheiten gebildet zu haben, die keine regulären Truppenbestandteile wurden, sondern als *foederati* Dienst taten.

Die Geschehnisse der folgenden Jahre sind außergewöhnlich schwer zu rekonstruieren, da unser wichtigster Informant Zosimos zwei verschiedene Überlieferungen verknüpft und es mitunter nicht zu bemerken scheint, wenn er dasselbe doppelt berichtet. Außerdem muss man bei ihm fortwährend damit rechnen, dass er seiner Feindseligkeit gegenüber Theodosius nachgibt und deswegen seine Quellen verfälscht. Die hauptstädtischen Chroniken sind zwar für diese Jahre einigermaßen gut erhalten, stehen jedoch umgekehrt unter Verdacht, die Verhältnisse zu beschönigen. Trotzdem erscheint es sinnvoll, mit ihnen zu beginnen. Demnach wurde am 17. November 379 in Konstantinopel ein Sieg über Goten, Alanen und Hunnen verkündet. 380 wiederum ist von Siegen sowohl Gratians als auch des Theodosius die Rede. Am 24. November soll Theodosius triumphal nach Konstantinopel eingezogen sein.[27]

Solche Siegesmeldungen überraschen nicht, sie gehörten zum Alltag der Zentren. Die eigentliche Überraschung folgt 381: Keine Siegesmeldung. 382 dagegen heißt es: *Das gesamte Volk der Goten ergab sich mitsamt seinem König dem Römischen Reich.*[28] Ein großartiger römischer Erfolg scheinbar – und das ohne einen militärischen Sieg unmittelbar zuvor?

Was die Chronik über Siege verkündet, vermittelt einen allzu günstigen Eindruck. Für die Jahre ab 379 hört man von einem wechselhaften Kriegsgeschehen. Den größten Erfolg scheint der Heermeister Modares errungen zu haben, ein Mann gotischer Herkunft, vielleicht sogar ein Verwandter Athanarichs, der wohl erfolgreicher war als sein Kaiser. Ihm gelang es, wahrscheinlich 380, eine größere Einheit gotischer Plünderer zu vernichten, allerdings, wenn man Zosimos trauen will, nur dank einer List: Er überraschte die betrunkenen Goten im Schlaf.[29] 381 vermochte Theodosius persönlich die Skiren, Hunnen und Karpodaker über die Donau zurückzuwerfen – immerhin etwas, aber offenbar nicht bedeutsam genug, um in den hauptstädtischen Chroniken Erwähnung zu finden. Zudem scheint irgendwann eine Seuche die Goten befallen und ihren Rückzug veranlasst zu haben.

Soweit zu den römischen Erfolgen. Denen standen schwere Rückschläge gegenüber: Fast wäre Theodosius selbst 380 von Goten gefangen worden, wenn nicht seine Soldaten ihm durch aufopfernden Widerstand die Flucht ermöglicht hätten. Die neugeformte kaiserliche Armee wurde teils aufgerieben, teils zersprengt. Theodosius selbst zog sich wieder in das wehrhafte Thessalonica zurück und sicherte die übrigen Städte vor Angriffen. Die Barbaren drangen weit in den Süden vor, erwiesen sich aber neuerlich als unfähig, fachgerechte Belagerungen durchzuführen.

Diese Episode wirft wie so manche andere Beobachtung kein gutes Licht auf die Befähigung des Theodosius als Militär, doch zu seiner Ehre muss gesagt werden, dass ein dramatischer Mangel an geeigneten Soldaten ihn hemmte. Und seine Verordnungen zur Auffüllung des Heeres mit geeigneten Soldaten konnten 380 gewiss noch nicht greifen. Nach seiner

Niederlage gegen die Goten in diesem Jahr, die seine zusammengewürfelten Truppen dezimiert hatte, blieb Theodosius eine große Peinlichkeit nicht erspart: Er musste seinen Kollegen, Gratian, um Hilfe ersuchen. Der Mann, der zum Kaiser erhoben worden war, um die Dinge im Osten zu richten, schien militärisch gescheitert. Und dann wurde er auch noch krank, wie es scheint todkrank.

Gratian gewährte dem Kollegen großzügig Hilfe. Bauto und Arbogast, wieder zwei Germanen und erfahrene Feldherren, übernahmen die Führung der Truppen, und erneut gelang es, die Goten nach Norden zurückzudrängen.[30] Immerhin scheint bei diesem Feldzug Theodosius mit ausgerückt zu sein, doch die entscheidenden Erfolge werden nicht ihm zugeschrieben. Und immer wieder drangen Goten nach Süden vor. An das eigentliche Ziel, dieses Volk einfach wieder über die Donau zu jagen oder gewaltsam unschädlich zu machen, war offenbar nicht mehr zu denken. Wäre Theodosius zu diesem Zeitpunkt gestorben: Alle wären sich bis heute einig: Gratian hatte einen völlig ungeeigneten Mann ausgewählt.

Besser sah es in Illyricum aus, das als einer der Kriegsschauplätze zunächst Theodosius zugeordnet worden war.[31] Eine Gruppe von Goten zog donauabwärts, um dort in das Reich einzufallen und weiter nach Westen vorzudringen. Den Römern gelangen gewisse Abwehrerfolge, sodass der Westkaiser mit ihnen 380(?) einen Vertrag schloss. Möglicherweise, aber eher unwahrscheinlich sollten die Goten im pannonischen Raum angesiedelt werden.[32] Auf jeden Fall hatte man der diplomatischen vor der militärischen Lösung den Vorzug gegeben. Die Barbaren konnten zufrieden sein. Sie lebten jetzt im Wohlstandsraum des Imperium Romanum, und die Römer hatten ihrerseits neue, wehrfähige Untertanen gewonnen. Die Fehler, die man sich vor Adrianopel geleistet hatte, begingen die römischen Beamten jetzt gewiss nicht noch einmal. Es ist gut denkbar, dass die Beruhigung Illyriens als vorbildlich empfunden wurde.

Immerhin konnte Theodosius seinerseits bald einen großen, ja fast sensationellen Erfolg vorweisen: Ausgerechnet Athanarich, der einst Valens zu einem Kompromiss gezwungen hatte, zog am 11. Januar 381 nach Konstantinopel ein. Er hatte sich ja vor der Donauüberquerung von Fritigern getrennt und nun wegen innerer Konflikte auch von seinen eigenen Leuten. Auf unbekannten Wegen schlug er sich zu den Römern durch. Damit hatte Theodosius zwar noch längst nicht Fritigern besiegt, aber den berühmtesten Gotenherrscher in seiner Hand. Themistios triumphierte: *So wie der Magnet bewegungslos Eisen anzieht, so hast du ohne Mühe den gotischen Herrscher angezogen. Aus freien Stücken kommt er, der vordem anmaßend und stolz war, zu dir, als Bittsteller in die kaiserliche Stadt.*[33]

Theodosius reagierte souverän: Er empfing Athanarich mit allen Ehren und ließ es sich nicht einmal nehmen, ihm hochachtungsvoll entgegenzugehen. Vielleicht hätte er ihn gerne als Vermittler gegenüber den Goten verwendet, vielleicht sogar als Rivalen gegen Fritigern aufgebaut, um jene Goten zu spalten, die auf römischem Boden standen; doch das Schicksal machte ihm einen Strich durch die Rechnung. Athanarich starb nur vierzehn Tage nach seinem Einzug, vielleicht sogar eines natürlichen Todes, denn er war ein alter Mann. Theodosius ehrte ihn mit einem großzügigen Staatsbegräbnis. Auch wenn er den gotischen Anführer nicht mehr als Marionette verwenden konnte, hatte er den Goten zumindest seinen Friedenswillen und seine Versöhnungsbereitschaft verdeutlicht. Die Lektion war, dass man mit einer ehrenvollen Behandlung seitens der Römer rechnen konnte, wenn man sich ihnen unterwarf.

Welche Jubelgefühle der Empfang Athanarichs weit über Konstantinopel hinaus auslöste, zeigen die Worte des Bischofs Ambrosius in Mailand, der den diplomatischen Triumph des Theodosius aus dessen rechtem Glauben erklärt: *Den Feind selbst, den Richter der Könige, den es* (sc. Konstantinopel) *stets gewohnt war zu fürchten, sah es unterworfen, empfing es als Bittsteller, bedeckte es als Sterbenden, nahm es als Begrabenen in Besitz.*[34] Später sollte Theodosius diesen Ambrosius noch von einer ganz anderen Seite kennen lernen.

Eine Geste wie die Ehrung Athanarichs war kein militärischer Erfolg. Die Goten hatten ihre Erfahrungen mit der Verlässlichkeit römischer Politiker gesammelt, und sie mussten weiterplündern, denn anders vermochten sie nicht zu überleben, da ihnen ja bislang keine feste Ansiedlung möglich gewesen war. Aber es wurden Gespräche aufgenommen. Und das eigentlich merkwürdige Fehlen von Siegesmeldungen aus dem Jahr 381 erklärt sich vielleicht aus eben solchen Friedensbemühungen. Wahrscheinlich stießen die Römer und Goten mancherorts aufeinander, aber beide Seiten hatten ein Interesse daran, den Konflikt zu begrenzen.

Theodosius vertraute die Verhandlungen seinem dienstältesten General, Saturninus, an, der schon Erfahrungen mit diesem Feind gesammelt hatte. Schließlich, am 3. Oktober 382, wurde ein Abkommen zwischen Römern und Goten geschlossen. Merkwürdig ist, dass der Name Fritigern nicht mehr fällt. War er in der Zwischenzeit gestorben? Oder ist das auf die notorische Lückenhaftigkeit unserer Quellen zurückzuführen? Die Frage bleibt offen. Theodosius erwies sich dem Verhandlungsführer dankbar: Saturninus wurde für das nachfolgende Jahr 383 zum Consul erhoben. Das war an sich schon eine wertvolle Belohnung, sie wurde dadurch noch gesteigert, dass der Kaiser höchstpersönlich auf die Consulwürde verzichtete, die ihm im Jahre seines fünfjährigen Regierungsjubiläums zugestanden hätte. Die Erleichterung in Konstantinopel war groß und Themistios gibt ihr in einer Rede, die er aus Anlass des Consulatsantritts des Saturninus in Anwesenheit des Hofes und des Senates, aber auch einiger Goten vortrug, lebhaft Ausdruck:

Kaum war er (sc. Saturninus) *erschienen und hatte die Gnade seines Entsenders gezeigt, unterwarf sich ihre Tollkühnheit; ihr Wagemut war dahin, ihre Leidenschaft beruhigte sich. Von selbst fiel das Schwert aus ihren Händen. Sie folgten ihm, als er sie zum Kaiser führte, wie bei einem festlichen Umzug, wobei sie den Erdboden ehrfurchtsvoll behandelten, gegen den sie vorher gewütet hatten, und die Überreste wie Heiligtümer schonten. Sie führten allein die Schwerter mit sich, die sie dem Kaiser anstatt der Olivenzweige von Bittstellern überreichen wollten. Im Übrigen waren sie unbewaffnet und friedfertig, bezwungen durch Einsicht, nicht durch körperliche Gewalt.*[35]

Hier wird einiges schöngeredet. Themistios mochte behaupten, die Goten hätten sich unterworfen, das jedoch, was über den Inhalt des Abkommens bekannt ist, weist in eine ganz andere Richtung: Offenbar befanden die Goten sich trotz aller Rückschläge in einer starken Verhandlungsposition und nötigten den Römern erhebliche Zugeständnisse ab. Das begann bei dem von Themistios selbst erwähnten Recht, auf dem Weg zum Kaiser die Schwerter mit sich zu führen, und setzte sich in einigen wesentlichen Vertragselementen fort, die sich rekonstruieren lassen.

Folgende Elemente lassen sich aus den zerstreuten, oft wenig präzisen Quellen herausziehen[36]: Die Goten wurden als *foederati* ins Reich aufgenommen, und zwar nicht in einer fernen Gegend wie Ägypten, sondern im Bereich der Donau, wahrscheinlich hauptsächlich in der *Moesia secunda*, vielleicht jedoch auch in Makedonien. Allerdings wurden sie anders als sonstige *foederati* behandelt: Sie durften nach ihren eigenen Gesetzen leben und erhielten steuerfreies Siedlungsland in dem Provinzialgebiet zwischen Donau und Haemus, wo sie sich bereits festgesetzt hatten. Möglicherweise wurden sie bei Römern einquartiert und ernährten sich von deren Arbeit. Außerdem erhielten sie Jahrgelder. Sie leisteten ihrerseits – und das war aus römischer Sicht gewiss das Wichtigste – unter gewissen, nicht sicher zu ermittelnden Voraussetzungen Heeresfolge gegenüber den Römern und mussten sich auf der höheren Ebene römischen Kommandeuren unterstellen. Das Ganze wurde recht teuer für Rom, Hauptleidtragende waren die Bewohner des Balkans, die die mächtigen Fremden neben sich dulden mussten. Der römische Staat indessen gewann das, was ihm wirklich wichtig war: neue Soldaten.

Dieses Abkommen, durch das die Goten eine erheblich bessere Stellung erlangten, als ihnen 376 konzediert worden wäre, gilt weithin als ein entscheidender Schritt zur Auflösung des Imperium Romanum: Noch nie war ein so zahlreiches Volk auf römischem Boden angesiedelt worden; selten wurde gestattet, dass Barbaren so dicht an ihren früheren Siedlungsgebieten jenseits der Grenze und in einer relativen Geschlossenheit lebten. Auch die sonstigen Bedingungen, zumal die weitgehende Autonomie, waren ungewöhnlich günstig. Doch wieder ist vor Übertreibungen in der Bewertung zu warnen.[37] Grundsätzlich muss man Vorsicht üben, wenn man lange Linien der römischen Völkerrechtsgeschichte zieht. Was an außenpolitischen Verträgen im 4. Jahrhundert formuliert wurde, entsprang nicht dem Streben nach juristischer Systematisierung, sondern konkreten Umständen. Mit dem Abkommen von 382 reagierte Theodosius darauf, dass er es einerseits mit unüberwindlichen Gegnern zu tun hatte, die bereits auf Reichsboden standen, und dass er andererseits dringend zusätzliche Soldaten benötigte. Aus dieser heiklen Situation musste er das Beste machen. Außerdem gab es ja durchaus schon Präzedenzfälle, welche die Ansiedlung von fremden Völkern auf römischem Boden vorsahen, vielleicht jüngst erst in Illyrien. Das Abkommen bewegte sich, soweit sich dies aus den verstreuten Quellen ersehen lässt, somit im Rahmen einer – allerdings wohl bei kleineren Völkerschaften – entwickelten Praxis. Indem man Illyrien bald wieder mit der Präfektur Italien vereinte und somit unter westliche Herrschaft brachte, wurde Normalität signalisiert.[38]

Indem die Römer die Goten, von deren militärischer Stärke sie sich überzeugt hatten, zu ihren Soldaten machten, gewannen sie an Kraft und stellten eine gewisse Rechtssicherheit her. Das Kernproblem ließ sich ohnehin nicht mehr beseitigen: Man bekam die Goten einfach nicht mehr weg. Nicht übersehen sollte man zudem, dass die Römer das Arrangement als provisorisch betrachteten. Man wiegte sich sogar in der Hoffnung, die Bündner würden irgendwann Steuern zahlen. In Konstantinopel wurde das Abkommen als römischer Sieg inszeniert und als Unterwerfung der Goten, was formal möglicherweise korrekt war. Denn gotische Anführer überreichten symbolisch einige Waffen, wobei sicherlich jedermann wusste, dass die Eindringlinge gerüstet blieben.

In seiner Rede auf Saturninus stellt Themistios den Friedensschluss in einen weiteren Zusammenhang und verleiht ihm philosophische Größe. Als neuer Kaiser habe Theodosius erkannt, dass nach den schweren Niederlagen der Römer ihre Stärke nicht mehr auf Waffen beruhe, sondern auf ihrem überlegenen Verstand. Er habe gesehen, dass die *Vergebung von Untaten sinnvoller sei als der Kampf bis zum Äußersten.*[39] Dann habe er Saturninus entsandt, und wie einst der mythische Sänger Orpheus selbst wilde Tiere besänftigt habe, habe Theodosius durch Saturninus die Barbaren beruhigt. Das Ziel des Kaisers sei gar nicht gewesen, die Feinde zu vernichten, sondern sie zu bessern.

Wäre es denn sinnvoller, Thrakien mit Toten statt mit Bauern zu füllen, es mit Gräbern zu bedecken statt mit Menschen, durch eine Wildnis statt über bestelltes Land zu gehen, die Hingeschlachteten statt der Pflügenden zu zählen?[40] Solche Fragen verneint der moderne Betrachter schnell und gerne; sie können jedoch vor dem Hintergrund der gewalttätigen Welt der Spätantike überraschen. Bei Themistios sind sie allerdings nicht neu. Das Konzept der Philanthropia, Menschenliebe, bildet ein Leitmotiv seines Denkens, und diese bezieht sich nicht allein auf die römischen Untertanen, sondern auch auf die Barbaren.[41] Die Rechtfertigung der Politik des Theodosius durch Themistios ist also nicht allein aus der Not des Augenblicks geboren und man sollte sie nicht als Heuchelei abtun.

Theodosius passte sie gut ins Konzept. Tatsächlich ließe sich sein Verhalten verschiedentlich vor dem Hintergrund der Idee der Philanthropia erklären, und er präsentierte sich gerne als milder Kaiser. Doch schreckte er bei anderen Gelegenheiten nicht davor zurück, ein Gemetzel zu veranstalten. Wenn er sich auf Philanthropia bezog, hatte das eine konkrete Funktion, so auch in dieser Rede, bei deren Formulierung Themistios gewiss die Vorstellungen des Kaisers im Kopf hatte. Es war nun einmal kein klarer Sieg errungen worden; da war der Gedanke der Philanthropia eine Möglichkeit, den Teilerfolg schönzureden und den Römern ihr Überlegenheitsgefühl zu bewahren. Mit einem Hymnus auf die friedfertige, milde, die Schwachen schützende Herrschaft des Theodosius endet der Festvortrag.

Die Feiern für den Frieden mochten über einige Tage das Leben in Konstantinopel prägen, dann musste der Vertrag sich bewähren. Selbst Skeptiker dürften zunächst beeindruckt gewesen sein. Indem er gotische Anführer der Tischgemeinschaft würdigte, band der Kaiser sie weiter an sich, zumal die verschiedenen Goten miteinander rivalisierten. Auch dies ist ein neuer Stil im Umgang mit den Barbaren, der allerdings wenig Nachahmer fand.

Der mittelfristige Erfolg des Abkommens ist unbestreitbar. In den folgenden neun Jahren blieb es auf dem Balkan verhältnismäßig ruhig, obgleich der eine oder andere Vorstoß von Barbaren zu verkraften war.[42] Die westgotischen Ansiedler hielten Ruhe, was ihren ureigensten Interessen entsprach, ebenso wie ihnen an der Verteidigung der Donaugrenze gelegen sein musste. Genauso wenig wie die Römer wollten sie Opfer der Vorstöße von Völkern aus den Weiten jenseits der Reichsgrenzen werden. Gemeinsam besiegte man die Barbaren. Das Römische Reich erschien auch nach der Niederlage von Adrianopel Zuwanderern attraktiv, aber seine Militärs waren jetzt auf der Hut und wehrten missliebige Gäste frühzeitig ab. Gelegentliche Einbrüche der Barbaren, etwa wenn die Donau zugefroren war, konnten sie indessen nicht verhindern.

Man kann jedoch damit rechnen, dass trotz der aussichtsreichen Zusammenarbeit das Verhältnis von Goten und Römern keineswegs spannungsfrei war. Das illustriert eine Episode, die wieder einmal von Zosimos überliefert und gewiss in manchem überzeichnet ist: In Tomi am Schwarzen Meer standen römische Truppen unter dem Oberbefehl eines gewissen Gerontius. Vor der Stadt lag eine Eliteeinheit von Goten, die auffälligerweise nicht in Tomi selbst untergebracht war. Wollte man für den Fall eines Aufstandes ein Netz von römischen Befestigungen halten, die für die Goten uneinnehmbar gewesen wären? Selbst wenn diese, die Goten diskriminierende Schutzmaßnahme getroffen worden war, fühlten die Römer sich benachteiligt: Die Goten erhielten besseren Proviant, und wahrscheinlich neidete man ihnen auch die goldenen Halsbänder, die ihnen der Kaiser als Ehrengaben gewährt hatte. Außerdem bedrängten sie die Provinzialen und verhielten sich unbotmäßig gegenüber dem römischen Befehlshaber, dem sie formal unterstellt waren. Das wollte Gerontius sich nicht länger bieten lassen, doch seine eigenen Truppen zögerten, gegen die gefährlichen Barbaren vorzugehen.

Da entschloss Gerontius sich – wohl im Jahre 386 –, an der Spitze eines Häufleins Getreuer vor die Stadtmauer zu gehen und die Goten anzugreifen. Bald wurde er handgemein. Angesichts seiner Erfolge und seiner Tapferkeit *entsannen sich diejenigen, die oben von der Mauer her die Heldentaten ihres Anführers verfolgten, des Ruhmesnamens der Römer*. Auch sie zogen vor die Mauern und veranstalteten unter den überraschten Goten ein Gemetzel. Am Ende stand so etwas wie ein Sieg der Römer – allerdings über nominelle Verbündete. Gerontius fühlte sich als Vorkämpfer gegen die gotische Gefahr und erhoffte eine entsprechende Belohnung. Doch Theodosius war aufgebracht. Knapp entging Gerontius einer Hinrichtung, angeblich nur deswegen, weil er sein ganzes Vermögen aufwendete, um die Eunuchen im Umkreis des Kaisers zu bestechen.[43]

Zosimos zeigt sich über das Verhalten des Kaisers empört und beweist damit, dass er von der römischen Herrschaftslogik wenig versteht. Hätte Theodosius ein Massaker unter den Goten ungesühnt gelassen, hätte er diejenigen verloren, die ihn nach allen Erfahrungen als Einzige in die Lage versetzten, die Entwicklungen auf dem Balkan einigermaßen unter Kontrolle zu halten. Kein römischer Offizier durfte zudem aus eigenem Ermessen, ohne Zustimmung des Kaisers, eine solche Tat durchführen. Nach den Kriterien der Zeit hätte Gerontius die Todesstrafe verdient und konnte über den glimpflichen Ausgang froh sein.[44]

Selbst die Bewohner Konstantinopels, wo inzwischen viele Goten, und nicht nur Soldaten, lebten, bekamen die Rücksichtnahme des Kaisers auf die Goten zu spüren: Als sie einen Goten lynchten und ins Meer warfen – ihn damit sogar eines angemessenen Begräbnisses beraubten –, entzog ihnen der Kaiser die regelmäßige Kornspenden. Zwar nahm er den Befehl nach einigen Stunden wieder zurück, doch sogar bis Antiochia hatte man von dieser Besorgnis erregenden Begebenheit gehört.

Der kaiserliche Einsatz für die Goten schien sich aufs Ganze gesehen auszuzahlen: Im Jahre 388 leisteten einige ihrer Truppen Theodosius Heeresfolge gegen den Usurpator Maximus, obwohl andere sich aufrührerisch verhielten. Ein Aufstand der Jahre 391/2 wurde, wenn auch mit Mühe, niedergeschlagen. Bemerkenswerterweise nutzte Theodosius nicht die Möglichkeit, die gotischen Truppen aufzureiben, sondern schloss mit ihnen einen Vertrag. 394 marschierten die Goten in einem weiteren Bürgerkrieg, diesmal gegen Eugenius auf der Seite des Theodosius und zahlten einen hohen Blutzoll. Allerdings scheinen diese schweren Verluste die Goten verärgert zu haben. Nach dem Tode des Theodosius 395 brach das Unheil los: Der Balkan und Griechenland wurden geplündert, dann wandten die Goten sich nach Westen, um 410 Rom zu erobern und schließlich in Gallien und auf der Iberischen Halbinsel ein eigenes Königreich zu begründen. Ob man den Vertrag von 382 für diese aus römischer Sicht in der Tat desaströse Entwicklung verantwortlich machen darf, steht dahin. Im Jahre 383 konnte jedenfalls niemand bestreiten, dass es Theodosius gelungen war, eine tückische Gefahr zu bannen. Wenn man jedoch im fernen Antiochia tönte, Theodosius habe die Goten zu Sklaven gemacht,[45] so wurde das Eigengewicht der Goten unterschätzt. Sie blieben ein wichtiger Faktor der Politik, und die Römer sollten das noch leidvoll erfahren.

Die Gewinnung des Ostens

Wir haben zeitlich weit vorgegriffen; denn noch ist die Innenpolitik der ersten Jahre des Theodosius zu beleuchten. Sein Amtsantritt stand unter schlechten Vorzeichen. Er hatte sich nicht nur eines schlimmen äußeren Feindes zu erwehren, er musste sich überdies in einer Gegend des Römischen Reiches durchsetzen, die ihm kaum vertraut war. Den griechischsprachigen Teil des Imperiums hatte er, soweit man weiß, nie besucht. Sein Griechisch kann nicht besonders gut gewesen sein. Er besaß allem Anschein nach keine nennenswerten persönlichen Kontakte in diesen Reichsteil.[46] Und das wog in einer Gesellschaft, in der personale Verbindungen ein entscheidendes Machtmittel bildeten, sehr schwer.

Immerhin konnte niemand seine Legitimität bestreiten. Theodosius war vom regierenden Kaiser vor der Heeresversammlung erhoben worden, und der Senat hatte ihn anerkannt. Allerdings erwartete man von einem Kaiser, dass er sich bewähre. Gerade militärische Erfolge bezeugten die Gunst der Götter oder des Gottes. Doch die kriegerischen Meriten des Theodosius kann man allenfalls bescheiden nennen. Zwar vermochte ein Kaiser sich die Taten eines untergebenen Generals – wie etwa Modares – an die Fahnen zu heften, er durfte auch, wie es Theodosius getan hatte, fragwürdige Siege nach Konstantinopel verkünden, aber die Insider wussten, was davon zu halten war. Theodosius hatte also eine Schwäche auszugleichen, und er musste mit Umsicht agieren.

Eines tat Theodosius, womit er sich deutlich sowohl von dem cholerischen und brutalen Valentinian I. als auch von dem aufbrausenden Valens absetzte. Er gab sich – das bestreiten nicht einmal seine Gegner – freundlich, und das, obwohl man an ihm einen Hang zum Jähzorn beobachtete. Das unterscheidet ihn von dem herkömmlichen, viel zu einseitigen Bild des spätantiken Kaisers: Oft heißt es ja, dieser habe sich markant von seinen Untertanen abgesetzt, bewegungslos und starr sei er ihnen begegnet. Nur über mehrere Stufen habe man sich im nähern können, alles sei getan worden, um ihn der irdischen Sphäre zu entrücken – und das ist partiell richtig. Der sich entwickelnde Palastkomplex von Konstantinopel etwa war durch seine ganze räumliche Anlage darauf ausgerichtet, dem Besucher den Respekt vor dem Kaiser einzuflößen. Aber das ist nur die eine von vielen Formen kaiserlicher Selbstdarstellung. Gerade vor jenem Hintergrund fiel es auf und war eine sinnfällige politische Geste, wenn ein Kaiser sich freundlich, den Menschen zugewandt gab. So konnte Theodosius hoffen, ihre Herzen zu gewinnen, wenn er der Bevölkerung schon nicht durch militärische Leistungen zu imponieren vermochte.

Noch andere Maßnahmen verstärkten den Eindruck eines gütigen Herrschers. Anscheinend verzichtete er zumindest in den ersten Jahren seiner Herrschaft darauf, Todesstrafen auszusprechen. Ein solches Verhalten des Kaisers wurde weithin erwartet, aber selten vorgelebt. Normalerweise gehörten Hinrichtungen zum gängigen Kanon der Sanktionen des spätantiken Rechts. Umso deutlicher inszenierte Theodosius mit dem Verzicht darauf seine Milde, die nicht nur Christen, sondern auch Heiden ansprach. Ebenso wenig pflegte er seine Feindschaften. Nichts hört man darüber, dass er an denjenigen Rache geübt hätte, welche die Hinrichtung seines Vaters auf ihrem Gewissen hatten – möglicherweise allerdings lediglich deswegen, weil diese bereits gestürzt waren.

All das allein wäre, so sympathisch es aus moderner Sicht anmuten mag, zu wenig gewesen, um die Untertanen von seinen Herrscherqualitäten zu überzeugen. Theodosius musste konkretere Maßnahmen treffen, um die militärischen und zivilen Eliten, ferner die städtische Bevölkerung von sich zu überzeugen.

Zunächst zu den militärischen Eliten: Sie besaßen eine überragende Bedeutung für das Römische Reich. Und gerade ihnen gegenüber war die militärische Schwäche des Theodosius, der doch aus Anlass seines Sarmatensieges zum Kaiser erhoben worden war, peinlich. Immerhin befand er sich in der glücklichen Lage, dass es im Osten nach wie vor keinen ernsthaften Konkurrenten um den Thron gab. Auch der erfolgreiche Modares konnte ihm nichts anhaben. Denn er war zwar vornehmen Geblüts und römischer Heermeister, kam aber wegen seiner gotischen Abkunft für das Kaiseramt nicht in Frage; vielmehr war er auf die Unterstützung des Theodosius angewiesen, da echte Römer ihn verachteten. Die anderen erfolgreichen Heerführer, Bauto und Arbogast, waren ebenfalls Germanen, zudem Untergebene Gratians; daher ging auch von ihnen keine Gefahr aus. Dasselbe gilt für Hellebich, der wohl als ein später Nachfolger des Julius sein Amt 382/3 antrat und möglicherweise die Goten, die über ihren Schlächter Julius erregt gewesen sein müssen, beruhigen sollte.[47]

Ansonsten beließ Theodosius diejenigen Heermeister, die die Schlacht von Adrianopel überlebt hatten, zunächst im Amt, setzte also auf Kontinuität. Zwei Namen, die beide schon Erwähnung fanden, ragen unter ihnen heraus, Saturninus und Richomeres. Saturninus war wie der Vater des Theodosius ein Römer, der einen herausragenden Posten im Heer erlangt hatte. Er besaß allerdings auch nur eine beschränkte Machtbasis, da er keinem der großen Geschlechter entstammte, sondern sich in der römischen Armee hochgedient hatte. Zudem war er zu alt, um noch Ambitionen für die Herrscherstellung zu hegen. Jedenfalls ließ er sich bereitwillig in die Politik des Kaisers einbinden. Er war es ja, der den Frieden von 382 ausgehandelt hatte und mit dem Consulat des Jahres 383 belohnt worden war.

Der zweite, jüngere Heermeister war Richomeres, der sich im Vorfeld der Schlacht von Adrianopel ausgezeichnet hatte. Ihm war vom Kaiser schon zu Beginn des Jahres 383 der Consulat für 384 zugesagt worden – für welche Verdienste, das ist nicht sicher. Auf jeden Fall wurde auch er in die Führungselite integriert. Offenbar war es Theodosius wichtiger, einen hohen Militär zufrieden zu stellen, als die Gefühle der Senatoren zu schonen, die mit ansehen mussten, wie er einen Mann nichtrömischer Herkunft zu einer Würde erhob, welche die erhabensten römischen Traditionen verkörperte. Von vornherein installierte Theodosius seine eigenen Leute, und seit dem Jahre 383 war die Militärspitze ausschließlich mit Theodosianern besetzt.

Theodosius ergriff ferner Maßnahmen, die allen höheren Offizieren genehm sein mussten. So ergingen, wie erwähnt, seit dem Winter 379/80 mehrere Gesetze, die stärker, als es unter Valens geschehen war, darauf abzielten, geeignete Rekruten zu gewinnen, unwürdige Elemente aber von der Armee fern zu halten. Überdies verhängte der Kaiser schwere Strafen gegen die Selbstverstümmelung Wehrpflichtiger sowie gegen Deserteure und diejenigen, die sie versteckten – manch ein Gutsherr nahm einen entlaufenen Soldaten gerne auf, um dem notorischen Arbeitskräftemangel mit einem kräftigen Mannsbild beizukommen. Diese Gesetze werden gerne ausschließlich aus den militärischen Notwendigkeiten erklärt, aber sie hatten sicherlich noch eine andere Funktion: Sie demonstrierten den

Militärs, wie ernst der Kaiser ihre Probleme nahm und wie energisch er sich um deren Lösung bemühte. Dass den Missständen abgeholfen wurde, lässt sich übrigens nicht erkennen. Es handelte sich um ein strukturelles Problem, dem man mit Einzelmaßnahmen nicht beikam.

Eine rätselhafte Passage bei Zosimos erweckt den Eindruck, Theodosius habe die Zahl der hohen militärischen Ämter vermehrt und dadurch die Korruption gefördert. Dies lässt sich trotz unserer relativ guten Kenntnisse über die militärische Spitze des Reiches empirisch nicht nachweisen, jedoch ebenso wenig ausschließen.[48] Wenn aber Theodosius tatsächlich eine merkliche Vermehrung militärischer Posten durchgesetzt haben sollte, so wäre das taktisch klug gewesen, da er so viele Wünsche befriedigt und zugleich die Macht der einzelnen Kommandeure beschnitten hätte.

Es bleiben viele Fragezeichen; aber eines, das Entscheidende lässt sich festhalten: Vom östlichen Militär ging für Theodosius in keiner Phase seiner Regierung eine Gefahr aus; insofern war seine Politik erfolgreich. Ob sie dem Reich nützte – das ist schwer zu ermessen.

Neben der militärischen Elite war im Römischen Reich die zivile Elite zu berücksichtigen. Ihre Angehörigen dienten, sofern sie Ämter bekleideten, teils in den Provinzen auf verschiedenen Statthalterposten, teils in der zentralen Verwaltung am Hof. Die Zahl der Überschneidungen zwischen beiden Gruppen war gering. Immerhin gab es Militärs, die auch zivile Ämter bekleideten. So wurde Saturninus Consul – was man immerhin auf seine militärisch-diplomatischen Erfolge zurückführen konnte –, hatte zuvor aber ein hohes Hofamt inne. Zahlreiche Männer jedoch, die hohe zivile Ämter bekleideten und in den Senat eintraten, hatten das Militär nie kennen gelernt.

Sie waren zumeist hochgebildet und ziemlich reich, hatten in ihrer Heimat oft einen starken Rückhalt und gute Kontakte. Dem Kaiser gegenüber besaßen sie dennoch weitaus weniger Eigengewicht als die Militärs mit der Macht ihrer Truppen. Wenn sie nach politischen Wirkungsmöglichkeiten, nach Ämtern strebten, waren sie auf die Gunst des Herrschers angewiesen. Er holte natürlich die Ratschläge von Vertrauensleuten ein und folgte gerne ihren Empfehlungen, aber es lag allein in seiner Gewalt, die Ämter zu verteilen. Wie würde Theodosius sich ihnen gegenüber verhalten? Würde er einzelne Geschlechter bevorzugen? Würde er bestimmte religiöse Richtungen diskriminieren? Würde er etwa den Aufsteigern aus den Rechtsschulen eine Chance geben, sie gar den Sprösslingen der großen Familien vorziehen? Musste man jetzt mit Westlern rechnen, die kaum Griechisch konnten?

In den vornehmen Häusern Konstantinopels, auf den Foren und im Hippodrom, in den Kirchen und an den alten Kultstätten, wird man in den ersten Monaten der Herrschaft des Theodosius eifrig darüber gerätselt haben. Der neue Herrscher war für die vornehmen Konstantinopolitaner ein unbeschriebenes Blatt, da ihm eben die Kontakte in den Osten weitgehend fehlten. Man wusste wahrscheinlich um die Karriere seines Vaters und um ihr plötzliches Ende. Aber das besagte wenig über den Sohn.

An der Benennung des Theodosius für das Herrscheramt war der Senat von Konstantinopel natürlich nicht beteiligt worden. Da man sich dort gleichwohl der Tradition gemäß als Kaisermacher fühlte, bestätigte man gewiss seine Ausrufung mit einem formellen Beschluss. Man beeilte sich jedenfalls, eine Delegation zu entsenden, um die Bestätigung der Wahl unter eifrigen Gratulationen vorzutragen.

Mit Stirnrunzeln wird man in diesen Kreisen, die gerne das eine oder andere von den Steuereinnahmen für sich abzweigten, zur Kenntnis genommen haben, dass die ersten Gesetze des Theodosius fiskalische Fragen betrafen und darauf angelegt waren, die staatlichen Einnahmen durch eine straffere Organisation zu erhöhen. Solche Maßnahmen gehörten zu den unvermeidlichen Folgen eines Krieges. Allerdings verfolgte Theodosius sie mit besonderer Energie. Umso wichtiger war es, enge Beziehungen zu ihm aufzubauen. Im Sommer begab sich, wie erwähnt, der gefeierte Redner Themistios in die kaiserliche Residenz. Er wollte mit seiner Rede nicht nur gratulieren, sondern auch bestimmte Anliegen vortragen. Der Kaiser möge Konstantinopel besuchen, die alten Privilegien der Stadt bestätigen und ihren Senat mit dem des alten Rom gleichstellen.

Das waren nachvollziehbare Wünsche. Theodosius hielt sich indessen bedeckt. Vor allem musste der Kaiser die Reise nach Konstantinopel aufschieben, weil er in der Nähe der Kriegsschauplätze dringender gebraucht wurde. Erst am 24. November 380 zog er in die Stadt ein. Dass Theodosius sich bereits vorher, im November 378 in Konstantinopel aufgehalten haben soll,[49] leuchtet hingegen nicht ein. Der damalige Feldherr war angesichts der Not des Reiches gewiss mit anderem beschäftigt als mit Besuchen in dieser nur administrativ, nicht aber militärisch wichtigen Stadt. Außerdem hätte Themistios ein solches Ereignis in seinen Reden gewiss aufgebauscht.

Mit seinem Einzug nach Konstantinopel aber begann eine lange Geschichte der Aufwertung der Stadt, die Theodosius zu seiner Residenz machte und die er nur angesichts dringender Notwendigkeiten verließ. Am Ende seiner Regierungszeit kann man Konstantinopel tatsächlich als Hauptstadt des Oströmischen Reiches bezeichnen, und es sollte bis zum Ende des Byzantinischen Reiches diesen Rang bewahren. Das jedoch war in den ersten Jahren nicht absehbar.

Geradezu enttäuschend muss für die hohen Herren Konstantinopels die Ämterbesetzung verlaufen sein. Denn alle entscheidenden Posten vergab Theodosius an Männer aus dem Westen.[50] Vielleicht fügte er sich mit der

Bevorzugung der Westler auch Wünschen seines Kollegen, jedenfalls war sein erster Prätorianerpräfekt für den Osten, Quintus Clodius Hermogenianus Olybrius, ein Mitstreiter Valentinians I. gewesen, ebenso sein Nachfolger Neoterius, der nach dem Ende seiner Amtszeit sogar in den Westen zurückkehrte. Vielleicht sollten diese Männer als Vertraute Gratians ein wachsames Auge auf den schwer einzuschätzenden neuen Kaiser haben. Es ist aber keineswegs auszuschließen, sogar wahrscheinlich, dass Theodosius eine Reihe von persönlichen Vertrauensleuten mit hohen Ämtern betraute.

Ohne Zweifel versorgte nämlich Theodosius aus Spanien stammende Landsleute mit Posten. Nepotismus war in den antiken Gesellschaften keineswegs ungewöhnlich. Man erwartete vielerorts von den Erfolgreichen nachgerade, dass sie sich um ihre Verwandten und Vertrauten kümmerten, und Theodosius erfüllte diese Erwartungen. Sowohl 381 als auch 382 besetzten Angehörige des Kaisers den einen Consulposten, den der östliche Kaiser vergeben durfte. Zur Fürsorge für die Verwandten dürfte bei Theodosius noch anderes hinzugekommen sein, nämlich ein durchaus berechtigtes Misstrauen gegen die östlichen Funktionsträger.

Man darf nicht vergessen, dass im östlichen Reich nach der Schlacht von Adrianopel für mehrere Monate keine kaiserliche Macht effizient ausgeübt werden konnte. Gewiss, die eingespielte römische Verwaltung arbeitete weiter, Steuern wurden erhoben, Recht gesprochen, für öffentliche Ordnung gesorgt. Dennoch – die Beamten hatten die Chance, weitgehend frei von kaiserlicher Kontrolle zu schalten und zu walten. Das konnte unangenehme Folgen haben, wie sie anscheinend auch Theodosius zu spüren bekam. Um dies zu verdeutlichen, muss ich etwas weiter ausholen.

Ich hatte schon früher erwähnt, dass Ammian als Letztes in seinem Geschichtswerk ein Gotenmassaker lobend herausstellt, das der Heermeister Julius in Kleinasien veranstaltet habe. Dieser Bericht wird durch eine andere Quelle im Kern bestätigt.[51] Ammian erweckt den Eindruck, das Gemetzel sei kurz nach der Schlacht von Adrianopel geschehen, also 378, vor dem Herrschaftsantritt des Theodosius. Doch spricht einiges dafür, dass es erst 379 dazu kam, demnach zu einem Zeitpunkt, da Theodosius bereits im Amt war. Wenn diese Spätdatierung aber stimmen sollte, dann hätte Julius der kaiserlichen, auf einen Ausgleich mit den Goten abzielenden Politik zuwidergehandelt. Dieser Verdacht wird dadurch bestätigt, dass Zosimos erwähnt, Julius habe den Kaiser bewusst übergangen und den Senat um Erlaubnis gebeten, der wiederum habe ihm freie Hand gelassen.[52] Völlig sicher sind die Einzelheiten dieser Episode nicht überliefert, aber es ist bereits bemerkenswert, welche Freiheiten man einem hohen Beamten in den ersten Monaten des Regierung des Theodosius zutraute.

Theodosius musste somit als Erstes die Verwaltungsspitze unter Kontrolle bekommen. Das ließ sich am besten erreichen, wenn man Vertraute in die Schlüsselpositionen hievte, nicht nur in den vornehmlich repräsentativen, den Höhepunkt des Ansehens bezeichnenden Consulat, sondern auch in die hohen Verwaltungsämter. Immerhin gab es eine Gestalt aus dem Osten, die sich bald durch eine große Nähe zu Theodosius auszeichnete. Es handelt sich um den schon mehrfach erwähnten Themistios.[53] Obwohl er kein hohes Amt bekleidet hatte und nicht besonders edler Abkunft war, zählte er zu den einflussreichsten Männern Konstantinopels. Das verdankte er seinem Habitus als Philosoph und seiner Redekunst, mit der er auch Kaiser zu fesseln wusste.

Indem Themistios sich als Philosoph gerierte, behauptete er, allein der Wahrheit zu dienen und an allen weltlichen Erfolgen, ob Ehren oder Geld, uninteressiert zu sein. Gerade in dieser Haltung fühlte er sich berufen, als Lobredner der Kaiser aufzutreten. Mit dem Anspruch eines Philosophen war er zunächst Constantius II. (337–361) begegnet. In mehreren Reden verkündete er dem christlichen Kaiser, dass er das Ideal eines Philosophenkönigs verkörperte und wurde dafür reich belohnt, mit Ehren und wohl auch mit Geld. Unter anderem nahm Constantius ihn in den Senat auf und betraute ihn mit der Aufgabe, bei der Auswahl neuer Senatoren mitzuwirken. Natürlich behauptete der Philosoph, ihm bedeute dies alles nichts.

Constantius wäre vielleicht weniger enthusiastisch gewesen, wenn er gewusst hätte, dass mindestens Jovian (363–364), Valens (364–378) und Gratian (375–383), schließlich gar Theodosius ebenfalls in den Genuss kommen sollten, sich aus Themistios' Mund als Philosophenkönige gepriesen zu hören, wobei Constantius bisweilen gar als Negativfolie diente. Unter all diesen christlichen Kaisern trat Themistios, der den Überlieferungen des Heidentums treu blieb, hervor und lobte sie mit fast identischen Worten.

Ein solches Verhalten ist aus moderner Sicht verachtenswert, reiner Opportunismus. In der Tat wird niemand behaupten, Themistios habe in der Lebensführung seinen philosophischen Prinzipien konsequent befolgt. Er war nicht arm und genoss offenkundig die Ehrungen, die ihm zuteil wurden. Doch legte er Wert darauf, immer wieder Geschenke auszuschlagen und auf mögliche Ämter zu verzichten, wodurch er stets aufs Neue sein bescheidenes Philosophentum mit unendlicher Eitelkeit inszenieren konnte. Gleichwohl darf man nicht übersehen, dass Themistios gewisse Gedanken regelmäßig vorbrachte: Da war der Anspruch der Philosophie, auch in der Öffentlichkeit und nicht nur im privaten Zirkel zu wirken; da war die Vorstellung eines philosophischen Kaisers, dessen Leistungen vor allem sittlicher, nicht kriegerischer Natur waren, und da war der Gedanke der Philanthropia, der Menschenliebe, die kaiserliches Handeln leiten sollte und die – wir haben es schon gesagt – Nicht-Römer einschloss. Natürlich hinderten derartige Bekundungen Themistios nicht daran, militärische Erfolge zu feiern, aber wirklich verraten hat er sie nie, so wendig er sich ansonsten der kaiserlichen Propaganda anpasste.

Schwer zu ermessen ist, wie frei Themistios in seinen Äußerungen war. Es hätte den Regeln der Kommunikation mit Vornehmen widersprochen, wären ihm die Reden von kaiserlichen Beauftragten geradezu in die Feder diktiert worden. Andererseits muss er über intime Kenntnisse der Vorstellungen des Kaisers verfügt haben. Vermutlich sollte man das Verhältnis von eigenem Beitrag und kaiserlichem Einfluss für jede Rede einzeln bestimmen: Bisweilen wirkt Themistios wie jemand, der unangenehme kaiserliche Entscheidungen dem Senat nahe zu bringen hat, bisweilen erscheint er als Vertreter des Senats, der Verständnis für die Marotten seiner hohen Herren zu wecken sucht, bisweilen scheint er einem Kaiser ernsthafte Ratschläge erteilt zu haben, sogar solche, die nicht dessen Vorstellungen entsprachen. Anscheinend lotete Themistios seinen Handlungsspielraum stets neu aus. Er diente somit gleichsam als Transmissionsriemen in dem schwierigen, von Empfindlichkeiten bestimmten Verhältnis zwischen Kaiser und Senat. Vermeiden sollte man Parallelen mit modernen Phänomenen wie Pressesprechern, *spin doctors* oder gar Propagandaministern; denn die spätantiken Panegyriker blieben stärker in ihr Herkunftsmilieu eingebunden als diese neuzeitlichen Funktionäre, die in bestimmten Beschäftigungsverhältnissen und Ämtern stehen.

Was aber veranlasste die christlichen Kaiser, den heidnischen Themistios zu fördern, zu dem gerade der pagane Kaiser Julian (361–363) ein eher distanziertes Verhältnis gepflogen hatte? Jeder Herrscher musste darauf achten, die Anerkennung und das Vertrauen der traditionellen Eliten zu bewahren. Im ganzen 4. Jahrhundert war noch ein erheblicher Teil dieser Eliten mit den alten Religionen verbunden. Auch wenn die Zahl der Christen unter ihnen wuchs, so fühlte sich die Mehrzahl der Konvertierten doch der heidnisch geprägten Bildungstradition verpflichtet. Daher mussten gerade christliche Kaiser diesen Kreisen signalisieren, dass sie jene Tradition mit Respekt behandelten, die manche lautstarke Christen in Bausch und Bogen verdammten oder doch abwerteten. Bewegte sich aber ein Exponent des Heidentums in der Nähe des Kaisers, gehörte er sogar zu dessen Lobrednern, so konnte man auch als Traditionalist diesem Herrscher vertrauen. Themistios wiederum tat das seine, um bei den Christen nicht anzuecken. Die Formel der Philanthropia konnten die Christen im Sinne der Nächstenliebe auffassen, die Anspielungen auf die alte Religion waren wenig konkret, und bisweilen ließ er sich sogar herbei, Bibelstellen zustimmend zu zitieren.

Dieser Mann war von sich aus auf Theodosius zugegangen und hatte ihm in Thessalonica eine Rede gehalten, sodann im Januar 381 eine weitere in Konstantinopel. Darauf folgte eine weiter Rede, am 1. Januar 383 zu Ehren seines alten Gönners Saturninus, aber auch des Kaisers, danach mehrere, die im Wesentlichen dem Lobpreis des Kaisers dienten: im Herbst 383 aus Anlass seiner Ernennung zum Stadtpräfekten, schließlich aus den Jahren 384 oder 385. Schon diese dichte Folge illustriert die Nähe zwischen Rednerphilosophen und Kaiser.

Darüber hinaus bekleidete Themistios – zum ersten Mal in seinem Leben – ein politisches Amt, eben die Stadtpräfektur von Konstantinopel, allem Anschein nach 383/4. Indem er sich dieses Amt übertragen ließ, verriet er in sichtbarer Weise seine Prinzipien, und er wurde dafür heftig angegriffen. War es Altersschwäche – nach 385 hört man nichts mehr von ihm, er dürfte also um diese Zeit gestorben sein? War es Eitelkeit? War es der Wille, angesichts der dezidiert christlichen Gesinnung des Kaisers zu retten, was zu retten war? Wollte er das Fehlverhalten bestimmter Senatoren eindämmen, auf das er an einer Stelle anspielt?[54] Wünschte er, um auch in seinem Alter sein Ansehen zu sichern, einen solchen hoch geachteten Posten?[55] Themistios verteidigt sein Verhalten mehrfach. In allen Texten überwiegen allgemeine Bekundungen zu der Notwendigkeit für den Philosophen, sich politisch zu engagieren, und zu entsprechenden Vorbildern.

Für Theodosius war es ein großer Erfolg, dass er Themistios für sich hatte gewinnen können, zum einen, weil er mit ihm einen großen Kommunikator auf seiner Seite wusste, zum anderen, weil Themistios über sehr viele Kontakte verfügte und von zahlreichen Senatoren als ihr Patron verehrt wurde. Denn seit Constantius II. gingen die Ernennungen von Senatoren, sofern der Rechtsweg eingehalten wurde, über seinen ‚Schreibtisch'. Mit geschicktem Griff hatte Theodosius eine Schlüsselgestalt des Konstantinopolitaner Milieus an sich gebunden.

Für die meisten Vornehmen in Konstantinopel bedeutete der Herrschaftsantritt des Theodosius allerdings einen Karrierestau. Während die Militärs gehätschelt wurden, mussten die Zivilisten dabei zuschauen, wie Freunde und Verwandte des Kaisers an ihnen vorbeizogen. Darunter war zwar auch jemand wie der Prätorianerpräfekt von Illyrien 380/1 Eutrop, der im Osten Erfahrung gesammelt hatte und der den paganen Traditionen verbunden war, doch das änderte nichts an der Tatsache, dass er aus dem Westen stammte. Lediglich die Stadtpräfektur von Konstantinopel und Statthalterschaften im Osten verblieben dem östlichen Establishment. Das war keine geringe Zahl von Ämtern, es waren auch solche, die viel Prestige vermitteln konnten, aber sie brachten wenig Macht auf der Reichsebene mit sich.

Es dürfte in diesen Kreisen eine große Unzufriedenheit über den neuen Kaiser geherrscht haben, die aber gewiss nicht bedrohlich war. Denn die

Senatoren waren für ihr Fortkommen auf den Hof angewiesen, der Hof aber im Augenblick nicht auf sie. Fähige Mitarbeiter bekam man ohnehin, da die ehrgeizigen Zöglinge der Rhetorik- und Rechtsschulen nach wie vor an den kaiserlichen Hof strebten und versuchten, aus ihrem Bildungseifer im Wortsinn Kapital zu schlagen.

Das Verhalten des Theodosius zeigt mithin ein ausgeprägtes Machtbewusstsein. Die östlichen Zivilisten konnten ihm nichts anhaben. So mochte er ihnen die kalte Schulter zeigen und musste doch nicht fürchten, die Kontrolle über die Verwaltung zu verlieren. Indem er strenge Regelungen zur Rang- und Kleiderordnung traf, schränkte er den Handlungsspielraum der hohen Herren erheblich ein, da viele Formen der Selbstdarstellung etwa durch Kleiderluxus gesetzlich geahndet wurden. Es gelang Theodosius somit, sich sowohl mit den militärischen als auch mit den zivilen Eliten ins Benehmen zu setzen. Doch weder die bevorzugte militärische noch die zurückgesetzte administrative Elite konnte über den neuen Herrscher völlig glücklich sein. Wie bei seinem Regierungsantritt profitierte Theodosius davon, dass es keine Alternative zu ihm gab. Gewiss wurde er kritisch beäugt, doch er brauchte, so schien es, keinen Konkurrenten zu fürchten und konnte sich daher in Sicherheit wiegen. Auf die Hilfe des Westens war er nicht mehr angewiesen.

Betrachten wir die übrige Bevölkerung, von der fast nur die Stadtbewohner über unsere Quellen zu greifen sind. Obwohl der weit überwiegende Teil der Angehörigen des Römischen Reiches auf dem Lande lebte, gab es zahlreiche Städte, darunter einige Großstädte. Am bedeutsamsten unter ihnen waren die jeweiligen Residenzen der Kaiser, da die dortige Bevölkerung auf den Herrscher unmittelbaren Druck auszuüben vermochte. An den Regierungssitzen konnte man sich zudem am ehesten ein Bild von der Politik des Herrschers machen, in der Provinz war dies ungleich schwieriger.

Dies illustriert etwa eine Rede des Libanios, eines der angesehensten Rhetoren seiner Zeit. Nach Konstantinopel unterhielt er von seiner Heimatstadt Antiochia aus intensive briefliche Kontakte, dürfte also über die aktuelle Situation vergleichsweise gut informiert gewesen sein. Seine Rede jedoch, die er bald nach dem Herrschaftsantritt des Theodosius hielt,[56] zeugt von einer überraschenden Ahnungslosigkeit. Er vermeint, Theodosius dazu anstacheln zu können, für den Tod des heidnischen Kaisers Julian Rache zu nehmen. Der Glaube des Libanios, er könne damit Erfolg haben, widerspricht dem gängigen Bild des energischen Vorkämpfers für das Christentum, das man sich oft von Theodosius macht – das allerdings zu modifizieren ist; die Forderung des Libanios war aber auch dann fehl am Platze, wenn man wie der Autor dieses Buches das taktische Moment in der Politik des Theodosius höher gewichtet. Denn wer sich für

Julian verwendete, brachte gefährliche Gruppen gegen sich auf: die Christen aller Konfessionen.

Die Folgen der militärischen Probleme bekamen jedoch inzwischen selbst Bewohner des Reichsinnern zu spüren, vor allem in Gestalt von Steuerforderungen und indem sie zur Stellung von Rekruten gezwungen wurden. Mancher gewann eine konkrete Anschauung von den Goten. Theodosius hatte einen Truppenaustausch angeordnet: Goten, die ja in übermäßiger Zahl in den Balkan geströmt waren, sollten von der Donau nach Ägypten verlegt werden, wo sie keine Chance hatten, sich mit nachrückenden Landsleuten zu vereinen; verlässliche Einheiten aus Ägypten mussten dafür nach Norden ziehen. Während die ägyptischen Truppen – auch über dieses Ereignis berichtet allerdings lediglich der Gotenverächter Zosimos[57] – diszipliniert ihren Marsch durchführten, leisteten die Goten sich immer wieder Übergriffe gegen die Zivilbevölkerung. Im lydischen Philadelphia, im wohlhabenden kleinasiatischen Binnenland, trafen die beiden Einheiten zusammen. Es kam zu Rangeleien, und die Rangeleien entwickelten sich zu einem Scharmützel, das angeblich mehr als 200 Goten das Leben kostete. Dann ging die Truppenverschiebung weiter. Die Bevölkerung von Philadelphia hatte eine Ahnung davon bekommen, mit wem der neue Kaiser sich eingelassen hatte.

Die gewöhnliche Bevölkerung Konstantinopels muss wegen der langen Abwesenheit des Kaisers genauso in Sorge gewesen sein wie der Senat und Themistios. Würde er diese Stadt als Residenz erwählen und damit die ganze Pracht kaiserlicher Selbstdarstellung zu ihr bringen? Oder würde wie unter Valens Antiochia der bevorzugte Aufenthaltsort des Theodosius werden? Am 17. November 379 ließ man einen Sieg verkünden, was gewiss Festlichkeiten nach sich zog, die aber erst dann in aller Pracht begangen werden konnten, wenn der Kaiser zugegen war. Dasselbe dürfte für Feiern zum 1. Januar 380 gegolten haben. Die Kaiser wurden Consuln, Gratian zum fünften, Theodosius zum ersten Mal – und keiner von beiden war am Bosporus.

Erst im November 380 traf der Kaiser in Konstantinopel ein und zelebrierte einen Sieg, gewiss wieder mit Geschenken und Festen für das Volk. Im Januar 381 erlebten die Konstantinopolitaner den Einzug Athanarichs – ein neuer Anlass zu feiern. Dessen plötzlicher Tod mag wie ein Schock gewirkt haben. Theodosius nutzte immerhin die Gelegenheit, um ein königliches Begräbnis zu inszenieren, das gewiss nicht nur die Goten, sondern auch die Konstantinopolitaner beeindruckte.

Dass am Ende des Jahres 381 keine Siege verkündet wurden, habe ich bereits erwähnt. Gleichwohl gab es in diesem Winter, am 21. Februar 382, eine bedeutende Feier: die Bestattung Valentinians I., dessen sterbliche Überreste schon viele Jahre vorher nach Konstantinopel überführt worden waren. Wer einen anderen bestattete, setzte sich nach der Tradition in eine Nahbeziehung zu diesem, und gerade bei Herrschern konnten sich Ansprüche der Nachfolge mit diesem Akt verbinden. Theodosius, der ja nicht einmal durch eine Ehe mit der valentinianischen Dynastie verbunden war, zeigte auf diese Weise, wie sehr er sich diesem Geschlecht, dem sein Kollege und – zunehmend – Rivale entstammte, verpflichtet fühlte. Mit dem ihm eigenen propagandistischen Geschick nutzte er die Möglichkeiten, die seine Herrschaft über das Neue Rom, Konstantinopel, bot.

Denn hier war, in einem Mausoleum bei der Apostelkirche, die Grablege der römischen Kaiser, in der Konstantin der Große und Constantius II. ihre letzte Ruhe gefunden hatten.[58] Diese Stätte verlieh Konstantinopel eine besondere Bedeutung für das Kaisertum. Auch wenn Valentinian anscheinend nicht in diesem Mausoleum bestattet wurde, so doch in der nunmehr etablierten Stadt kaiserlicher Begräbnisse.[59] Die Bestattungsfeierlichkeiten – über deren Einzelheiten nichts überliefert ist – dürften eine christliche Prägung gehabt haben.[60] Ausgelassene Feste wird es aus diesem Anlass nicht gegeben haben, aber vielleicht das eine oder andere Geschenk des Kaisers an die ganze Bevölkerung. Auf jeden Fall wurde den Konstantinopolitanern durch das Ereignis die unvergleichliche Bedeutung der eigenen Stadt bestätigt.

Und der nächste Winter, konkret der 19. Januar 383, bot wieder Anlass zum Feiern. Nicht nur, dass Theodosius sein Regierungsjubiläum zelebrieren konnte. Er erhob Arcadius, seinen Sohn, der ihm schon in der Zeit vor dem Regierungsantritt geboren worden war, am Januar 383 zum *Augustus*, verlieh ihm also den Kaisertitel. Formal stand das Kind jetzt neben Gratian, Valentinian II. und Theodosius. Das hatte keine tatsächlichen Auswirkungen, doch das Signal, das sein Vater damit an Gratian sendete, war unmissverständlich: Die Herrschaft, die du mir zuerkannt hast, soll in meiner Familie bleiben. Gratian verstand das Signal nur zu gut und lehnte es ab, Arcadius als *Augustus* anzuerkennen. Ein Riss zwischen Ost und West tat sich auf. Für das gewöhnliche Volk war die Erhebung des Jungen zum Kaiser dennoch sicherlich ein schönes Fest. Denn sie versprach einen friedlichen Regierungswechsel, wenn denn Theodosius einmal sterben sollte.

Ebenfalls im Jahr 383 hielt Theodosius eine Feierlichkeit ab – wieder eine Bestattung –, die ihn mit Konstantin dem Großen in Verbindung brachte. Er überführte die Überreste von dessen Tochter Constantia nach Konstantinopel. Sie hatte ihren Vater lange überlebt und war politisch verschiedentlich hervorgetreten. Wenn sie sich nämlich auf die Seite eines Herrschers schlug, unterstrich sie dessen Rechtmäßigkeit. Das konnte sie für Theodosius nicht mehr tun; aber mit der Fürsorge für ihren Leichnam meldete Theodosius Ansprüche auf eine Verbindung zum Hause Konstantins an.

Es ist wenig bekannt über den Ablauf dieser ersten Feiern, die Theodosius abhielt. Das Wenige, was man weiß, vermittelt immerhin einen Einblick davon: Theodosius bot dem Volk durchaus einiges. Er wollte sich als siegreichen Kaiser gesehen wissen, in die Tradition der früheren guten Kaiser treten und seinem Geschlecht eine Zukunft bieten. Er ging von vornherein darauf aus, sich ein bestimmtes Image zu schaffen und seine Herrschaft auf Dauer zu stellen.

Die Verwaltungsmaßnahmen des Kaisers sind in den Gesetzestexten einigermaßen zu fassen, zumindest in ihren Intentionen. Theodosius scheint gerade in den ersten Jahren eine besonders intensive gesetzgeberische Tätigkeit entfaltet zu haben. Dabei behandelte er die üblichen Problemfelder: die leidige Finanzverwaltung sowie die Position der Kurialen, die durch Privilegierungen wie durch Druck dazu gebracht werden sollten, ihre Aufgaben im Steuerwesen zu erfüllen. Auch diejenigen, die Steuerflucht versuchten, indem sie in den Stand der abgabenfreien Kleriker überwechselten, zwang er dazu, ihren ursprünglichen Pflichten zu genügen – daran hinderte ihn seine Kirchentreue nicht. Ebenso wenig sollte man durch den Aufstieg in den Senat sich den Aufgaben seines ursprünglichen Standes entziehen können. Das muss wieder für Unruhe in diesem Gremium gesorgt haben, zugleich aber erhöhte Theodosius dessen Ansehen, indem er Ungeeignete herausdrängte, was die verbleibenden Senatoren aufwertete.

Erkennbar ist in seiner Gesetzgebung immer wieder das ostentative Bestreben, fair mit den Untertanen umzugehen, nichts Unbilliges von ihnen zu verlangen. Dementsprechend war es dem Kaiser wichtig zu zeigen, dass er gegen den Missbrauch von Amtsgewalt angehe – was ihm zugleich Möglichkeiten bot, auf Beamte überhaupt Druck auszuüben. Wenngleich er sich in der Gesetzgebung, so wie es schon die meisten seiner Vorgänger getan hatten, als milder Herrscher präsentierte, vernachlässigte er darüber die Interessen der Verwaltung, zumal die finanziellen, keineswegs, im Gegenteil. Inwieweit die Bestimmungen der Gesetze dann vor Ort jeweils durchgesetzt wurden, entzieht sich indes unserer Kenntnis. Besonders optimistisch sollte man da nicht sein.

All das, was bisher über die ersten Regierungsjahre des Theodosius berichtet wurde, war bei einem Herrscher dieser Epoche keineswegs überraschend. Theodosius bewegte sich in den herkömmlichen Bahnen; eine Alternative zu seinem Handeln bot sich nicht. Das schwierigste und umstrittenste Feld der Politik, dasjenige, auf dem die Regierungskunst sich erwies, war indessen die Religionspolitik. Sie betraf natürlich alle Schichten der Gesellschaft, besonders aber die städtische Bevölkerung, die sich bei religiösen Konflikten oft zu Ausschreitungen hinreißen ließ.

Der leidenschaftliche Kampf um Glaubenswahrheiten ist dem modernen Betrachter fremd; daher erschließen sich diese Streitigkeiten seinem Verständnis nur schwer. Hinzu kommt, dass sie nicht allein eine religiöse Dimension hatten, sondern auch eine politische und von persönlichen Eifersüchteleien mitbestimmt wurden, aber darauf nicht reduziert werden dürfen. Die miteinander verwobenen Fäden zu entwirren ist keine leichte Aufgabe, sie hat aber ihren eigenen Reiz. Denn man nähert sich dem, was viele Menschen der damaligen Zeit wirklich bewegte und was sie von den heutigen Menschen unterscheidet.

Inzwischen verstand es sich fast von selbst, dass der Kaiser Christ sei; Juden und Heiden hatten es sich unter diesen Verhältnissen einigermaßen eingerichtet. Auch Theodosius machte von vornherein aus seiner christlichen Gesinnung kein Hehl. So erließ er am 27. März 380 ein Gesetz, um die Entweihung der vorösterlichen Fastenzeit durch Kriminaluntersuchungen zu verhindern. Das schmerzte niemanden wirklich, trieb aber den langsamen Prozess der Christianisierung der römischen Gesellschaft voran.[61] Gewiss wussten die Bischöfe es ferner zu schätzen, dass der Kaiser sie von der Verpflichtung entband, als Zeugen vor Gericht aufzutreten.

Andererseits scheute Theodosius sich, wie in Hinblick auf Kurialen, die in den Klerikerstand eingetreten waren und dennoch ihrer finanziellen Lasten nicht entbunden wurden, keineswegs, bisweilen säkularen Interessen Vorrang einzuräumen. So untersagte er Bestattungen in Konstantinopel, die oberirdisch waren und befahl, die entsprechenden Urnen und Sarkophage vor die Stadtgrenzen zu bringen, selbst wenn sie bei Aposteln und Märtyrern beigesetzt waren.

Dennoch begünstigte er zweifellos die Christen. Doch gerade wer sich zum Christentum bekannte, lief Gefahr, sich in unüberschaubare Schwierigkeiten zu verwickeln. Denn die verschiedenen Konfessionen, vor allem Homöer und Nizäner, befehdeten einander unerbittlich. Wer sich für die eine Konfession entschied, hatte die andere gegen sich, und wer sich in Kompromissen versuchte, musste damit rechnen, dass er alle gegen sich aufbringen würde.

Die Debatten um die Natur Christi waren nicht allein Probleme der Theologen, sie zogen auch außerhalb der klerikalen Milieus Kreise. Mit großer Leidenschaft verfolgten selbst Laien die Streitigkeiten. Entnervt – und daher gewiss übertreibend – berichtet Gregor von Nyssa über die Stimmung auf den Straßen: *Wenn du dich bei jemandem nach dem Preis einer Ware erkundigst, räsoniert er über ‚gezeugt' und ‚ungezeugt'. Wenn du dich nach dem Brotpreis erkundigst, hörst du, der Vater sei größer und der Sohn dem Vater untergeordnet. Wenn du fragst, ob das Bad gerichtet sei, antwortet der Bademeister: Der Sohn Gottes ist aus nichts geschaffen.*[62]

Es blieb nicht bei Debatten im Frisiersalon. Um die Vertreter der verschiedenen Glaubensrichtungen scharten sich vielmehr gewaltbereite Anhänger und oft ging es gar nicht mehr um Inhalte, sondern allein um Personen. Aus den Debatten wurden Streitereien, aus den Streitereien Unruhen, aus den Unruhen Revolten; es kam zu bürgerkriegsähnlichen Zuständen, nicht nur in den Metropolen, sondern auch in kleineren Städten. Selbst auf dem Lande vermochten charismatische Gestalten, zumal Mönche, Gewaltakte gegen Andersgläubige auszulösen. Wer die gewöhnliche Bevölkerung für sich gewinnen wollte, hatte somit nicht nur populäre Feste zu veranstalten, er musste auch in der Kirchenpolitik einen *modus vivendi* finden, um den inneren Frieden nicht zu gefährden.

Einige frühere Kaiser hatten gezeigt, wie man dieses Problem entschärfen konnte: Jovian (363/4), der allerdings nur wenige Monate regierte, und Valentinian I. (364–375) hatten sich einfach nicht festgelegt und damit weitgehend für ruhige Verhältnisse gesorgt. Valens dagegen war auf die Seite der Homöer getreten und hatte dadurch fortwährende Konflikte in seiner Reichshälfte provoziert.

Mit einer Taktik der Zurückhaltung gegenüber den konfessionellen Streitigkeiten zwischen den Christen war demnach auch bei Theodosius zu rechnen. Nur wirkliche Fanatiker konnten erwarten, dass ein eben erst ganz unerwartet auf den Thron erhobener Kaiser, der sich unkontrollierbarer Feinde zu erwehren hatte, mit den Streitigkeiten der Kirchenleute befasste und schon klar Stellung bezog.

Doch es kam anders. Schon nach wenigen Monaten stellte Theodosius öffentlich klar, dass er nicht nur in einem allgemeinen Sinne das Christentum unterstützte, sondern eindeutige Sympathien für die Nizäner nährte. Wie ist dieses, dem ersten Anschein nach taktisch unkluge Verhalten zu erklären?[63] Es liegt nahe, einen Faktor anzuführen, dessen Bedeutung man in der Spätantike nicht unterschätzen darf: persönliche Frömmigkeit. Vielleicht war Theodosius so überzeugt vom nizänischen Glauben, dass er bereit war, dafür taktische Überlegungen hintanzustellen. Ein vielberedetes Ereignis scheint dafür zu sprechen:

Der Kirchenhistoriker Sokrates, dessen Phantasielosigkeit eine gewisse Verlässlichkeit garantiert, berichtet für das Jahr 380 Folgendes: *Theodosius war nach seinen Siegen auf dem Weg nach Konstantinopel und erreichte Thessalonica. Als er dort erkrankte, wünschte er, die christliche Taufe empfangen zu dürfen. Er war schon seit jeher von den Vorfahren her Christ und hing dem Glauben an das* homooúsios *an, damals aber drängte er angesichts der Krankheit nach der Taufe. Er ließ den Bischof von Thessalonica herbeiholen und fragte zunächst, welchem Glauben er huldige. Als dieser erklärte, der Glauben der Arianer sei nicht in die Provinzen Illyriens vorgedrungen, die von diesen Leuten ausgehende Neuerung sei nicht imstande ge-*

wesen, die Kirchen dort mitzureißen, sie seien vielmehr fest geblieben und hätten den Glauben, der seit jeher und von Anfang an von den Aposteln überliefert, auf dem Konzil von Nizäa aber bestätigt worden sei, unversehrt bewahrt, da ließ der Kaiser sich hocherfreut vom Bischof Acholios taufen.[64]

Niemand zweifelt daran, dass Theodosius tatsächlich 380 die Taufe empfing. Es muss eine schwere, lebensbedrohliche Krankheit gewesen sein, die ihn befallen hatte. Denn damals war es jedenfalls unter Laien noch üblich, sich erst im Angesicht des Todes taufen zu lassen. So hoffte man, möglichst rein von jenen Sünden, die das weltliche Leben zwangsläufig mit sich brachte, Gott gegenübertreten zu können.

Es unterliegt ebenfalls keinem Zweifel, dass Theodosius von Acholios in Thessalonica getauft worden ist. Acholios war nun einmal der Ortsbischof, an den man sich in solchen Angelegenheiten zu wenden hatte. Ob der Kaiser sich tatsächlich vor der Taufe noch die Zeit nahm, Einzelheiten der kirchlichen Lage Illyriens in Erfahrung zu bringen, sei dahingestellt. Auf jeden Fall entsteht aus dem Bericht des Sokrates der Eindruck, ein persönliches Ereignis, die existentielle Krise einer lebensbedrohlichen Krankheit, habe die entschiedene Förderung des nizänischen Glaubens begründet. Das wäre unter den Verhältnissen der Spätantike nicht verwunderlich.

Glaubt man dem juristisch versierten Sozomenos, der mit Rückgriff auf Sokrates eine weitere Kirchengeschichte geschrieben hat, so erließ Theodosius im Anschluss an die Taufe ein Edikt für die Bewohner Konstantinopels, das seine Orientierung am nizänischen Glauben verkündete. Die Taufe hätte demnach weitreichende politische Folgen gehabt. Das Edikt ist auch aus einem Gesetzescodex bekannt.[65] Was könnte die Überlieferung der antiken Kirchenhistoriker besser bestätigen als diese Koinzidenz? Doch gerade das vermag jenes Gesetz nicht. Denn mit dem Text ist sein Ausstellungsdatum erhalten: Es ist der 28. Februar 380. Sokrates aber erklärt, dass Theodosius wenige Tage nach seiner Genesung in Konstantinopel eingetroffen sei, und dieser Tag ist das schon mehrfach erwähnte Datum des 24. Novembers, an dem Theodosius zum ersten Mal seine künftige Hauptstadt besucht hat. Das bedeutet: Theodosius war schon vor seiner Erkrankung ein bekennender Anhänger des Nizänums. Das bedeutet ferner: Sozomenos hat hier die Wahrheit zurechtgebogen. Zweifel an seiner Darstellung insgesamt kommen auf.

Damit stellt sich unsere ursprüngliche Frage erneut: Warum dieses frühzeitige klare Bekenntnis des Theodosius zum Nizänum? Um die Frage adäquat zu beantworten, muss etwas weiter ausgeholt werden. Die Entscheidung für das Nizänertum bedeutete keineswegs eine Festlegung auf eine darniederliegende Konfession. Der Einfluss der Homöer war bereits schwächer geworden. Valens hatte sich unter dem Eindruck der gotischen

Krise genötigt gefühlt, den Nizänern die Rückkehr an ihre Amtssitze zu gestatten. Anderswo wurden neue Bischöfe installiert, so in Konstantinopel, dessen letzter nizänische Amtsträger etwa 370 verbannt worden war. Hier wirkte seit dem Frühjahr 379 Gregor von Nazianz, wenn auch nur in einem kleinen Kultraum.

In anderen Regionen hatten die Nizäner sogar während der Herrschaft des Valens dominiert, so in Kappadokien, das außenpolitisch wichtig war, da dem Metropoliten von Caesarea die Bischöfe des zwischen Persien und Rom umstrittenen Armenien unterstellt waren. Auch in Syrien, zumal in Palästina, und in Ägypten, zwei Kernregionen des Reiches, besaßen die Nizäner eine starke Stellung. Zudem hatten sie schon bald nach dem Tode des Valens wenn auch mit beschränktem Erfolg versucht, ihre Kräfte zu bündeln. Im syrischen Antiochia war im Herbst 379 unter Leitung des dortigen Bischofs Meletios eine Synode zusammengetreten, welche die theologische Verbundenheit mit dem Westen zu bekräftigten versuchte, ohne eine Einheit herstellen zu können.[66]

Nizäner fand man überdies bis hinauf in die höchsten Ränge des Militärs und der Verwaltung. Ob der intellektuell nicht besonders engagierte Kaiser begriff, welches theologische Gewicht die Weiterentwicklung der nizänischen Theologie durch kappadokische Theologen – Basilios von Caesarea, Gregor von Nazianz, Gregor von Nyssa, Amphilochios von Ikonion –, die so genannte neu-nizänische Theologie, hatte, darf man bezweifeln. Aber er erkannte gewiss, dass diese Lehren eine beträchtliche Anhängerschaft mobilisierten.

Bei diesen Auseinandersetzungen ging es wahrscheinlich nur einer Minderheit um Theologie im eigentlichen Sinne. Es ging aber auch nicht einfach nur um Politik. Es ging um die Erfahrung des göttlichen Wirkens in der Welt, um die Erfahrung von Belohnung und Strafe. Die vernichtende Niederlage des Valens besaß daher größere Überzeugungskraft als jede Predigt: Das Homöertum war in der Gestalt seines Förderers widerlegt worden. Viele Christen huldigten genauso wie ihre heidnischen Zeitgenossen und Vorfahren der Vorstellung, dass militärische Siege ein Beweis für die Unterstützung durch die Götter, für die Richtigkeit des Glaubens seien. Unter solchen Vorzeichen konnte die Schmach des Valens nicht anders gedeutet werden denn als Zeichen seiner Ablehnung durch Gott. Die Konfession, deren Vorkämpfer ein solcher Mann war, musste Anhänger einbüßen.

Wenn Theodosius sich als Freund der Nizäner zeigte, so gab es dafür somit einleuchtende taktische Gründe. Er gewann eine sehr starke christliche Fraktion für sich, mit der es zudem eine besondere Bewandtnis hatte: Die Nizäner waren es gewohnt, nach Westen zu schauen, da dort die homöischen Lehren kaum Fuß gefasst hatten. Falls Theodosius sie nicht hinreichend unterstützte, drohte ihm mithin die Gefahr, dass diese ihre Blicke auf den Westkaiser Gratian gerichtet, ihn vielleicht gar zum Eingreifen ermuntert hätten, denn der schlug sich immer eindeutiger auf ihre Seite und hatte vielleicht schon einiges zu ihren Gunsten veranlasst.[67]

Gratian hatte zunächst wie sein Vater Valentinian in Kirchenfragen eine eher neutrale Politik verfolgt, wenn auch mit erkennbaren Sympathien für die Nizäner. Nach dem Tode des Valens hatte er, wie es scheint, eine oft missverständlich als ‚Toleranzedikt' bezeichnete Verfügung getroffen, die den von Valens exilierten Bischöfen die Rückkehr erlauben sollte, aber die Vertreter einiger weniger Gruppen ausschloss. Allerdings entsteht der Eindruck, dass dieses Gesetz sich lediglich auf die Verhältnisse Illyriens bezog. Gleichwohl schloss Gratian damit an Valens' späte Bestimmungen an und erwies sich insofern als Freund der Nizäner, denen diese Maßnahme am meisten nützte.

Am 3. August 379 befahl Gratian allen bislang verbotenen Konfessionen zu schweigen und ihren Funktionären, sich des Dienstes zu enthalten. Allein der katholische Glaube solle gelten, wobei Gratian sich einer näheren Definition enthielt. Hinter den allgemeinen Wendungen mag man die nizänische Konfession vermutet haben. Der wichtigste Gegner, den er hier ins Auge fasste, waren indessen die Donatisten, eine Gruppe, die allein in Africa vertreten war.[68] Obwohl es sich nicht um ein Gesetz mit reichsweitem Anspruch handelte, offenbarte Gratian deutlich, welcher Konfession seine Sympathien gehörten. Das musste Theodosius überbieten, und er tat dies sogar mehrfach.

An eine schlagartige Veränderung der kirchlichen Machtverhältnisse war nicht zu denken, aber die Nizäner des Ostens gewannen durch den Herrschaftsantritt eines wohlgesonnenen Kaisers einen größeren Handlungsspielraum. So konnte in Konstantinopel Gregor von Nazianz, der bislang nomineller Bischof in der tiefsten Provinz gewesen war, die Gemeinde neu formieren, allerdings unter bedrängenden Umständen und persönlichen Gefahren. Offenbar galt er manchen als Unruhestifter und wurde deswegen von städtischen Behörden vernommen, aber nicht weiter belangt. Trotz aller Anfeindungen – der nizänische Bischof hatte sich in Konstantinopel festgesetzt. Er und seine Gemeinde profitierten von der Krise, und an diese Entwicklung konnte Theodosius mit seiner Politik anknüpfen. Gregor scheint beim Volk Popularität gewonnen zu haben. Jedenfalls berichtet er, dass es versucht habe, ihm die Wahl zum Bischof aufzuzwingen, wobei er die Legitimität des Aktes in der Schwebe lässt und später darüber schweigt.[69]

Ermutigend war für Gregor gewiss der kaiserliche Erlass *Cunctos populos* (‚Alle Völker') vom 28. Februar 380. Diese Verfügung gilt gemeinhin als Grundlage der Religionspolitik des Theodosius; sogar von einem Gesetz zum Glaubenszwang ist die Rede.[70] Da heißt es: *Es ist unser Wille, dass alle Völker, welche die Leitung unserer Milde regiert, in dem Glauben leben, den der Apostel Petros die Römer gelehrt hat, wie es der von ihm selbst gelehrte Glaube bis heute zeigt, und dem offensichtlich der Papst Damasus folgt sowie der Bischof von Alexandria, Petros, ein Mann von apostolischer Heiligkeit. Das heißt, dass wir gemäß der apostolischen Unterweisung und der Lehre der Evangelien an die eine Gottheit von Vater, Sohn und Heiligem Geist in gleicher Majestät und unter der frommen Dreieinigkeit glauben. Wir befehlen, dass diejenigen, die diesem Gesetz folgen, die Bezeichnung ‚katholische Christen' annehmen dürfen, die Übrigen aber – die wir als Verrückte und Wahnsinnige betrachten – den Schimpf einer häretischen Lehre tragen müssen und ihre Versammlungsstätten nicht den Namen ‚Kirchen' führen dürfen. Sie sollen zuerst der göttlichen Strafe, dann auch der Rache unseres Vorgehens, das wir aus dem göttlichen Urteil empfangen, unterliegen.* Ergänzend dazu wurde bestimmt, dass sogar die unwissentliche oder unwillentliche Schädigung des katholischen Glaubens ein Vergehen darstelle.[71] Da diese letzte Bestimmung nur ganz verkürzt überliefert ist, liegt der Hintergrund im Dunkeln. Vielleicht ist an die unerfahrenen ländlichen Kleriker zu denken.

Der Kaiser lässt in dem Hauptteil des Erlasses an seiner Konfession keinen Zweifel: Er ist Nizäner und akzeptiert allein die Nizäner als Katholiken; auch der Glaube an den Heiligen Geist ist verbindlich.[72] Doch bleibt die Strafandrohung für die anderen diffus. Das göttliche Gericht lag ohnehin außerhalb der Reichweite des Kaisers, und über die anderen Sanktionen wollte er noch nachdenken. Schon deswegen ist es weit übertrieben, von einem Glaubenszwang zu sprechen. Aber die Gegner der Nizäner sahen sich empfindlichen Nachteilen ausgesetzt. Bemerkenswert ist die Bestimmung über die Kirchen. Die Versammlungsstätten der Häretiker sollten nicht mehr als Kirchen gelten, somit entsprechende Privilegien verlieren. Vielleicht darf man noch weiter gehen: Gebäude, die anerkanntermaßen und erkennbar Kirchen waren, und davon gab es inzwischen viele, sollten nicht mehr jenen Gruppen gehören, die der Kaiser jetzt als häretisch brandmarkte. Mit diesem Gesetz hatten die Funktionäre eine Handhabe bekommen zu entscheiden, wem von den vielen Kirchenleuten, die in den Städten miteinander rivalisierten, die Gebäude zuzuweisen waren. Vielleicht war das ein Hauptzweck der Bestimmung.

Schließlich ist noch eines zu bedenken: Zwar erklärt der Kaiser, alle Völker sollten sich dem rechten Glauben zuwenden, doch sein Edikt richtet sich ausdrücklich nur an die Konstantinopolitaner. Bei ihnen will er zunächst einmal Klarheit schaffen, seine Residenz soll nicht von den Streitereien der Christen erfüllt sein. Was die übrige Bevölkerung davon erfuhr, ist schwer einzuschätzen, man sollte aber mit keiner gründlichen Kenntnis des Textes und seiner Bedeutung rechnen. Denn die meisten Gesetze wurden in der Spätantike nur in den Ämtern oder Orten bekannt, wohin sie geschickt wurden. Das Edikt war ein Indiz für die kaiserliche Haltung, aber kein Fanal seiner Religionspolitik.

Viel eindrücklicher als der Gesetzestext dürfte für viele etwas anderes gewesen sein: Theodosius ließ die Reliquien des Paulos, des früheren Bischofs von Konstantinopel, in die Stadt zurückbringen. Paulos galt als Vorkämpfer des Nizänums und war von Constantius II. mehrfach verbannt worden. Angeblich hatten Anhänger des Makedonios, dessen Gefolgsleute noch unter Theodosius in Konstantinopel wirkten, ihn in Ankyra ermordet. Jetzt wurde er rehabilitiert und in die frühere Kirche des Makedonios gebracht, die nunmehr seinen Namen annahm – ein augenfälliger Triumph des Nizänums: Die anwesenden Bischöfe empfingen die Reliquien in Chalkedon, geleiteten sie in die Stadt, verbrachten eine Nacht unter Gesängen, um sie dann zu Grabe zu tragen.

Die Nizäner konnten sich glücklich schätzen, ihre Lage hatte sich entscheidend verbessert. Doch den einen oder anderen Wermutstropfen mussten sie schlucken. So war in *Cunctos populos* die Betonung der Nähe des Kaisers zu Gott, der ihm Strafen eingeben solle, höchst fragwürdig; aus christlicher Sicht wäre eine Vermittlung durch einen Kleriker allemal vorzuziehen gewesen. Solche Bemerkungen zeigten, dass Theodosius die Feinheiten kirchlicher Theologie keineswegs verinnerlicht hatte oder, um seinen Glaubensgenossen Gregor von Nazianz zu zitieren: Theodosius hat die Theologie verstanden, *soweit die schlichteren Gemüter dies bewältigen können.*[73]

Überdies war die Politik des Theodosius keineswegs rein nizänisch orientiert; sie konnte es angesichts der religiösen Vielfalt im Reich gar nicht sein. Gleich eines der ersten Gesetz des Kaisers betraf heilige Bäume von Heiden, die nach dem hergebrachten Verfahren behandelt werden durften. Indem Theodosius sich darin auf die Tradition berief, wählte er die Sprache, mit der man heidenfreundliche Maßnahmen zu legitimieren pflegte. 381 zelebrierte Theodosius, wie erwähnt, die prachtvolle Bestattung Athanarichs – eines Heiden, der vordem sogar Christen verfolgt hatte. Hinzu kam, dass Themistios ein so hohes Ansehen beim Kaiser genoss. All das konnte die Heiden beruhigen.

Nicht einmal die nun als Häretiker eingestuften Gruppen waren existentiell bedroht, und anscheinend versuchten sie weiterhin, Einfluss auf den Kaiser zu gewinnen. Welche Sorgen man sich in den Kreisen der Nizäner machte, zeigt folgende Anekdote: Eunomios, das Haupt der Anhomöer, habe das Gespräch mit dem Kaiser gesucht. Die Nizäner hätten aus Furcht vor seiner Eloquenz und der Wankelmütigkeit des Kaisers dieses Zusammentreffen verhindert, was ihnen nur mit Hilfe der glaubensstarken Gattin des Kaisers, Flaccilla, gelungen sei. So war in den ersten Jahren noch manches offen; Gregor von Nazianz, der eigentlich von ihm gefördert wurde, deutet an, wie zurückhaltend Theodosius war.[74]

Aus moderner Warte lässt sich nicht zuverlässig beurteilen, ob Theodosius in seiner Kirchenpolitik aus tiefster Überzeugung handelte. Doch kommt man an der Feststellung nicht vorbei, dass alle Handlungen des Kaisers sich aus taktischen Motiven erklären lassen. Und das spricht dagegen, den persönlichen Glauben des Theodosius als ausschlaggebend für sein Handeln zu nehmen. Wenn aber Glaube und Taktik auf dasselbe hinausliefen, so hat ihn das gewiss befriedigt.

Doch so geschickt Theodosius taktieren mochte, vollständig ging seine Rechnung nicht auf, denn die Nizäner waren untereinander zerstritten und rivalisierten um die Bischofsämter. Ein Fall war Konstantinopel. Gregor von Nazianz hatte sich aufgrund seiner Verdienste um den Neuaufbau der Gemeinde als künftiger nizänischer Bischof ins Gespräch gebracht. Er galt als der Mann des Theodosius und besaß gute Beziehungen zu vornehmen Familien der Stadt. Als am 26. November, gerade zwei Tage nach der Ankunft des Kaisers, die Homöer unter Führung des Demophilos die Gotteshäuser der Stadt auf seinen Befehl räumen mussten – außerhalb der Mauern durften sie weiterhin ihre Gottesdienste feiern –, führte Theodosius höchstpersönlich unter tumultuarischen Verhältnissen Gregor in seine von Soldaten besetzte Kirche. Damit war jedem klar, dass Theodosius ihn als designierten Bischof betrachtete.

Die Entscheidung für Gregor war aus mehreren Gründen problematisch: Der designierte Bischof besaß eine empfindliche, wenig machtbewusste Persönlichkeit, und seiner Wahl stand ein kirchenrechtliches Hindernis entgegen, weil das Konzil von Nizäa verboten hatte, von einem Bischofsstuhl auf den anderen zu wechseln; überdies hätten die geistlichen Brüder gerne ein Wörtchen mitgesprochen. Einer war ganz besonders unzufrieden: der Bischof von Alexandria Petros, den Theodosius in seinem Edikt *Cunctos populos* als Glaubensautorität benannt hatte. Dieser entsandte einen Vertrauten namens Maximus, der, obwohl nizänischer Christ, im Stil der kynischen Philosophen abgerissen, demonstrativ bedürfnislos herumlief und damit die Aura von Heiligkeit um sich verbreitete. Maximus sollte, so hörte man, Gregor helfen, und er tat es mit großem Eifer, sodass dieser sich sogar zu einer Lobrede auf den Ägypter aufschwang.

Er wusste nichts von den wahren Plänen des Petros. Dieser hatte andere ägyptische Bischöfe eigens nach Konstantinopel geschickt, um Maximus bei einer passenden Gelegenheit zum Bischof zu erheben. Daraus entwickelte sich eine regelrechte Räuberpistole. Als Gregor krank lag, nutzten die Ägypter nachts die Gelegenheit, drangen in seine Kirche ein und bereiteten die Weihe vor. Das aber wurde ruchbar, der nizänische Pöbel rottete sich drohend zusammen, die Alexandriner flohen. In einem Privathaus trafen sie wieder zusammen und vollzogen die Weihe. So fragwürdig der Vorgang war: Konstantinopel hatte jetzt einen vollwertigen, formal korrekt geweihten Bischof, Gregor von Nazianz schien überlistet.

Doch, kanonisches Recht hin oder her, der Bischof einer so bedeutenden Stadt benötigte die Zustimmung des Kaisers. Das wusste Maximus sehr wohl und machte sich sogleich nach Thessalonica auf, um Theodosius' Unterstützung zu gewinnen. Der aber blieb seinem Verbündeten treu – er hätte ja sein Gesicht verloren, wenn er eine solche Eigenmächtigkeit geduldet hätte. Maximus kehrte nicht nach Konstantinopel zurück, sondern zunächst nach Alexandria. Damit war jedoch das kirchenrechtliche Problem nicht gelöst. Konstantinopel hatte jetzt nun einmal einen rechtmäßig eingesetzten nizänischen Bischof, obwohl ihm der Rückhalt beim Kaiser und vermutlich auch beim Volk fehlte und ihm mit Gregor von Nazianz ein Mann gegenüberstand, der gemeinhin als designierter Amtsinhaber galt. Spätestens jetzt muss Theodosius begriffen haben, dass es bei Kirchenpolitik nicht zuletzt um Machtkämpfe und persönliche Rivalitäten ging.

Das Verhältnis des Kaisers zum Bischof von Alexandria war dadurch abgekühlt und wurde zusätzlich durch ein anderes Problem belastet. In Antiochia, nächst Konstantinopel und Alexandria der wichtigsten Stadt des Ostens, klaffte bei den Nizänern ein Schisma. Meletios, von dem seine Freunde behaupteten, er wäre Theodosius im Traum erschienen, war der eine beteiligte Bischof, Paulinus der andere. Die stärkeren Gründe sprachen für Paulinus. Er besaß faktisch die Gewalt über die Kirchen zu Antiochia, während Meletios lange in Verbannung gelebt hatte. Paulinus' Rechtgläubigkeit war nie bestritten worden, während Meletios dadurch belastet schien, dass er seine Bischofswahl Homöern verdankte, die angeblich seinen wahren Glauben nicht kannten. Ferner standen Damasus von Rom und Petros von Alexandria, die Theodosius als Glaubensautoritäten benannt hatte, auf Seiten des Paulinus. Meletios dagegen konnte immerhin die einflussreichen Kappadoker zu seinen Freunden rechnen und alle diejenigen, denen der Einfluss Roms zu groß wurde.

Meletios war nach dem Todes des Valens in sein Bistum zurückgekehrt und hatte dort zahlreiche Anhänger um sich geschart, die vielleicht dadurch fasziniert waren, dass er für seinen Glauben zweimal ein Exil auf sich genommen hatte. Paulinus hatte versucht, ihn zu schneiden, sah sich jetzt aber zu einer Annäherung gezwungen, die in einen Kompromiss mündete: Beide sollten vorerst als Bischöfe gelten. Wenn der erste sterbe, solle für diesen kein Nachfolger bestimmt werden. So hätte das Schisma ein natürliches Ende nehmen können. Der Kompromiss verkleisterte den Konflikt, wenn auch notdürftig; irgendwann würde der Kaiser sich zwischen den beiden Prätendenten entscheiden müssen.

Am 10. Januar 381 erließ Theodosius erneut ein Gesetz zugunsten der Nizäner, deren Glauben inhaltlich als trinitarisch definiert wird.[75] Die Gegner werden allgemein als Häretiker bezeichnet und drei immer wieder verbotene Konfessionen eigens angeführt: Photinianer, Arianer, Eunomianer, doch steht außer Frage, dass andere mitgemeint waren. Den Nizänern allein sollen die Kirchengebäude gehören, nur sie dürfen in den Mauern der Städte ihre Versammlungen abhalten. Häretiker, die in den Städten für Unruhe sorgen, sollen aus diesen verbannt werden. Eindeutig stehen bei diesem Gesetz die Kirchenbauten im Zentrum. Die Frage ist, wer über sie verfügen darf – und über das Vermögen, das sich dank Schenkungen und Erbschaften stets vermehrte. Hier wird – und darin geht das Gesetz über frühere Bestimmungen hinaus – ausdrücklich gefordert, die Gebäude den Nizänern zu überlassen. Allerdings darf man nicht vergessen, dass die antiken Gesetze gewöhnlich in ihrem Wirkungskreis limitiert waren: Hier ging es anscheinend allein um Illyrien. Konstantinopel, Kleinasien, Syrien, Ägypten waren davon nicht unmittelbar betroffen.[76]

Die Nizäner mochten um 380/1 unter allen Konfessionen des Ostens die stärkste, zumindest die schlagkräftigste gewesen sein; befriedigend war ihre Lage trotz der kaiserlichen Begünstigung keineswegs: Es gab internen Streit und Regionen, in denen sie schwächer waren; vielerorts wirkten ‚falsche' Bischöfe. Es ist daher verständlich, wenn Theodosius in der Absicht, derartige Probleme zu bereinigen, noch einen anderen Weg beschritt, den des Konzils, der Versammlung von Bischöfen, die über kirchenrechtliche Probleme und Glaubensfragen zu entscheiden vermochte. Allerdings hätte er wissen können, dass eine dichte Folge von Konzilien vor allem unter Constantius II. (337–361) den religiösen Streitigkeiten kein Ende gesetzt hatte. Wahrscheinlich war ihm auch nicht entgangen, dass Valens und Valentinian I. darauf verzichtet hatten, größere Kirchenversammlungen abhalten zu lassen.

Dennoch entschied sich Theodosius dafür, zum Mai 381 eine Kirchenversammlung einzuberufen – auffälligerweise ungefähr gleichzeitig mit Gratian, sodass ungefähr gleichzeitig ein Ost- und ein Westkonzil stattfanden. Der Eindruck, die Eigendynamik der kaiserlichen Rivalitäten habe die Förderung des nizänischen Glaubens vorangetrieben, verdichtet sich. Ziel der Versammlung im Osten war, das Schisma von Konstantinopel zu beenden und den Glauben von Nizäa festzuschreiben,[77] und manch einer wollte wohl die Eigenständigkeit der östlichen Kirchen gegenüber Interventionen der übermächtigen Freunde im Westen sichern. Die Zahl der Teilnehmer war nicht hoch, etwa 150, gegenüber mehr als 300, die bei Nizäa versammelt gewesen sein sollten. Unter den Bischöfen, die in Konstantinopel zusammentraten, waren zwar auch solche, die mit der Westkirche verbunden waren, vor allem der verspätet eintreffende Acholios von

Thessalonica; eigentliche Westbischöfe aber fehlten. Nicht einmal die einzelnen Regionen des Ostreiches waren gleichmäßig repräsentiert, zudem kamen die Ägypter erst nach der Eröffnung der Beratungen. Gleichwohl sollte das Konzil von Konstantinopel als das Zweite Ökumenische Konzil in die kirchliche Tradition eingehen.

Der Kaiser bewies den Repräsentanten des Christentums seinen guten Willen, indem er zu Beginn des Konzils gegen Apostaten, das heißt abtrünnige Christen, wie Manichäer privatrechtliche Beschränkungen verhängte. Derartige Maßnahmen entsprachen gewiss den Wünschen der Konzilsväter, ein vollständiges Verbot bedeuteten sie nicht.

Anders als Konstantin der Große verzichtete Theodosius darauf, persönlich am Konzil teilzunehmen, doch weilte er in der Nähe und ließ es sich anscheinend nicht nehmen, die Bischöfe zu begrüßen und mit einzelnen in persönlichen Kontakt zu treten, gelegentlich auch einzugreifen. Das reichte, damit das Ergebnis der Versammlung seinen Wünschen entsprach.

Über die Einzelheiten der Verhandlungen sind wir nicht informiert, da anders als für spätere Konzilien Protokolle fehlen. Im Vorfeld hatte der Kaiser eine wichtige Entscheidung getroffen, indem er Meletios von Antiochia mit dem Vorsitz betraute. Eigentlich wäre das die Aufgabe des Ortsbischofs gewesen, doch Maximus war angesichts der Umstände seiner Wahl für eine solche Funktion untragbar. Hätte Theodosius sich für den Bischof von Alexandria entschieden, so wäre das ebenfalls ein Präjudiz zugunsten jener fragwürdigen Gestalt gewesen. Von den übrigen östlichen Bistümern reichte keines in seiner Bedeutung an Antiochia heran, und hier war Meletios einer der legitimen Bischöfe, und zwar derjenige, der aufgrund seines Alters physischen Anstrengungen eher gewachsen erschien. Wie weit Theodosius damit schon in dem innerantiochenischen Konflikt Stellung beziehen wollte und wie weit es ihm um die Sicherung eines ordentlichen Konzilsablauf mithilfe einer charismatischen Persönlichkeit ging, ist nicht zu beurteilen.

Als Erstes stellte sich den Versammelten die Frage der Besetzung des Bischofsstuhls von Konstantinopel. Hier gelang Gregor von Nazianz ein klarer Erfolg. Die Weihe des Maximus wurde für ungültig erklärt, ebenso all das, was er als Bischof getan hatte. Gregor von Nazianz erhielt unter allgemeiner Zustimmung das Amt des Bischofs der kaiserlichen Residenz und wurde von Meletios geweiht. Natürlich musste man damit rechnen, dass Papst Damasus mit diesem Vorgehen nicht einverstanden sein würde, doch dem Einfluss des Westens wollte man sich ja gerade entziehen.

Im Übrigen gab es viel drängendere Probleme. Konstantinopel war nicht das einzige Bistum, das einen neuen, nizänischen Bischof benötigte. Überall da, wo die Homöer sich unter Valens durchgesetzt hatten, brauchte man Ersatz – doch wer konnte überhaupt wissen, ob man allen, die sich neuerdings zu Nizäa bekannten, trauen durfte? Und in der heiligen Versammlung begann ein Schachern und Handeln, ein Streiten und Feilschen, ein Schimpfen und Schreien. Endlich konnten die gebeutelten Nizäner mit Ämtern rechnen. Das Konzil mutierte zu einem Basar der kirchlichen Würden.

Und dann brach noch ein unvorhersehbares Unglück über die Versammlung herein. Meletios starb. Wer sollte jetzt den Vorsitz übernehmen? Und wie sollte es in Antiochia weitergehen? Die Frage nach dem Vorsitz war einigermaßen leicht zu lösen. Es war Sache des Ortsbischofs, dieses Amt zu übernehmen, nur die spezielle Konstellation in Konstantinopel hatte das ja verhindert. Nunmehr stand Gregor von Nazianz als Bischof der Residenz fest. Er dürfte fortan das Konzil geleitet haben.

Das Problem der Wiederbesetzung Antiochias hätte man ebenfalls leicht lösen können, hätte man sich an jenen (angeblichen?) Kompromiss zwischen Paulinus und Meletios gehalten. Danach wäre Paulinus dank dem Tod des Meletios alleiniger Bischof von Antiochia geworden. Aber Paulinus war in der Sicht der Konzilsteilnehmer – jedenfalls derjenigen, die politisch dachten – mit einem schweren Makel behaftet: Er war der Kandidat Roms, der Kandidat des Damasus, von dem man sich eben absetzen wollte. Daher verwendete die Mehrheit des Konzilsbischöfe sich dafür, Flavian, einen Vertrauten des Meletios, als neuen Bischof in Antiochia zu installieren, und das hieß: das Schisma fortbestehen zu lassen.

Zu den Opponenten zählte Gregor von Nazianz, der den Bruch mit Rom zu heilen suchte, nicht zuletzt wohl, um seine eigene Anerkennung dort zu erwirken. Damit machte er sich gerade unter seinen früheren Helfern viele Feinde. Als er sich heftigen Anwürfen ausgesetzt sah, versuchte er mit seinem rhetorischen Können aufzutrumpfen, erregte aber just damit bei den weniger Gebildeten Anstoß. In der Diskussion über die Wiederbesetzung Antiochias geriet überdies seine eigene Legitimität ins Gerede, sein kirchenrechtlich anfechtbarer Bistumswechsel. Da setzte Gregor alles auf eine Karte: Er erklärte, sein Amt niederzulegen. Und niemand sprach dagegen. Nicht einmal der Kaiser, der Gregor so lange gestützt hatte. Tief gekränkt zog Gregor sich zurück und schrieb seine Autobiographie, voll Ressentiments gegen seine Amtsbrüder und dadurch vergnüglich zu lesen.

So hatte man wieder eine Vakanz in Konstantinopel und konnte nicht einmal auf einen der anwesenden Bischöfe zurückgreifen, da ja Gregor über seinen Bistumswechsel gestürzt war. Jetzt griff offenbar der Kaiser persönlich ein. Er ließ sich, wenn Sozomenos zu trauen ist,[78] von den Kirchenleuten eine Liste all derer geben, die für das Amt vorgeschlagen worden waren, und entschied sich für einen Überraschungskandidaten, der ihm wenigstens nicht ganz unbekannt gewesen sein dürfte: Nectarius.

Nectarius war nicht getauft, geschweige denn zum Priester geweiht, besaß aber einen anderen Vorzug: Jüngst hatte der Mann aus Tarsos in Kilikien als Prätor dem Volk von Konstantinopel aufwendige Spiele gegeben. Das heißt, er besaß politische Erfahrung und durfte auf die Gunst der Massen in der Residenz rechnen; zudem war er jemand, der sich im höfischen Milieu zu bewegen wusste. Theodosius mag nach all seinen Erfahrungen mit den streitsüchtigen, unpragmatischen Ostbischöfen gehofft haben, ihn ihm einen Mann zu finden, mit dem sich vernünftig reden ließ. Gregor von Nazianz gratulierte seinem Nachfolger mit einem süßsauren Brief. Späterhin versäumte er es nicht, in gönnerhaftem Ton Nectarius Ratschläge zur Ketzerbekämpfung zu erteilen, indem er insbesondere vor den Apollinaristen warnte, die sich selbst den Nizänern verbunden fühlten, aber allmählich ausgegrenzt wurden.[79]

Trotz allen Unmuts – Nectarius war jetzt Bischof von Konstantinopel und scheint als Ortsbischof den Vorsitz in der Versammlung übernommen zu haben. Seine erste wichtige Aufgabe bestand darin, die Wahl Flavians durchzuführen, für den die Mehrheitsverhältnisse auf dem Konzil günstig waren. Trotz aller Hürden waren jetzt die beiden wichtigen Bistümer Antiochia und Konstantinopel mit Männern besetzt, die eine weite Anerkennung unter den nizänischen Bischöfen genossen, und beide, Flavian wie Nectarius, sollten in ihrem Amt Wichtiges leisten.

Immerhin beschränkte die Versammlung der Bischöfe sich nicht auf Postengeschacher, sie fasste noch andere Beschlüsse. Einer war besonders folgenschwer: Konstantinopel wurde gegenüber allen anderen Bischofssitzen des Ostens aufgewertet. Nächst Rom sollte der Bischof von Konstantinopel der ranghöchste sein. Das bedeutete eine Brüskierung Alexandrias, das bisher diese Stellung für sich in Anspruch genommen hatte, und eine Lösung von der kirchlichen Tradition, die bisher die Bedeutung der Bischofssitze nach ihrem Verhältnis zu den Aposteln bestimmt hatte: Der lange Prozess der Angleichung kirchlicher Strukturen an staatliche kam zu einem vorläufigen Abschluss. Ferner wurde die kirchenpolitische Intervention von Bischöfen außerhalb ihrer Diözese untersagt; auch davon konnte der machtbewusste Alexandriner sich getroffen fühlen.

Ja, und dann gab es noch dogmatische Beschlüsse. Das Konzil von Nizäa wurde bestätigt, sein Glaubensbekenntnis erweitert. Insbesondere die Bedeutung des Heiligen Geistes als der dritten Person der Dreieinigkeit betonten die Konzilsväter.[80]

Am 9. Juli 381 wurde die Versammlung beendet, und die Konzilsväter kehrten in ihre Heimat zurück. Theodosius bestätigte, wie es seines Amtes war, alle Beschlüsse und verlieh ihnen damit Gültigkeit. Der nizänische

Konsens war in Konstantinopel erreicht, auch Kyrill von Jerusalem, ein kirchenpolitischer Wendehals mit einigermaßen stabilen dogmatischen Auffassungen, ließ sich darin einbinden.

In mehreren Städten brachen indes Unruhen aus, als die Bischöfe durch Nizäner ersetzt wurden. Nicht allein Homöer waren betroffen: Verschiedene konfessionelle Gruppen, die den Nizänern nahe standen, konnten die Beschlüsse von Konstantinopel nicht mittragen. Darunter waren die Makedonianer, eine in Kleinasien sehr starke Konfession, die sich unter Valens den Nizänern angenähert hatte, aber, nachdem der Kaiser wieder religiöse Freiheit verkündet hatte, von ihnen abgerückt war. Die Hauptdifferenz bestand in der Bewertung des Heiligen Geistes, den die Makedonianer Christus und Gott unterordneten. Theodosius war es trotz intensiver Bemühungen während des Konzils nicht gelungen, diese Konfession an die Nizäner heranzuführen, sodass er im Kernland des Reiches mit einer starken Gruppe von Glaubensabweichlern zu rechnen hatte.

Selbst im nizänischen Lager herrschte Verdruss: Timotheos, als Bischof von Alexandria Nachfolger des Petros, fühlte sich hinter Nectarius zurückgesetzt. Zudem war Flavian keineswegs überall als legitimer nizänischer Bischof von Antiochia anerkannt. Schließlich konnte Gregor von Nazianz über seine Lage nicht glücklich sein und ließ in seinem Umfeld Schriften kursieren, die die kaiserliche Politik mehr oder weniger verblümt kritisierten. Die kirchliche Einigung des Ostens war misslungen. Der Kaiser selbst fühlte sich im Übrigen durch seine nizänische Orientierung nicht daran gehindert, mit dem gotischen, homöischen Bischof Wulfila Verbindung zu halten, der später unter allgemeiner Anteilnahme in Konstantinopel bestattet wurde. Erneut zeigte er sich in seiner Personalpolitik sehr beweglich.

Nicht nur im Osten, auch zwischen den Reichshälften tobte ein kirchenpolitischer Streit, der rasch eine politische Dimension annahm. Zweierlei kam zusammen: Im Westen liefen noch, unter Federführung des Ambrosius von Mailand und mit Unterstützung Gratians, die Konzilsvorbereitungen für Aquileia; gewiss irritiert musste man dort zur Kenntnis nehmen, dass der Osten nicht nur auf eine Beteiligung verzichtete, sondern sogar eine eigene, größere Versammlung abhielt.

Ein Zweites verschärfte die Unzufriedenheit im Westen. Maximus, der abgesetzte Bischof von Konstantinopel, hatte zunächst in Ägypten Zuflucht gesucht, sich dort aber mit seinem Förderer Petros überworfen und war nach Westen gezogen, wo er sogar mit Gratian Verbindung aufnahm. Unter Berufung auf – vielleicht gar gefälschte – Briefe des Petros konnte er sich legitimieren und versorgte die Bischöfe des Westens mit Schreckensmeldungen über die Beratungen von Konstantinopel. Die ganzen Fragwürdigkeiten der Beschlüsse dort kamen jetzt zur Sprache: Gregor von Nazianz war entgegen dem Kirchenrecht gewählt worden, Flavianus entgegen einer Absprache mit Paulinus (dem Kandidaten des Westens), und der Laie Nectarius konnte nicht eben als ein Kandidat für ein herausragendes Bischofsamt gelten, der sich aus kirchlicher Sicht anbot. Der streitbare Mailänder Bischof Ambrosius schrieb, unterstützt von Gratian, gemeinsam mit seinen Amtsbrüdern einen aufgebrachten Brief an Theodosius, in dem er sich für Maximus stark machte.[81] Das Konzil von Aquileia, das am 3. September 381 begann und hauptsächlich der Bekämpfung der Homöer in Illyrien diente, kritisierte die Geschehnisse im Osten so nachdrücklich, wie es das angesichts der geringen Teilnehmerzahl vermochte. Dabei tat sich wieder Ambrosius hervor, dessen Verhalten bei dem Ostkaiser gewiss keinen positiven Eindruck hinterließ. Theodosius kann nicht übersehen haben, dass seine pronizänische Politik bisher nur geringe Erfolge gezeitigt hatte.

Immerhin ging von Aquileia der Vorschlag aus, eine gemeinsame Versammlung der östlichen und westlichen Kirchenleute abzuhalten, und zwar in Rom. Das ließ sich jedoch nicht durchführen, zumal die Kämpfe gegen die Goten Reisen zwischen Ost und West riskant machten. Die Bischöfe trafen sich trotzdem im folgenden Jahr 382 noch einmal, gleichzeitig, aber an verschiedenen Schauplätzen, in Rom und in Konstantinopel. Das Konzil von Rom konnte sich rühmen, mit Paulinus von Antiochia, den Epiphanios von Salamis auf Zypern begleitete, einen führenden Bischof des Ostens in seinen Reihen zu haben. Unter Berufung auf Gratian forderte man die übrigen östlichen Bischöfe auf, vom Bosporus an den Tiber zu kommen. Diese jedoch erinnerten an ihre Leiden unter den Verfolgungen, erklärten freundlich, sie stimmten in allen Glaubensfragen mit ihren westlichen Brüdern überein, wollten trotzdem aber an ihren Bischofswahlen festhalten, und bedauerten, die weite Reise nicht unternehmen zu können. Die Absage bedeutete trotz des verbindlichen Tones ein Affront gegenüber den westlichen Bischöfen, aber auch gegenüber Gratian. Das hätte man ohne Rückhalt bei Theodosius gewiss nicht gewagt. Die Nizäner des Ostens hatten damit wenigstens in der Auseinandersetzung mit dem Westen Einigkeit bewiesen, Theodosius hatte seine Leute hinter sich gebracht.

Neben den Beziehungen zum Westen hatte Theodosius weiter die konfessionellen Verhältnisse seines Reichsteils im Blick. Seine Politik gegenüber den Homöern war weniger streng als die im Westen, zumal diese Konfession unter den Goten, seinen neuen Freunden, so verbreitet war. Er scheint ihnen eine Kirche zugewiesen zu haben, die natürlich, entsprechend seiner Gesetzgebung, außerhalb der Stadt liegen musste: die Mokios-Kirche.[82] Immerhin erließ Theodosius bald nach dem Konzil von

Konstantinopel, am 19. Juli 381, ein weiteres Ketzergesetz, das den Betroffenen den Bau von Kirchen nicht nur, wie bisher, in Städten, sondern auch auf dem Lande untersagte und die Verstaatlichung bestehender Kultplätze anordnete.

Bedrohlicher noch für die Andersgläubigen war ein weiteres Edikt, das Theodosius am 30. Juli 381, nur wenige Tage später, an den Proconsul von *Asia* erließ, aus dessen Amtsbereich kein Bischof die Beschlüsse des Konzils unterzeichnet hatte. Er benannte darin diejenigen Bischöfe, deren Glaube als Richtschnur dienen sollte. In seiner ersten einschlägigen Verlautbarung hatte er ja Damasus von Rom und Petros von Alexandria diese Stellung zuerkannt, jetzt tauchen weitere Namen auf, darunter der des Nachfolgers des Petros, Timotheos, der einträchtig neben dem seines Rivalen Nectarius firmiert.[83] Wer mit den benannten Bischöfen übereinstimmte, sollte als rechtgläubig gelten – und die Gewalt über die Kirchen erlangen. Das doch recht mundane Problem des Besitzes von Kirchen steht nach wie vor im Mittelpunkt der Gesetzgebung gegen die anderen christlichen Konfessionen. Die Bestimmung mag dem Bestreben des Theodosius entsprochen haben, Ruhe und Klarheit zu schaffen, war aber ein kirchenpolitischer Brandsatz, denn nun konnten einige herausgehobene Bischöfe andere Amtsbrüder absetzen, wann immer sie wollten, sofern sie nur behaupteten, derjenige wäre falschgläubig. Kirchlicher Friede konnte so nicht einkehren.

Theodosius, der anders als viele seiner Vorgänger nicht mehr den Titel eines römischen Oberpriesters, eines *pontifex maximus*, annahm,[84] verhielt sich gegenüber Heiden weiter zurückhaltend: Gegen Jahresende regelte er in leidenschaftlichen Worten die Bestrafung derjenigen, die Tempel für heidnische Opfer zu nutzen versuchten; die Strafe war schwer, nämlich Proskription. Allerdings ist das vor dem zeitgenössischen Hintergrund verständlich, als Zukunftsdeutung, bezogen auf die politischen Verhältnisse, an Verrat grenzen konnte. Die Bereitschaft des Theodosius, differenziert zu verfahren, zeigt sich daran, dass er gestattete, einen Tempel in Edessa für Feierlichkeiten, nicht aber für Opfer offen zu halten, mit der Begründung, er habe ohnehin als Versammlungsort – offenbar von Städtevertretern – gedient und die Bildwerke dort dienten dem Kunstgenuss, nicht dem Kult. Dieses Zugeständnis überrascht; vermutlich hat es einen taktischen Charakter. Denn es bezieht sich auf die Osrhoëne, eine Landschaft an der gefährdeten Ostgrenze des Reiches, in der man gewiss keine Unruhen aufkommen lassen wollte. Andererseits erklärte er die Übernahme der Syriarchie, eines Amtes, das in einer paganen Tradition stand, für freiwillig, was eine gewisse Schwächung des Heidentums mit sich brachte, vielleicht aber vor allem die Dekurionen von Antiochia entlasten sollte. Einem hasserfüllten Feind sahen die Heiden sich nicht gegenüber.

Nochmals griff Theodosius die Manichäer an, wobei er aber Unterschiede machte.[85] Während die einen lediglich Vermögensnachteile zu tragen hatten, wurden radikalere Gläubige sehr ernsthaft mit der Todesstrafe bedroht – eine ungewöhnlich harte Maßnahme, die allerdings lediglich eine Randgruppe betraf. Ferner sollten Gläubige, die das Osterfest nach jüdischer Berechnung feierten, schuldig im Sinne des Gesetzes sein.

Zu einem Neuansatz der Politik gegenüber den christlichen Konfessionen kam es im Jahre 383. Theodosius, der weder durch Gesetze noch durch Konzilien kirchenpolitische Ruhe erlangt hatte, wünschte nun offenbar eine klare Entscheidung. Er lud alle Konfessionen zu einem Gespräch nach Konstantinopel, das als offene Debatte deklariert wurde, und tatsächlich zogen zahlreiche der hadernden Kirchenleute in die Residenz. Derartige Religionsgespräche sind im Zeitalter ökumenischer Dialoge eine Selbstverständlichkeit, im 4. Jahrhundert waren sie etwas Ungewöhnliches. Es mag überraschen, wenn die heterodoxen Kirchenleute noch ihre Hoffnung auf eine von Theodosius organisierte Versammlung setzten, doch darf man nicht übersehen, dass er in homöischen Kreisen durchaus als ansprechbar galt.[86]

Ein kluger, nizänisch orientierter Ratgeber hatte, sofern unserer Hauptquelle zu trauen ist,[87] Theodosius einen Weg gewiesen, wie er sich eine Meinung bilden könne. Er solle einfach fragen, wie die jeweiligen Gruppen sich zur Tradition der Väter stellten. Da die meisten Konfessionen erst vor verhältnismäßig kurzer Zeit entstanden waren, durfte man damit rechnen, dass sie ins Schwanken geraten würden. Theodosius stellte seine Frage und musste erkennen, wie sehr er die Streitbarkeit der Theologen unterschätzt hatte. Seine so gründlich vorbereitete Frage löste kein betretenes Schweigen, sondern heftige Streitigkeiten aus.

Doch der Kaiser wünschte keine Debatten, sondern Einmütigkeit, und zwar schnell. Kurzerhand ließ er von allen Gruppen ein Glaubensbekenntnis einreichen. Dann zog er sich mit den Texten zurück, um zu beten, Gott möge ihm das wahre Bekenntnis weisen, und bald fühlte er sich tatsächlich inspiriert. Er versammelte wieder die Bischöfe und erklärte, Gott habe ihn auf das nizänische Glaubensbekenntnis verwiesen. Die übrigen Bekenntnisse wurden zerrissen. Allein die Novatianer, die im Bekenntnis mit den Nizänern übereinstimmten, aber einige andere Regelungen in der Glaubenspraxis hatten, durften weiter frei agieren.

Falls jemand unter den Nicht-Nizänern von der Entscheidung zugunsten des Nizänums überrascht war, muss er von einem bemerkenswerten Gottvertrauen beseelt gewesen sein. Der Weg zur Entscheidung war das Bemerkenswerte und aus kirchlicher Sicht Bedenkliche. Der Kaiser nahm für sich in Anspruch, hinreichend von Gottes Stimme erfüllt zu sein, um über die Wahrheit des Glaubens zu entscheiden. Damit waren die Kleriker zurückgesetzt und das Konzil entwertet. Die Nizäner haben das offenbar zähneknirschend hingenommen, zumal der Kaiser sie durch ein energisches Gesetz tröstete, das eine große Zahl von Religionsgemeinschaften aufzählt, die keine Versammlungen mehr abhalten durften.

Im Dezember schloss Theodosius an diese Regelungen an, doch nannte er, vielleicht aufgrund des Einwirkens von Gregor von Nazianz, auch die Apollinaristen, und sein Tonfall wurde gereizter. ‚Fehlgläubige', die immer noch wagten, Versammlungen abzuhalten, sollten verbannt werden. Ferner wird deutlich, woran die Durchsetzbarkeit der Gesetze krankte: Beamte, die diesen Taten nicht mir ausreichender Sorgfalt nachspüren, werden nunmehr mit Strafen bedroht.

Darüber hinaus ergingen in diesem Jahr noch weitere Gesetze gegen die anderen Konfessionen: Apostaten wurden, neuerlich, mit Benachteiligungen im Erbrecht bedroht. Nach wie vor waren Abweichungen von Nizänum nicht verboten, aber die Nachteile zumal der Häretiker – weniger der Heiden – wuchsen, der Strick wurde enger, man musste mit weiteren Bedrängnissen rechnen. Doch noch nahm der Kaiser eine Haltung ein, die der Kirchenhistoriker Sozomenos folgendermaßen charakterisiert: *Und er schrieb schwere Sanktionen in die Gesetze, vollstreckte sie aber nicht. Denn er zielte nicht darauf ab, die Untertanen zu bestrafen, sondern darauf, sie in Angst zu versetzen, damit sie in Hinblick auf das Göttliche seine Meinung teilten, weil er auch die lobte, die aus freien Stücken konvertierten.*[88] Es gab erheblichen Druck auf die Glaubensabweichler, aber keinen Glaubenszwang.

Blicken wir zurück. Theodosius kam als neuer Kaiser in eine Region, die ihm fremd war, und bemühte sich, das Terrain abzusichern. Als Erstes machte er den Militärs erhebliche Zugeständnisse. Bei der Auswahl der hohen Beamten setzte er auf Männer, die ihm vertraut waren. Die zivile Elite in Konstantinopel, welche die steilen Karrieren der Freunde des Theodosius verfolgen musste, mochte sich damit trösten, dass er nunmehr dauerhaft in ihrer Stadt lebte und sie damit aufwertete. Zudem signalisierte Theodosius durch die Förderung des Themistios seinen Willen, die heidnisch geprägten Bildungstraditionen zu respektieren. Die einfache Bevölkerung genoss die Feierlichkeiten, die der neue Kaiser aus mehr oder weniger gewichtigen Gründen anberaumte. Insgesamt zeigt sich bereits hier ein integrativer Ansatz, ein Bemühen um Berücksichtigung aller gesellschaftlicher Gruppen.

Kirchenpolitisch zielte Theodosius anscheinend zunächst auf eine Klärung der äußeren Verhältnisse, zumal der Zuordnung von Kirchenbauten. Offenbar hatte er nicht erkannt, wie tiefgreifend die Spannungen zwischen den Nizänern waren. Spätestens beim Konzil von Konstantinopel rang er sich indes zu einer klaren Entscheidung durch. An zwei führenden Bischofssitzen, in Antiochia und in Konstantinopel, wurden mit Flavian und

Nectarius Männer eingesetzt, die fähig schienen, ihre Bistümer energisch zu steuern, die ihre Stellung dem Kaiser verdankten und deren Wahl anfechtbar war, sodass sie umso mehr auf den Rückhalt beim Kaiser angewiesen waren. Damit stärkte Theodosius seine eigene Position erheblich, auch wenn er einen Konflikt mit dem einflussreichen Bischof von Alexandria auf sich nahm.

Eine gewisse Beruhigung der kirchlichen Verhältnisse erreichte er allerdings erst durch massive persönliche Interventionen. Bei dem Religionsgespräch von 383 beanspruchte der Kaiser, der sich in einem früheren Gesetz auf die Bischöfe Damasus von Rom und Petros von Alexandria berufen hatte, die Stellung eines Richters über den Glauben. Denn er entschied, indem er eine persönliche Eingebung durch Gott behauptete, das Glaubensbekenntnis von Nizäa sei das richtige, und usurpierte damit eine priesterähnliche Stellung.

Zugleich hatte er, dem im Osten die Hausmacht fehlte, durch die gezielte Förderung bestimmter Kirchenmänner und Dogmen eine Anhängerschaft aufgebaut, die sich als verlässlich erweisen sollte. Von den christlichen Gegnern der Nizäner hört man in den folgenden Jahren wenig. Abweichler gab es zwar nach wie vor, aber die Überlegenheit der Nizäner stand fest. Dies ist umso bemerkenswerter, da Theodosius keine Verbote aussprach, sondern den Andersgläubigen lediglich – allerdings gravierende – materielle Nachteile auferlegte, etwa den Verzicht auf Kirchenbauten oder Einschränkungen beim Erbrecht. Es war eine moderate Kirchenpolitik, die in vielem mehr an Valens erinnerte als an Constantius II., der zahlreiche Verbannungsurteile erlassen hatte.[89]

Die Heiden standen während der ersten Regierungsjahre des Theodosius nicht im Zentrum der Politik, sie konnten sich einigermaßen halten, einige bewegten sich sogar im Umkreis des Kaisers, aber der Fortgang der Christianisierung des Reiches wurde zunehmend spürbar.

Bemerkenswert ist, dass Theodosius in der Kirchenpolitik eine Abgrenzung zum Westen, zum Reich seines Kollegen Gratian, mindestens in Kauf nahm, wenn nicht gar förderte. Immerhin brauchte er nicht zu fürchten, jener würde durch seine Religionspolitik im Osten an Einfluss gewinnen, denn beide Kaiser hatten sich auf die Seite der Nizäner geschlagen, allerdings mit unterschiedlichen Akzenten. Das war schon deutlich geworden, als 381 zwei Konzilien, eines im Westen und eines im Osten, stattfanden. Die prinzipielle dogmatische Übereinstimmung der Kaiser führte nicht zu einer einheitlichen Kirchenpolitik.

Für 383 hatte Theodosius mit Saturninus zum ersten Mal einen Nicht-Spanier und Nicht-Verwandten zum Consul erhoben, ein Indiz dafür, dass er sich im Osten sicherer fühlte. Tatsächlich beschließt der Jahreswechsel 383 die Anfangsphase seiner Regierung: Er hatte das Gotenproblem unter

Kontrolle gebracht, in der Kirchenpolitik klare Signale gesetzt, die Gegner des Nizänums aus den Städten verdrängt und sich von Gratian emanzipiert. Es war an der Zeit, ehrgeizigere Ziele zu verfolgen: Man konnte etwa an den alten Feind Persien denken. Wer sich Sorgen machen wollte, mochte darüber räsonieren, dass die Selbständigkeit gegenüber Gratian vielleicht gar zu weit fortgeschritten sei und eventuell eine Spaltung des Reiches drohe. Eben die bahnte sich 383 tatsächlich an, aber die persönlichen Konstellationen sollten sich grundlegend wandeln.

IV. Sicherung des Erreichten (383–388)

Auf dem Weg zur Reichseinheit

Usurpation im Westen

Falls Theodosius die Jahreswende von 382 auf 383 zu einem Rückblick nutzte, hatte er Grund, zufrieden zu sein. Die beiden größten Gefahren für seine Politik des Friedens waren gebannt. Die Goten hatte er durch einen Vertrag eingebunden, die kirchlichen Verhältnisse klärten sich zugunsten der Nizäner. Doch an zwei Stellen schwelten noch Konflikte: im Osten, an der Grenze zum stets bedrohlichen Perserreich, und im Westreich, dessen Herrscher Gratian sich von Theodosius immer weiter entfremdete.

Zunächst zum Osten: Valens hatte noch 378 Vorbereitungen für einen Krieg gegen Persien getroffen,[1] als er durch die gotische Invasion gezwungen wurde, nach Thrakien zu eilen. Merkwürdigerweise nutzten die Perser die Notlage des Römischen Reiches nicht aus. Über den Grund lässt sich nur spekulieren: Womöglich wurden ihre Kräfte durch Auseinandersetzungen an den anderen Grenzen gebunden; vielleicht war König Sapor, der wenige Monate später, im Jahre 379, starb, schon zu geschwächt, um die Initiative an sich zu reißen; nach seinem Tod mögen die auf fast jeden Thronwechsel in Persien folgenden Wirren die Kräfte des Landes beansprucht haben – auf jeden Fall herrschte mehrere Jahre Stillstand an der persischen Front. Wieder einmal war Theodosius Fortüne beschieden, doch auf die Ruhe verlassen konnte man sich nicht. Nicht einmal ein Friedensvertrag war geschlossen, und auch der hätte keine völlige Sicherheit garantieren können.

Im Übrigen wurden auf römischer Seite Stimmen laut, die zu einem Perserkrieg drängten. Themistios äußerte sich in seiner Rede auf Saturninus am 1. Januar 383 optimistisch-aggressiv: *Sofern wir uns in dieser Art bemühen und unsere Anstrengungen vermehren, werden wir, so wie wir die Goten ohne Blutvergießen und Tränen besiegt haben, auch die Perser in nicht allzu langer Frist an uns heranführen, werden wir auch die Armenier zurückgewinnen, werden wir auch das Gebiet Mesopotamiens, das andere preisgegeben haben, wiedererlangen.*[2] Der gelehrte, von der städtischen Zivilisation verwöhnte Philosoph, der bar jeder militärischer Erfahrung war, propagiert hier einen expansionistischen Kurs, gewiss nicht ohne Zustimmung des Hofes und ganz gewiss mit Blick auf die traditionalistischen Milieus der Hauptstadt. Um diese Zeit scheinen indes arabische Verbündete einen Abfallversuch unternommen zu haben, der aber niedergeschlagen wurde.[3] Es musste auch im Osten somit zunächst um die Sicherung des Vorhandenen gehen.

Tatsächlich ist Theodosius zu Beginn des Jahres 384 offenbar nach Osten aufgebrochen, um in Verhandlungen mit den Persern zu treten. Er konnte nunmehr aus einer Position der Stärke mit diesem machtvollen Gegner verhandeln: Rom war sogar in der Lage, sich einen Krieg zu leisten, obgleich der Kaiser wahrscheinlich einer ressourcenschonenden friedlichen Lösung den Vorzug gegeben hätte. Der Entscheidung wurde er jedoch enthoben.

Denn aus dem Westen ereilte den Kaiser in diesen Tagen eine aufwühlende Nachricht. Ein gewisser Maximus hatte sich in Britannien zum Herrscher aufgeschwungen und rasche militärische Erfolge erzielt. Gratians Position war stark gefährdet. Wie vor Adrianopel musste ein Perserfeldzug abgebrochen werden, weil ein anderer Krisenherd die Kräfte band.

Der Sturz Gratians versetzte Theodosius gewiss einen Schreck, aber ganz frei von Häme dürfte seine Reaktion nicht gewesen sein. Zwar war Gratian sein Gönner gewesen, doch waren die Zeichen einer aufbrechenden Krise zwischen Ost- und Westreich unübersehbar. Der hart antihomöischen Kirchenpolitik, die der Westkaiser vorantrieb, setzte Theodosius Maßnahmen entgegen, die zwar die Nizäner klar begünstigten, aber den anderen Gruppen die Luft zum Atmen ließen.

Überdies leisteten beide Kaiser sich in politischen Fragen wechselseitige Affronts. Theodosius hatte, wie erzählt, seinen Sohn Arcadius am 19. Januar 383 zum Augustus erhoben, was Gratian aber nicht anerkannte. Dessen Münzprägung, welche die legitimen Kaiser zu zelebrieren hatte, ignorierte jenes Ereignis einfach – aus gutem Grund, denn Theodosius sicherte auf diese Weise seine Nachfolge und zielte auf die Gründung einer Dynastie, während der junge Gratian selbst noch auf Kinder hoffen konnte. Es mag immerhin als Geste der Versöhnung gemeint gewesen sein, wenn Gratian seinem Kollegen den Consulat für 383 zugestand, dann hätte sie aber ihr Ziel verfehlt. Denn Theodosius schlug das Amt aus und übertrug es stattdessen Saturninus. Zudem gefiel er sich darin, die Beziehungen zu stadtrömischen Senatoren zu pflegen, die mit manchen religionspolitischen Maßnahmen Gratians nicht einverstanden waren.[4]

Bei älteren Zeitgenossen werden Erinnerungen wach geworden sein an frühere Herrscherkollegien, die schließlich untereinander sogar Krieg führten; selbst Brüder hatten sich bis in den Tod bekämpft. Damit musste man jetzt rechnen, waren die beiden Kaiser doch allein durch ihre teils gemeinsamen, teils widerstreitenden Interessen miteinander verbunden. Und eben um diese Zeit wurde Gratian gestürzt.

Was gibt es über den Mann zu sagen, der dies gewagt hatte? Er hieß Magnus Maximus[5] – und er war Theodosius schon lange bekannt. Beide stammten aus Spanien, allerdings kam Maximus, wie es scheint, aus einer niedriger gestellten Familie als Theodosius. Wie viele Zeitgenossen hatte er sein Glück beim Militär gesucht und gefunden. Niemand anders als der ältere Theodosius war sein Förderer gewesen. Ihn hatte Maximus in den Anfängen seiner Karriere auf seinem Feldzug in Britannien begleitet, vielleicht sogar zu seinem afrikanischen Krieg gegen Firmus 373/4. Nach dem Tod des Theodosius scheint er keinen Karriereknick erlitten zu haben, jedenfalls übte er als *dux Britanniae* eine militärische Führungsfunktion in Britannien aus. Seinem Bekenntnis nach war er Nizäner, er will sogar wie Theodosius die Taufe empfangen haben.[6]

Zwischen Ende 382 und Mitte 383 riefen seine Soldaten ihn zum Kaiser aus – angeblich zu seiner Überraschung und gegen seinen Willen. Den Anlass mochte ein Sieg an der Nordgrenze über Pikten und Skoten geboten haben, den er kurz zuvor errungen haben könnte; doch die Gründe lagen tiefer.

Gratian, der zu diesem Zeitpunkt erst Anfang zwanzig war, hatte wenig Autorität gewonnen. Seine Erfolge gegen die Alamannen zeigten gerade durch ihre regelmäßige Wiederkehr, dass sie nicht durchschlagend waren. Auch scheint es dem unerfahrenen Kaisersohn nicht gelungen zu sein, sich auf die Psychologie der römischen Soldaten einzustellen. Es ist davon die Rede, dass er unter den römischen Truppen alanische Verbände bevorzugt habe, ja in alanischen Gewändern aufgetreten sei.[6a] Und dieser Eindruck der Bevorzugung eines fremden Volkes musste ihm die römischen Soldaten entfremden.

Rasch vermochte Maximus von Britannien zum Festland überzusetzen und die Truppen an der Grenze, bald auch die weiterer Gebiete für sich zu gewinnen. Als Gratian, der zum Zeitpunkt der Invasion in Oberitalien geweilt und in Rätien Kämpfe ausgefochten hatte und rasch nach Gallien geeilt war, sich nahe Paris zur Schlacht stellen wollte, kam es zunächst nur zu Scharmützeln, dann liefen immer mehr Einheiten zum Usurpator über, allen voran die maurische Kavallerie. Gratian ergriff die Flucht Richtung Süden, mit wenigen Getreuen – von 300 Reitern ist die Rede – und ohne jeden Rückhalt: Die Städte verschlossen ihm die Tore. Vielleicht wollte er sich über die Alpen in den Reichsteil Valentinians II. durchschlagen. Doch Maximus jagte ihm seine Häscher unter Führung des Heermeisters Andragathius nach, die ihn am 25. August 383 bei Lyon niedermachten.

Den Leichnam misshandelte man so, wie es rechtmäßige Herrscher bei Usurpatoren zu tun pflegten. Der abgeschlagene Kopf Gratians wurde öffentlich zur Schau gestellt, um den Sieg allen vor Augen zu führen. Maximus war jedoch klug genug, derartige provozierende Exzesse alsbald zu unterbinden.

Der rasante Erfolg des Maximus bleibt rätselhaft. Gewiss – bei solchen

Ereignissen spielt stets der Zufall eine Rolle. Wäre Gratian bis Italien durchgekommen, hätte er den Gegenschlag führen können, und die Usurpation wäre eine Episode geblieben. Doch kann der Rekurs auf den Zufall nicht mehr als eine intellektuelle Notlösung sein. Es bleibt Erklärungsbedarf.

Auch wenn die Quellen die Bevorzugung der alanischen Reiter durch Gratian so nachdrücklich betonen, muss man sich dieses Motiv nicht zu Eigen machen, denn derartige Interpretationen entspringen dem Wunsch antiker Autoren, individuelle Eigenheiten zu Ursachen historischer Entwicklungen zu stilisieren. Allerdings illustriert die Anekdote über die Alanen ein strukturelles Problem. Die römische Armee war inhomogen zusammensetzt, gerade in ethnischer Hinsicht. Jeder Kaiser musste darauf bedacht sein, die Sympathien der fremdstämmigen Kontingente zu bewahren, und dies – nicht irgendwelche Idiosynkrasien – mag Gratian veranlasst haben, tatsächlich in alanischer Tracht aufzutreten. Dann aber wäre es ihm nicht gelungen, diese Geste angemessen zu vermitteln. Eine solche Ungeschicklichkeit dürfte seine Umgebung in der Sorge bestärkt haben, er sei zu unerfahren für das Amt.

Eine Einschätzung dieser Art würde den Verrat von Höhergestellten plausibel machen, der zudem durch persönliche Enttäuschungen motiviert sein konnte. Angeblich hat in Paris der Heermeister und zweimalige Consul Merobaudes sich von seinem Kaiser abgesetzt; doch verschiedene Indizien sprechen dafür, dass dieser einflussreiche und hoch geehrte Gefolgsmann der valentinianischen Dynastie selbst eines der ersten Opfer des Maximus wurde.[7] Wie dem auch sei: Seine Truppenteile fielen dem Usurpator zu.

Ein noch Bedeutenderer steht im Verdacht, das Seine zum Sturz Gratians beigetragen zu haben: Theodosius. Wie gelegen ihm diese Entwicklung kam, wurde schon angedeutet. Verlässlich bezeugt ist ferner, dass Maximus sich seiner Verbindungen zu ihm rühmte.[8] Die spätere Politik des Theodosius vermittelt den Eindruck einer gewissen Sympathie für den Usurpator. Sofern er aber Maximus sein Einvernehmen signalisiert hatte, war er gewiss bemüht, dies zu verheimlichen, sodass man sich heute noch weniger als damals ein sicheres Urteil bilden kann. Auf keinen Fall konnte er die Ereignisse aus der Ferne steuern; vielleicht hatte er sich lediglich bedeckt gehalten.

Maximus errang durchschlagende Erfolge, die er – wie wahrscheinlich viele Zeitgenossen – als Zeichen göttlichen Wohlwollens interpretierte. Nach Gallien fiel ihm rasch Spanien zu. Offenbar war Valentinian II., der nach wie vor in Italien residierte, nicht in der Lage, Maximus Paroli zu bieten. Es hatte Scharmützel gegeben, aber ein großes Blutvergießen war ausgeblieben. Dass seine handstreichartig erlangte Herrschaft auf Dauer

Abb. 4: Münze des Maximus. Die Umschrift um das Porträt auf der Vorderseite lautet *D(ominus) N(oster) Mag(nus) Maximus P(ius) F(elix) Augustus*: Unser Herr Magnus Maximus, fromm und erfolgsverwöhnt, *Augustus*; auf der Rückseite *Victoria* (Sieg) *Augg* (= zweier *Augusti*) um ein einträchtiges Kaiserpaar.

angelegt war, machte Maximus sogleich klar, indem er seinen Sohn Victor zum Caesar, also zum präsumptiven Nachfolger, erhob. Selbstverständlich prägte er Münzen im eigenen Namen (Abb. 4).

Damit hatte sich im Römischen Reich eine neue Konstellation herausgebildet. Im Westen – in Britannien, Gallien und Spanien – regierte mit Maximus ein Mann, der mit der bisherigen Dynastie nicht verwandt war, der sogar einen ihrer Angehörigen hatte ermorden lassen. Valentinian II. herrschte über Italien und Africa. Er war der dienstälteste Kaiser und insofern den anderen übergeordnet, faktisch aber der Schwächste, da ihm anscheinend die Energie zu eigenständigem Handeln fehlte. Über die größte Macht verfügte Theodosius, der Kaiser des Ostens. Er war es also, der den größten Nutzen aus der Usurpation zog, die der einstige Kamerad seines Vaters angezettelt hatte. Wie schon bei seinem Herrschaftsantritt war er ein Krisengewinnler. Zwar war er nicht imstande, die Entwicklungen zu gestalten, aber er wusste sie geschickt zu nutzen, und vieles fiel ihm zu – vollkommen zu Recht, dachte er vermutlich, da er ja Gott in tiefer Frömmigkeit zugetan war.

Das dreigeteilte Reich

Obwohl Theodosius die Usurpation des Maximus mit Gelassenheit verfolgen konnte, musste er die Entwicklungen des Westens im Auge behalten und sich mit dem neuen Herrscher ins Benehmen setzen, ohne als Verräter

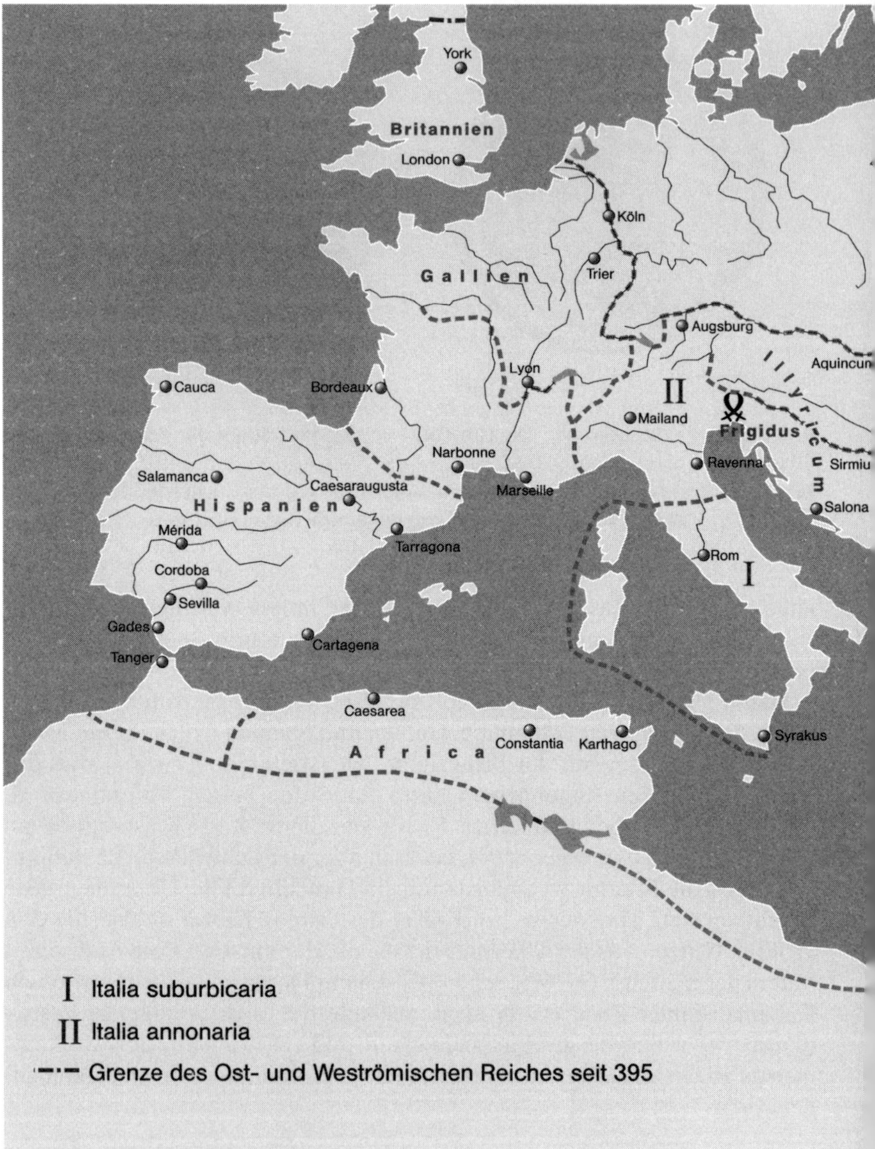

Abb. 5: Das Römische Reich um 395 n. Chr.

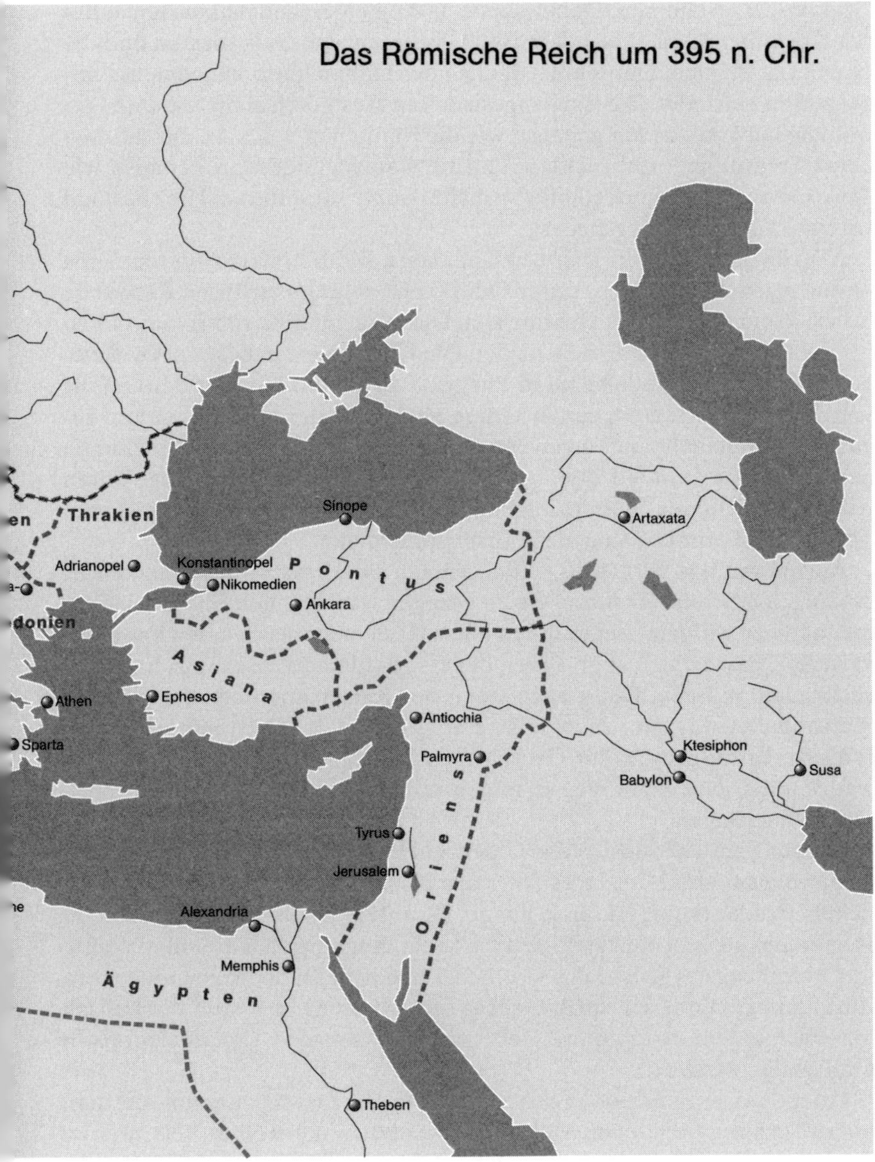
Das Römische Reich um 395 n. Chr.
Thrakien
Sinope
Artaxata
Adrianopel
Konstantinopel
Nikomedien
Ankara
Pontus
Asiana
Athen
Ephesos
Sparta
Antiochia
Palmyra
Ktesiphon
Babylon
Susa
Oriens
Tyrus
Jerusalem
Alexandria
Memphis
Ägypten
Theben

Gratians zu erscheinen. Dabei durfte er die beiden bedrohlichsten äußeren Krisenherde nicht aus dem Blick verlieren: den Balkanraum und die Grenze zu Persien. Das Gebiet südlich der Donau hatte Theodosius einigermaßen befriedet. Die dort angesiedelten Westgoten achteten unter gewöhnlichen Umständen genauso wie die römischen Soldaten darauf, dass keine Fremdlinge nachrückten, und sie waren mindestens genauso wie diese daran interessiert, stabile Verhältnisse zu garantieren. Hier bestand vorerst kaum Handlungsbedarf.

Allerdings erlaubten sich etwa im Jahre 385/6 Scharen, deren Kern Greutungen ausmachten, unter Odothaeus den Übertritt ins Römische Reich. Promotus, damals Heermeister, lockte sie mithilfe romtreuer Goten in eine Falle und machte viele nieder. Die Überlebenden behandelte Theodosius gnädig: Er siedelte sie in Phrygien an. Damit hatte er der Gefahr von Auseinandersetzungen der Goten untereinander vorgebeugt und zugleich potentielle Soldaten gewonnen. Der Sieg wurde mit einem Triumph gefeiert – anscheinend dem ersten, der in Konstantinopel abgehalten wurde; der Bau der Theodosius-Säule auf dem im Entstehen begriffenen Theodosius-Forum bewahrte die Erinnerung daran.

Anders war das Verhältnis zu Persien. Ich hatte erzählt, dass Theodosius Anfang 383 bereits Richtung Osten gezogen war, offenbar in der Absicht, hier aktiv zu werden – sei es durch einen Krieg oder durch einen Friedensvertrag –, dass er sich aber wegen der Usurpation des Maximus hatte zurückziehen müssen. Denn auch wenn der Kaiser nunmehr der stärkste Amtsinhaber war, musste er seine Energien auf den Westen konzentrieren, um ein Ausgreifen der Usurpation zu verhindern. Gerade deswegen war es nötig, jetzt einen Weg zu finden, um mit den Persern zu einem Ausgleich zu gelangen.

Wieder kam Theodosius das Glück zu Hilfe – durch einen neuerlichen Regierungswechsel. Im Jahre 383 starb König Artaxerxes, sein (mutmaßlicher) Bruder Sapor III. löste ihn ab. Es traten die üblichen Wirren beim Regierungswechsel ein, verschärft vielleicht durch Einfälle fremder Völker im Osten Persiens. So war das Großreich zu einem für die Römer günstigen Zeitpunkt gelähmt. Er selbst machte seine Präsenz im Osten symbolisch manifest, indem er um diese Zeit eine Stadt namens Theodosiopolis in Grenznähe gründete.[9]

Offenbar war man jedoch der fortwährenden Zwistigkeiten müde; man nahm Verhandlungen auf. Mehrfach entsandten die Römer Vertreter an den persischen Hof, mindestens zwei Mal sprachen persische Gesandtschaften im Römischen Reich vor, vordergründig vielleicht durch einen Thronwechsel in Persien motiviert, doch möglicherweise auch mit konkreten Verhandlungsaufträgen ausgestattet. Über die Einzelheiten der Gespräche weiß man nichts. Theodosius hat anscheinend darauf verzichtet, das grenznahe Nisibis zurückzufordern, das Jovian 363 verloren hatte, und er blieb in Hinblick auf Armenien ebenfalls moderat. Wohl 387, im Vorfeld der Auseinandersetzung mit Maximus und somit unter Erfolgsdruck, schloss er jedenfalls einen Friedensvertrag, der dies suggeriert. Statt eines wurden zwei armenische Könige, beide aus dem traditionsreichen Königsgeschlecht der Arsakiden, installiert. Einer sollte etwa vier Fünftel des Landes beherrschen und den Persern zugeordnet sein, während der Mann der Römer sich mit dem verbleibenden Teil zufrieden zu geben hatte; diese Aufteilung war wohl Folge innerarmenischer Konflikte. Kleinere Gebiete scheinen zudem jeweils den Römern oder den Persern direkt unterstellt worden zu sein. Viel hatte Theodosius somit nicht erreicht, aber er war einen Schritt weiter als 383, zumal der persische König anscheinend versprach, die Christenverfolgungen einzustellen.[10] Der Römer hatte sein Gesicht gewahrt und die Ostgrenze durch einen Friedensvertrag fürs Erste beruhigt, in einer Zeit, da vom Westen her Krieg drohte.

Die weitere, wenig spektakuläre Entwicklung in dieser Gegend sei in einem zeitlichen Vorgriff rasch skizziert: 390 scheinen die Römer ‚ihren' König durch einen Beamten, einen so genannten *comes Armeniae*, allerdings armenischer Herkunft ersetzt zu haben. Später wurde das Gebiet noch fester in die römische Verwaltung eingebunden. Diese Entwicklungen erregten so wenig Aufsehen, dass sie in den Quellen kaum bezeugt sind. Keinesfalls hat es in diesen Jahren schwerwiegendere kriegerische Konflikte gegeben; die militärischen Energien beider großer Reiche waren an anderen Stellen gebunden und ihre Herrscher froh, nicht noch eine weitere Front eröffnen zu müssen. Gleichwohl blieb eine erhebliche Zahl römischer Soldaten an der persischen Grenze im Einsatz, da die Römer trotz aller Verhandlungen vor diesem machtvollen Gegner auf der Hut sein mussten.

Männer vom Schlage des Themistios müssen von der Persienpolitik des Kaisers enttäuscht gewesen sein. Dieser hatte die Ruhe an der Donau nicht genutzt, um im Osten Stärke zu zeigen, weil er der Schonung seiner Truppen den Vorzug vor militärischer Expansion gab. Und er konnte sich nicht einmal damit rechtfertigen, dass seine Kräfte durch ein energisches Vorgehen gegen Maximus gehemmt würden.

Denn Theodosius' Verhalten war gegenüber diesem dritten, dem neuen Krisenherd gleichfalls zögerlich. Propagierte er, wie es scheint, nach der Usurpation auf einigen Münzen auch die Rückgewinnung Britanniens (Abb. 6),[11] so hatte er faktisch doch stillgehalten. Wer eine sofortige Aufrüstung erwartete oder wenigstens einen lautstarken Protest, wurde enttäuscht. Die römische Elite hatte wahrscheinlich für das bedächtige Vorgehen des Kaisers in dieser Krise mehr Verständnis als für seine Zurückhaltung gegenüber Persien, denn Bürgerkriege gehörten seit Jahrhunderten

Abb. 6: Münze zum Feldzug gegen Maximus. Die Bronzemünze zeigt auf der Vorderseite Theodosius mit derselben Umschrift wie bei Abb. 2; auf der Rückseite ein Kaiser auf dem Bug eines Schiffes stehend mit der Umschrift *Virtus* (Tüchtigkeit) *Auggg* (= dreier *Augusti*).

zu den übelsten Heimsuchungen der Römer. Andererseits musste Theodosius für den Mann Rache nehmen, dem er den Thron verdankte.

Immerhin setzte Theodosius wohl noch 383 zu einem Marsch gen Westen an,[12] ohne indessen bis in das Gebiet des Maximus vorzudringen. Die Parteien scheinen sich vielmehr in irgendeiner Weise arrangiert zu haben, und Theodosius konnte es sich als Erfolg anrechnen, wenn der militärisch überlegene Maximus nicht in das Gebiet Valentinians II. einfiel.

In offiziöser Sicht stellte sich die Lage des Imperiums um 385 folgendermaßen dar: *Er* (sc. Theodosius) *beherrscht fast alles Land und Meer, dank ihm unterwirft sich der Osten den Römern und der Westen verhält sich ruhig, alle Völker verehren ihn.*[13] Mit dem Osten ist gewiss Persien gemeint, mit dem Westen muss der Redner sich auf den Herrschaftsbereich des Maximus beziehen. Wenn schon die Perser, die in Verhandlungen mit Rom standen, als untertänig hingestellt werden, so verrät die Charakterisierung des Westens, wie gering der entsprechende Ehrgeiz in Konstantinopel war. Wenn für eine gewisse Zeit Ruhe herrschte, genügte das offenbar schon, um die überlegene Macht des Kaisers zu erweisen.

Bemerkenswert ist, dass Valentinian II., immerhin formeller Herrscher über Italien und Africa, übergangen wird. Er war offenbar eine *quantité negligeable.* Auch die Senatoren der Stadt Rom scheinen sich zunehmend auf Theodosius ausgerichtet zu haben. Man beschloss, das Ansehen seines Vaters zu rehabilitieren und Statuen für ihn zu errichten; anscheinend wurde er sogar konsekriert.[14] Das entspricht dem Verhalten der Kirchenleute, das wir bereits kennen gelernt haben: Sie setzten ebenso immer wieder auf die Autorität des Theodosius, an dessen Überlegenheit kein Zweifel bestand.

Vereinzelt gefundene Geldstücke erlauben eine über das Zeugnis der Schriftquellen hinausgehende Deutung der Beziehung zwischen Theodosius und Maximus. Theodosius erkannte Maximus zeitweise sogar als legitimen Kaiser an – insofern ist die hier verwendete Bezeichnung als Usurpator durchaus anfechtbar – und ließ Münzen in seinem Namen schlagen. Ein, wenn nicht zwei Verträge wurden zwischen ihnen geschlossen oder zumindest Arrangements ausgehandelt. Der von Maximus für 386 benannte Consul, Euodius, wurde im Laufe des Jahres im Osten anerkannt, ebenso wie der östliche Amtsinhaber im Westen.[15] Doch das Einvernehmen sollte nach wenigen Jahren zerbrechen, denn der Westen verhielt sich nicht auf Dauer ruhig, und Theodosius hatte wohl seinerseits weitergehende Absichten.

Maximus dürfte zunächst über die Entwicklung seiner Beziehungen zu Theodosius, dem starken Mann, erleichtert gewesen sein. Valentinian II. hingegen, der unerfahren und durch die Usurpation überrascht war, musste ihm als ein weitaus schwächerer Gegner erscheinen. Überdies blieb der Herrscher über Italien deswegen auf das Wohlwollen des Maximus angewiesen, weil dieser über den Leichnam Gratians verfügte, dessen Bestattung zu den vornehmsten Pflichten des Halbbruders gehörte.

Aber der Usurpator hatte Valentinian und seinen Hof unterschätzt. Schon 383 erschien bei ihm als Vertreter Mailands der dortige Bischof Ambrosius, der als vormaliger Gouverneur mit allen Wassern der Politik gewaschen und von rigorosen Moralvorstellungen kaum angekränkelt war, wenn es um die Durchsetzung höherer Ziele ging, die wundersamerweise stets seinen eigenen Interessen entsprachen.[16] Ambrosius vermochte nicht nur mit seiner geistlichen Autorität, sondern auch mit dem Selbstbewusstsein eines Hochgeborenen anderen Instanzen entgegenzutreten und kannte zugleich die Mechanismen der Macht genauestens. Sein Ruhm sollte die Jahrhunderte überdauern (Abb. 7).

Es ist daher nicht überraschend, dass gerade Ambrosius mit dieser politisch bedeutsamen Gesandtschaft betraut wurde – für derartige Missionen verwendete man zunehmend die unantastbar scheinenden Kleriker. Seine Fähigkeiten sollte Maximus dabei leidvoll kennen lernen. Er hatte von Valentinian und seiner Mutter verlangt, aus Mailand in seine Residenz, nach Trier, zu kommen, und war offenbar der Auffassung, eine entsprechende Zusage erhalten zu haben. Das hätte eine Anerkennung bedeutet und wäre sogar einer Unterordnung Valentinians gleichgekommen, wie sie den realen Machtverhältnissen entsprach, nicht aber dem Selbstverständnis des dem Rang nach dienstältesten *Augustus*.[17]

Dass Ambrosius als energischer Vorkämpfer der Nizäner zugunsten des

Abb. 7: Ambrosius. Idealisierende Mosaikdarstellung aus Mailand, Sant'Ambrogio; Anfang 5. Jahrhundert.

Homöers Valentinian intervenierte, erscheint auf den ersten Blick überraschend und musste den Nizäner Maximus beeindrucken. Offenkundig war das Handeln des Bischofs nicht allein von konfessionellen Kriterien bestimmt. Indem er Valentinian verteidigte, bewies er seine Loyalität gegenüber dem Kaiserhaus, zugleich stritt er damit für den Rang Mailands als Residenzstadt; nur an einem solchen Ort konnte er als Bischof darauf hoffen, auf den Kaiser Einfluss auszuüben.

Die geheime Aufgabe des bischöflichen Gesandten bestand anscheinend darin, kraft seiner Autorität, Redekunst und Gerissenheit Maximus so lange hinzuhalten, bis Bauto, der Feldherr Valentinians, seine Truppen formiert und die Alpenpässe gesichert hatte. Dies gelang. Zwar hatte Maximus, noch während Ambrosius sich in Trier aufhielt, vom Täuschungsmanöver Wind bekommen, doch blieb ihm nichts anderes übrig, als den Bischof in seine Heimat zu entlassen. Dieser begegnete bei der Rückkehr weiteren Gesandten Valentinians, der es offenbar auf einen Bruch nicht ankommen lassen wollte.

Ob indessen allein die Finte des Ambrosius genügte, um Maximus von seinem Unterfangen abzubringen, steht dahin. Theodosius selbst mochte in diesem Sinne auf ihn eingewirkt haben; anscheinend hielt sich ferner der Bruder des Maximus, Marcellinus, im Herrschaftsbereich Valentinians auf und hatte damit faktisch den Status einer Geisel.

Maximus mochte enttäuscht sein, dass er Valentinian II. nicht dazu hatte bewegen können, sich ihm zu unterwerfen, gefährdet brauchte er sich jedoch nicht zu fühlen; so richtete er sich in seinem Herrschaftsbereich weitgehend ungestört ein. Die Übernahme der Verwaltung scheint ohne größere Schwierigkeiten erfolgt zu sein. Mit der Entscheidung für Trier als Residenz demonstrierte er der gallischen Aristokratie sein Wohlwollen. Außenpolitische Schwierigkeiten hemmten ihn kaum: Die Grenzen in Germanien und Britannien blieben im Wesentlichen sicher, obwohl Maximus die Insel während der Usurpation von Truppen entblößt hatte. Lediglich ein Einfall der Juthungen sorgte für Nervosität, traf aber den Herrschaftsbereich Valentinians II. härter.

Wohl bereits im Jahr 384/385 oder etwas später[18] hatte Ambrosius die Stirn, erneut als Gesandter bei Maximus vorzusprechen. Bei sich führte er ein Schreiben Valentinians, das die Auslieferung von Gratians Leichnam verlangte, der weiter in der Hand des Maximus war. Der Bischof scheiterte, nicht zuletzt deswegen, weil Maximus sich an die erste Gesandtschaft nur zu gut erinnerte. Ambrosius erstattete über das Gespräch seinem Kaiser ausführlich Bericht, wobei er gewiss darauf bedacht war, sein Versagen zu rechtfertigen und seinen Einsatz herauszustellen. Obwohl man somit im Einzelnen Abstriche machen muss, entsteht hier ein Eindruck von der frostigen Atmosphäre zwischen Trier und Mailand, zugleich ein Bild davon, wie man sich Debatten um den Kaiser in dieser Zeit vorstellen muss, in der keineswegs der ganze Hof in strenge Rituale erstarrt war.

Ambrosius hatte zunächst unter Berufung auf seine Würde als Priester eine persönliche Unterredung mit Maximus gefordert, doch hatte man ihn geheißen, im kaiserlichen Rat, dem Consistorium, vorzusprechen. Ambrosius musste sich wohl oder übel fügen.

Sobald er sich im Consistorium niedergelassen hatte, trat ich herein. Er erhob sich, um mir einen Kuss zu geben. Offenbar wollte Maximus mit einer versöhnlichen Geste beginnen, doch Ambrosius riss das Heft des Handelns sofort an sich: *Ich blieb unter den Mitgliedern des Rates stehen. Die Übrigen begannen mich aufzufordern,* (sc. zum kaiserlichen Thron) *heraufzusteigen, er begann zu rufen. Ich antwortete: ‚Warum willst du den küssen, den du nicht anerkannt hast? Wenn du mich nämlich anerkannt hättest, würdest du mich nicht an diesem Orte sehen.' ‚Du bist erregt, Bischof!', sagte er. ‚Nicht wegen des Unrechts', antwortete ich, ‚sondern aus Scham, weil ich am falschen Orte stehe.' ‚Auch mit der ersten Gesandtschaft', sagte er, ‚bist du in das Consistorium gegangen.' ‚Und das', sagte ich, ‚kann man nicht mir als Irrtum zurechnen. Es ist der Fehler des Einladenden, nicht des Eintretenden.'*

Nach dieser geistesgegenwärtigen Antwort gibt Maximus den Streit um das Protokoll auf: *‚Warum', fragte er, ‚bist du gekommen?' ‚Weil ich so, wie ich damals für den Schwächeren Frieden erbat, es heute für den Gleichrangigen tun möchte.' ‚Dank wessen Gnade', sagte er, ‚gleichrangig?'* Maximus hoffte offenbar, seine Überlegenheit bestätigt zu erhalten und für seinen Verzicht auf einen Angriff gelobt zu werden, doch erhielt er eine Antwort, die einerseits zu allgemein war, sich andererseits jeglicher Diskussion entzog: *Ich antwortete,* schreibt Ambrosius, *‚Dank der Gnade des allmächtigen Gottes, der Valentinian das Reich, das er ihm gegeben hatte, bewahrt hat.' Schließlich explodierte er und erklärte: ‚Weil du mich ausgetrickst hast! Und jener Bauto, der für sich das Kaiseramt in Gestalt eines Knaben beanspruchen wollte, der sogar die Barbaren zu mir ins Land geschickt hat, als ob ich keine hätte, die ich heranführen könnte, wo doch so viele Tausende von Barbaren mir dienen und ihren Sold von mir empfangen! Wenn ich nun damals, als du gekommen bist, nicht zurückgehalten worden wäre, wer hätte mir widerstanden und meiner Tapferkeit?'*

Danach berichtet Ambrosius, wie er sein damaliges Tun gerechtfertigt habe, und schildert schließlich jene Vorwürfe, die er gegen Maximus erhoben haben will, Vorwürfe, die bis zur Anschuldigung wegen Mordes gingen. Dann habe er den irritierten Kaiser verlassen, der ihn bald darauf ausgewiesen habe.[19]

Wenn die Darstellung des Ambrosius stimmt, hat er tatsächlich Mut vor einem Fürstenthron bewiesen – Maximus indes, indem er den Bischof straflos ziehen ließ, Milde und Selbstbeherrschung. Allerdings hätte dieser sich eines schweren Frevels schuldig gemacht, wenn er einen Mann, der zugleich Kleriker und Gesandter war, verletzt hätte.

Die gravierendsten Probleme zeichneten sich für Maximus in der Religionspolitik ab. Der Usurpator zeigte sich insofern loyal mit Theodosius verbunden, als er den Glauben der Nizäner demonstrativ förderte.[20] Dies war umso pikanter, als Valentinian II., der legitime Kaiser des mittleren Reichsteils, homöische Lehren unterstützte. Wahrscheinlich erhoffte Maximus sich von seiner Politik auch Einflussmöglichkeiten in Italien, wo angesehene nizänische Bischöfe wie Damasus in Rom und vor allem Ambrosius in Mailand wirkten.

In seinem eigenen Machtbereich sah er sich mit einer Lehre konfrontiert, die Nizäner als häretisch beurteilten: mit dem Priscillianismus, dessen Zentrum auf der Iberischen Halbinsel lag.[21] Priscillian, von dem sich der Name herleitet, lehrte eine strenge asketische Praxis, die ihm offenbar mehr bedeutete als dogmatische Feinheiten. Auf jeden Fall wollte er mit der Großkirche verbunden bleiben, suchte und fand Anhänger sogar unter Bischöfen, schließlich wurde er selbst zum Bischof geweiht. Doch wuchs die Macht seiner Gegner, denen es schließlich gelang, auf Konzilien Priscillian formell auszugrenzen und zum Häretiker zu stempeln.

Was so schweren Anstoß erregte, wird nur in Umrissen klar. Die priscillianistischen Lehren gerieten wohl wegen ihrer strengen Scheidung zwischen Gut und Schlecht in den Geruch des Manichäismus. Einen wichtigen Faktor bildeten die strengen asketischen Praktiken, denen die Priscillianisten huldigten und die auf die Schwächen der gewöhnlichen, oft verweltlichten Kleriker kein günstiges Licht warfen. Der Ton der Gruppe wurde dadurch vielleicht noch selbstbewusster – oder soll man sagen: arroganter? –, dass viele Priscillianisten vornehmen Familien entstammten und die Aufsteiger, die im Klerus zahlreich vertreten waren, verächtlich behandelten. Ferner trafen sie sich gerne im Privaten, für sich, außerhalb der Gemeinschaft. Umso mehr konnten sich die Nizäner über das ereifern, was am Verhalten der Priscillianisten Anstoß erregen konnte: die exponierte Stellung von Frauen, vor allem ihre physische Nähe zu den Männern bei gemeinsamen Gebeten und Gottesdiensten.

Zwischen den Priscillianisten und ihren Gegnern begann ein Ringen um die Unterstützung der Autoritäten. Hohe Beamte wurden von beiden Parteien eingeschaltet, je nachdem, welche religiöse Orientierung man bei ihnen vermutete, und die Entscheidungen fielen wechselhaft aus. Für einige Zeit wurde verfügt, dass die Priscillianer ihre Kirchen aufgeben und verbannt werden sollten, doch dank der Fürsprache des Hofmarschalls (*magister officiorum*) Macedonius – die Nizäner behaupteten natürlich, er sei bestochen worden – erwirkten sie eine Rücknahme dieses Edikts. Dagegen misslang es Priscillian, Papst Damasus oder Ambrosius auf seine Seite zu ziehen. Immerhin zeigen diese Bemühungen erneut, dass er eigentlich nicht beabsichtige, sich von den Nizänern zu trennen.

Der Sturz Gratians bedeutete für die Gegner Priscillians eine neue Chance. Sie beriefen ein Konzil nach Bordeaux ein, um den Abweichler zu verurteilen. Doch der wandte sich jetzt an den neuen Kaiser, an Maximus in Trier. Dieser sah sich plötzlich in die Rolle eines Richters in Glaubensdingen gedrängt, wie sie zuvor schon Theodosius übernommen hatte.

Die Kirchenleute indessen waren nach den langen Erfahrungen mit christlichen Kaisern sensibilisiert. Daher entstand in Trier eine Situation, die Maximus paradox erschienen sein mag. Er hatte nicht nur zwischen Priscillian und seinen Gegnern zu richten, sondern auch zwischen zwei Gruppen von Gegnern: Während die einen die Todesstrafe forderten, rieten die anderen zu Zurückhaltung. Unter denjenigen, die zu Milde mahnten, begegnet Martin von Tours, der berühmte heilige Martin, der als ein führender Asket den Priscillianisten auf ihrem ureigensten Gebiet etwas entgegenzusetzen hatte. Ihm soll Maximus versprochen haben, von Hinrichtungen abzusehen.

Schließlich aber, nachdem Martin Trier verlassen hatte, übertrug er den Prozess an seinen Prätorianerpräfekten Euodius. Der glaubte anscheinend, eine salomonische Lösung gefunden zu haben, indem er Priscillian und einige seiner Anhänger zwar zum Tode verurteilte, allerdings aufgrund von Delikten, die durchaus der weltlichen Strafgewalt unterlagen und seit jeher die Hinrichtung nach sich ziehen konnten; genannt werden Schadenszauber und sittliche Vergehen. Wohl 385/6 wurde das Urteil vollstreckt.

Maximus tat darüber hinaus zur Bereinigung des Konfliktes etwas, was sein Selbstverständnis als Kaiser offenbart: Er berief ein Konzil nach Trier ein, das weitere Maßnahmen gegen die Priscillianisten verfügte, die aber – dank einem erneuten Eingreifen Martins von Tours – wieder revoziert wurden. Man sollte dieses windungsreiche Vorgehen des Kaisers nicht allein als Reaktion auf eine regionale Krise betrachten. Es muss Maximus noch um etwas anderes gegangen sein, nämlich darum, sich auf eine Ebene mit Theodosius zu stellen. Wie dieser ein Konzil einberufen hatte, um den Nizänern zum Durchbruch zu verhelfen, so machte es auch Maximus. Er durfte sich einbilden, es damit dem Ostkaiser gleichgetan zu haben, wenn nicht gar Konstantin dem Großen.

Maximus dürfte ferner geglaubt haben, durch sein entschiedenes Eintreten für ihre Lehren die Sympathien der Nizäner gewonnen zu haben. Das Gegenteil trat jedoch ein – ein Zeichen dafür, wie weit die Reflexion über das Verhältnis der staatlichen Gewalt zur Kirche inzwischen gediehen war. Maximus erregte gerade durch seine Aktivität in Glaubensdingen bei den Nizänern Anstoß, nicht nur der hoch angesehene Martin von Tours spielte sein Charisma schonungslos gegen den Herrscher aus. Selbst Ambrosius und Papst Siricius, die maßgeblichen Nizäner in Italien, bekundeten ihre Missbilligung. In den folgenden Jahren blieben gerade führende Nizäner gegenüber Maximus, der die Priscillianer weiter bedrängte, zurückhaltend; die von ihm protegierten Bischöfe fanden nur wenig Respekt. Noch zu Beginn des 5. Jahrhunderts referierte der Chronist Sulpicius Severus mit großer Sympathie die Position Martins, indem er betonte, dass weltliche Instanzen nicht in kirchliche Angelegenheiten eingreifen sollten.[22]

Doch gerade die Voraussetzung, die Sulpicius Severus hier anführt, fehlte in den Augen des Maximus, hatte man das Verfahren gegen Priscillian doch als einen Kriminalprozess definiert, der ja unfraglich dem staatlichen Recht zuzuordnen war. Der selbstbewusst gewordene nizänische Klerus ließ sich indessen nicht mehr mit Hinweisen auf rechtsförmliche Verfahren abspeisen. Offenbar besaß nach der Auffassung von Männern wie Ambrosius der Staat nicht mehr die Definitionshoheit über einen Prozess, wenn dieser sich gegen einen Kirchenmann richtete oder aus einem kirchlichen Konflikt erwachsen war. Alles, was sich irgendwie kirchlichen Angelegenheiten zurechnen ließ, betrachteten sie offenbar als ihre Domäne. Diesen Machtanspruch des Klerus, der im Osten schwächer war, sollte Theodosius noch schmerzhaft kennen lernen – dass er über die Erfahrungen, die Maximus weit entfernt im Westen machte, bereits damals nachsann, ist kaum anzunehmen.

Valentinian II. mochte in dem politischen Konflikt mit Maximus den selbstbewusstesten aller Bischöfe, eben Ambrosius, auf seiner Seite haben, in der Kirchenpolitik war der Mailänder sein geschicktester Gegner. Die Konstellation war ähnlich wie bei Maximus. Außenpolitisch herrschte in Italien und den Alpenprovinzen, dem Kern seines Herrschaftsgebiets, weitgehend Ruhe; ein Einfall von Sarmaten wurde Ende 384 rasch zurückgeschlagen und der Sieg 385 aufwendig gefeiert. Die Kontrolle über Africa allerdings, die für die Getreideversorgung so wichtige Provinz, scheint Valentinian verloren zu haben. Hier jedenfalls wurde Maximus anerkannt, sogar mit seinem Sohn Victor als *Caesar*. Anscheinend führte der dortige Militäroberbefehlshaber (*comes Africae*) Gildo, der Bruder des von Theodosius dem Älteren niedergeworfenen Usurpators Firmus, eine weitgehend selbständige Politik, ohne den Fehler zu begehen, sich formell für unabhängig zu erklären. Wenn es in derselben Zeit zu Versorgungskrisen in der Stadt Rom kam, so kann das die Folge der Verselbständigung Gildos gewesen sein, der Getreidelieferungen verweigert haben könnte. Allerdings blieben militärische Auseinandersetzungen aus – vielleicht fühlte Mailand sich zu schwach, vielleicht fand man doch irgendwann einen *modus vivendi* mit Gildo: Ein Zeichen der Stärke war die Africa-Politik gewiss nicht.

Wie Maximus hatte Valentinian besonders schwerwiegende Konflikte auf dem Feld der Religionspolitik auszutragen. Sie stellten zwar seine Herrscherstellung nicht in Frage, offenbarten jedoch seine Schwäche. Da Ambrosius, der noch Zeit fand, über alle seine Erfolge zu schreiben, stets führend daran beteiligt war, sind die modernen Historiker detailreich (nicht unbedingt detailgenau) informiert. Die Entwicklungen in allen Einzelheiten nachzuzeichnen ist nicht Aufgabe dieses Buches. Sie müssen aber insofern behandelt werden, als sie die Voraussetzung für Streitigkeiten bildeten, denen Theodosius sich zu stellen hatte.

Zwei Konfliktlinien lassen sich für die Herrschaftszeit Valentinians II. beobachten: die zwischen Heiden und Christen sowie die zwischen Nizänern und Homöern. Der Ausgang des Kampfes zwischen Heiden und Christen stand eigentlich schon fest. Die Dominanz des Christentums war allenthalben sichtbar, dennoch oder gerade deswegen klammerten sich viele Heiden, allen voran die hoch gestellten Senatoren, an gewisse Symbole, die ebenso die heidnische Religiosität wie die große Tradition Roms verkörperten.

Deren Wichtigstes war der Victoria-Altar, der in der Kurie, dem Senatsgebäude, stand und an dem man zu Beginn einer Senatssitzung ein Opfer darbringen konnte. Constantius II. (337–361) hatte ihn entfernen, Julian (361–363), der Heide, wiederaufstellen lassen; nach dessen Tod war er einfach stehen geblieben, bis Gratian ihn wieder beseitigte, den Protesten einiger Senatoren zum Trotz. Diese Herrschaften hofften, der junge, unsichere Valentinian II. werde sich bewegen lassen, den Altar wieder zu errichten.

Eine Gesandtschaft von Senatoren zog 384 in all ihrer Pracht nach Mailand, um die Bitte vorzutragen. Ihr Führer Symmachus, damals Stadtpräfekt und berühmtester Redner seiner Zeit, hielt eine eindrucksvolle Ansprache, in der er engagiert für Toleranz plädierte. Diese stilistisch glanzvoll vorgetragene Bitte hat die Bewunderung der Nachwelt ausgelöst – wobei man oft vergessen hat, dass ein Plädoyer für Toleranz umso leichter fällt, je schwächer man ist. So klug und würdig er vorgegangen war: Symmachus gewann zwar Beifall, selbst unter den christlichen Mitgliedern des Rates, fand aber schließlich keine Zustimmung. Valentinian, dem Ambrosius schon zuvor ins Gewissen geredet hatte, mochte geschwankt oder dies vorgespiegelt haben, um Symmachus seinen guten Willen zu demonstrieren, doch entschied er sich am Ende gegen den alten Glauben.

Auf die Intervention des Symmachus hatte Ambrosius, der selbst nicht dem Thronrat angehörte, aber schon zur Zeit Gratians die Anhänger des Victoria-Altars bekämpft hatte, mit zwei Briefen reagiert,[23] deren zweiter eine konkrete Antwort auf die Argumente des Symmachus bietet. Die Schreiben sind stilistisch ebenso glanzvoll wie die Rede des Symmachus, inhaltlich aber origineller. Ambrosius bestritt dem Kaiser entgegen allen Usancen nachgerade das Recht, in einer solchen Frage gegen den Willen der Bischöfe zu entscheiden. Ferner beanspruchte er für den christlichen Glauben, der wahre Fortsetzer der römischen Tradition zu sein. Zunehmend zeigte sich die geistige Überlegenheit des Christentums im lateinischen Westen gegenüber den traditionalistischen Kreisen. Völlig am Boden waren sie jedoch noch nicht. So dokumentiert ein Festkalender der Zeit, dass sie weiterhin in einem gewissen Umfang ihre Traditionen pflegen konnten.[24]

Heikler als Valentinians Kampf gegen die Heiden war sein Verhältnis zu den Homöern. Denn es gab Kreise am Hof, die deren Glaubensrichtung stützten, zumal ein Teil des Heeres ihr anscheinend ebenfalls anhing. Für unsere Quellen verkörpern diese Kreise sich in der Kaisermutter Justina; allerdings haben antike Autoren angesichts der undurchsichtigen Verhältnisse an Höfen stets die Neigung gehabt, Frauen – oder wahlweise Eunuchen – allerhand Verwerfliches, zumal einen negativen Einfluss, zuzuschreiben, und die christlichen Schriftsteller wurden durch die alttestamentarischen Berichte etwa über die böse Königin Isebel in solchen Vorurteilen bestärkt.

Dennoch: Mächtige Gestalten standen hinter dem Homöertum. Bei dem Kampf gegen diese Konfession riskierte Ambrosius einiges, zumal ja seine Bischofsstadt selbst, Mailand, noch wenige Jahre zuvor homöisch dominiert gewesen war. Dem Schein nach entzündete sich der Streit an einer Kleinigkeit. Valentinian gestattete entgegen den zumindest im Osten bestehenden Gesetzen allen konfessionellen Gruppen Versammlungsfreiheit, und das wollte er in seiner Residenz Mailand durchsetzen, indem er hier eine Kirche für die Homöer forderte. In den Jahren 385/6 unternahm er dazu mehrere Anläufe, die alle am Widerstand des Bischofs scheiterten, der sich nicht scheute, eine Kirche von seinen Leuten besetzen zu lassen. Am Ende musste der Kaiser, obwohl er militärischen Druck anzuwenden versucht hatte, nachgeben und auf die Kirche verzichten. Der Schritt wurde ihm dadurch erleichtert, dass Ambrosius zum passendsten Zeitpunkt die Gebeine zweier Heiliger, des Gervasius und des Protasius, auffand, die seine Rechte zu bestätigen schienen: Selbst die Kaiserin konnte den wundertätigen Reliquien ihren Respekt nicht versagen.[25] Die konfessionsübergreifende Autorität der Heiligen entfaltete ihre pazifizierende Wirkung.

Im Zusammenhang des Mailänder Kirchenstreites trat Maximus wieder in Erscheinung. Er nutzte den Anlass, um im Frühling 386 mit einem hochfahrenden, auch anderswo verbreiteten Brief bei Valentinian II. zu intervenieren,[26] in dem er seinen ‚Kollegen' mahnte, mit den Rechtgläubigen gerechter zu verfahren, und in Erinnerung rief, wie eng er den in Italien so einflussreichen Nizänern religiös verbunden war. Valentinian II. und seine Berater werden die drohenden Zwischentöne verstanden haben. Konnte Maximus sich vielleicht verpflichtet fühlen, den Nizänern militärisch zu helfen?

Es scheint zu dieser Zeit am Mailänder Hof zu Auflösungserscheinungen gekommen sein. Bald nach 385 starb der loyale Bauto. Das Kommando über das Heer riss Arbogast an sich, sein bisheriger Unterfeldherr, der ein enger Verwandter, vielleicht gar Sohn Bautos war und bereits unter Theodosius gedient hatte. Er zwang Valentinian, ihn in dieser Stellung anzuerkennen. Das hatte es noch nie gegeben, es sollte aber ein Muster für die Zukunft werden. In demselben Jahr erhielt Neoterius, ein Vertrauter des Theodosius mit Westerfahrung, die Prätorianerpräfektur in Italien – offenkundig sollte der junge Kaiser besser kontrolliert werden.

Ferner erschien 386/7 ein enger Vertrauter des Theodosius, der Heermeister Timasius, am Hof – man weiß nicht genau in welcher Funktion, auf jeden Fall galt er als besonders einflussreich.[27] Er war der Ansprechpartner für diejenigen, die Unterstützung benötigten. Wer klug war, setzte sich von Valentinian II. ab. Überdies verzichtete der hoch begabte und ehrgeizige offizielle Prunkredner Valentinians 386 völlig überraschend auf sein Amt. Er sollte ganz in den Bannkreis des Ambrosius geraten und schließlich als der Kirchenvater Augustinus Ruhm erlangen.

Griff nach dem Westen

Valentinians Bedrängnis wuchs um die Jahreswende von 386 auf 387. Seine Schwäche war überdeutlich, jedermann wusste, dass Maximus und Theodosius die maßgeblichen Herrscher waren, und nun bedrohte noch ein schwieriger Grenzkonflikt in Pannonien seinen Reichsteil. Mehrere, selbst bedeutende Städte waren anscheinend gefallen. Trotz aller Spannungen scheint Valentinian weiterhin mit dem Wohlverhalten des Maximus oder zumindest mit dessen Respekt vor Theodosius gerechnet zu haben, jedenfalls behauptet Zosimos, der junge Kaiser habe den Usurpator zur Hilfe gerufen.[28] Entschlossen wie er war, ergriff Maximus die Gelegenheit und marschierte 387 in das Territorium Valentinians II. ein. Dieser war auf diese kaltschnäuzige Reaktion völlig unvorbereitet.

Ihm blieb nur die Flucht in den Osten, zu Schiff, bis nach Thessalonica, unter der Begleitung seiner Schwester Galla und seiner Mutter Justina. Er hielt sich somit zwar noch in seinem Reichsteil auf, war jedoch nunmehr völlig auf die Hilfe des Theodosius angewiesen, zu dem er sogleich Boten entsandte. Dieser erwies dem jungen – ihm aufgrund seiner längeren Amtszeit formal übergeordneten – Kaiser die Ehre, ihn gemeinsam mit Senatoren in Thessalonica aufzusuchen, wo intensive Verhandlungen begannen. Der Ostkaiser scheint sich zögerlich gegeben zu haben, mit dem Argument, ein Bürgerkrieg bringe viele Schrecken und Gefahren mit sich, und konnte so manches erreichen: vielleicht die Konversion Valentinians zum Nizänertum[29] und das Eingeständnis seiner Unterlegenheit, das sich jedenfalls in seiner späteren Stellung manifestieren sollte. Auf jeden Fall gewann Theodosius Galla zur Frau. Ob es ihre Schönheit war, die ihn lockte, wie antike Quellen behaupten, oder die schnöde Aussicht, sich dadurch mit der valentinianischen Dynastie fest zu verbinden, was dem Verfasser eher einleuchtet, mag der Leser selbst entscheiden.

In die Zeit der schweren Krise des Reiches und des Aufenthaltes in Thessalonica fiel die Feier der Dezennalien, des beginnenden zehnten Regierungsjahres des Theodosius. Sie dürften am 19. Januar 388 stattgefunden haben. In ihren Kontext gehört eines der bedeutendsten und historisch aufschlussreichsten Kunstwerke der theodosianischen Zeit, das so genannte Missorium des Theodosius (Abb. 8).[30] Es handelt sich um eine große, flache Silberplatte (Durchmesser 74 cm, Dicke 4–8 mm), die als Teil eines einst versteckten und dann teilweise geplünderten Prunkservice in der Nähe des spanischen Mérida entdeckt worden ist. Die ersten Finder wollten das Missorium offenbar weiterverarbeiten, jedenfalls versuchten sie es mit einem groben Gegenstand zu zerhacken.

Ursprünglich hatte die Platte einen Fuß, von dem noch der Standring erhalten ist. Dort ist in griechischer Sprache eine Gewichtsangabe eingraviert, die auf 50 römische Pfund (16 kg) lautet – das Kunstwerk besaß somit einen gewaltigen materiellen Wert. Der Entstehungsort dürfte im Osten zu suchen sein; in Frage kommt am ehesten das reiche Konstantinopel, aber auch Thessalonica selbst ist denkbar.

Ähnlich wie bei Münzen läuft um das Bild eine Inschrift, die als offizieller Text in lateinischer Sprache abgefasst ist: D(*ominus*) N(*oster*) THEODOSIVS PERPET(*uus*) AVG(*ustus*) OB DIEM FELICISSIMVM X: ‚Unser Herr, Theodosius, immer währender Augustus, wegen des höchst Glück verheißenden Tages der Dezennalien.' Ergänzen darf man eine Formel wie ‚hat es geschenkt'.

Wiedergegeben sind mit flachem Relief in dem größeren der beiden Bildsegmente drei Mitglieder eines Herrscherkollegiums, die unter einer Giebelfassade mit vier Pilastern sitzen, die vermutlich die zeitgenössische Palastarchitektur nachahmt. Sie thronen auf Sesseln ohne Rückenlehne und lassen ihre Füße auf Bänken ruhen. Die mittlere Gestalt, ohne Zweifel Theodosius, da allein er in der Inschrift genannt wird, ist durch ihre Größe herausgehoben. In den Zwickeln des Giebels schweben, das Haupt

Abb. 8: Missorium des Theodosius, Gesamtansicht.

des Theodosius flankierend, zwei geflügelte, nackte Eroten, die auf Tüchern Früchte darbringen.

Theodosius ist so groß dargestellt, dass über seinem Kopf der Architrav aufgebogen wird. Er blickt geradeaus, während er einem erheblich kleiner dargestellten Stehenden, der mit einem zivilen Amtsgewand bekleidet ist, ein durch ein Band verschlossenes Diptychon überlässt, das dieser mit verhüllten Händen – um die kaiserliche Majestät nicht zu beflecken – entgegennimmt. Zu Recht vermutet man, dass es sich hier um eine Ernennungsurkunde handelt und dass der allerdings nicht individuell dargestellte Empfänger der Urkunde zugleich der des Missoriums ist (Abb. 9).

Um das Haupt des Theodosius liegt ein Perlendiadem mit einem auffällig großen Stirnjuwel. Dahinter erkennt man einen Nimbus, den ‚Heiligenschein'. Der Kaiser trägt das kaiserliche Gewand, bestehend aus Schuhen,

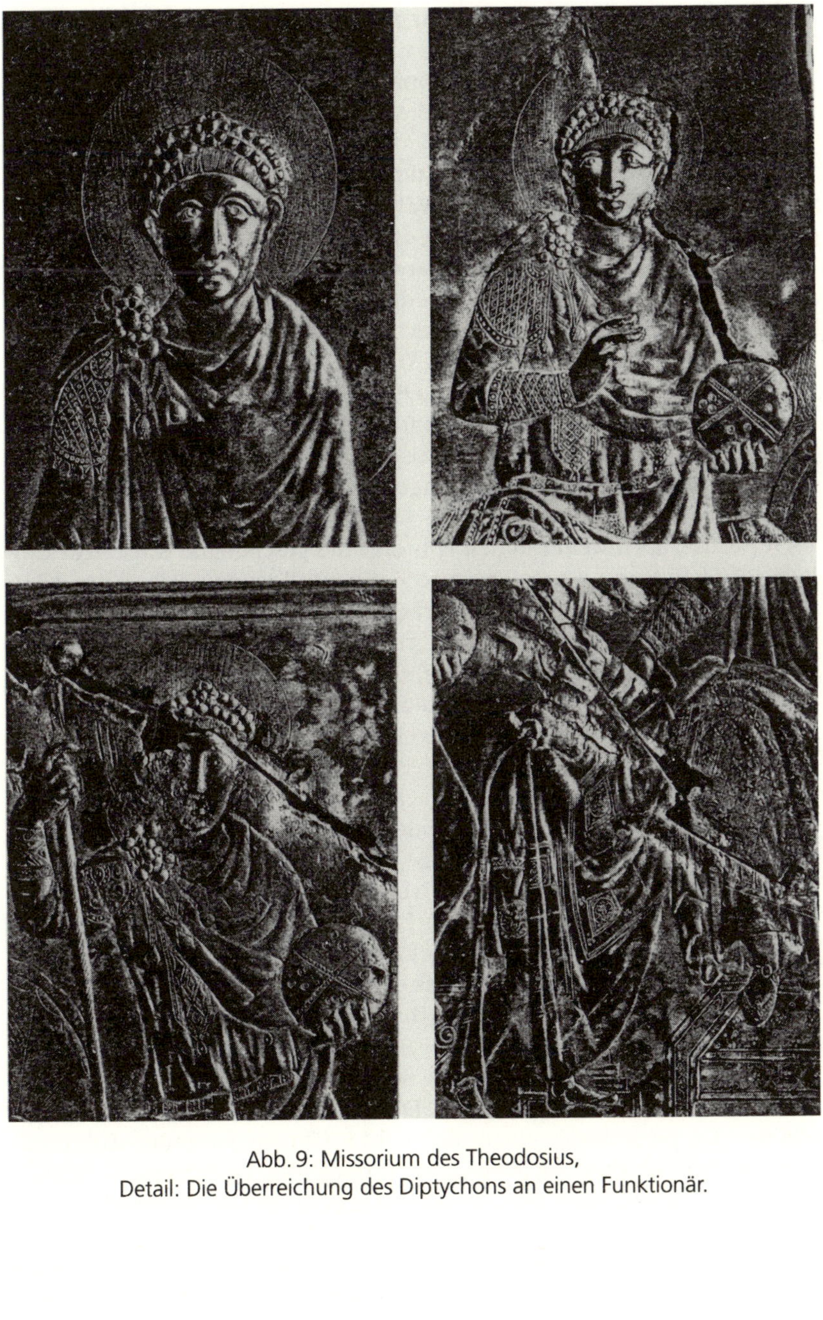

Abb. 9: Missorium des Theodosius,
Detail: Die Überreichung des Diptychons an einen Funktionär.

Hose, Tunika und einem Mantel, einer Chlamys, die von einer edelsteinbesetzten Fibel zusammengehalten wird. Alle Teile muss man sich in der Realität aus wertvollstem Material, mit viel Purpur versehen und Edelsteinen geschmückt vorstellen, wovon die Darstellung in Silber nur einen Abglanz vermitteln kann.

In der Gestalt, die zur Rechten des Theodosius, also auf dem Ehrenplatz, thront, darf man am ehesten Valentinian II. erblicken. Er war formal gesehen nach wie vor der *senior Augustus*, und wurde etwa in Gesetzestexten, die in solchen Dingen korrekt zu sein hatten, vor Theodosius genannt. An tatsächlicher Macht stand er jedoch inzwischen weit hinter seinem Kollegen zurück, was bei der kaiserlichen Repräsentation in der Bildkunst in aller Deutlichkeit zum Ausdruck kommt. Immerhin trägt auch Valentinian die kaiserliche Tracht und ein Diadem. Doch ist das Stirnjuwel kleiner, er selbst in geringerer Größe und eben nur am Rande dargestellt. In seiner Linken hält er einen Globus als Zeichen der allumfassenden Macht, in seiner Rechten ein auffällig langes Zepter – sollte dessen Länge an seine formale Stellung erinnern?

Der dritte, noch weiter in den Hintergrund geschobene Kaiser zur Linken des Theodosius muss der dritte *Augustus* Arcadius sein. Seine Kleidung gleicht jener Valentinians, er trägt ebenfalls in der Linken einen Globus, seine Rechte allerdings hat er zum Redegestus erhoben, eine neue Darstellungsweise, welche die intellektuelle Kompetenz des Knaben für das Amt unterstreicht. Störend aus der Sicht des modernen Betrachters mag sein, dass die Gesichter der drei so wenig individualisiert und ihre Körper nicht konturiert sind. Dies entspricht indessen dem spätantiken Kunstideal und ist nicht etwa Ausdruck handwerklichen Unvermögens.

Flankiert wird die Gruppe an beiden Seiten von je zwei Leibwächtern in germanischer Kleidung mit langem Haar und Halsring, gerüstet mit Lanze und Schild. Unterhalb der Gruppe von Menschen, in dem kleineren Kreissegment, findet sich eine Darstellung der üppigen Tellus, der personifizierten Erde in ihrer Fruchtbarkeit, deren Zeichen der Kranz von Früchten, das Füllhorn und das sprießende Getreide um sie herum bilden. Sie ist auf den Boden gelagert und lenkt ihren Blick zum mittleren Kaiser. Drei nackte Knaben, unter denen man sich Eroten vorstellen konnte, schwirren herum und halten auf unterschiedliche Weise dem Kaiser Blumen und Früchte entgegen. Dieser Teil steht in einer – vor allem von der *Ara pacis* des Augustus (27 v.–14 n. Chr.) bekannten – Bildtradition, die das Zeitalter des jeweiligen Herrschers als glückliches zeichnet; das entsprechende Wort *felix* in der Inschrift, ‚Glück verheißend‘, drückt dies sprachlich aus.

Tatsächlich ist in diesem Kunstwerk – verständlicherweise – kein Hauch von Krisenstimmung zu spüren. Dass der Westen zur Zeit der Dezennalien in der Hand eines Usurpators war, bleibt dem Betrachter verborgen; die Globen deuten vielmehr auf eine Weltherrschaft hin.

Nichts zu spüren ist vom christlichen Bekenntnis des Herrschers. Auf dem Missorium findet sich kein einziges Symbol der neuen Religion. Das Motiv der Tellus hat sogar einen heidnischen Charakter, auch wenn man in ihr keine Göttin zu erblicken braucht, sondern sie als Allegorie auffassen darf. Ihr teilweise entblößter Leib – an dem immerhin durch die Arme der Busen verdeckt ist – dürfte nicht eben das Wohlgefallen strenger Bischöfe erregt haben. Man braucht allerdings deswegen nicht zu vermuten, dass der Empfänger des Missoriums ein Heide gewesen wäre. Diese religiös neutrale Form der kaiserlichen Repräsentation entspricht vielmehr dem, was man auch sonst über die Selbstdarstellung des Theodosius gegenüber funktionalen Eliten etwa aufgrund der Panegyriken weiß: Er lässt sich hier nicht festlegen, denn er muss Männer unterschiedlicher religiöser Orientierung in Administration und Militär integrieren. Die demonstrative Gläubigkeit ist hingegen ein Mittel, um Kirchenleute einzubinden.

Das Missorium zeichnet sich durch eine realistische Wiedergabe der Machtverhältnisse aus. Wer dieses Kunstwerk betrachtete, erfuhr, dass Theodosius als der entscheidende Herrscher gesehen werden wollte, wie auch immer es um die Formalitäten bestellt war. Zugleich wird die Unterordnung eines hohen Beamten unter die Kaiser durch die Größenverhältnisse hinreichend deutlich. Allerdings wird den Angehörigen der Elite erspart, sich bei der Proskynese wiedergeben zu lassen: Der Respekt des Kaisers vor seiner Verwaltungselite kommt hierin zum Ausdruck.

Der Empfänger des Missoriums bleibt unbekannt; seine Kleidung erweist ihn lediglich als zivilen Beamten von hohem Rang, der Wert des Geschenks als eine bedeutende Persönlichkeit. Aber Genaueres über seine Stellung lässt sich nicht eruieren. Immerhin verlockt der Fundort zu der Vermutung, es habe sich um einen der spanischen Vertrauten des Kaisers gehandelt, der an dem hohen Fest besonders ausgezeichnet worden ist.

Bei aller Pracht der Repräsentation, Theodosius musste an die bitteren Realitäten denken. Er dürfte schon frühzeitig die Option eines Krieges gegen Maximus erwogen haben. Immerhin gebot er, zehn Jahre nach Adrianopel, über ein umfangreiches, wenn auch heterogenes Heer, für das er zahlreiche fremdstämmige Kontingente aufzubieten wusste; Aushebungen unter den Provinzialen wurden anscheinend nicht nötig. Gleichwohl nahmen die konkreten propagandistischen und militärischen Vorbereitungen noch fast ein Jahr in Anspruch. Das erklärt sich aus den logistischen Schwierigkeiten bei der Mobilisierung von antiken Armeen überhaupt; zudem muss man bedenken, dass Theodosius mit einem Heer, das immer noch unter den Verlusten von Adrianopel litt, gegen die intakte Streitmacht des Westens ziehen wollte. Außenpolitisch sicherte er sich ebenfalls ab, so gut er es in dieser Situation vermochte[31] – in eben diesen Kontext dürfte sein nachgiebiger Vertrag mit Persien gehören.

Personell verschaffte der Kaiser sich einen breiteren Rückhalt. Bisher hatte er für die entscheidenden Ämter fast ausschließlich auf Westler gesetzt. Nun musste er sich für die Zeit des Zuges Richtung Westen den Rücken frei halten und verwendete seit 387/8 in einem höheren Maße Ostler[32]. etwa den aus dem kleinasiatischen Lydien stammenden Prätorianerpräfekten Tatianus, der unter Valens als aggressiver Verfolger der Nizäner hervorgetreten war und Theodosius nur kurze Zeit in einem hohen Amt der Finanzbehörden, als *comes sacrarum largitionum*, gedient hatte, bevor er 380/1 entlassen wurde, um nun wieder reaktiviert zu werden. Bei den militärischen Anführern setzte Theodosius auf bewährtes Personal: Timasius, Richomeres, Promotus und Arbogast, formell ein Mann Valentinians – es gab inzwischen regelmäßig mehr Heermeister als früher.

Auf den Münzen konnten die Bewohner des Ostens ein Motiv wiederfinden, das ihnen wenige Jahre zuvor bereits begegnet war: das Bild des Kaisers auf einem Schiffsbug (Abb. 6). Diese Prägungen hatten 383/4 die aggressiven Absichten des Theodosius gegen den britannischen Usurpator verkündet, jetzt riefen sie den Gedanken daran wieder wach, und diesmal folgten den Ankündigungen Taten. Die Geldstücke hingegen, die Theodosius für Maximus hatte schlagen lassen, wurden eingezogen.[33] Er galt ja nunmehr offiziell wieder als Usurpator.

Religionspolitisch konnte der Kriegsentschluss für Theodosius heikel erscheinen. Natürlich wusste jeder, dass er den dynastischen Verpflichtungen gegenüber Valentinian genügen und seinen machtpolitischen Interessen folgen musste, die es verboten, eine starken Rivalen im Westen zu dulden. Andererseits schickte der Nizäner Theodosius sich an, mit Maximus einen ebenfalls nizänischen Herrscher zu bekämpfen.

Mit gewohnter Virtuosität bediente Theodosius sich dennoch der Möglichkeiten religiöser Propaganda. Augustinus berichtet darüber: *Als jener Erfolg Maximus zu einem Schreckbild machte, verlegte er* (sc. Theodosius) *sich in der Bedrängnis seiner Sorgen nicht auf abergläubische und verbotene Untersuchungen, sondern wandte sich an Johannes, der in der Wüste Ägyptens lebte und von dem er dank dessen wachsendem Ruhm gehört hatte, dass er als Diener Gottes mit der Gabe der Prophetie ausgezeichnet sei. Er sandte jemanden zu ihm und empfing von ihm die untrügliche Nachricht vom Sieg.*[34]

Theodosius nutzte somit die unanfechtbare, gewiss über die Konfessionsgrenzen hinweg anerkannte Autorität des Asketen, um seiner Siegespropaganda Nachdruck zu verleihen. Auch heidnische Kaiser hatten vor wichtigen Feldzügen Weissagungen eingeholt und Vorzeichen deuten lassen, um ihren Anhängern Gewissheit über den Ausgang des Kampfes zu verschaffen. Eben dies tat jetzt Theodosius unter christlichen Prämissen.

Auf jeden Fall unternahm Theodosius den Feldzug gegen Maximus geistlich besser gerüstet als militärisch. Sein Feind hingegen tat alles, um seine Loyalität zu bekunden: Er erkannte in seinem Machtbereich den Kriegsgegner Theodosius als Consul an, er ließ anscheinend sogar ein Fest für Valentinian II. feiern und entsandte Boten Richtung Osten, die für seine friedlichen Absichten werben sollten. Rechnete er damit, dass Theodosius diese Bemühungen honorieren würde? Seine Emissäre ließen sich jedenfalls hinhalten.

Maximus war ohnehin verunsichert. Denn er hatte soeben Ambrosius und die Leute seiner Denkart gegen sich aufgebracht, als er die Römer zur Ordnung rief, die eine Synagoge in Brand gesetzt hatten. Zudem bedrängten Franken und Sachsen Gallien, wodurch wertvolle Truppen gebunden wurden. Überdies blieb sein Versuch, Unruhe unter den Barbaren des Balkans zu schüren, ohne nachhaltige Wirkung. Obwohl Maximus während der Vorbereitungszeit seines Gegners bereits tief nach Pannonien, in den Ostteil des Reiches, eingedrungen war, zog er sich wieder bis nach Siscia an der Save zurück. Dabei hinterließ er seine gefüllten Magazine, und Theodosius, der die Verproviantierung seiner Truppen längst nicht so minutiös geplant hatte, konnte sie plündern. Das Glück des Kaisers verließ ihn somit nicht einmal, als er eine Fehlplanung verschuldete. Bei Ambrosius, der Gott zu ihm sprechen lässt, hört das sich folgendermaßen an: *Du hattest kein Getreide, um das Heer zu versorgen. Durch die Hand der Feinde selbst habe ich dir die Tore geöffnet, ich habe die Magazine aufgetan. Deine Feinde haben dir ihren Proviant übergeben, den sie für sich vorbereitet hatten.*[35] Das Unvermögen des Kaisers wird zum Beweis göttlicher Begnadung.

Theodosius hatte somit allen Grund, auf diesem Feldzug seine Frömmigkeit zu inszenieren. Er verfügte in Thessalonica ein Gesetz gegen Häresien, das besonders die Apollinaristen ins Auge fasste, im makedonischen Stobi ein weiteres, das die religiöse Betätigung von Häretikern untersagte. Damit sandte er ein generelles Signal an die Bevölkerung Illyriens, die zu einem erheblichen Teil noch den Homöern anhing und der deutlich gemacht wurde, dass sie Ruhe halten solle. Für den gesamten Osten ließ der Kaiser ein Verbot religiöser Streitigkeiten verkünden.

In zwei Säulen näherte sich das Ostheer, dessen Vormarsch von einem Flottenunternehmen unterstützt wurde, dem Westen. Militärisch entscheidend war offenbar – und hierin zeigt sich immerhin eine gewisse strategische Kompetenz – das Seeunternehmen, mit dem die Männer des Theodosius unter Führung Valentinians II. hinter den Rücken des Maximus vordrangen. Der erwähnte Rückzug seiner Truppen aus Pannonien hatte vielleicht das Ziel gehabt, die Flotte abzufangen, doch war sie nicht geortet worden, weil sie weit im Süden operierte. So konnten die Fußtruppen des Theodosius ungestört bis zur Save vordringen. Ein überraschender Vorstoß – seine Reiterei durchschwamm den Fluss – versetzte die Feinde in Schrecken und trieb sie in die Flucht. Es dürften Barbaren gewesen sein, die dieses kühne Unternehmen durchführten; schon durch ihre schiere Präsenz müssen sie die Männer des Maximus erschüttert haben.

Doch diese Überrumpelung bedeutete noch keinen Sieg. Die Truppen des Maximus sammelten sich unter der Führung seines Bruders Marcellinus. In Poetovio (Pettau), im heutigen Slowenien, kam es dann zu einer Schlacht, die Theodosius, wenn auch nur mit Mühe, für sich entscheiden konnte. Sein Sieg begann sich abzuzeichnen.

Einige der Truppen des Maximus liefen daraufhin zu Theodosius über und die verbliebenen waren nicht in der Lage, die Alpenpässe zu sperren. Emona, das heutige Laibach, das den Zugang zum Gebirge hätte verwehren könnte, öffnete dem Ostkaiser unter Festlichkeiten die Tore, bald war Oberitalien erreicht und Aquileia eingeschlossen, wo Maximus residierte. Der Entscheidungskampf stand bevor.

Er blieb aus. Sei es, dass seine eigenen Soldaten ihren Anführer Maximus auslieferten oder er sich selbst den Truppen seines Gegners stellte oder beim Sturm auf Aquileia gefangen wurde: Ohne größere Verluste wurde der Ostkaiser seiner habhaft. Bald darauf, am 28. Juli oder 28. August 388, fand Maximus den Tod. Die Panegyrik legte Wert darauf, dass Theodosius an seine Begnadigung gedacht habe, seine Soldaten ihn aber gelyncht hätten[36]: Der getaufte Christ musste sich nicht die Hände schmutzig machen und konnte dennoch einen Gegner beseitigen; daher kam die eigenmächtige Aktion der Soldaten – die dem Kaiser hätte als Schwäche ausgelegt werden können – Theodosius durchaus zupass, zumal Maximus auf diese Weise keine Gelegenheit mehr hatte, über eventuelle frühere Kontakte zu sprechen.

Auf die Nachricht vom Ende seines Herrn wählte der Heermeister des Usurpators Andragathius den Freitod. Bald darauf brachte Valentinians eigenmächtiger Heermeister Arbogast in Gallien mit Victor den designierten Thronerben des Maximus um. Unter bemerkenswert geringen Verlusten und in erstaunlich kurzer Zeit war Theodosius eines mächtigen, bislang sehr erfolgreichen Usurpators und ehemaligen Mitkaisers Herr geworden.

Mit Sorgen werden die Bewohner der westlichen Provinzen Theodosius erwartet haben. Denn er marschierte an der Spitze barbarischer Truppen heran. Musste man nicht Rache von ihm erwarten, Bestrafungen für die zahlreichen Funktionäre, die sich durch die Kooperation mit Maximus kompromittiert hatten?

Theodosius war zu klug und zu vorausschauend, um so zu handeln. Er verfolgte vielmehr weiter seinen integrativen Ansatz, sein Streben nach Ausgleich. Die Truppen des Maximus wurden, spätantikem Usus entsprechend, amnestiert und in das siegreiche Heer eingegliedert. Einen wesentlichen Teil der Soldaten, gerade Eliteeinheiten, verschob er nach Osten, der dadurch militärisch erheblich gestärkt wurde.[37] Die Familie des Maximus, die ja mit der des Theodosius weitläufig verwandt gewesen zu sein scheint, gewann sogar seine Fürsorge. Symmachus, der einen Panegyrikus auf Maximus gehalten hatte und in seiner Not in eine Kirche geflohen war, wurde begnadigt.

Formal trat Valentinian II. wieder die Herrschaft in seinen Amtsbereich an und erhielt sogar das Gebiet des Maximus dazu, über das zuvor Gratian geboten hatte. Sein Reich war damit so groß wie das seines Vaters Valentinian I. Theodosius hielt sich allerdings noch mehrere Jahre in Italien auf und ließ keinen Zweifel aufkommen, dass die Macht bei ihm lag. Eine gewisse Selbständigkeit besaß sein Kollege lediglich in Gallien, doch hier wiederum unterstand er der Kontrolle Arbogasts, der anscheinend weiter sein eigenes Spiel betrieb. Faktisch war Theodosius der Große jetzt Alleinherrscher und das Reich geeint.

Die Jahre von 383 bis 387/8 waren eine Epoche der äußeren Ruhe gewesen. Das Reich des Theodosius hatte in keinem Krieg gestanden, ja der Kaiser schien militärische Verwicklungen nachgerade zu scheuen. Lediglich das Vordringen des Maximus rief ihn auf den Plan, doch griff er militärisch erst dann ein, als es keinen anderen Weg mehr gab. Offenbar war es Theodosius zunächst einmal darum zu tun, das zu halten, was er gewonnen hatte, und nicht noch darüber hinaus Gebiete zu erobern. Mit dem einen entschlossenen Schritt gegen Maximus indessen war es ihm gelungen, das Westreich in seine Gewalt zu bringen. Seit Julian (361–363) hatte kein Kaiser mehr ein so weites Gebiet unter seine Kontrolle gebracht. Theodosius war erfolgreich – notgedrungen.

Stabilisierung der inneren Verhältnisse

Starke Worte und milde Taten: Die Innenpolitik

Wenn die Außenpolitik des Theodosius Erwartungen in traditionalistischen Milieus enttäuscht haben mag, so muss die Innenpolitik Befürchtungen in diesen Kreisen gedämpft haben. Sie war einerseits vom Willen nach Ausgleich, nach Integration bestimmt, andererseits von dem Bestreben geleitet, den einflussreichen nizänischen Milieus nahe zu bleiben, und nicht zuletzt von dem schnöden Verlangen des Staates nach mehr Geld und einer stärkeren Armee.

Nachdem Theodosius zunächst vor allem auf persönliche Vertraute gesetzt hatte, wurde er in den Jahren seit 383 anscheinend offener und bezog weitere Kreise in die Verwaltung ein: Besonders bemerkenswert ist, dass mehrere Heiden zu hohen Würden aufstiegen, Vertreter jener Religion, die in einer Reihe von Gesetzen der ersten Jahre energisch bekämpft worden war; der Kaiser duldete es sogar, wenn sie in seiner Gegenwart bei den alten Göttern schworen.

Themistios erhielt die Stadtpräfektur zu Konstantinopel. 384 wurden mit dem General Richomeres und mit Clearchus zwei Heiden Consuln. Allerdings sollte man nicht alle diese Entscheidungen religionspolitisch deuten: Für die Besetzung des Consulats mit Richomeres waren ohne Zweifel militärische Verdienste ausschlaggebend.

Theodosius pflegte überdies freundliche Beziehungen zur paganen Aristokratie der Stadt Rom, die sich gleichfalls durch die Politik der Ämterbesetzung, die manchen Heiden in hohe Würden brachte, gestärkt fühlen musste. Allerdings war nicht jeder dafür geeignet. Der junge Nicomachus Flavianus, der Spross eines der angesehensten Geschlechter des Reiches, scheiterte während seiner Statthalterschaft in *Asia*. Nachdem er einen Dekurionen hatte auspeitschen lassen, floh er zu Schiff in den Westen, da er die kaiserliche Strafe fürchtete. Dennoch: Theodosius wollte offenbar die traditionalistischen Kreise ansprechen, die dem alten Glauben und allem, was sich damit verband, noch zugetan waren.

Diesem Zweck diente sein ostentatives Interesse an Bildung und römischer Geschichte. Der Historiker Eutrop war offenbar jener Eutrop, der 380/1 eine Prätorianerpräfektur und 387 den Consulat bekleidete.[38] Ferner zeigte Theodosius sich bereit, mit dem Senat zu kooperieren. So beteiligte er dessen Vertreter an den Verhandlungen mit Valentinian II. über die Reaktion auf die Invasion des Maximus. Er legte Wert darauf, seinen formellen Respekt vor Senatsbeschlüssen zu dokumentieren; die Senatoren mit Besitz im krisengeschüttelten Balkanraum erhielten Steuererleichterungen. Die Beachtung der Standessymbole wurde eingeschärft, indem der Kaiser verdeutlichte, dass bestimmte prestigeträchtige Wagen allein hoch gestellten Beamten zustanden.

Den finanziellen Druck, der auf vielen Senatoren lastete, minderte er. So wurde die Zahl der Prätoren, denen die Verpflichtung oblag, Spiele zu geben, auf acht verdoppelt, wobei je zwei sich die Kosten teilen sollten, die vorher ein Einzelner zu schultern gehabt hatte. Die Kostenreduktion hatte allerdings ihre Kehrseite. Indem der Kaiser Grenzen für den Aufwand bei Spielen festlegte, beraubte er die wirklich vermögenden Senatoren der Gelegenheit, ihren Reichtum beim Volk zur Geltung zu bringen und so Popularität zu gewinnen.

Der Kaiser hätte versuchen können, durch eheliche Verbindungen einzelnen vornehmen Familien Konstantinopels näher zu treten. Das unterließ er auffälligerweise. Seine Nichte Serena, die ihm offenbar persönlich sehr nahe stand und die er adoptiert hatte, vermählte er 384 mit einem Mann vandalischer Herkunft, Stilicho. Er sollte später zu einer Schlüsselgestalt der Politik werden. Das aber war zu jenem Zeitpunkt, als er sich lediglich bei einer Gesandtschaft und offenbar durch militärische Kraft hervorgetan hatte, noch nicht abzusehen. Welche Gründe den Kaiser dazu bewogen haben, diese Ehe mindestens hinzunehmen, steht dahin. Möglicherweise erkannte er das Potential des Mannes frühzeitig, denn auch sonst neigte er dazu, sich durch Heiratsallianzen mit hohen Militärs zu verbinden[39] – die im Zweifelsfalle wichtiger waren als die Senatoren.

Die Homöer hatten weiter unter allerhand Beschränkungen und Zurücksetzungen zu leiden; es ist kein hoher Beamter bekannt, der ihrem Glauben anhing. Zu einem unbekannten Zeitpunkt verfügte Theodosius, dass Häretiker in den Kanzleien, bei der Sicherheitspolizei und in Hofämtern nicht länger tätig sein sollten. Allerdings hatte jemand wie Eunomios, dessen Lehre erheblich radikaler war als die der Homöer, nachweislich Kontakte zum Hof. Sobald Theodosius dies bemerkte, verwies er die Eunomianer jedoch aus seiner Umgebung und schickte ihr geistliches Oberhaupt, der sich bislang im hauptstadtnahen Kalchedon aufgehalten hatte, ins Exil. Als der erste, an der Donau gelegene Verbannungsort von Barbaren überrannt wurde, verlegte man ihn ins kappadokische Caesarea. Da Eunomios aber mit dem in dieser Stadt hoch verehrten Bischof Basilius dem Großen verfeindet gewesen war, durfte er sich auf sein Landgut zurückziehen und dort sogar Besuch empfangen: Das war ein vergleichsweise komfortables Exil, ein weiteres Beispiel dafür, wie moderat Theodosius trotz seiner strengen Gesetze tatsächlich verfuhr, vielleicht aber auch ein Zeichen, dass Eunomios weiter Unterstützung am Hof fand.

Mitunter wurden alte Gesetze gegen Häretiker in Erinnerung gerufen, substantiell neue aber ergingen, soweit bekannt, nicht mehr. Die Homöer versuchten sogar den Eindruck zu erwecken, sie seien von Theodosius begünstigt worden, das aber wurde vom Kaiser als Missbrauch verfolgt. Die Nizäner verbreiteten umgekehrt die Auffassung, der Kaiser verfahre mit den Häretikern zu lax.[40] Vielleicht störten sie sich daran, dass er darauf zielte, möglichst viele Gruppen als rechtgläubig gelten zu lassen und etwa die Integration radikaler Nizäner, die sich aus dem Westen nach Konstantinopel geflüchtet hatten, betrieb.[41]

Bemerkenswert ist die Darstellung, die der Kirchenhistoriker Sokrates gibt, als er über Häresien spricht: *Man muss wissen, dass Kaiser Theodosius keine von ihnen zu verfolgen versuchte, außer dass er befahl, Eunomios, der in Konstantinopel in Privathäusern Versammlungen abhielt und die von ihm verfassten Schriften vortrug, als einen Mann, der durch seine*

Lehren vielen schade, zu verbannen. Von den anderen jedoch behelligte er keinen, noch zwang er jemanden, mit ihm Gemeinschaft zu halten, sondern er gestattete allen, an ihren eigenen Plätzen Versammlungen abzuhalten und die Lehren des Christentums so zu vertreten, wie sie ein jeder zu begreifen vermochte. Und den anderen erlaubte er, außerhalb der Städte Bethäuser zu errichten, die Novatianer hieß er, da sie mit seinem Glauben übereinstimmten, ohne Bedenken in den Städten ihre eigenen Kirchen zu behalten.[42] Zwar schönt Sokrates hier die eindeutige Bevorzugung der Nizäner etwas, doch stellt er zu Recht heraus, dass die Ausübung des Glaubens den anderen Konfessionen durchaus konzediert wurde.

Insgesamt verfestigt sich der Eindruck, als hätten der Kaiser aus dem Westen und die östlichen Senatoren sowie die übrige Bevölkerung Konstantinopels in den Jahren seit seiner Ankunft im Osten zu einem konstruktiven Miteinander gefunden: Fast die ganze Zeit blieb die Hauptstadt Konstantinopel ruhig. Doch der Zusammenhalt erwies sich als brüchig. Als der Kaiser gegen Maximus Krieg führte und das Gerücht aufkam, Theodosius sei schon fast geschlagen, brachen Unruhen aus, angestiftet von den Homöern. Die Aufständischen setzten die Residenz des Bischofs Nectarius in Brand, doch von mehr Untaten hört man nicht mehr: Offenbar wurde die Revolte rasch niedergeschlagen oder verebbte. Auf Bitten seines Sohnes Arcadius gewährte Theodosius der Bevölkerung Verzeihung.

Ein Blick auf die Gesetzgebung von 383 bis zum Sieg über Maximus 388 zeigt die Vielfalt der Probleme, mit denen Theodosius und seine Mitarbeiter sich auseinanderzusetzen hatten, und gewisse Linien der Politik. Vieles an dem, was im Folgenden geschildert wird, war Routine; das Wenige, was vom Erwarteten abweicht, werde ich eigens hervorheben.

Die Beamten behandelte Theodosius ähnlich wie die Senatoren mit Fürsorge. Verschiedene Gruppen erhielten ihre Privilegien bestätigt oder sogar vermehrt; es wurde verboten, sie unter die Dekurionen einzureihen, es sei denn, dass sie in den Staatsdienst getreten waren, um den Aufgaben, die ihnen eben als Dekurionen oblagen, zu entgehen. Ihre Rangordnung wurde sorgsam geregelt, auf die Angemessenheit ihrer Gehälter geachtet, Versuche allerdings, sich überhöhte Einkommen zu verschaffen, bekämpft. Die rechtliche Sonderstellung der Kleriker ließ Theodosius präzisieren: Verfahren, die kirchliche Angelegenheiten betrafen, sollten vor dem Bischof verhandelt werden, und das hatte der Statthalter zu respektieren.

Die Bevorzugung der Militärs endete in diesen Jahren. Vielmehr richteten die kaiserlichen Maßnahmen sich jetzt gegen Übergriffe von Soldaten. Es war offenbar schwierig, sie zu disziplinieren, doch auch um ihre Motivation war es nicht gut bestellt: Ein grelles Licht auf die Zustände wirft das Verbot an Veteranen, Waffen in Landwirtschaftsgeräte umzuschmieden.

Im Zentrum der Aufmerksamkeit standen indessen die finanziellen Probleme des Reiches. Immer neue Verfügungen ergingen, welche die Dekurionen und andere Gruppen an ihre Aufgaben als Steuerzahler und Abgabenpflichtige erinnerten – ein Zeichen für die Vergeblichkeit der Bemühungen, aber auch für die Hartnäckigkeit der Verwaltung. Streng wurden diejenigen in die Pflicht genommen, denen die Fürsorge für öffentliche Bauten oblag. Fünfzehn Jahre hatten sie selbst, gegebenenfalls noch ihre Erben zu haften.

Auffällig gering dagegen war die Zahl der Verfügungen, die sich mit den Privilegien der oftmals gebeutelten Dekurionen befassten. Nur in einem Bereich fiel es dem Kaiser leicht, Belastungen zu mindern: bei jenen Ämtern, die mit heidnischen Traditionen verbunden waren – etwa gewisse Priestertümer für Ratsherren, deren Bekleidung Ausgaben erforderte: *Bei der Erlangung des Amtes des Archiereus (Oberpriester) hat derjenige Vorrang, der für die Heimat mehr geleistet hat und der sich dennoch nicht durch die Befolgung der christlichen Lehre vom Kult der Tempel gelöst hat. Denn es ist unziemlich, ja, um es noch treffender zu sagen, unerlaubt, dass die Tempel und die Feiern der Tempel denjenigen überantwortet werden, deren Gewissen vom wahren Glauben der göttlichen Religion erfüllt ist, und für die es sich ziemt, eine solche Verpflichtung abzulehnen, auch wenn sie ihnen nicht verboten wäre.*[43]

In der Steuerverwaltung erstrebte Theodosius eine höhere Durchschlagskraft: Mehrere Gesetze stärkten die Stellung des wichtigsten Finanzverantwortlichen, des *comes sacrarum largitionum*, gegenüber anderen Beamten zum Teil erheblich. Ferner wurden organisatorische Maßnahmen getroffen, die das Verfahren der Steuereintreibung veränderten. Einige zielten darauf, dass ihre Durchführung für die Eintreiber wie für die Zahler korrekt und zumutbar blieben. Ferner versuchte er, wie so viele Herrscher vor ihm, sich der Tendenz entgegenzustemmen, Abgaben zur Versorgung von Truppen in Geld statt in Sachleistungen zu erbringen, bemühte sich also, die so genannte Adäration zu unterbinden.[44] Vielleicht hoffte er, so Missbräuchen wehren zu können und das Auskommen der Soldaten, das im Argen lag, tatsächlich sicher zu stellen.

Die Verbesserung der Grundlagen für die Steuerzahlung war offenbar das Ziel, wenn die Besiedlung brachliegenden Landes gefördert und die Schollenbindung der Kolonen nach Palästina ausgedehnt wurde, und man schließlich einmal mehr denjenigen Strafen androhte, die flüchtige Kolonen verbargen. Vor unnötigen Verlusten suchte der Kaiser sich zu schützen, indem er den Kolonen seiner Güter einen besonderen Schutz gewährte, auf die Rechtmäßigkeit des Verkaufs von kaiserlichem Land achtete und die Benutzung des *cursus publicus* regelte, des wohl organisierten Transportsystems für Beamte und offizielle Gesandte. Dabei legte die Verwaltung eine bisweilen verblüffende Detailgenauigkeit an den Tag. Einen Eindruck davon vermittelt ein Reskript an den Prätorianerpräfekten Cynegius: *Leinengewänder und Umwerftücher, mit denen man bisher Reisewagen zu belasten pflegte, sollen nicht länger auf Reisewagen, sondern auf Ochsengespannen oder Schiffen transportiert werden, und wenn irgendwo Güter dieser Art gefunden werden, sollen sie den Schatzhäusern der Städte überwiesen werden, in denen sie entdeckt worden sind, um sie, sofern möglich, durch Ochsengespanne weiterzuleiten; die übrigen feinen Kleider indessen, aber auch der Leinenstoff, der für die Benutzbarkeit unserer Gewänder erforderlich ist, sollen auf Reisewagen bei einer Ladung von tausend Pfund geschickt werden.*[45] Hier ging es um qualitätsvolle Gewänder, die für den Hof bestimmt waren und die in ihrer Masse den schnelleren Postverkehr behinderten, sodass sie auf langsame Transportmittel umgelenkt wurden.

Andere Probleme des Alltags stießen bei der kaiserlichen Verwaltung auf geringere Aufmerksamkeit: Die einschlägigen Äußerungen betrafen Appellationen oder Verfahrensfragen vor Gericht und bei der Vollstreckung von Urteilen, wobei ein Verbot erging, Kleriker zu foltern, die Privilegierung des Standes also fortschritt.

Weitere Bestimmungen wendeten sich gegen anonyme Denunziationen und gegen das Delatorenunwesen, regelten das Asylrecht bei kaiserlichen Statuen und untersagten unter schweren Strafandrohungen Privatkerker. Natürlich gerieten Probleme des Privatrechts ebenfalls in den Blick der Verwaltung, so die Frage der Gültigkeit eines Sklavenkaufs oder Wucher. 386 – vermutlich nicht nur in diesem Jahr – wurde eine Osteramnestie erlassen; erneut ein Schritt, der die Christianisierung des Alltags vorantrieb.

Auch wenn Theodosius in vielerlei Beziehung die Beamten und die Angehörigen der Elite unterstützte, zeigte sich ein deutliches Bemühen, Übergriffen der Provinzialbeamten entgegenzutreten. Ihr Verhalten wurde mitunter bis ins Detail vorgegeben. Die Möglichkeit, Statthalter anzuklagen, schärfte der Gesetzgeber ein: *Wir befehlen und mahnen, dass, wenn jemand etwa der* honorati, *Dekurionen, Großgrundbesitzer schließlich sogar der Kolonen oder aus welchem Stand auch immer von einem Richter in irgendeiner Weise erpresst worden ist, wenn jemand weiß, dass ein Rechtsspruch käuflich gewesen oder eine Strafe für Geld erlassen oder aufgrund der Untugend der Gier (des Richters) auferlegt worden ist, oder überhaupt beweisen kann, dass ein Richter aus irgendeinem Grund unredlich war, dann soll er, entweder während dessen Amtszeit, oder sobald der Betreffende sein Amt niedergelegt hat, an die Öffentlichkeit gehen, das Verbre-*

chen anzeigen, die Anzeige belegen, und er wird, nach einem Erfolg, Sieg und Ruhm davontragen.[46]

Darüber hinaus wurden die Zugangsmöglichkeiten zum Hof verbessert. Das entspricht dem, was sich schon oft zur Selbstdarstellung des Kaisers beobachten ließ: Er bemühte sich darum, zugänglich zu wirken. Spezielle Bedeutung für diese Linie der Politik hatte der *defensor civitatis* (‚Verteidiger der Bürgerschaft'), dessen Rolle Theodosius klar definierte. Allerdings wies er diejenigen als Unruhestifter zurück, die sich eigenmächtig zu Verteidigern des Volkes aufzuschwingen versuchen: Selbst die Gesetzgebung eines Kaisers musste lavieren.

Die Provinzorganisation änderte Theodosius behutsam. Schon zu Beginn seiner Herrschaft hatte er den Status von Ägypten als Diözese aufgewertet. Die militärisch von den Persern bedrohte Provinz *Armenia minor* wurde zwischen 381 und 386 in die beiden kleineren Provinzen *Armenia prima* und *Armenia secunda* geteilt, vielleicht um die Verteidigung effizienter zu organisieren. Im syrischen und anscheinend im illyrischen Bereich kam es zu weiteren Provinzteilungen, wobei es fraglich ist, ob bereits unter der Herrschaft des Theodosius die Provinzen *Honorias* sowie *Galatia prima* und *Galatia secunda* im anatolischen Raum entstanden.[47] Offenbar setzte der Kaiser die seit Diocletian (285–306) zu beobachtende Tendenz fort, kleinere Verwaltungseinheiten zu schaffen.

Betrachtet man die Fülle der Gesetze, so erscheint die Zahl jener Maßnahmen, die man mit dem christlichen Glauben des Herrschers in Verbindung bringen kann, nicht mehr sonderlich hoch. In einigen wenigen Fällen wird der Klerus gestärkt, in der Frage des Gerichtsstandes wohl teils beschränkt. Ansonsten sind die Verfügungen, die hier zu nennen wären, sämtlich an eine Person, den Prätorianerpräfekten Cynegius, gerichtet, der, wie noch zu zeigen sein wird, als ein Vorkämpfer des Christentums in die Tradition eingegangen ist. Denkbar, dass hier ein Zusammenhang besteht, aber zwingend ist es keineswegs.[48]

Überwiegend betrafen Bestimmungen, die man als christlich bezeichnen könnte, das Eherecht: Vielleicht schon früher waren uneheliche Kinder des Erbrechts verlustig gegangen. Ehebruch und Mordanschläge der Ehefrau sollten besonders konsequent untersucht werden. Die Leviratsehe, also die Ehe mit dem Bruder des verstorbenen Gatten, wurde untersagt, und besonders nachdrücklich die Heirat zwischen Christen und Juden – während entsprechende Verbote in Hinblick auf Häretiker und Heiden fehlen: *Kein Jude soll eine christliche Frau in die Ehe führen, noch soll ein Christ die Ehe mit einer Jüdin eingehen. Denn wenn jemand sich eine solche Sache zuschulden kommen lässt, wird er eine Schuld auf sich laden wie beim Ehebruch, und es besteht ein allgemeines Klagerecht.*[49] Jeder durfte also klagen, wenn er eine christlich-jüdische Mischehe entdeckte, und konnte damit schwere Sanktionen für die Betroffenen herbeiführen. Ferner verbot Theodosius Juden, christliche Sklaven zu halten.[50] Ein enger Kontakt zwischen beiden Religionsgemeinschaften sollte offenbar verhindert werden.

Das Verbot der Ausbildung und des Verkaufs von Flötenspielerinnen gehört in den Kontext der Regulierung von Sexualbeziehungen, da diese Damen im Geruch standen, zugleich Prostituierte zu sein. Schließlich verlangte ein erst durch die Christianisierung aufgebrachtes Problem nach einer Regelung, der Reliquienkult: Das Ausgraben und der Handel von Reliquien wurde verboten.

Entscheidend bleibt indes: Von einer systematischen Politik der Christianisierung der Gesellschaft durch den Kaiser wird man kaum sprechen können; viele gerade der Bestimmungen über die Ehe entsprachen heidnischen Vorstellungen. Allerdings wurden in immer weiteren Lebensbereichen christliche Positionen wirksam, sodass die christliche Prägung der Gesellschaft allmählich zunahm. Insgesamt blieb Theodosius mit seiner Gesetzgebung in den Bahnen seiner Vorgänger, mag er auch vielleicht das Prinzip der Billigkeit stärker betont haben. Dies tat er im Übrigen mit begrenztem Erfolg. Denn faktisch stieg anscheinend die finanzielle Belastung, zumindest aber die Unzufriedenheit in den Provinzen, wo man jedes Drehen an der Steuerschraube am stärksten spürte. Mehrfach hört man von Unruhen in dieser Zeit, die durch das Vorgehen der Verwaltung ausgelöst wurden.

Ein Usurpationsversuch im Osten, dessen Hintergründe allerdings im Dunkel bleiben, ist um 384 bezeugt. Bestimmte Beamte scheinen in diesem Zusammenhang unangemessen lang untätig geblieben zu sein – der Verdacht drängte sich auf, sie hätten die Ziele der Attentäter gutgeheißen. Der Kaiser beeindruckte die Zeitgenossen dadurch, dass er die Übeltäter nach schweren Strafandrohungen milde behandelte[51] – eine Verhaltensweise, die immer wieder beobachtet wurde und die tatsächlich die Sympathien für den Kaiser verstärkt zu haben scheint.

Besonders gut bekannt sind die Verhältnisse im syrischen Antiochia (heute Antakya in der Türkei), denn dort lebten zwei höchst produktive Autoren, der Heide Libanios und der Kirchenvater Johannes Chrysostomos. So erfahren wir, dass der Anstieg des Brotpreises hier mehrfach Ausschreitungen auslöste.[52] Beide Autoren äußern sich ausführlich über einen Steueraufstand, der 387 die Stadt erschütterte und der einen exemplarischen Charakter hat[53]: Im Januar war bekannt geworden, dass der Kaiser neue Steuern fordere. Das Volk, wahrscheinlich ohnehin darüber verdrossen, dass der Kaiser die Stadt noch nicht besucht hatte, geriet in Aufregung und begann eine Revolte. Häuser von Amtsträgern wurden attackiert und in Brand gesetzt, die Lampen in den Bädern abgerissen, Holztafeln mit

Bildern von Angehörigen des Kaiserhauses mit Steinen beworfen, sogar Standbilder des Kaisers und von Angehörigen seiner Familie, selbst das der jüngst verstorbenen Flaccilla umgestürzt. Als endlich staatliche Stellen einige Bogenschützen aufboten, machten diese dem Treiben rasch ein Ende.

Mit der Schändung kaiserlicher Bilder war die Grenze des Üblichen und des Hinnehmbaren überschritten: Dies bedeutete Majestätsbeleidigung. Als die Antiochener dies realisierten und erfuhren, dass bereits Boten nach Konstantinopel abgereist seien, gerieten sie in Panik. Schwere Strafen waren zu erwarten und ergingen tatsächlich: Die Spiele und Bäder sollten eingeschränkt, der Rang der Stadt gemindert werden, das Gerücht lief um, Soldaten marschierten auf Antiochia, um eine strenge Strafe zu vollstrecken. Die Ratsherren und viele andere flohen in die Berge. Johannes Chrysostomos aber, der bekannteste Prediger der Stadt, hielt die Stellung. In langen Reden tadelte er die Antiochener für ihre Sünden, welche die schwersten Strafen nach sich ziehen mussten. Doch zugleich machte er ihnen Hoffnung: Hoch angesehene Eremiten zögen nach Antiochia, um der Bevölkerung zur Seite zu stehen. Noch wichtiger aber: Der greise Flavian, jener Bischof der Stadt, der auf dem Konzil von Konstantinopel mühsam installiert worden war, sei unterwegs zum Hof, um den Zorn des Kaisers zu dämpfen. Und der alte Herr wurde für seine anstrengende Reise belohnt. Theodosius nahm die schweren Strafbefehle gegen Antiochia zurück.

Damit war letztlich allen gedient: Die Antiochener konnten aufatmen; der Kaiser musste nicht eine der bedeutendsten und steuerkräftigsten Städte seines Reiches entehren und festigte zugleich den Ruf eines milden Herrschers; dem umstrittenen Bischof war es gelungen, seine Autorität unter Beweis zu stellen. Indem er um Gnade für seine Stadt, nicht allein für seine christliche Gemeinde, bat, hatte er eine Aufgabe erfüllt, die früher Angehörige der weltlichen Eliten übernommen hatten, jene Ratsherren, die sich jetzt in den Bergen verkrochen hatten. Die Episode illustriert, wie die kirchlichen Strukturen sich mit dem Römischen Reich verbanden und eine Wandlung der Herrschaftstechnik erlaubten, da Gnadenakte unter christlichen Vorzeichen noch besser vermittelbar waren.

Von diesen Entwicklungen waren die Heiden, die nach wie vor in Antiochia über einen erheblichen Einfluss verfügten, peinlich berührt. Ihr wortgewaltigster Vertreter, Libanios, ließ es sich nicht nehmen, im Nachhinein für seinen Kreis lange Reden zu verfassen, wie er sie vor dem Kaiser hätte halten können. Ob dieses Vorgehen die Peinlichkeit minderte, ist mehr als fraglich.

Neben dem Triumph der christlichen Autoritäten ist noch etwas anderes wichtig und typisch am Steueraufstand von Antiochia: Wie im Jahr darauf die Revolte der Homöer in Konstantinopel, so ebbten auch diese Unruhen rasch ab, ohne eine nachhaltige Wirkung zu zeitigen. Gefährdet war die kaiserliche Macht durch derartige Ereignisse nicht.

Eine Reihe von Verwerfungen lösten die Aktivitäten des ab dem 18. Januar 384 im Amt bezeugten Prätorianerpräfekten Maternus Cynegius aus. Er war spanischer Herkunft und gehörte zum engeren Umkreis des Theodosius. Der Kaiser sandte den hohen Beamten auf eine Reise durch seine Präfektur, mit dem Auftrag, Versuche von Angehörigen der Kurialenfamilien zu unterbinden, sich ihren finanziellen Pflichten zu entziehen. Andere Aufgaben kamen hinzu. So hatte er in Alexandria die Anerkennung des Maximus bekannt zu geben.

Oft wird Cynegius zudem als ein systematischer Zerstörer heidnischer Heiligtümer charakterisiert, woran unsere Quellenautoren, wie sie es gerne tun, seiner Frau, einer gewissen Acanthia, die Schuld geben. Tatsächlich deckte der Beamte Initiativen, die auf die Zerstörung von Kultstätten zielten, sogar den Bischof Markellos von Apamea, der den dortigen großartigen Tempel des Zeus niederriss. Auch das wichtigste Heiligtum Edessas, das Theodosius einst durch eine Sonderregelung geschützt hatte, scheint in seiner Amtszeit zerstört worden zu sein. Besonders auf dem Lande wütete der christliche Mob, mit der vielleicht berechtigten Begründung, dort hätten Opfer stattgefunden.[54]

Angesichts dieser Umstände stellte sich bei manchen Heiden ein Gefühl der Rechtlosigkeit ein, dem Libanios in seiner wohl im Kern um 386 entstandenen dreißigsten Rede, *Pro templis* (‚Für die Tempel'),[55] Ausdruck verleiht. Sie richtete sich formell an den Kaiser, zirkulierte faktisch aber wohl nur in den Kreisen des Libanios. Bemerkenswert ist seine Argumentationslinie, die ich mit dem Beispiel jener Passage illustrieren will, die sich auf die Zerstörung des Tempels von Edessa bezieht:

Es liegt an der Grenze zu Persien ein Tempel danieder, dem nichts vergleichbar war, wie man von denjenigen hört, die ihn gesehen haben. So überaus groß war er dank der gewaltigen Steine, und er bedeckte so viel Grund wie die Stadt. Es genügte den Bewohnern angesichts der Kriegsängste, dass Eroberer der Stadt nicht weiter kommen würden, da sie den Tempel nicht mehr würden einnehmen können, weil die Stärke der Ringmauer jede Belagerungstechnik scheitern ließ. Es war auch denen, die auf sein Dach stiegen, möglich, ungeheuer tief ins Feindesland zu schauen, kein geringer Vorteil für Menschen im Krieg … Aber dieses so beschaffene und so große Heiligtum … ist dahin und ist verschwunden, … Aber dennoch, wenn man einmal genau hinschauen würde: Das ist nicht deine Schuld, sondern die des frevelhaften, den Göttern verhassten, feigen, habgierigen Mannes, der ein Fluch für die Erde ist, die ihn bei seiner Geburt empfangen hat.[56]

Libanios unterschlägt an dieser Stelle den religiösen Aspekt, den Missionswillen des Christentums; vielmehr verdeutlicht er dem Kaiser die Bedeutung der Tempel für den Staat. An anderer Stelle hebt er etwa die Bedeutung der Kulte für die Größe Roms oder für die wirtschaftliche Struktur des Landes hervor, während er in dem hier behandelten Fall den militärischen Nutzen anspricht. Ferner macht er hassenswerte Gestalten für das Zerstörungswerk verantwortlich. Der frevelhafte Mann, um den es hier geht, ist niemand anders als der Prätorianerpräfekt Cynegius. An anderer Stelle spielt Libanios mit Verachtung auf Bischof Flavian von Antiochia an. Schon vorher hatte er Hasstiraden gegen die Mönche geäußert, um folgendermaßen fortzufahren: *Diese Schwarzgewandeten, die mehr essen als Elefanten, die durch die Größe ihres Durstes denen Mühe machen, die ihnen den Trank unter Gesängen verschaffen, die das durch die ihnen künstlich erzeugte Blässe verbergen, die rennen gegen die Tempel an, indem sie Hölzer, Steine, Eisengerät bringen, manche auch ohne das, mit Händen und Füßen, obwohl (eigentlich) das Gesetz bleibt und gültig ist, mein Kaiser!*[57]

Der Kaiser, erklärt der Antiochener, ist unschuldig an den Tempelzerstörungen. Sie widersprechen sogar seinen Absichten, und damit hat er tatsächlich Recht: Tempelzerstörungen gehörten in der Tat nicht zum antiheidnischen Programm des Herrschers. Hätte Theodosius die Rede zu Gesicht bekommen, so hätte er zufrieden sein können: Der Verdruss über seine Regierung heftete sich nicht an seine Person, sondern an andere.

Wenn Libanios Cynegius für die Übergriffe gegen die Tempel verantwortlich macht, so sollte man das nicht ohne weiteres nachsprechen. Ein direkter Übergriff von seiner Seite ist nicht bezeugt, und das gewaltige, burgartige Serapeion, das ihm in Alexandria ins Auge gestochen haben muss, ließ er unangetastet.[58] Allerdings scheint er mehr christliche Aggressionen geduldet zu haben als andere Funktionäre und trug auf diese Weise dazu bei, dass in den achtziger Jahren die antiheidnischen Kräfte entfesselt wurden und die Unsicherheit in traditionalistischen Kreisen wuchs.

Vor dem Hintergrund jener Ausschreitungen, die Libanios so drastisch schildert, wird das einzige erhaltene Gesetz aus den mehr als acht Jahren vom 30. November 382 bis zum 24. Februar 391 verständlich, in dem Theodosius sich mit dem Heidentum befasst. Es stammt vom 25. Mai 385 und ist an eben den Prätorianerpräfekten Cynegius gerichtet: *Kein Sterblicher soll die Frechheit einer Opferung in der Weise vollziehen, dass er durch die Betrachtung der Leber oder die Deutung der Eingeweide die Hoffnung eines nichtigen Versprechens empfängt oder, was schlimmer ist, Zukünftiges unter einer verabscheuenswerten Befragung erkennt. Die Qual einer besonders schlimmen Strafe wird nämlich die erwarten, die entgegen dem Verbot versuchen, die Wahrheit der Gegenwart und der Zukunft zu ergründen.*[59] Dieser Text ist befremdlich. Denn was das Gesetz untersagte, war schon längst verboten, auch durch Theodosius selbst. Die Strafandrohung ist in dieser Fassung zwar etwas konkreter als in den früheren, aber nach wie vor nicht wirklich präzise.

Man könnte annehmen, es handele sich hier lediglich um eine der zahlreichen Gesetzeswiederholungen, mit denen man in der Spätantike zu rechnen hat. Die starke Betonung der Wahrsagerei mag sich dadurch erklären, dass gerade entsprechende Vorkommnisse aufgedeckt worden waren.[60] Doch eine andere Erklärung drängt sich auf, wenn man auf den Adressaten blickt, eben Cynegius, und wenn man auf das achtet, was dieses Gesetz ungesagt lässt. Von Tempelzerstörungen ist nicht die Rede, genauso wenig wie in den vorherigen antiheidnischen Gesetzen. Wer zwischen Zeilen zu lesen wusste, verstand: Tempelzerstörungen billigte der Kaiser nicht. Die jüngsten Erfahrungen hatten ja neuerlich demonstriert, wie sehr sie die öffentliche Ordnung gefährdeten. Es scheint somit in diesem Gesetz gar nicht um eine Einschärfung der antiheidnischen Maßnahmen gegangen zu sein, sondern um eine Beschneidung der Exzesse der Heidengegner.

Es wäre also einseitig, die Entsendung des Cynegius allein als Ausdruck einer stärker antiheidnischen Politik zu bewerten. Der Prätorianerpräfekt begünstigte vielleicht durch seine Passivität gegenüber christlichen Gewalttätern die Zerstörung heidnischer Heiligtümer, der Kaiser jedoch war bestrebt, allen Gewalttätigkeiten vorzubeugen.

Obwohl die antiheidnischen Ausschreitungen unter der Präfektur des Cynegius die stärkste Resonanz bei Heiden wie bei Christen fanden, dürften seine weltlichen Aufgaben, vor allem die Maßnahmen zur Einnahmeverbesserung des Staates, mehr Bedeutung sowohl für die Regierung als auch für die Regierten gehabt haben, und sie zogen natürlich ebenfalls Unfrieden nach sich. Der Antiochener Steueraufstand ist in diesem Kontext zu sehen, obschon Cynegius nicht direkt involviert war, ebenso die häufigen Unruhen in Alexandria, der zweiten großen Metropole des Ostens. Hier rief man einmal sogar nach dem Rivalen Maximus, von dem man sich naiverweise Erleichterungen versprach. Selbst bei dieser Episode gilt indessen: Zwar zeigte das Volk seinen Unmut drastisch, doch die kaiserliche Herrschaft konnte es nicht beseitigen und die monarchische Ordnung schon gar nicht.

Auch wenn Theodosius wahrscheinlich den schwerwiegendsten antiheidnischen Übergriffen, die mit der Duldung durch Cynegius geschahen, entgegentrat, überwarf er sich keineswegs mit seinem Prätorianerpräfekten. Dieser erhielt nach seinem Tod 388 unter großer öffentlicher Anteilnahme eine Bestattung; vielleicht war das eine der vielen symbolischen Gesten, mit denen der Kaiser den Christen sein Wohlwollen vor Augen führte.

Blickt man auf dieses Kapitel zurück, so zeigt sich, dass Theodosius recht pragmatisch verfuhr. Zwar ehrte er die Kleriker, doch nur so weit das nicht die staatlichen Einnahmen gefährdete. Die Häretiker verwies er aus den Städten, doch auf dem Lande konnten sie weiter praktizieren. Zwar deklarierte er seine Feindschaft gegen die Heiden, doch vor einer allzu energischen Politik schreckte er zurück, und viele Heiden besaßen weiterhin die Möglichkeit, Karriere in seinem Dienst zu machen: Eine offene Personalpolitik fing die Folgen lauter Worte auf. Wirkliche Härte zeigte der Kaiser allein, wenn es ums Geld ging. Das jedoch war gerade das sensibelste Thema, und hier überzog er seine Forderungen an die Untertanen, die ihrem Zorn in sich häufenden Aufständen Luft machten.

Sicherung der Dynastie und familiäres Leid

Als Theodosius auf den Thron gerufen wurde, hatte er in längerfristiger Perspektive einen unschätzbaren Vorteil: Er besaß bereits einen Sohn, Arcadius, den seine Gattin Flaccilla wohl während der Zeit in Spanien geboren hatte. Somit bestand für den neuen Kaiser jederzeit die Möglichkeit, eine eigene Dynastie zu gründen. Allerdings wäre es unklug gewesen, derartige Ambitionen allzu deutlich werden zu lassen, solange die valentinianische Dynastie mit ihren jungen Kaisern Gratian und Valentinian II. dominierte. Denn beide rechneten gewiss damit, noch eigene Kinder in die Welt zu setzen und durch sie der Herrschaft ihres eigenen Geschlechtes Dauer zu verleihen.

Gleichwohl, jeder wusste, dass Arcadius ein potentieller Thronerbe war. Seine Erziehung hatte daher politische Bedeutung. Themistios, der altgediente pagane Rhetoriker, äußert 383 den Wunsch, Lehrer des Arcadius zu werden. In einer Rede, die auf 384/5 datiert ist, erweckt er den Eindruck, der Kaiser habe seinen Sohn ihm anvertraut, ohne seine Rolle wirklich zu definieren.[61] Wie immer das Verhältnis zwischen Philosoph und Kind beschaffen gewesen sein mag, die traditionalistischen Milieus der Hauptstadt konnten sich in dem Gefühl wiegen, dass einer der Ihren an der Erziehung des Prinzen beteiligt war. Vielleicht wollte man eben diese Milieus ansprechen, wenn man in der bildenden Kunst die intellektuelle Kompetenz des präsumptiven Nachfolgers unterstrich.[62]

Doch noch ein anderer wirkte an der hohen Aufgabe mit: Arsenios, ein römischer Diakon vornehmer, angeblich sogar senatorischer Herkunft, der nach seiner Abkehr vom Hof, wo er in allem Prunk lebte, Mönch werden und den Ruf eines Heiligen erwerben sollte. Ihm war, so heißt es in frommen Texten, sogar ein uneingeschränktes Züchtigungsrecht gegenüber den Kaisersöhnen – später kam noch Honorius hinzu – zugespro-

Abb. 10: Arcadius als Kaiser. Die Umschrift um sein Porträt auf der Vorderseite lautet *D(ominus) N(oster) Arcadius P(ius) F(elix) Augustus*: Unser Herr Arcadius, fromm und erfolgsverwöhnt, *Augustus*; auf der Rückseite *Victoria* (Sieg) *Auggg* (= dreier *Augusti*). Das Bild zeigt einen Kaiser, der seinen Fuß auf einen unterworfenen Feind stellt.

chen; er sollte sie nicht wie Prinzen, sondern wie normale Bürger behandeln. Als der Kaiser einmal die Prinzen sitzend und den Lehrer stehend angetroffen habe, habe er sie gezwungen, die Sitzordnung umzukehren.[63]

Da Strenge nach Auffassung der Zeit die Qualität der Erziehung garantierte, demonstrierte der Kaiser auf diese Weise, dass er keine persönlichen Rücksichten nahm, wenn er nur einen geeigneten Nachfolger heranziehen konnte. Zudem bewies der Kaiser neuerlich seine Bereitschaft, auf Bildungstraditionen Rücksicht zu nehmen.

Am 19. Januar 383 war mit der Erhebung des fünfjährigen Arcadius zum *Augustus* der entscheidende Akt erfolgt (Abb. 10). Man tat nunmehr alles, um Arcadius als Herrscherpersönlichkeit zu inszenieren, indem man das Bild eines Sohnes vermittelte, der zur Rechtsprechung hinzugezogen werde und begütigend auf den Kaiser einwirke.[64] Allenthalben, auch im Senatsgebäude Konstantinopels, wurde er durch Inschriften und Statuen neben seinem Vater geehrt. Gesandte hielten Panegyriken auf Kaiser und Sohn. Bei Empfängen stand er an der Seite des Vaters. Wie sehr jenem an der Ehrung seines Sohnes gelegen war, illustriert folgende Anekdote:

Amphilochios, Bischof von Ikonion, versuchte den Kaiser zu einer strengeren Politik gegenüber den Homöern zu veranlassen, die nach Auffassung der Nizäner den Sohn Jesus Christus gegenüber Gott-Vater theologisch abwerteten. Doch der Kaiser reagierte ablehnend. *Der scharfsinnige Amphilochios verstummte sofort und erdachte eine bemerkenswerte List. Als er nämlich wieder im Palast war und an der Seite des Kaisers dessen*

Sohn Arcadius erblickte – jüngst erst war dieser nämlich zum Kaiser erhoben worden –, begrüßte er den Kaiser wie gewohnt, ließ indes den Sohn ungeehrt. Der Kaiser aber, der vermutete, dass Amphilochios es vergessen habe, gebot ihm, zum Sohn zu treten und ihn zu küssen. Der aber antwortete, es genüge die Ehrung, die er ihm erboten habe. Jener wiederum geriet in Zorn und nannte die Nicht-Ehrung des Sohnes eine persönliche Beleidigung. Da schließlich enthüllte der scharfsinnige Amphilochios den Sinn des Geschehenen und erklärte kraftvoll: ‚Du siehst, mein Kaiser, wie wenig du die Nicht-Ehrung des Sohnes erträgst, vielmehr von bitterem Zorn gegenüber denjenigen erfüllt bist, die ihn beleidigen. Glaube nun, dass auch der Allgott die verabscheut, die seinen eingeborenen Sohn schmähen, und sie hasst, da sie sich als undankbar gegenüber dem Retter und Wohltäter erwiesen haben!‘ Der Kaiser ist sofort überzeugt und erlässt ein Gesetz, das Versammlungen der Homöer untersagt.[65]

Was immer von den Einzelheiten dieser noch in späteren Jahrhunderten gerne erzählten Geschichte zu halten ist: Gerade das, was stillschweigend vorausgesetzt wird, verdient Glauben, da ja der Rahmen der Erzählung plausibel sein musste. Offenbar achtete der Kaiser mit großer Empfindlichkeit auf den Rang seines Sohnes, der die Zukunft seiner Dynastie repräsentierte.

Wer zum *Augustus* ernannt worden war, erhielt üblicherweise bei nächster Gelegenheit den Consulat und bekleidete damit jenes Amt, das immer noch von der Aura republikanischer Größe umstrahlt war. Arcadius trat es am 1. Januar 385 an. Damit wurde der Name des Kindes, gewiss unter strahlendem Glanz, in die römischen Annalen eingeschrieben.

Mit der Rangerhöhung des Sohnes ging die Aufwertung seiner Mutter Flaccilla einher, die wie Theodosius von der Iberischen Halbinsel stammte.[66] Zunächst blieb sie im Hintergrund, doch empfing sie offenbar bei oder bald nach der Krönung ihres Sohnes, jedenfalls vor dem Tod Gratians den klangvollen Titel einer *Augusta* – als erste kaiserliche Frau nach Helena, der Mutter Konstantins I., und dessen später in Ungnade gefallenen Frau Fausta. Wie auch sonst in der Repräsentation des Theodosius ist hier eine Annäherung an Konstantin den Großen spürbar.

Die Verleihung des Titels einer *Augusta* bedeutete, dass ihr Porträt auf Münzen erscheinen konnte, bezeichnenderweise zunächst an den Typus der Helena angeglichen. Auf den Rückseiten erscheint stets die Inschrift *salus rei publicae*, Heil des Staates (Abb. 11). Die Kaiserin wird mithin als Garantin des Wohlergehens ins Bild gesetzt, wahrscheinlich nicht zuletzt deswegen, weil sie als Gebärerin eines legitimen Thronfolgers den Frieden bei dem riskanten Herrschaftsübergang sicherte.

Ebenso wie ihr Sohn wurde Flaccilla als Beraterin in der Rechtsprechung gefeiert und mit einem Standbild im Senat von Konstantinopel ge-

Ab. 11: Flaccilla als *Augusta*. Die Umschrift um ihr Porträt auf der Vorderseite lautet *Ael(ia) Flaccilla Aug(usta)*. Die Umschrift der Rückseite lautet *salus rei publicae* (Heil des Staates); dargestellt ist die personifizierte Sieghaftigkeit, die ein Christuszeichen auf einen Schild malt.

ehrt. Aus den Berichten über den Statuenaufstand von Antiochia (der nach ihrem Tod stattfand) erfährt man, dass auch eines ihrer Standbilder umgerissen wurde – demnach waren ihre Bilder selbst in der Provinz verbreitet. Diese massive öffentliche Präsenz der Kaisergattin sollte vermutlich die emotionale Bindung der Untertanen an sein Haus festigen; zumal die Soldaten Roms bewährten sich immer neu als treue Anhänger des dynastischen Prinzips.

Besonderes Ansehen genoss Flaccilla in kirchlichen Kreisen, wo man ihr Nizänertum für gefestigter hielt als das ihres Mannes. So soll sie ihren Gatten dazu gebracht haben, das Gespräch mit einem Anhomöer abzulehnen.[67] Selbst im Westen genoss sie offenbar den Ruf, eine Hüterin des wahren Glaubens zu sein. Jedenfalls widmete ihr ein gewisser Faustinus, ein Vertreter der streng nizänischen Luziferianer, eine theologische Schrift.[68] Die ganze Sache musste schon deswegen einen gewissen Hautgout haben, weil im Westen mit Justina eine Kaiserin wirkte, welche die Homöer förderte. Ob sie persönlich Werke der Barmherzigkeit an den Armen und Kranken verrichtete, erscheint dagegen zweifelhaft: Der Bericht eines späteren, phantasievollen Kirchenhistorikers[69] ist topisch und zu stark an ebenso problematische Berichte über Konstantins Mutter Helena, das Vorbild für spätantike Kaiserinnen, angelehnt.

Flaccilla hatte Theodosius nicht nur einen Sohn geboren, sondern auch eine Tochter, die den Namen Pulcheria trug – ein Mädchen, von dem man hoffen konnte, es einmal strategisch zu verheiraten. Vollends gesichert musste die theodosianische Dynastie erscheinen, als dem kaiserlichen Paar am 9. September 384 erneut ein Sohn geschenkt wurde, der den Namen Honorius erhielt. Da mit dem frühen Tod eines Kindes in dieser Gesellschaft stets zu rechnen war, bedeuteten zwei Söhne zwar keine Sicherheit, doch durchaus eine Beruhigung. Hinzu kam noch etwas anderes: Wenn ein Ehepaar zwei Söhne bekommen hatte, so bezeugte dies die Gnade Gottes, die dem kaiserlichen Paar sichtbar zuteil geworden war.

Bei allem Glanz – ein Makel befleckte noch das Ansehen der kaiserlichen Familie: die schändliche Hinrichtung Theodosius des Älteren. Die Erinnerung daran wird vor allem im Westen lebendig gewesen sein. Ihn galt es zu rehabilitieren, und das geschah, sobald Theodosius dank der Usurpation des Maximus dort maßgeblichen Einfluss gewonnen hatte. Vor allem Ehreninschriften dokumentieren die demonstrative Anerkennung des Vaters in senatorischen Kreisen;[70] der Kaiser brauchte das vielleicht nicht einmal anzuregen, denn jeder, der ihm gefallen wollte, konnte ahnen, dass er in diesem Bereich empfänglich war. Theodosius der Ältere war wieder ein ehrenvoller Mann, der Ruf der Dynastie unbefleckt.

386, im Jahr nach dem Consulat seines Bruders Arcadius übernahm der zweite Sohn des Theodosius, der knapp anderthalbjährige Honorius, dieses Amt. Es hätte ein Jubeljahr für die Dynastie werden können; da brach ein schweres Leid über das kaiserliche Haus hinein. Zwei Todesfälle trafen es kurz hintereinander: Pulcheria starb, noch im Kindesalter, und bald darauf ihre Mutter Flaccilla.

Die Bestürzung war groß, zumal im Jahr zuvor ein Erdbeben die Umgebung Konstantinopels erschüttert hatte. In der Sicht jener Zeit waren all dies Zeichen göttlichen Zorns. Nichts konnte der Kaiser weniger brauchen, als dass sich dieser Eindruck bei der Bevölkerung verfestigte, zumal in einem Jahr, in dem die Perserfrage im Osten ungeklärt war und im Westen die Spannungen zwischen Maximus und Valentinian II. wuchsen. Wieder einmal erwies die christliche Religion sich jedoch in politischen Notzeiten als hilfreich.

Der Blick des Kaisers fiel auf Gregor von Nyssa, der nicht mit dem gescheiterten Bischof von Konstantinopel zu verwechseln ist. Der Nyssener war der gefeiertste Prediger seiner Zeit. Zwar bekleidete er ein Bischofsamt im Hinterland von Asien, doch hielt er sich viel lieber in Konstantinopel auf, wo er hoffen konnte, Nahrung für seinen Ehrgeiz zu finden. Jetzt war eine Gelegenheit da. Er durfte zunächst die Totenrede für Pulcheria halten, anlässlich einer Trauerfeier, bei der die Straßen der Stadt von den Massen derer, die am Leid der kaiserlichen Familien teilnahmen, überquollen.[71] Diese Rede malt die Größe des Verlustes aus, der angesichts der kaiserlichen Herkunft des Kindes besonders schwerwiegend sei und die Menschen noch heftiger bewege als das Erdbeben wenige Monate zuvor.

Trost gewinnt Gregor aus dem Gedanken der Verachtung alles Irdischen, eine Lehre daraus, dass auch der allen überlegene Kaiser sich der Natur beugen müsse. Bei allem Respekt bedeutet dies eine klare Einordnung des Kaisers in die menschliche Sphäre.

Somit hat diese Predigt durchaus einen politischen Einschlag. Noch deutlicher wird dieser in der Rede auf Flaccilla, die nur wenige Wochen später zu halten war. Nachdem Gregor nämlich der Verstorbenen eine vielseitige Reihe von Tugenden traditioneller wie christlicher Prägung zugesprochen hat, stellt er die Frage nach dem Warum. Warum diese Todesfälle? Die Antwort erfolgt nur scheinbar diplomatisch in Form einer Frage: *Erging vielleicht wegen der wachsenden Gottlosigkeit der mannigfachen Häresien das Urteil gegen uns?*[72]

Eine kühne Frage. Denn sie unterstellte dem Kaiser eine Schuld, ein unzureichendes Bemühen im Kampf gegen Häresien. Dieser implizite Vorwurf besaß Gewicht nicht zuletzt, weil die Kaiserin als die eigentliche Hüterin der nizänischen Konfession galt; zudem hatte sich ja gezeigt, dass der Kaiser zwar starke Worte gegen die Häretiker äußerte, faktisch aber eine differenziertere, eher tastende Politik wählte. Kritik war also aus nizänischer Sicht durchaus angebracht.

Auch wenn die Reden Gregors im Dienste des kaiserlichen Hauses entstanden und den Ruhm des Kaisers und seines Geschlechtes zelebrierten, sind sie somit keineswegs Zeugnisse theodosianischer Propaganda, vielmehr kritisiert die Rede auf Flaccilla die religionspolitische Zurückhaltung des Herrschers. Der christliche Prediger steht dem Herrscher loyal gegenüber; zugleich kann er politische Maßnahmen deutlich kritisieren, ohne sich dem Vorwurf der Untreue auszusetzen. So viel die Nizäner Theodosius zu verdanken hatten, er konnte sich ihrer nicht ganz sicher sein, sie blieben ein kritisches Potential.

Damit zurück zur kaiserlichen Familie. Zwar hatte sie zwei Todesfälle zu verkraften, aber aus der kühlen Sicht der Machtpolitiker lebten die entscheidenden Gestalten weiter: der Kaiser selbst und seine beiden Söhne. Die Dynastie war noch nicht gefährdet.

Christliche Prediger mochten den sittlichen Rang des Witwertums betonen, römischen Gepflogenheiten entsprach eine baldige Wiederheirat. So kann es nicht überraschen, dass Theodosius bereits im Jahr nach dem Tode seiner Gattin erneut eine Ehe einging. Seine Frau wurde die erwähnte Galla, Schwester Valentinians II. Diese Verbindung war trotz aller romantischer Ausschmückungen mancher Quellenautoren eine taktisch mindestens sinnvolle, aller Wahrscheinlichkeit nach politisch bedingte Ehe. Denn damit konnte Theodosius eine familiäre Verbindung zur bisher regierenden Dynastie, der valentinianischen, schaffen – ansonsten blieben die Töchter des Valens und Valentinian I. unverheiratet[73]: Mithin konnten dem theodosianischen Geschlecht keine Rivalen mit dynastischen Ansprüchen entstehen. So zynisch es klingen mag: Auch aus der existentiellen Notsituation, die der Tod der Gattin vielleicht bedeutete, machte Theodosius wieder das Beste, indem er seine dynastische Stellung verbesserte.

Verheißungsvoll mochte es erscheinen, dass dem Paar wohl als erstes Kind wieder ein Sohn geboren wurde, doch dieser verstarb früh, 394, anscheinend in demselben Jahr wie seine Mutter.[74] Eine Tochter aus dieser Ehe hingegen, Galla Placidia, sollte zu einer der großen Herrscherinnengestalten im Westen werden. Deren Sohn trug den Namen Valentinian (III., 425–455) und erinnerte damit an den Begründer der Dynastie.

Der Tod des jüngsten Sohnes war zumindest unter dynastischen Gesichtspunkten zu verkraften und nahm eventuellen Konflikten innerhalb des Kaiserhauses die Spitze. Die zwei überlebenden, heranwachsenden, frühzeitig mit hohen Ämtern betrauten Söhne schienen eine sichere Zukunft zu verbürgen, für das Geschlecht des Theodosius wie für das Reich. Zwar war Theodosius bei seinem Sieg über Maximus noch jung – etwas über vierzig –, doch hatte er die wichtigsten Vorkehrungen für den Fall seines Todes getroffen. Viele seiner Erfolge waren ihm eher zugefallen, als dass er sie sich erarbeitet hätte, doch kann niemand ihm das Bemühen absprechen, seine Pflichten verantwortungsbewusst zu erfüllen, so jedenfalls, wie sie sich im Verständnis der Zeit darstellten.

V. Die Fremdheit des Vertrauten: Theodosius im Westen (388–391)

Auf dem Weg nach Mailand

Nach dem Sieg über Maximus stand Theodosius im Westen. Atmete er auf? War er erleichtert, dahin zurückgekehrt zu sein, wo man Latein sprach? Das ist sehr gut möglich. Doch kein Tagebuch, kein intimer Brief, kein Zeugnis über ein persönliches Gespräch kann Auskunft darüber geben, was Theodosius empfunden und bei sich gedacht hat. Allenfalls das Bild, das er von sich durch seine Äußerungen und Taten vermitteln wollte, ist für uns greifbar, und auch das zumeist nur in verzerrter Form, wie es eben die Zeitgenossen sahen oder sehen wollten. Jedenfalls kannte Theodosius den Westen besser als den Osten; doch wie vertraut die speziellen Gegebenheiten Italiens ihm waren, steht dahin. Man weiß nicht, ob und wie lange er sich dort zuvor aufgehalten hatte.

Eine nach wie vor herausragende Bedeutung besaß Rom, mit seinem Senat, dessen Mitglieder über gewaltigen Reichtum verfügten und vielfältige Verbindungen spielen lassen konnten. Die alte Hauptstadt bildete zugleich ein kirchliches Zentrum. Obgleich ihr Bischof, den man nur mit Vorbehalten als ‚Papst' ansprechen kann, noch keine allgemein im Westen anerkannte Lehrautorität besaß, hatte es doch immer wieder Personen gegeben, die ihm diese zusprachen, wenn es opportun erschien. Dass die Wirkungsstätte des Petrus und Paulus einen besonderen Rang einnahm, konnte im Übrigen niemand ernsthaft bestreiten. Entscheidend blieb indessen, wer dieses Amt ausfüllte. Damasus (366–384) war, obschon er sich nur mit Mühe durchgesetzt hatte, stets und nicht ohne Erfolg bemüht, der römischen Autorität bis hinein in den Osten Geltung zu verschaffen – Theodosius hatte sich ja anfangs in Glaubensfragen auf ihn bezogen. Sein Nachfolger Siricius (384–399) wandelte, obgleich mit weniger Durchsetzungsvermögen, in seinen Spuren. Doch die wichtigste Gestalt der Kirchenpolitik saß in Mailand: der schon mehrfach erwähnte Ambrosius, der sich in langen Auseinandersetzungen gegen die einheimischen wie die höfischen Homöer durchgesetzt hatte und der seinem Einfluss bis nach Illyrien und Gallien Geltung zu verschaffen wusste.

Die überragende Stellung des Ambrosius unter den norditalischen Bischöfen leitete sich auch davon ab, dass Mailand das politische Zentrum Italiens war und über lange Jahre als Residenz diente. Hier wirkten zahlreiche höhere Funktionäre, mit denen Ambrosius sich vernetzen konnte. Es gab ferner eine Reihe vornehmer und reicher Familien, welche die Kirchen förderten, die aber bisweilen kirchliche Maßnahmen missbilligten, wenn etwa der Bischof die höheren Töchter in den Stand der Jungfrauen lockte und damit familiäre Heiratsstrategien zunichte machte. Doch waren in dieser Stadt nicht die großen senatorischen Geschlechter verwurzelt, die das Klima Roms prägten. Ambrosius hatte es also, wenn er denn einen Konfliktkurs fuhr, mit weitaus schwächeren Gegnern zu tun.

Zum Westreich gehörten weitere Regionen, die sich zunehmend vom Zentrum entfernten. Zumal die Angehörigen der Eliten Galliens und Spaniens blickten indessen weiterhin auf den Westkaiser. Immer geringer wurde dagegen die Bedeutung Britanniens. Africa war durch innere Kämpfe zerrissen, denn die schismatische Gruppe der Donatisten ließ sich dort nicht unterdrücken, und an diese Auseinandersetzungen lagerten sich verschiedene soziale Konflikte an. Durch die unaufhörlichen Vorstöße der Mauren verschärften sich die Schwierigkeiten, sodass diese Landschaft, eigentlich eine der wohlhabendsten des Reiches und für die Getreideversorgung Romas unverzichtbar, allmählich der Kontrolle der Zentralgewalt zu entgleiten drohte, zumal Gildo dort seine eigene Politik trieb.

Theodosius musste diesen verschiedenen Gruppen und Regionen gerecht werden. Seine Politik erscheint bei flüchtiger Betrachtung sprunghaft oder gar widersprüchlich. Das erklärt sich aus seinem Bemühen, möglichst breite Kreise zu integrieren und dabei zugleich die Sachprobleme im Auge zu behalten. Sein erster Regierungsakt im Westen bestand darin, Maßnahmen des Maximus aufzuheben. Die Ehrungen und Ämter, die Maximus verliehen hatte, wurden noch in Aquileia am 22. September 388 rückgängig gemacht, wenige Tage später, am 10. Oktober, erklärte Theodosius, inzwischen schon in Mailand, niemand solle sich auf ein Gesetz oder ein Urteil des Maximus verlassen, da der Kaiser sie sämtlich ablehne. Im nächsten Jahr wurden diese Bestimmungen für die Prätorianerpräfektur Gallien, dem Kernland der Herrschaft des Maximus, wiederholt und mit besonderem Nachdruck eingeschärft.[1] Die Konsequenz, mit der Theodosius die Verfügungen des Usurpators außer Kraft setzte, war keineswegs selbstverständlich, zumal er diesen ja zeitweilig anerkannt hatte. Derartige Maßnahmen mussten den Eliten Sorgen bereiten, denn viele, die sich guten Glaubens Maximus zur Verfügung gestellt hatten, wurden dadurch zurückgesetzt; andererseits nahm man sicherlich beruhigt zur Kenntnis, dass von Strafen nicht die Rede war.

Für die Schlüsselposition des Prätorianerpräfekten von Illyrien und Italien hatte Theodosius schon seinen Kandidaten, Trifolius, der sich im Osten als *comes sacrarum largitionum*, als ein Leiter des Finanzwesen, bewährt hatte. Gleichwohl blieb er nur kurze Zeit im Amt, um aus unbekannten Gründen von Polemius abgelöst zu werden, einem westlichen Beamten, der zuvor Proconsul in *Africa* gewesen war. Mit Nicomachus Fla-

Abb. 12: Valentinian II. als Kaiser. Die Umschrift um das Porträt auf der Vorderseite lautet *D(ominus) N(oster) Valentinianus P(ius) F(elix) Augustus*: Unser Herr Valentinian, fromm und erfolgsverwöhnt, *Augustus*; auf der Rückseite *Victoria* (Sieg) *Augg* (= zweier *Augusti*) um ein einträchtiges Kaiserpaar; vgl. Abb. 2.

vianus machte Theodosius 388/9 einen angesehenen und einflussreichen Heiden zum *quaestor sacri palatii*, das heißt zum Verantwortlichen für die Formulierung von Gesetzen.[2] Für einen Mann der Statur des Nicomachus war dies kein besonders prestigereiches Amt, aber eine Vertrauensposition. Indem Theodosius sie an einen Heiden vergab, signalisierte er seinen Willen zur Kooperation. Vielleicht sollte Nicomachus der Themistios des Westens werden.

Schon frühzeitig verfügte Theodosius die bereits erwähnte Aufteilung des Westreiches: Valentinian II. (Abb. 12) erhielt, wie es in den vagen Formeln der Quellen heißt, sein eigenes Reich beziehungsweise das seines Vaters Valentinians I. zurück,[3] war zunächst jedoch *de facto* lediglich zuständig für die Präfektur Gallien, die immerhin Spanien und Britannien einschloss. Dorthin zog er bereits im Frühjahr 389, allerdings nicht allein, sondern zusammen mit dem Feldherrn Arbogast, der jetzt den unspezifischen, aber irgendwie Kaisernähe andeutenden Titel eines *comes* führte. Der Militär hatte sich im Bürgerkrieg bewährt; sein Onkel Richomeres wirkte im Osten als Heermeister. Er musste Theodosius zuverlässig erscheinen. Als Prätorianerpräfekten Galliens findet man weniger profilierte Gestalten, zunächst 389 Constantianus, 390 dann Neoterius; beide hatten unter Theodosius gedient. Der Ostkaiser durfte gewiss sein, dass Valentinian jeder Spielraum für Eigenmächtigkeiten genommen war, wenn er von derartigen Männern flankiert wurde. Einzig Justina hätte ein Gegengewicht bilden können, doch sie starb bald darauf. Dass seine

Schwestern am Hofe weilten und Valentinian vielleicht Mut zusprachen, half da wenig.

Theodosius übernahm faktisch die Verantwortung für Italien. Möglicherweise erwog er schon, seine Stellung dort durch die Ausrufung eines seiner Söhne zum Herrscher zu befestigen, verzichtete aber darauf und gestattete Valentinian damit, sein Gesicht zu wahren. In der Münzprägung allerdings setzte er ihn zurück, indem er ihn auf eine Stufe mit Arcadius stellte.[4] Bei der Benennung von Truppenteilen kam Valentinian II. nicht zum Zuge, während mehrere Einheiten Beinamen nach Theodosius, Arcadius oder Honorius erhielten.[5]

Nachhaltig stärkte der eigentliche Herrscher über den Westen seine Position durch eine Maßnahme, die schon kurz erwähnt wurde: Er gliederte die besten Truppenteile des Westheers dem Ostheer ein. Schließlich sorgte er dafür, dass das folgende Jahr 389 im Zeichen des Sieges über Maximus stand: Zwei der entscheidenden Feldherren, Timasius und Promotus, wurden zu Consuln erhoben, Valentinian II. wurde diese Ehre erst ein Jahr später zuteil.

Bereits in Aquileia war Theodosius Bischof Ambrosius begegnet. Dessen Beziehung zu dem Sieger im Bürgerkrieg war keineswegs unbelastet. Nach dem Konzil von Konstantinopel hatte er, wie erwähnt, gemeinsam mit den in Aquileia versammelten italischen Bischöfen dem Kaiser einen vermessenen Brief geschrieben, in dem er alle kirchenpolitischen Schwachpunkte der Veranstaltung im Osten aufgespießt hatte.[6] Inwieweit Theodosius die Zwistigkeiten zwischen Ambrosius und Valentinian II. oder besser Justina verfolgt hatte, steht dahin. Erfuhr er davon, hatte er noch mehr Grund, dem widerständigen Ambrosius mit Misstrauen zu begegnen. Der hielt es seinerseits offenbar für angezeigt, dem neuen Herrscher nach Aquileia entgegenzueilen, ihm also seine Reverenz zu erweisen. Das war letztlich gewiss auch Theodosius lieb, dem daran gelegen sein musste, möglichst weite Teile der westlichen Elite an sich zu binden.

Seinem bischöflichen Amte gemäß bat Ambrosius um Gnade für die Anhänger des Maximus und schmeichelte sich, damit Erfolg gehabt zu haben.[7] Vielleicht erweckte der Kaiser tatsächlich den Eindruck, als habe er seine Entscheidung aufgrund von Ambrosius' Gesuch getroffen; allerdings entsprach die Maßnahme seiner sonstigen integrativen Politik, die er so mit christlichen Motiven unterfüttern konnte. Auf jeden Fall herrschte zunächst einmal Einvernehmen zwischen Bischof und Kaiser, und beide profitierten davon: Der eine genoss die Gunst des Kaisers, der andere die Unterstützung einer Schlüsselgestalt in Norditalien; der eine konnte den Fürsprecher der Schwachen geben, der andere den milden christlichen Kaiser.

Die anfängliche Harmonie sollte rasch in einen Missklang umschlagen.

Denn Ambrosius hielt noch in einer anderen, viel verwickelteren Frage seine Intervention für geboten.[8] Weit entfernt, an der Euphratgrenze, hatten sich ernst zu nehmende Zwischenfälle ereignet: In der Stadt Callinicum hatte der christliche Mob unter Führung des Bischofs eine Synagoge in Brand gesteckt. Das bedeutete eine schwerwiegende Störung der öffentlichen Ruhe, auf deren Bewahrung man gerade im Grenzgebiet sorgsam achten musste; besonders gravierend war, dass der Übergriff sich gegen Juden richtete, denn deren Kultausübung wurde durch die kaiserliche Gesetzgebung ausdrücklich geschützt.

Da die Täter aber Christen, auch Mönche, waren, die von einem Bischof geführt wurden, wagte der zuständige Beamte, offenbar keine sofortige Maßregelung, obwohl er als *comes Orientis* ein durchaus hochrangiger Beamter war – über ihm stand nur der Prätorianerpräfekt. In seiner Not wandte er sich an den Kaiser. Verdrossen darüber, mit einer solch marginalen Angelegenheit belästigt werden sollte, schrieb dieser zurück, was nach der herkömmlichen Verwaltungspraxis zu erwarten war: Die Rädelsführer und die Mönche seien streng zu bestrafen; darüber hinaus müsse der Bischof die Synagoge aus eigenen Mitteln wieder aufbauen.

Der Fall hätte damit erledigt sein können. Doch da griff Bischof Ambrosius ein. Er musste eingreifen, wenn er weiterhin glaubwürdig auf seiner Unabhängigkeit bestehen wollte. Denn kurz zuvor hatte er sich mit Maximus angelegt, weil dieser das Volk von Rom wegen eines Übergriffs gegen eine Synagoge zur Ordnung gerufen hatte.[9] Jetzt hatte Theodosius ähnlich gehandelt. Zuerst äußerte Ambrosius sich wohl lediglich mündlich. Als das nicht fruchtete, schrieb er noch von Aquileia aus einen geharnischten Brief an den Kaiser.[10]

Zunächst erklärt er ausführlich, warum gerade er befugt sei, den Kaiser zu kritisieren: Gute Kaiser würden Redefreiheit gewähren, die Priester seien ihrerseits verpflichtet, offen zu sagen, was sie dächten, da sie für das Seelenheil der anderen verantwortlich seien. Der Kaiser besitze alle Herrschertugenden, könne aber nicht von Fehlern völlig frei sein, und darauf habe der Priester zu achten. In einer Angelegenheit Gottes dürfe er nicht schweigen. Nachdem er so Theodosius auf die Rolle des guten Herrschers verpflichtet und sich selbst in die Rolle des Seelsorgers manövriert hat, legt Ambrosius seine Sicht zu den Geschehnissen von Callinicum dar. Der Kaiser bringe den Ortsbischof in eine gefährliche Zwangslage, wenn dieser den entsprechenden Befehl übermittelt bekomme. Entweder müsse er nämlich zum Verräter an seinem Glauben werden – falls er für die Falschgläubigen ein Gebäude errichte – oder zum Märtyrer – falls er es nicht tue und bestraft werde. *Beides ist deinen Zeiten fremd, beides entspricht einer Christenverfolgung, wenn man gezwungen wird, entweder Verrat zu üben oder das Martyrium auf sich zu nehmen.*[11] In seinen Augen sei die Zerstörung einer Synagoge gar ein gottgefälliger Akt. Selbst die Möglichkeit, dass christliche Soldaten den Befehl verweigern könnten, deutet Ambrosius an – in Mailand war so etwas beim Streit zwischen ihm und Valentinian II. bereits einmal vorgekommen; es handelte sich also keineswegs um eine leere Drohung.[12]

Nach dieser Provokation setzt der Bischof, dessen Vergangenheit als Advokat hier durchschlägt, einen neuen Fall: Falls der Kaiser, den Bitten des Ambrosius folgend, die Strafe für den für Callinicum verantwortlichen Amtsbruder erlassen werde, würde weiterhin der Beamte, ebenfalls ein Christ, genötigt, zum Verräter am Glauben zu werden, da er die Synagoge wieder aufbauen müsse. Solle man den Juden diesen Triumph über die Christen gönnen? *Dich bewegt das Prinzip der öffentlichen Ordnung, mein Kaiser. Was ist denn nun wichtiger – der Anschein von Ordnung oder die Frage des Glaubens?*[13] Wolle er wie der Heide Julian gestraft werden, der den Tempel von Jerusalem aufzubauen befahl und erleben musste, wie Gott die Arbeiten durch einen Brand zunichte machte? Andere Brandschatzungen von Häusern bei Unruhen in Rom oder Konstantinopel seien ungesühnt geblieben, fügt Ambrosius hinzu. Selbst Verwüstungen von Kirchen durch Juden aus der Zeit Julians seien nicht gerächt worden.

Dann kommt ein weiteres Thema zur Sprache: Ambrosius sei zu Ohren gedrungen, man wolle Mönche dafür bestrafen, dass sie eine Kultstätte der Valentinianer, einer gnostischen Sekte, zerstört hätten. Auch diese Sanktion sei inakzeptabel. Nach einem kurzen Exkurs kehrt Ambrosius indes zur Synagoge zurück. Offenbar war die Rückerstattung bestimmter Gegenstände, die von dort geraubt worden waren, verlangt worden. Ambrosius jedoch wendet ein, es sei überhaupt nicht glaubwürdig, dass die Synagoge des kleinen Grenzortes etwas zu plündern geboten habe. Die Juden hätten gar kein Recht, sich auf römische Gesetze zu berufen, da sie sich selbst nicht daran hielten. Sie könnten gar triumphieren, wenn mit christlichen Mitteln ihre Synagogen wieder aufgebaut würden.

Schließlich solle der Kaiser sich überlegen, wie Christus ihn ansprechen würde, wenn er in dieser Weise die Gläubigen bestrafe, nachdem er ihm so viele Erfolge geschenkt habe; wieder tritt die seelsorgerliche Argumentation in den Vordergrund, die mit zahlreichen biblischen Exempeln unterstützt wird. Sie mündet in eine bemerkenswerte Forderung: *Wenn du in Geldangelegenheiten dich mit den Zuständigen berätst, um wie viel angemessener ist es dann, dass du dich in einer Frage der Religion mit den Priestern des Herrn berätst.*[14]

Und dann folgt in der Gestalt rhetorischer Fragen eine bemerkenswerte Steigerung. Wie könne er sich vor anderen Bischöfen rechtfertigen, erklärt Ambrosius, wenn aufgrund einer kaiserlichen Autorisierung Christen gefoltert und getötet, langgediente Kleriker zurück in die städtischen Kurien versetzt würden? Ambrosius schlägt scheinbar ein ganz anderes Thema an.[15] Vermutet wird, der Bischof sei in Sorge gewesen, ein entsprechendes Gesetz aus dem Osten solle nunmehr im Westen angewendet werden, und habe die Gelegenheit eines Protestschreibens genutzt, um dieses Problem zur Sprache zu bringen, das seinen Amtsbrüdern am Herzen gelegen haben dürfte. Viel wahrscheinlicher erscheint mir, dass Theodosius an den Übergriffen beteiligte Kleriker so bestrafen wollte – die Details seiner Verfügungen sind nicht bekannt – und dass Ambrosius diese Einzelmaßnahmen verallgemeinert. Doch Sicherheit ist hier nicht zu gewinnen. Auf jeden Fall kehrt der Bischof bald zu seinem Thema zurück und ermahnt den Kaiser erneut, sein Vorhaben zu überdenken und kaiserliche Milde zu zeigen.

Clementia, Milde, bildet überhaupt das Leitmotiv des gesamten Schreibens. Dies ist befremdlich für ein modernes Verständnis, das wie selbstverständlich die Juden als die eigentlichen Opfer betrachtet, doch aus Sicht des Ambrosius schlüssig. Er sieht sich in der Rolle als Bittsteller, und zwar in diesem Fall für seinen Amtsbruder und in gewisser Weise für den kaiserlichen Beamten, der zu einer unchristlichen Handlung gezwungen werden soll. Das war eine typische Rolle für den spätantiken Bischof, sodass Ambrosius sich in ganz legitimer Weise auf vorherige Gnadenakte, die der Kaiser aufgrund seiner Bitten gewährt habe, beruft. In der Wirkung waren die impliziten und expliziten antijüdischen Gedanken des Schreibens fatal, in der Sicht des Zeitgenossen entsprachen sie einer gebräuchlichen rhetorischen Taktik, um den Kaiser zu einem Gnadenakt zu bewegen.

Der aufgeregte Tonfall des Schreibens muss Theodosius irritiert haben, dennoch reagierte er mit seiner gewohnten Souveränität und Versöhnlichkeit. Weder gab er sich beleidigt noch verschreckt, vielmehr erschien er weiter im Gottesdienst des Bischofs. Der ließ nicht locker. Vor seiner treu ergebenen Gemeinde, vor dem Hofstaat, vor dem Kaiser selbst hielt er eine Predigt, die an Gottes Sündenvergebung erinnerte und zur Gnade mahnte, der antijudaistische Spitzen nicht fehlten. Am Ende wandte Ambrosius sich direkt an den Kaiser, den er daran erinnerte, dass er seine Erfolge Gott verdanke, und aufforderte, sich entsprechend milde zu verhalten. Danach kam es zu einem Schlagabtausch, den Ambrosius stolzgeschwellt in einem Brief an seine Schwester schilderte, nachdem er ihr schon die Predigt mitgeteilt hatte:

Sobald ich (von der Kanzel) herabgestiegen war, sagte Theodosius mir: ‚Du hast dich über uns geäußert!' Ich antwortete: ‚Ich habe das behandelt, was deinem Nutzen dient!' Da erklärte er: ‚In der Tat habe ich in Hinblick auf die Wiederherstellung der Synagoge durch den Bischof zu streng geurteilt, aber es ist korrigiert worden. Die Mönche begehen viele Verbrechen.' Da begann der Heermeister Timasius sich heftiger gegen die Mönche zu äu-

ßern. Ich erwiderte ihm: ‚Ich verhandele mit dem Kaiser, wie es nötig ist, weil ich weiß, dass er den Herren fürchtet, mit dir aber muss ich anders verhandeln, der du so harte Dinge sagst.‘ Dann, als ich eine Weile stehe, sage ich zum Kaiser: ‚Gib mir die Gewähr, dass ich für dich opfern darf, befreie meine Seele.‘ Als er sich hinsetzte, jedoch kein offenes Versprechen ablegte und ich stehen blieb, sagte er, er werde es korrigieren, ich begann darauf zu dringen, dass er den ganzen Prozess fallen lasse, damit der Statthalter nicht sich das Verfahren zunutze mache, um den Christen mit irgendeinem Unrecht zuzusetzen. Er stellte in Aussicht, dass dies geschehen werde. Ich sagte ihm: ‚Ich handele im Vertrauen auf dich!‘, und ich wiederholte: ‚Ich handele im Vertrauen auf dich!‘ ‚Handle!‘, erklärte er. So trat ich an den Altar und wäre unter keiner anderen Bedingung dorthin getreten, wenn er mir nicht ein vollständiges Versprechen abgelegt hätte. Und wahrhaftig, so groß war die Gnade des Opfers, dass ich sogar selbst spürte, dass es unserem Gott lieber war und dass die göttliche Hilfe nicht gefehlt hat. Alles ist somit nach meinem Sinne geschehen.[16]

Trotz dieses triumphierenden Schlusssatzes macht man es sich zu leicht, wenn man diese Episode in der Mailänder Kirche einfach als Niederlage des Kaisers interpretiert. Gewiss, Timasius, der machtvolle Heermeister, hatte eine grobe Abfuhr bekommen, der Kaiser hingegen sein Gesicht wahren können. Was geschehen war, kam ja im christlichen Reich immer wieder vor: Ein Mann mit geistlicher Autorität, sei es ein Bischof, sei es ein Mönch, trug einem weltlichen Würdenträger seine Bitte vor, sich über das, was formal rechtens war, zugunsten des Beklagten hinwegzusetzen, und ihm wurde der Wunsch gewährt. Dies war Ambrosius selbst in Aquileia bereits gelungen oder schon vorher Flavian von Antiochia nach dem Steueraufstand. Der dahinter stehende Grundgedanke war nicht einmal den Heiden fremd, denen der Kaiser als lebendiges Gesetz galt. Er durfte sich nach dieser Deutung über das gesetzte Recht hinwegsetzen, wenn denn sein Urteil dadurch milder wurde.[17] Ambrosius führte zusätzlich – diplomatisch geschickt – seine eigene Gewissensnot ins Feld, sodass das Entgegenkommen des Kaisers wie ein Gnadenakt ihm gegenüber wirken konnte.

Der Meinungsumschwung des Theodosius dürfte daher von den Zeitgenossen als weniger krass empfunden worden sein als von den Modernen. Er hatte dem Bischof von Callinicum und seinen Genossen Gnade gewährt, er hatte Milde (*clementia*) bewiesen, und das an dem geeignetsten Ort und zum passendsten Zeitpunkt, in einer Kirche während eines Gottesdienstes. Gedemütigt worden war Theodosius nicht – und konnte doch nicht übersehen, wie auf diese Weise der Brutalität christlicher Verfolger Vorschub geleistet wurde und die Gefahr religiöser Unruhen wuchs.

Obwohl der Kaiser durch seine Zugeständnisse dem Vorfall eine Wende gegeben hatte, die den Schaden minimierte, so zog er doch Konsequenzen, die, wie es seinem Stil entsprach, pragmatisch waren. Er bemühte sich anscheinend darum, dass der Bischof, dieser potentielle Störenfried, nichts mehr über die Verhandlungen im kaiserlichen Rat in Erfahrung bringen konnte. Der Bischof bekam zwar noch so manches mit, aber seine Interventionen waren von nun an erschwert, da er seine Informanten gefährdet hätte.

In der alten Hauptstadt

Das Tauziehen mit Ambrosius muss in einem größeren Zusammenhang gesehen werden, denn der Kaiser hatte noch ganz andere Aufgaben, als sich mit einem aufgebrachten Lokalbischof ins Benehmen zu setzen, und ehrgeizige Pläne: Nach Rom wollte er ziehen. Das war längst keine Selbstverständlichkeit mehr. Zwar stand die alte Kapitale weiterhin für die große Tradition des Reiches, doch realpolitisch hatte sie wenig zu bieten. Wer Rom dennoch aufsuchte, zeigte den traditionalistischen Eliten, wie ernst er sie und ihre große Vergangenheit nahm. Indem er den senatorisch orientierten, heidnischen Geschichtsschreiber Aurelius Victor zum Stadtpräfekten für das Jahr 389 ernannte, hatte Theodosius bereits ein Signal gesetzt. Seine Grundeinstellung bekräftigte Theodosius ferner in einem Reskript vom 19. Januar 389, als er betonte, er wolle Rom seine Privilegien bewahren, und sogar die Rechte der so genannten Dekurialen verbesserte, die den Amtsträgern der weiter bestehenden, aber machtentleerten republikanischen Ämtern dienten. Eine Präzisierung des Erbrechts trug ihm das Lob in senatorischen Kreisen ein, zumal sie materielle Vorteile brachte.[18]

So ‚vorbereitet', war der Einzug in Rom am 13. Juni 389 voll Glanz. Zur Feier des Erfolgs gegen Maximus gab der Kaiser dem Volk prächtige Spiele. Wie schon Konstantin der Große (306–337) nach seinem Sieg über Maxentius und Constantius II. (337–361) nach der Niederwerfung Magnentius' zelebrierte Theodosius somit entgegen altrömischem Brauch den Sieg im Bürgerkrieg öffentlich.

Im Zuge der Festlichkeiten signalisierte er, wie er sich die politische Zukunft vorstellte. Denn nicht Valentinian II. begleitete ihn – der weilte schon in Gallien –, sondern sein jüngerer Sohn, der vierjährige Honorius, den er nach dem Sieg über Maximus aus Konstantinopel hatte holen lassen. Zwar erhielt dieser nicht den Titel eines *Augustus*, höchstwahrscheinlich aber den eines *Caesar*;[19] jeder Beobachter konnte somit wissen, welche dynastischen Pläne Theodosius verfolgte. Ein weiteres Ereignis bestätigte den Römern, dass sein Geschlecht auf Dauer gestellt war: Seine Nichte Serena, die Gattin Stilichos, gebar in Rom einen Sohn: Eucherius.

In der Tiberstadt traf Theodosius auf viele alte Freunde, die auch in jenen Zeiten Verbindung zu ihm gehalten hatten, als er lediglich Herrscher des Ostreiches war, andererseits bekam er es mit dem heidnischen Redner Symmachus zu tun, der uns bereits als Gegner des Ambrosius begegnet ist. Jener hatte das Ungeschick besessen, eine Lobrede auf den Usurpator Maximus zu halten. Das konnte als Majestätsbeleidigung ausgelegt und mit dem Tode geahndet werden. Jetzt musste Symmachus auf Gnade hoffen und hatte, was die Gefahr mit Peinlichkeit verband, in einer Kirche Asyl gesucht. Der Kaiser erwies sich wieder als taktisch klug und zeigte Größe: Er gewährte dem angesehenen Mann, der zudem mit seinem Vater verbunden gewesen war,[20] Gnade und gab ihm Gelegenheit, mit einer Verteidigungsrede sein rhetorisches Können ebenso unter Beweis zu stellen wie die Beweglichkeit seiner Loyalität. Bald war er wieder hoch geehrt, und 391 fand er sich als Consul wieder. Theodosius hatte einmal mehr seine Bereitschaft unterstrichen, individuelles Fehlverhalten zu vergeben.

Ein zweiter heidnischer Exponent des Senats sollte ebenfalls eine hohe Würde erlangen: Nicomachus Flavianus, jener Heide, der zunächst zum *Quaestor sacri palatii* eingesetzt worden war. Er wurde 391[21] Prätorianerpräfekt von Italien, Africa und Illyrien, das heißt, er gewann ein Amt, das über einen schönen Titel hinaus Macht versprach. Theodosius konnte hoffen, durch seine Personalpolitik Kreise eingebunden zu haben, die mit seiner Religionspolitik nicht übereinstimmten. Indem er darüber hinaus im Senat auftrat, die Altertümer Roms bewundernd besichtigte und Privatleute mit seinem Besuch beehrte, bewies er, wie eng er sich der Vergangenheit und dem Senat verbunden fühlte.

Theodosius, der bewusst auf eine Leibwache verzichtete, verlor die breite Bevölkerung nicht aus dem Blick: Er verteilte, wie es der kaiserzeitlichen Tradition entsprach, ein *congiarium*, eine Getreidespende. Gesandte aus fremden Ländern traten auf und führten durch ihre Anwesenheit die Macht des Kaisers vor Augen. Theodosius sprach sogar von der Rostra zum Volk, scherzte mit einfachen Leuten und ließ sich ihren Spott gefallen. Die Römer durften noch einmal, wie man es in der alten Kapitale so gerne tat, Republik spielen, und der Kaiser präsentierte sich als gewöhnlicher Bürger. Wie es tatsächlich stand, illustrierte die Tatsache, dass Theodosius sich in lebendigster monarchischer Tradition von einem Senator einen Panegyrikus halten ließ.

Diese, auf Latein gehaltene Rede des aus Gallien stammenden Drepanius Pacatus ist erhalten.[22] Ein erlesenes Publikum durfte ihr lauschen. Neben dem Kaiser waren sein Rat und der Senat von Rom anwesend. Die Ausführungen vermitteln einen anschaulichen Eindruck davon, wie ein vornehmer Römer jener Zeit die Gunst des Kaisers zu erringen hoffte. Obwohl Klarheit darüber fehlt, in wessen Auftrag Pacatus sprach, wird ein

Beweggrund des Redners immerhin deutlich: Pacatus und seine Standesgenossen hatten sich kompromittiert; sie hatten Maximus gefeiert – unter Zwang, wie Pacatus seinen Zuhörern versichert.

Pacatus erklärt, er überlasse es anderen, gewiss Stadtrömern, von dem Wirken des Theodosius in Rom zu berichten, denn er wolle sich vor allem den anderen Geschehnissen widmen. Unter diesen ragte eines heraus, der Sieg über Maximus. Dieser bietet dementsprechend den äußeren Anlass der Rede.

Der Usurpator wird konsequent mit Theodosius kontrastiert, indem der Redner auf die beiden zahlreiche Topoi des Herrscherlobs und der Tyrannenkritik appliziert: Maximus ist despotisch, grausam, hinterhältig, verbrecherisch und presst die Reichen aus, Theodosius dagegen der Garant von Frieden und Freiheit, ein guter Militär und gütiger Herrscher, der aus Verantwortungsbewusstsein das kaiserliche Amt auf sich nimmt und dem das Glück gewogen bleibt.

Obgleich der topische Charakter allenthalben hervortritt, setzt Pacatus doch eigene Akzente. Dass er die Not Galliens beklagt, das unter der Herrschaft des Maximus besonders gelitten habe, versteht sich angesichts der Herkunft des Redners. Wichtiger ist etwas anderes: Theodosius erscheint als ein ganz bescheidener Herrscher, der für sich keine rechtliche Bevorzugung einfordert. Stattdessen pflegt er – und Pacatus selbst betont, wie einzigartig dies sei – als Kaiser Freundschaften auf der persönlichen Ebene, demonstriert in Rom Ansprechbarkeit und sucht sogar Privathäuser auf. Das heißt, er benimmt sich so, wie römische Senatoren es sich seit den Anfängen des Principates gewünscht hatten: als ein Kaiser, der die hohen, aber entmachteten Herren von gleich zu gleich behandelt. Er übt die Tugend der *civilitas*, der bürgerlichen Normalität, er ist einer ‚von uns'. Dazu passt es, wenn Pacatus seine Rede mit zahlreichen republikanischen Exempla anreichert.[23]

Wenn Theodosius sich bei Pacatus nicht in der Rolle des distanzierten, erhabenen Kaisers präsentiert, der weithin als typisch für die Spätantike gilt, so war dies ohne Zweifel auch dem *genius loci* Roms geschuldet – aber nicht nur. Denn Umgänglichkeit demonstrierte der Herrscher bekanntlich ebenso bei anderen Gelegenheiten, etwa während seiner Anfänge in Thessalonica, gegenüber seinen Untertanen beziehungsweise seinen ‚Standesgenossen', den Senatoren. Man konnte angesichts dieses leutseligen Herrschers wirklich glauben, die alten Zeiten wären zurückgekehrt.

Und dennoch hatte sich manches geändert. Das erweist sich an einem anderen Thema, über das Pacatus lobend spricht: *Den barbarischen Völkern gewährst du den Rang gleichgestellter Soldaten, da sie dir von sich aus Unterstützung versprechen, sodass einerseits von der Grenze die verdächtige Gruppe fortzog, andererseits unsere Truppen Verstärkung erhielten.*

Durch eben deine Leutseligkeit herbeigelockt, strömten alle gotischen Völkerschaften in solchen Scharen zusammen, dass der Eindruck entstand, du habest die Aushebung, die du den Deinen erlassen hattest, bei den Barbaren durchgeführt. Oh, welch ein denkwürdiges Geschehnis! Es marschierte unter römischen Kommandeuren und Standarten der, der einstmals Feind der Römer war, folgte den Feldzeichen, gegen die er gestanden hatte, und die Städte Pannoniens, die er einst durch feindliche Verwüstung entvölkert hatte, füllte er als Soldat. Jener Gote, Hunne, Alane antwortete, wenn er aufgerufen wurde, nahm am Wachdienst teil, wenn er an der Reihe war, und fürchtete, notiert zu werden, wenn er nicht oft genug anwesend war. Es gab keine Unruhe, keine Verwirrung, keine Plünderung, wie es bei Barbaren üblich war.[24]

Derartige optimistische Äußerungen entsprach gewiss nicht der vorherrschenden Stimmung in den Eliten Roms, denen der hohe Anteil der Barbaren am römischen Heer ein Graus sein musste. Möglicherweise fügte Pacatus sich damit Wünschen des Kaisers – zu wenig wissen wir allerdings über die Produktion solcher Reden, um sagen zu können, ob der Verfasser konkrete Vorgaben bekam, ob man sich auf seinen vorauseilenden Gehorsam verließ oder ob die Rede am Ende doch seine persönlichen Auffassungen formulierte. Auf jeden Fall reproduzierte er jene offiziöse Position, die auf die Integration der Barbaren setzte.

Zwei Lücken fallen auf, wenn man die Themen des Panegyrikus Revue passieren lässt. Nicht erwähnt wird Valentinian II., der doch eigentlich für die gallische Heimat des Redners zuständig war – ein Zeichen für den Ansehensverlust des nominellen *senior Augustus* der Epoche. Ferner ist von der Religion nicht die Rede. Natürlich, manche Wendung lässt sich als Indiz für eine christliche, manch andere als Indiz für eine heidnische Einstellung des Autors lesen. Aber es hat seinen Grund, warum die Forschung hier nicht zu einem klaren Ergebnis gelangt.[25] Denn es konnte gar nicht das Ziel einer solchen Rede sein, Eindeutigkeit zu vermitteln. Der Senat war religiös gespalten, und wenn die Rede einen Konsens zugunsten der kaiserlichen Politik formulieren sollte, so durfte sie keine der beiden Gruppen brüskieren.

Der Panegyrikus hat dem Kaiser offenbar gefallen. Jedenfalls machte er allem Anschein nach den Redner Pacatus zum Proconsul von Africa und beförderte ihn später im Osten zum *comes rerum privatarum*, zum Verantwortlichen für den kaiserlichen Besitz. Dies war ein weiterer Schritt, um die westlichen Eliten in sein Herrschaftssystem einzubinden, deren Angehörige überhaupt, auch so weit sie heidnisch gesonnen waren, weiterhin mit hohen Ämtern bedacht wurden.[26]

Es ist vermutet worden, Theodosius habe mit der Förderung dieser Herren versucht, ein Gegengewicht zu Ambrosius zu schaffen.[27] Doch damit würde man die Bedeutung des Bischofs überschätzen. Denn in der überregionalen Verwaltung fehlten dem Bischof weiter gehende Einflussmöglichkeiten. Die Konflikte, die Theodosius und Ambrosius austrugen, waren lokaler Natur und gehörten in den Bereich der Kirchenpolitik. Weitaus wichtiger war es für Theodosius, die nach wie vor durch ihren Besitz, ihr Selbstbewusstsein und ihre Kontakte einflussreichen westlichen Senatoren mit seiner Herrschaft zu versöhnen.

Die Senatoren bewiesen ihrerseits dem Kaiser Ehre. Der Stadtpräfekt Ceionius Rufius Albinus stiftete auf dem Vorplatz der Kurie im Andenken an die Niederwerfung des Maximus ein Monument mit drei Statuen, deren Inschriften Theodosius, Valentinian II. und Arcadius gewidmet waren.[28] Von Honorius, den Theodosius in Rom präsentiert hatte, ist nicht die Rede. Soll man die Stiftung als Ausdruck einer gewissen Kritik fassen? Als Zeichen dafür, dass man in Rom auf den hergebrachten Kriterien kaiserlicher Legitimität und Seniorität beharrte? Denkbar ist das, aber vielleicht doch zu weit hergeholt, denn Honorius war noch kein *Augustus*. Auch Theodosius bewahrte ja in den Gesetzestexten und auf den Inschriften die traditionelle Reihenfolge. Ein anderer, ein führender Senator, Petronius Probus, der gemeinsam mit Valentinian II. nach Thessalonica geflüchtet war, widmete anscheinend dem Kaiser seine Gedichte sowie die seines Vaters und Großvaters. Nicomachus Flavianus eignete sein Geschichtswerk dem Herrscher zu. Theodosius wurde auf diese Weise kulturell in die Welt der Senatoren aufgenommen.[29]

Nicht allein Prunk und Propaganda, sondern auch die alltägliche Regierungsarbeit stand während des Romaufenthaltes auf dem Programm; hier sei lediglich ein Blick auf jene Bestimmungen geworfen, die den Westen betrafen. Die Manichäer wurden wieder Objekt einer aggressiven Politik: *Wer immer unter dem Namen Manichäer die Welt in Unruhe versetzt, soll aus dem ganzen Erdkreise, insbesondere aber aus dieser Stadt (Rom) bei Androhung eines Prozesses vertrieben werden.* Konkreter ging es dann um den faktischen Verlust des Rechts, zu vererben und zu erben.[30] Mit einem solchen Gesetz machte man sich wenige Feinde und viele Freunde. Denn es musste sowohl Christen, zumal den Papst Siricius, der selbst die Manichäer bekämpfte, zufrieden stimmen als auch Traditionalisten, denen die aus Persien stammenden Gruppen fremd waren. Bezeichnend für den Stil gerade der Religionsgesetze der Spätantike ist, dass der Text hochtönende Wort mit sehr konkreten materiellen Einschränkungen verbindet, die lediglich die Wohlhabenderen treffen.

Bemerkenswert ist eine Regelung, die sich mit magischen Praktiken befasst: Wer einen Zauberer ertappt, soll ihn unverzüglich einem öffentlichen Gericht vorführen, statt ihn eigenmächtig zu bestrafen.[31] Das Verbot der Zauberei verstand sich von selbst. Eigentlicher Gegenstand des Gesetzes waren offenbar Versuche von Privatleuten, gegen Magier, deren sie habhaft wurden, Selbstjustiz zu üben oder sie gar für ihre eigenen Zwecke, für Verwünschungen gegen ihre Feinde, zu verwenden. Dabei werden insbesondere Wagenlenker angesprochen, in deren Milieu Zauberei verbreitet war – wie etwa Fluchtäfelchen zeigen, die man in der Erde vergrub, um den Rivalen zu schädigen. Die Regelung illustriert, welche Bedeutung das Phänomen in dieser Gesellschaft weiterhin besaß, wie schwer es andererseits war, das Monopol des Staates, solche Delikte zu bestrafen, durchzusetzen.

Schon vor seinem Romaufenthalt hatte Theodosius sich mit Fragen des Prozessverfahrens befasst. Jetzt beschäftigte er sich vor allem mit Problemen, die die Stadt selbst betrafen: Die prozessualen Zuständigkeiten des römischen Stadtpräfekten wurden geklärt, das Verbot für die in den Waffenfabriken arbeitenden Sklaven, sich mit Personen außerhalb der Fabriken zu liieren, eingeschärft, die Termine der Gerichtsferien unter Berücksichtigung der Bedürfnisse der Christen festgesetzt, indem bestimmte christliche Feiertage von Gerichtsverfahren frei gehalten wurden, während man heidnische Feiertage überging. Einer Reihe von Versorgungsproblemen der Stadt, die anscheinend vor Ort an ihn herangetragen worden waren, widmete sich der Herrscher ebenfalls. So ging er gegen Versuche vor, sich dem Stand der Müllerbäcker, die als Zwangskorporation organisiert waren, zu entziehen. Die Schweinehändler, die für die Versorgung der gewöhnlichen Bevölkerung mit Schweinefleisch zuständig waren und die ebenfalls einer Reihe von Zwangsmaßnahmen unterlagen, versuchte er zu stärken, die missbräuchliche Anzapfung von Aquädukten zu verhindern.

Der in Konstantinopel wirkende Kirchenhistoriker Sokrates weiß schließlich von schauerlichen Missständen in Rom zu berichten, die der Herrscher während seines Aufenthaltes abgestellt habe. In den unterirdischen Mühlen der Müllerbäcker hätten Fremde arbeiten müssen, die man mit List gefangen und dort gehalten habe. Als einem Soldat dies widerfahren sei, habe der nach seiner Flucht darüber Meldung erstattet, Theodosius die Müllerbäcker gerichtet und die Häuser niederreißen lassen. Außerdem seien Ehebrecherinnen durch die Einweisung in Bordelle bestraft worden, sodass ihre Schuld noch größer geworden sei; auch das habe der Kaiser unterbunden.[32] In diese farbigen Geschichten mögen Gerüchte hineingespielt haben, die man sich im Osten von dem Sündenbabel Rom erzählte und denen schon Sozomenos, der sonst so viel von Sokrates übernahm, vielleicht keinen Glauben mehr schenkte; es mag sich aber um den Reflex von tatsächlichen Versuchen des Kaisers handeln, die Sittlichkeit in der Stadt zu heben. Derartige Bestrebungen würde ein nicht unumstrittenes Gesetz bezeugen, in dem die Verbrennung männlicher Prostituierter angeordnet wird.

Die Tage in Rom dürften Theodosius mit Genugtuung erfüllt haben, denn er hatte sich mit seinem geschickten Verhalten bei Volk wie Senat Sympathien erworben. Dennoch war sein Abschied aus der Stadt in ein düsteres Licht getaucht. Man erblickte am Himmel ein neues Gestirn, für viele Zeitgenossen ein Vorbote künftigen Unheils.[33]

Trotz dieses Omens muss Theodosius den Römern als ein glanzvoller Herrscher erschienen sein. Wer genauer hinsah, konnte indessen gewisse ernst zu nehmende Schwachpunkte ausmachen. In Africa besaß der militärische Oberbefehlshaber Gildo nach wie vor weitreichende Handlungsspielräume. Anscheinend hatte Theodosius in Zusammenhang mit seinem Feldzug gegen Maximus Truppen mobilisieren lassen, um jenen Condottiere unter Kontrolle zu bringen. Doch hatte dies keinesfalls zu schwerwiegenden Kämpfen geführt. Immerhin scheint Gildo die zivilen Beamten, die Theodosius ernannte, akzeptiert zu haben; auch wurden Verfügungen vom Hof an ihn gerichtet. Die Landschaft war dem Kaiser noch nicht völlig entglitten.

Faktisch erkannte Theodosius indes Gildo als Herren Africas an. Dessen Loyalität sicherte er durch Heiratspolitik: Er vermählte Nebridius, den gemeinsam mit seinen Söhnen aufgewachsenen Neffen Flaccillas, mit Gildos Tochter Salvina. Ungelegen kam es dem Kaiser sicher nicht, dass Salvina mit ihren eigenen Kindern in Konstantinopel lebte und somit gegebenenfalls als Geisel dienen konnte. Um jene Zeit erhielt Gildo den hohen und in dieser allgemeinen Form eigentlich unangemessenen höchsten Heermeistertitel (*comes et magister utriusque militiae*). Eine Militäraktion gegen ihn lohnte offenbar nicht den Aufwand und die Gefahren, zumal die Getreideversorgung Roms anscheinend gesichert blieb.

Die übrigen westlichen Provinzen der Peripherie kümmerten Theodosius wenig. Formal unterstand ja Gallien mit Spanien und Britannien Valentinian II., dennoch galt Theodosius weithin als Hauptverantwortlicher. Es zeichnet sich hier eine bedenkliche Tendenz ab, die wenige Jahrzehnte später in die faktische Aufgabe dieser Provinzen mündete. Sidonius Apollinaris, einer der bedeutendsten Vertreter der gallischen Latinität, lässt später in einem Panegyrikus auf den Kaiser Maiorian (457–461) die personifizierte Gallia über die Vernachlässigung der Landschaft und deren Niedergang klagen.[34] Als er dichtete, dominierten dort bereits die Westgoten; nur mit Mühe konnten Männer wie Sidonius ihre Kontakte nach Rom pflegen. Diese Entwicklung war zur Zeit des Theodosius nicht absehbar, und selbst wenn sie es gewesen wäre, gebot das vernünftige Kalkül, sich angesichts der vielfältigen Anforderungen, denen das Reich ausgesetzt war, auf die Kernprovinzen zu konzentrieren. Sidonius zeigt, wie dies auf die regionale Aristokratie wirkte: Sie fühlte sich nicht ernst genommen, ja sogar benachteiligt.

Den Osten, den wichtigsten Reichsteil, behielt Theodosius trotz seiner

Beanspruchung durch die Verhältnisse des Westens im Auge. In seinen Gesetzen regelte er Fragen der Verwaltung und des Gerichtswesens, der Waffenfabriken, die genauso wie die Armee mit Sachleistungen zu beliefern waren, und des Erbrechts. Darunter findet sich auch eine Regelung mit religionspolitischem Einschlag: Den Eunomianern wurde das aktive und passive Erbrecht genommen. Während seines Romaufenthaltes verfügte Theodosius, dass private Anbauten, die den Glanz der öffentlichen Gebäude in Konstantinopel schmälerten, zu beseitigen seien – war sein städtebauliches Bewusstsein durch den Besuch der alten Hauptstadt geschärft worden?[35] Ferner ging er gegen Missbräuche bei der Getreideversorgung dort vor.

Doch das eigentliche Problem berührten diese Gesetze nicht. Der Blick auf die Gesamtlage im Osten muss Theodosius mit Sorge erfüllt haben. Während seines Kampfes gegen Maximus hatte er eine bittere Erfahrung gemacht, die sich in den Folgejahren bestätigen sollte. Er konnte sich nicht einmal nach einer zehnjährigen Herrschaft auf seinen angestammten Reichsteil, auf den Osten, verlassen. Ich hatte schon berichtet, dass in Konstantinopel sogar der Bischofspalast von Homöern niedergebrannt worden war, als das Gerücht Maximus zum Sieger im Bürgerkrieg machte. Bezeichnend für die schwankende Treue im Osten ist eine Anekdote, die der Kirchenhistoriker Sokrates über den alexandrinischen Bischof Theophilos (384–412) erzählt: *Als Kaiser Theodosius gegen den Usurpator Maximus kämpfte, schickte Theophilos durch Isidoros dem Kaiser Geschenke und vertraute ihm einen Brief in doppelter Ausfertigung an, mit dem Auftrag, dem Sieger die Geschenke wie auch das Schreiben zu geben. Damit versehen erreichte Isidoros Rom und wartete den Ausgang ab. Aber das Geschehen blieb nicht lange geheim, da ein Lector, der bei ihm war, die Briefe stahl und dem Kaiser zeigte, weswegen Isidoros, in Furcht geraten, so schnell er konnte, nach Alexandria floh.*[36]

Theodosius wusste jetzt, was er von Theophilos zu halten hatte, aber die kaiserliche Macht reichte nicht so weit, dass sie einem Bischof von Alexandria in seiner Stadt etwas anhaben konnte: Über den Hafen der Stadt lief die lebenswichtige Getreideversorgung Konstantinopels. Wurde sie nur für wenige Wochen unterbrochen, drohten Hungerrevolten in der Hauptstadt. Zudem hatte das römische Militär in den engen Gassen Alexandrias keine Chance gegen den städtischen Mob, der zu einem großen Teil allein dem Patriarchen ergeben war. Theodosius blieb nichts anderes übrig, als über das Geschehnis einfach hinwegzusehen; als nachtragend zeigte er sich ja auch sonst nicht.

In einem anderen Fall wählte der Kaiser allerdings ein härteres Vorgehen, nämlich als er den Consular Hesychius zum Tode verurteilte. Der hatte bei dem Versuch, Gamaliel, den Patriarchen der Juden in Palästina, zu denunzieren, dessen Unterlagen stehlen lassen. Es ging hier nicht allein um die Methoden des Hesychius, sondern auch um die Stellung des von ihm Beklagten. Als höchster Repräsentant der Juden trug er die Verantwortung dafür, dass dieses Volk, das weiterhin auf dem Lande in Palästina zahlreich beheimatet war und das leicht in Unruhe geriet, sich ruhig verhielt. Hätten die römischen Behörden Gamaliel verurteilt oder die Machenschaften des Hesychius gedeckt, so hätte dies Revolten auslösen können. Welchen Rang der jüdische Patriarch einnahm, zeigt sich darin, dass er später, wohl noch unter Theodosius, den Titel eines Prätorianerpräfekten ehrenhalber erhielt.

In der Regel aber versuchte Theodosius weiter, integrativ zu wirken. Davon profitierte der heidnische Rhetoriklehrer Libanios. Er war mehrfach denunziert worden, mit Maximus sympathisiert oder sich anderweitig illoyal gegenüber dem Kaiserhaus verhalten zu haben, doch solche Machenschaften schlugen fehl; der Redner wurde sogar mit neuen Vertrauensbeweisen des Kaisers ausgezeichnet.[37]

Dennoch vermittelt gerade eine Rede des Libanios einen Eindruck davon, wie schlecht die Stimmung im Osten war. Der Text gibt sich als eine an Theodosius gerichtete, ihm aber wahrscheinlich nie zu Ohren gekommene Ansprache über die Patronage der ländlichen Bevölkerung, die seit jeher von der Fürsprache hoher Herren abhängig gewesen war. Seine Datierung fällt sicher in die Zeit nach dem Sieg über Maximus.[38]

Libanios führt hier Klage über den Wandel der Verhältnisse auf dem Lande: Früher hatten die lokalen Eliten als Patrone der Bauern fungiert, hatten sich also in Notfällen, etwa bei Streitigkeiten mit staatlichen Behörden, für sie eingesetzt; dafür waren sie mit Ehrungen und Abgaben belohnt worden. Jetzt aber übernahmen Offiziere diese Aufgabe und leisteten sich schwere Übergriffe gegen die Ratsherren, die alten Patrone. Was solche Kurialen, die für die Steuer einer Gemeinde die Verantwortung trugen und sie ihrerseits von anderen eintreiben mussten, zu erdulden hatten, schildert Libanios plastisch:

Es gehen zu diesen Dörfern, die von den Offizieren regelrecht befestigt sind, diejenigen, die die Steuer eintreiben wollen, da das ihre Aufgabe und Pflicht ist. Dann bitten sie zuerst freundlich und mit leiser Stimme darum, wenn sie missachtet und verlacht werden, geraten sie schon in Erregung, sprechen lauter und überhaupt so, wie es bei Menschen, die um ihr Recht gebracht werden, zu erwarten ist. Dann bedrohen sie die Dorfvorsteher, vergeblich, da sie schwächer sind als diejenigen, welche die Dörfer ausbeuten. Dann beginnen sie, die Einwohner zu ergreifen und abzuführen. Die aber zeigen, dass sie Steine besitzen. Die Eintreiber empfangen nun statt Steuern Wunden, kehren in die Stadt zurück und demonstrieren durch das Blut auf ihren Kleidern, was ihnen widerfahren ist.[39]

Ähnlich wie in seinen früheren Reden, mit denen er Missstände anprangerte, vermeidet Libanios es, dem Kaiser die Schuld zuzuweisen. Vielmehr gibt er sich als der loyale Bürger, der den Herrscher über das Treiben seiner Untergebenen informiert. Doch so sehr Libanios seine Treue unterstrich, auch solche Äußerungen trugen dazu bei, die Unzufriedenheit über den Herrscher zu schüren.

Diese nahm Theodosius offenbar wahr. Mit dem Prätorianerpräfekten Tatianus und dessen Sohn Proculus, der Stadtpräfekt wurde, hatte er zwei Männer in hohe Ämter gebracht, die von dort stammten und bereits als Beamte gewirkt hatten, die heidnisch waren und durchsetzungsfähig, die also in der Lage sein mussten, oppositionelle Bestrebungen aufzufangen oder zu unterdrücken. Der Kaiser mochte sich einbilden, dies sei eine hinreichende Sicherung seiner Stellung, doch er irrte. Denn die beiden betrieben zwar eine energische Politik, doch verfolgten sie in einem hohen Maße familiäre Interessen – überall wurden Männer aus ihrer Heimatregion Lykien installiert – und machten sich bei der übrigen Elite so unbeliebt, dass der Groll auf den Kaiser bestimmt wuchs. Dies wird sich im Westen herumgesprochen haben.

Bezeichnend für das schwierige Verhältnis des Theodosius zur Aristokratie Konstantinopels ist die Geschichte der Olympias. Als Verwandte, wohl Enkelin des früheren Prätorianerpräfekten Ablabius gehörte sie einem der vornehmsten Geschlechter im ‚Zweiten Rom' an. Standesgemäß wurde sie mit dem gerade aus dem Amt geschiedenen Stadtpräfekten Nebridius verehelicht, der jedoch bald nach der Hochzeit starb. Theodosius wollte sie mit einem Verwandten, dem ansonsten kaum bekannten Hispanier Helpidius verheiraten.[40] Damit hätte er endlich seine Familie mit der vornehmen Welt der Hauptstadt verbunden. Doch Olympias lehnte ab, da sie – in Übereinstimmung mit theologischen Autoritäten wie etwa Hieronymus – eine zweite Ehe missbilligte und Diakonin werden wollte. Daraufhin entzog der Kaiser ihr bis zu ihrem dreißigsten Lebensjahr die Kontrolle über ihr Vermögen und unterstellte sie der Kuratel des Stadtpräfekten, just des Heiden Proculus, der die fromme Frau angeblich schikanierte, indem er ihr sogar Gespräche mit Bischöfen und den Kirchenbesuch untersagte.[41] Diese Behandlung der Olympias durch den Kaiser zeigte wieder die Grenzen seines Respekts vor den Auffassungen der Theologen.

Nicht einmal am kaiserlichen Hof entwickelten die Dinge sich ruhig. Theodosius' Gattin Galla wurde 390 durch Arcadius, den Regenten des Ostens, ‚vertrieben'. Die Quelle formuliert unscharf, gemeint ist wohl: aus dem Palast;[42] möglicherweise erblickte der Stiefsohn in Gallas leiblichem Kind Gratian einen Rivalen. Vielleicht gehört in diese Zeit die erst spät belegte und zweifelhafte Anekdote, nach der Arcadius einen Mordanschlag auf seinen strengen Lehrer Arsenios geplant und ihn dadurch zur

Flucht aus dem Palast veranlasst habe, die ihn zu einem unauffindbaren Ort in der Wüste führte.[43] Derartige Reibereien mussten die Politik des Theodosius erheblich belasten und den Eindruck erwecken, er sei nicht in der Lage, sein eigenes Haus in Ordnung zu halten.

Wenig beliebt war ferner das Militär, wie ein schwerwiegender Zwischenfall manifestiert, der sich 390 ereignet haben muss und im Westen einen lauten Nachhall finden sollte.[44] Thessalonica hatte schon öfters als Residenzstadt gedient und war prächtig ausgebaut. Ferner bildete es ein strategisches Zentrum des Balkanraumes, in dem starke militärische Einheiten standen. Befehligt wurden sie von einem hochrangigen Kommandeur, der seinem Namen Butherich nach germanischer Herkunft gewesen sein muss.

Dieser tat etwas, was nach den Normen der Zeit legitim schien: Er ließ einen populären Wagenlenker wegen seiner Homosexualität ins Gefängnis werfen. Vielleicht war er besonders sittenstreng, doch ging andererseits das Gerücht, der Wagenlenker habe einem jungen Mann nachgestellt, der Butherich selbst als Mundschenk zur Zierde seiner Tafel und vielleicht zu noch mehr diente. Wie immer die Hintergründe im Einzelnen gewesen sein mochten, die Bevölkerung protestierte bald darauf während Wagenrennen leidenschaftlich und verlangte die Freilassung ihres Stars. Die Forderung wurde zurückgewiesen, und wie so oft mündete der Protest in einen Krawall. Anders aber als die Unruhen in Antiochia und Konstantinopel erschöpfte er sich nicht in der Niederbrennung einiger Häuser oder der Schändung einiger Standbilder, sondern mündete in einen Lynchmord, dem Butherich zum Opfer fiel.

Das war ein äußerst ernst zu nehmender Vorfall: Die Thessalonicenser hatten sich an einem hohen römischen Offizier vergriffen und, was vielleicht noch schwerer wog, einen gotischen Anführer beseitigt. Die Goten mussten auf Rache sinnen. Der Kaiser hatte zuvor selbst kleine Übergriffe gegen sie schwer geahndet. Jetzt lag die größte Gefahr darin, dass die Barbaren ihrem Zorn unkontrolliert Luft machen und so den ohnehin unruhigen Balkan in Brand setzen könnten. Theodosius musste reagieren, rasch und wirkungsvoll, um die Erregung der Goten zu kanalisieren. Welche Rückwirkungen seine Reaktion auf das Verhältnis zu dem scheinbar völlig unbeteiligten Ambrosius haben würde, konnte er nicht ahnen.

Zurück nach Mailand: Demut und Macht

Theodosius kehrte von Rom aus in einem gemächlichen Tempo nach Mailand zurück. Am 6. September 389 war er in Forum Flaminii, nördlich des heutigen Foligno; im September oder Oktober dürfte er in Mailand eingezogen sein. In den folgenden Monaten hielt er sich mit kürzeren Unterbrechung in dem Verwaltungszentrum Italiens auf. Während einer kurzen Abwesenheit, am ehesten im April 390, wurde er mit dem eben geschilderten Lynchmord konfrontiert.

Er verfügte, den Ratschlägen seiner Umgebung folgend und nach reiflicher Überlegung,[45] die Bevölkerung der Stadt durch Todesurteile zu bestrafen. Sozomenos, der auch sonst einige wertvolle Zusatzinformationen bietet, deutet an, dass eine bestimmte Zahl von Hinrichtungen festgesetzt worden sei.[46] Eine solche Reaktion stimmte mit dem Verfahren überein, das Theodosius wenige Jahre zuvor beim Steueraufstand von Antiochia gewählt hatte, obgleich sie jetzt härter war als damals. Sein nächster Schritt folgte ebenfalls grundsätzlich dem Antiochener Muster: Er nahm den Beschluss zurück.

Doch vorher war etwas eingetreten, was so vermutlich nicht geplant gewesen war und was einem leitenden Prinzip der theodosianischen Politik widersprach: Der Befehl war bereits exekutiert worden – vielleicht gerade um einer Widerrufung durch den Kaiser zuvorzukommen. Noch schlimmer: Die erregten gotischen Truppen hatten sich zu einem Massaker ermutigt gefühlt. Sie richteten unter der Bevölkerung, die sie angeblich in den Hippodrom gelockt hatten, ein Blutbad an, um Rache für ihren ermordeten Anführer zu nehmen. Stunden währte das Gemetzel, das Schuldige wie Unschuldige hinraffte. Von 7000 Toten ist in den Quellen die Rede. Diese Zahl, die gewiss nicht wörtlich zu nehmen ist, gibt einen Anhaltspunkt für die Dimensionen der Schlächterei.

Zwar wird oft und nicht völlig zu Unrecht behauptet, die Spätantike sei eine grausame Zeit gewesen, doch eine solche summarische Ermordung von Reichsbewohnern widersprach dem Geist der Zeit und vollends der Politik des Kaisers, der bisher bei solchen Gelegenheiten hatte Gnade walten lassen. Es lässt sich in seinem Verhalten ein Herrschaftsprinzip festmachen, das Ambrosius einige Jahre später in der Grabrede auf den Kaiser formuliert:

Theodosius … glaubte, eine Gunst empfangen zu haben, wenn man ihn bat, Verzeihung zu gewähren. Und er war der Verzeihung umso näher, je heftiger sein Zornesausbruch aufwallte. Ein Vorzeichen der (kommenden) Verzeihung bildete, dass er in Wut geraten war, und man wünschte bei ihm herbei, was man bei anderen fürchtete, nämlich dass er zornig werde. Dies war das Heilmittel der Beklagten, da er, obschon er über alle gebot, lieber wie ein Vater ihren Freispruch erlangen denn sie als Richter bestrafen wollte. Oft habe ich Zitternde gesehen, denen er Vorwürfe machte, und solche, die eines Verbrechens überführt waren, die dann, als sie schon in Verzweiflung geraten waren, von der Anklage erlöst wurden. Er wollte nämlich sich durchsetzen, nicht strafen, als Richter der Gerechtigkeit, nicht als Herr über die Strafe, er, der niemals einem Geständigen die Begnadigung versagte, es vielmehr Gott überließ, wenn jemand möglicherweise etwas im unzugänglichen Inneren verschloss.[47] Dieses Wechselspiel von Strafandrohung und Begnadigung mag den Gewissensnöten des Kaisers entsprungen sein, dessen christlicher Glaube durchaus ernst zu nehmen ist. Doch man sollte nicht übersehen, dass er damit einerseits Stärke demonstrieren und seinen Machtanspruch aufrecht erhalten konnte, andererseits seine Herrschaftsbasis verbreiterte, indem er auf diese Weise die Begnadigten für sich gewann.

Obgleich die antiken Quellen Theodosius persönlich die Schuld an dem Massaker geben, ist daher vielmehr zu vermuten, dass die Situation in Thessalonica außer Kontrolle geraten war. Dies konnte umso leichter geschehen, als der Kaiser sich nicht am Ort des Geschehens aufhielt und die gotischen Truppenteile weniger leicht zu lenken waren als andere Soldaten, vielleicht zudem einer zu erwartenden Begnadigung vorgreifen wollten.

Der Vorfall bedeutete für den Kaiser eine schwere Belastung. Aufrichtige Reue mag ihn gequält haben, aber auch die Sorge, er könne als grausamer Kaiser gelten. Doch es gab noch jemand anderen, der sich betroffen fühlte, nämlich den Bischof der Kaiserresidenz Mailand, Ambrosius. Für ihn stellte das Massaker eine schwere Peinlichkeit dar. Zwar hatte ihm objektiv die Möglichkeit gefehlt, beim Kaiser rechtzeitig zu intervenieren, da dieser nicht in Mailand geweilt hatte, als er seinen Strafbeschluss fasste. Doch hatte Ambrosius selbst zuvor schon dafür gesorgt, dass kaiserliche Gnadenakte mit seinem Namen verknüpft waren. Andere Betrachter mochten jetzt aus den Ereignissen in Thessalonica schließen, der Mailänder Bischof entbehre der Autorität und Durchsetzungskraft, um den Kaiser von einer solchen Schandtat abzuhalten, zumal Ambrosius religionspolitisch mit der Stadt Beziehungen unterhielt und daher als ihr potentieller Fürsprecher gelten konnte.

Wer so machtbewusst und so sehr um sein Ansehen bei den Amtsbrüdern besorgt war wie Ambrosius, musste diese Scharte auswetzen, zumal in dieser Zeit gerade eine Synode in Mailand tagte. Diese verurteilte das Massaker ausdrücklich und signalisierte damit Konfliktbereitschaft. Die Bedeutung des Vorgangs sollte man nicht gering schätzen: Ambrosius erwähnt, dass der Unwille über das Ereignis, den die in Mailand versammelten Bischöfe hegten, sich gegen ihn gerichtet habe.[48] Für den aus Italien stammenden Historiker Rufin sind diese Bischöfe sogar der eigentliche Motor der späteren Entwicklung, und nicht einmal Augustinus hebt Ambrosius eigens hervor.[49] Beide Autoren schätzten den Mailänder, hatten also keinerlei Interesse, seine Leistung herabzusetzen.

Doch was konnte Ambrosius tun, da das Massaker nun einmal geschehen war? Zunächst einmal wich er dem Kaiser aus. Als dieser im Begriff war, nach Mailand zurückzukehren, zog Ambrosius sich, eine Krankheit vorschützend, aufs Land zurück. Durch den Verzicht auf eine persönliche Konfrontation entschärfte er die Situation. Doch hielt er keineswegs still: Er schrieb dem Kaiser einen strengen Brief, der in weiten Teilen als eine offene Stellungnahme gemeint war.[50]

In diesem Schreiben geriert er sich als Mitglied des kaiserlichen *comitatus*, des Kreises um den Herrscher, zu Unrecht übrigens, da er lediglich Lokalbischof war. Er führt darüber Klage, dass er auf die kaiserlichen Beschlüsse nicht hinreichend habe einwirken können, da Theodosius verboten habe, ihn über die Verhandlungen des Rates zu unterrichten. Jener habe, so fährt Ambrosius fort, der nunmehr wie in seinem Brief anlässlich der Callinicum-Affäre in die Rolle des Seelsorgers schlüpft, eine natürliche Leidenschaft, die durch schlechte Einflüsse zum Negativen ausschlagen müsse – impliziert ist hier der Anspruch des Bischofs, zur Milde zu raten, diesen Neigungen entgegenzuwirken.

Diese Stelle ist nicht nur deswegen aufschlussreich, weil sie einen deutlichen Eindruck davon vermittelt, welche Rolle Ambrosius gegenüber dem Kaiser beanspruchte, sondern auch, weil sie zeigt, dass er offenkundig die Notwendigkeit verspürte, zu erklären, warum sein ‚Schützling' Theodosius so hart reagiert hatte: Der Seelsorger war nicht in der Nähe gewesen.

Sodann erinnert Ambrosius seinen Kaiser an den König David, der trotz seiner Erhabenheit bereit war, seine Sünde zu bekennen, da er nun einmal Mensch war: *Es ist nämlich nicht verwunderlich, dass ein Mensch sündigt. Aber das ist tadelnswert, wenn er nicht erkennt, dass er geirrt hat und sich nicht vor Gott demütigt.* Allein die Buße könne die Sünde ausgleichen. *Ich rate, bitte, mahne, verlange, warne. Denn es bereitet mir Pein, dass du, der du das Muster einer unerhörten Frömmigkeit warst, der du den Gipfel der Milde einnahmst, der du es nicht zuließest, dass einzelne Schuldige in Gefahr gerieten, dass du keinen Schmerz über den Untergang so vieler empfindest! Obschon du in Kämpfen immer höchst erfolgreich warst, auch in anderem immer rühmenswert, dennoch war der Gipfel deiner Werke immer die Frömmigkeit.* Er wage es nicht, in seiner Anwesenheit das Messopfer darzubringen, da er mit Blut befleckt sei. Diese Wendung kann leicht missverstanden werden. Sie bedeutet keine Exkommunikation des Kaisers. Es handelt sich lediglich um die Gewissensentscheidung des Bischofs.

Daran schließt sich eine Passage an, die Ambrosius zufolge mit eigener Hand geschrieben, demnach allein für den Kaiser bestimmt war. Ein Traum habe ihn in seinem Entschluss bestärkt. Der Kaiser wolle doch bei Gott in Gnade stehen und solle an seine Kinder und potentiellen Nachfolgern denken, mit denen er dauerhafte Ruhe genießen möge – eine unverhohlene, nach damaligen Vorstellungen sehr ernst zu nehmende Drohung mit Unglücksfällen in der Familie, die Gott über den Sünder kommen lassen konnte.

Der Bischof münzt somit eine Situation, in der ihm ein Ansehensverlust droht, in das Manifest eines Machtanspruchs um: Den Kern des Schreibens bildet jene Warnung vor einer Verweigerung des Messopfers, die Ambrosius schon einmal im Zusammenhang mit der Callinicum-Affäre – vielleicht spontan – ausgesprochen hatte. Jetzt ist sie eine wohl geplante Maßnahme. Die seelsorgerliche Erpressung wird Methode.

Der Kaiser reagierte zunächst, indem er seinerseits dem Bischof auswich und sein Quartier nach Verona verlegte. Vielleicht hoffte er, Ambrosius werde einlenken, wenn er seine Stadt aller Vorteile beraubt sah, die sie als Residenz genoss, und selbst keine Chance hatte, seine treu ergebene Gemeinde zu mobilisieren. Vielleicht hatte der Herrscher aber auch routinemäßig in der Stadt am Alpenrand zu tun. Immerhin rang Theodosius sich zu einer Geste durch, die als Selbstkritik verstanden werden konnte, indem er ein Gesetz an den Prätorianerpräfekten von Illyricum und Italien erließ, demzufolge man bei schweren Urteilen vor der Exekution 30 Tage Bedenkzeit verstreichen lassen musste.[51] Zwar bezog sich das Gesetz nicht direkt auf den Fall Thessalonica und wird vielleicht deshalb von Ambrosius verschwiegen, doch erlaubte es dem Kaiser, künftig sein geschätztes Wechselspiel von Bestrafung und Begnadigung gegenüber Aufständischen zu inszenieren, ohne dass es wie in Thessalonica zu einer übereilten Ausführung kam.

Eine Reaktion des Ambrosius ist nicht erkennbar und Theodosius kehrte nach Mailand zurück. Dafür gab es politische wie religiöse Gründe. Der Kaiser konnte sich nicht auf Dauer vom administrativen Zentrum des Westens fern halten; er benötigte den Kontakt zur Verwaltung. Ferner war er als Getaufter – und das sollte man, auch wenn es dem modernen Denken fremd ist, nicht unterschätzen – in einer Notsituation: Sein Seelenheil war gefährdet, da Blut an seinen Händen klebte. Als er den Lynchmord an Maximus lediglich hingenommen hatte, konnte man die Auffassung vertreten, ihn treffe keine persönliche Schuld. Sonst hatte er auf Hinrichtungen weitestgehend, wenn auch nicht vollständig, verzichtet. Jetzt aber trug er die Verantwortung dafür, dass Tausende hingemetzelt worden waren. Er musste Buße tun und dabei unterlag er wegen seiner Taufe der kirchlichen Bußdisziplin.

In späteren Quellen wird eine Szene eindringlich beschrieben, in der Ambrosius Theodosius den Zugang zur Kirche verwehrt; das ist sicherlich eine Dramatisierung. Vielmehr scheinen Kaiser und Bischof Verhandlungen aufgenommen zu haben, indem sie sich möglicherweise eines hohen Beamten, des *magister officiorum* Rufinus, als Mittelsmann bedienten, und schließlich fanden sie eine Lösung aus dem Dilemma. Der Kaiser hatte seine Sünde öffentlich zu bekennen und mehrere Male ohne die Insignien seines Amtes in der Kirche zu erscheinen, bis er schließlich wieder das Sakrament des Abendmahls aus der Hand des Ambrosius empfangen durfte; vielleicht geschah dies Weihnachten 390, vielleicht erst Gründonnerstag 391, da üblicherweise der Gründonnerstag in Mailand für diesen Zweck genutzt wurde. Theodosius sollte also wie ein gewöhnlicher, von schweren Sünden belasteter Getaufter behandelt werden. Und so geschah es.

Was bedeutete das? Hatte der Kaiser eine Niederlage gegen den Bischof erlitten? Hatte die Kirche über den Staat gesiegt? Waren die Interessen politischer Macht auf dem Altar der kirchlichen Bußpraxis geopfert worden? Nein.

Es wäre anachronistisch, in dem Ereignis von Mailand den Triumph der Kirche über den Staat zu sehen; beide Institutionen begriffen sich nicht als Rivalen, und die Kirche bildete überhaupt noch ein sehr lockeres Gefüge. Zudem hatte die Auseinandersetzung zwischen Theodosius und Ambrosius einen personalen Charakter. Entscheidend war die Frage, wie der Kaiser als Person in der Kirche einzugliedern sei, zumal der getaufte Kaiser. Denn durch die Taufe unterlag der Herrscher in ganz anderer Weise der Bußgewalt des Bischofs als ein Katechumene, ein Taufanwärter – einer der Gründe, weshalb so viele Männer, die mit weltlichen Angelegenheiten befasst waren, die Taufe gerne aufschoben.

Neu war der Anspruch des Ambrosius, dem Kaiser eine Kirchenbuße abzuverlangen, im Übrigen keineswegs: der Kirchenhistoriker Euseb (ca. 264/5–ca. 339/40) hatte berichtet, der angeblich christliche Kaiser Philipp Arabs (244–249) sei von einem Bischof nicht in die Kirche gelassen worden, bevor er nicht seine Sünden gebeichtet und sich den Sündern zugesellt habe.[52] Dies ist sicherlich eine Legende, der übrigens Euseb selbst nicht traute, aber entscheidend ist der hier fassbare Gedanke, dass selbst ein Kaiser der kirchlichen Bußdisziplin unterliege. Diesen hatte Ambrosius aufgenommen.

Wie kurz zuvor, beim Streit um die Synagoge von Callinicum, war es beiden Seiten gelungen, ihr Gesicht zu wahren. Der Kaiser, der durch das Massaker in Thessalonica die Fratze eines Tyrannen geboten hatte, gestand seine Schuld ein und zeigte wieder sein friedvolles Antlitz. Und doch hatte er den Goten die Möglichkeit gewährt, ihr Rachebedürfnis auszuleben. Der Bischof, dem es nicht gelungen war, den Kaiser von einer Bluttat abzuhalten, setzte den Anspruch durch, vom Kaiser Milde zu erwirken.

Immerhin gewann hier ein Gedanke Geltung, wie ihn etwa schon Gregor von Nyssa in seinen Konstantinopolitaner Trauerreden zum Ausdruck gebracht hatte: Der Kaiser war ein gewöhnlicher Christ. Er, der 383 anlässlich des Religionsgespräches von Konstantinopel, kraft seines Gebetes über die Wahrheit eines Glaubensbekenntnisses entschied, blieb in ethischen Fragen derjenige, der auf den Rat des Bischofs zu hören hatte. Die Bedeutung der Demut als einer zentralen christlichen Kaisertugend schärfte sich fortan den Betrachtern ein. Gewiss, das eine oder andere Mitglied des Hofstaates traditionellen Geistes wird entsetzt gewesen sein von dem Verhalten des Kaisers, von dem Anblick eines Herrschers, der sich auf den Boden warf. Dennoch: In einer Krise, an welcher der Konsens zu zerbrechen drohte, weil die Goten ganz andere Forderungen an den Kaiser herantrugen als die übrige Bevölkerung, war es Theodosius am Ende gelungen, alle maßgeblichen Seiten einigermaßen zufrieden zu stellen und ewigen Ruhm in der Kirche zu gewinnen.

Die Verweisung des Kaisers unter die normalen Christen wurde noch in anderer Weise manifest, wie der in diesen Dingen sensible Theodoret plastisch und gewiss nicht ohne Stilisierungen berichtet: *Als der Augenblick gekommen war, die Geschenke am Altar darzubringen, erhob sich Theodosius und betrat unter den gleichen Tränen das Allerheiligste. Nachdem er das getan hatte, verharrte er wie gewöhnlich innerhalb der Schranken. Aber wieder schwieg der große Ambrosius nicht, sondern belehrte ihn über den Unterschied zwischen den Örtlichkeiten. Und zuerst fragte er ihn, ob er etwas brauche. Als der Kaiser antwortete, dass er den Empfang des göttlichen Sakraments erwarte, verkündete Ambrosius, indem er den Ersten Diakon als Mittler verwendete, Folgendes: ‚Das Innere, mein Kaiser, ist allein den Priestern zugänglich, die anderen aber dürfen es weder betreten noch berühren. Geh also hinaus und geselle dich zu den anderen an ihrem Platz. Der Purpur macht Kaiser, keine Priester.'*[53]

Der Kaiser gehorchte der Anweisung des Bischofs und verließ den Chorraum, ja, er führte die räumliche Trennung von Kaiser und Klerus sogar in Konstantinopel ein, wo er dem verdutzten Bischof die Zusammenhänge erläuterte. Durch diese Ordnung wurde der Laienstatus des Kaisers augenfällig. Wenn Theodosius die Unterscheidung in seiner östlichen Residenz einführte, wird man das nicht alleine seiner Frömmigkeit zuschreiben müssen. Der Kaiser gewann dabei auch etwas, nämlich Handlungsspielraum. Indem er seine Fehlbarkeit eingestand und die moralische Autorität des Bischofs akzeptierte, musste er zwar deren Kritik an seiner Amtsführung dulden, hatte andererseits aber die Chance, Fehler ohne Gesichtsverlust wieder auszugleichen, selbst eine so bedenkliche Untat wie das Massaker von Thessalonica. Das Image des blutrünstigen Tyrannen vermochte er abzustreifen.

Der Bußakt von Mailand war eine Episode, die von den heidnischen Autoren, die ansonsten jede Schwäche des Theodosius grell beleuchteten, nicht erwähnt, also nicht für besonders wichtig gehalten wurde. Unmittelbare Folgen hatte er nicht. Nichts kann belegen, dass Ambrosius nunmehr in den engeren Kreis der Berater des Kaisers aufrückte; dessen Verhalten lässt sich mit ganz anderen Einflussfaktoren begründen; Ambrosius blieb politisch gesehen eine lokale Instanz. Dennoch ist der Bußakt von Mailand dasjenige Ereignis der Regierungszeit des Theodosius, das spätere Generationen am tiefsten beeindruckt hat. Augustinus, der sich zur fraglichen Zeit nicht mehr in Mailand aufhielt, aber intensive Verbindungen nach Italien pflegte, vermittelt eindringlich, welche Bedeutung der Vorfall für das christliche Kaiserbild hatte: *Was aber war bewunderungswürdiger als seine fromme Demut? Er wurde mittels der Umtriebe einiger Männer seiner Umgebung gezwungen, über das schreckliche Verbrechen der Thessalonicenser eine Strafe zu verhängen, nachdem er schon aufgrund der Intervention von Bischöfen Gnade versprochen hatte. Und dann tat er, durch die Kirchendisziplin zur Ordnung gerufen, in der Weise Buße, dass das Volk, im Gebet für ihn, beim Anblick der hingestreckten kaiserlichen Erhabenheit mehr weinte als es sie fürchtete, wenn sie einmal durch Sünde erzürnt war.*[54]

In der Rezeption wird der Konflikt grundsätzlicher gesehen, als es die Handelnden selbst empfunden haben dürften.[55] Von wesentlicher Bedeutung ist hier Theodoret, der kurz vor 450 schreibende syrische Kirchenhistoriker, der sich in Verbannung befand, als er sein Werk verfasste, und deswegen eine besondere Sensibilität für das Verhältnis von Kaiser und Kirche entwickelt hatte. Zum einen gelingt ihm mit dem kunstvollen Spannungsbogen seiner Erzählung eine Dramatisierung der Darstellung. Ferner fasst er den Konflikt als ein Lehrstück darüber, *welche die Aufgaben des Priesters, welche die Aufgaben des Kaisers sind.*[56] Sein Fazit wirft ein klares Licht auf seine Vorstellung vom Verhältnis zwischen Bischof und Kaiser: *Beide bewundere ich, an dem einen den Freimut, an dem anderen den Gehorsam, und an dem einen die Wärme des Eifers, an dem anderen die Reinheit des Glaubens.*[57] So deutlich hatte der Diplomat Ambrosius die Überlegenheit des Bischofs nicht formuliert.

Diese Version des Bußaktes von Mailand gelangte in den Westen, da Cassiodor (ca. 485–ca. 580) sie in seine lateinische Kompilation der griechischen Kirchengeschichte aufnehmen ließ.[58] Diese ‚Dreigeteilte Kirchengeschichte' (*Historia ecclesiastica tripartita*) fand im Abendland weite Verbreitung und trug dazu bei, dass dieses Geschehen in den Debatten des Investiturstreites eine Rolle spielen konnte. Allerdings ging es jetzt nicht mehr allein um die Reinheit des Kaisers, sondern auch um seine Eignung für das kaiserliche Amt, die Ambrosius nie in Frage gestellt hatte. Wenn daher während des Investiturstreites Kaiser Heinrich IV. in Canossa 1077 Buße tat und damit den Ansprüchen Papst Gregors VII. demonstrativ genügte, so ging es um mehr als um die Reichweite des kirchlichen Bußdisziplin. Schließlich spielten die für den Investiturstreit kardinalen Debatten um die Bischofseinsetzung bei dem Mailänder Streit keine Rolle.

Bemerkenswert ist, mit welcher Häufigkeit das Thema in der bildenden Kunst des Barock dargestellt worden ist (s. das Titelbild). Anscheinend fand man in dieser Welt, die immer noch einen Kaiser und machtvolle Bischöfe kannte, einen vertrauten Konflikt gespiegelt. Es ist das Zeitalter des Episkopalismus, der die weltliche Macht der Bischöfe betont.[59] In der späteren wissenschaftlichen Forschung, die oft von einem antikatholischen Affekt getragen war, wurde das Ereignis gerne als eine bedenkliche Niederlage der staatlichen Gewalt gesehen, bevor eine stärker historisierende Sicht den Blick für die Eigenart der Epoche schärfte und erlaubte, den dramatischen Konflikt mit den Kategorien der Zeit zu verstehen und so zu entdramatisieren.

Das Verhältnis zwischen Theodosius und Ambrosius war auch sonst von einem komplexen Widerspiel bestimmt, wie eine andere Episode illustriert: Eine Delegation römischer Senatoren tauchte in der Residenz auf, angeblich um die Wiederherstellung des alten Kults zu fordern, vielleicht nur, um die Auffüllung der Priesterkollegien zu erbitten. Ambrosius riet ab, der Kaiser zögerte; darauf hielt der Bischof sich einige Tage von ihm fern, und der Kaiser folgte seinem Rat – ohne ihm zu grollen, wie Ambrosius zu seinem Bericht hinzufügt.[60] Ob bei diesem Ereignis das Verhalten des Ambrosius tatsächlich eine so große Bedeutung hatte, wie er selbst suggeriert, oder ob der Kaiser in seinem konzilianten Stil einfach den Heiden sein ernsthaftes Bemühen vor Augen führen wollte und deshalb einige Tage Bedenkzeit verstreichen ließ, steht dahin. Jedenfalls hatte Ambrosius eine weitere Gelegenheit gefunden, um sich als einflussreicher Ratgeber des Kaisers zu präsentieren.

Blickt man auf die Schriften, die Ambrosius hinterlassen hat, so drängt sich der Eindruck auf, der Mailänder Bischof wäre die entscheidende Größe im Umfeld des Kaisers gewesen. Doch dieser Eindruck führt in die Irre. Zwar war er in Mailand mächtig und drückte der Stadt zunehmend seinen Stempel auf (Abb. 13), doch schon aus seinen eigenen Darlegungen lässt sich ersehen, dass er gar nicht zum Hofstaat gehörte und nur mit Mühe, unter größtem Einsatz, seine Stimme zu Gehör bringen konnte; er selbst gibt zu erkennen, dass der Antiochener Bischof Flavian über mehr Einfluss verfügte als er selbst.[61] Blickt man auf die Gesetzgebung, so wird erst recht die Vielfalt der Einflüsse, der *pressure groups* und Sachzwänge deutlich, mit denen der Kaiser und sein Stab sich auseinanderzusetzen hatten. Keineswegs scheute Theodosius sich im Übrigen, Bestimmungen zu erlassen, die kirchlichen Interessen schadeten.

Zunächst einmal bestimmte die Routine des Alltags den Gang der Gesetzgebung. Zahlreiche Reskripte ergingen an Beamte des Ostens, zumal an den Prätorianerpräfekten Tatianus. Der Kaiser befasste sich mit einer breiten Palette von Themen, mit Amtserschleichung, mit missbräuchlicher

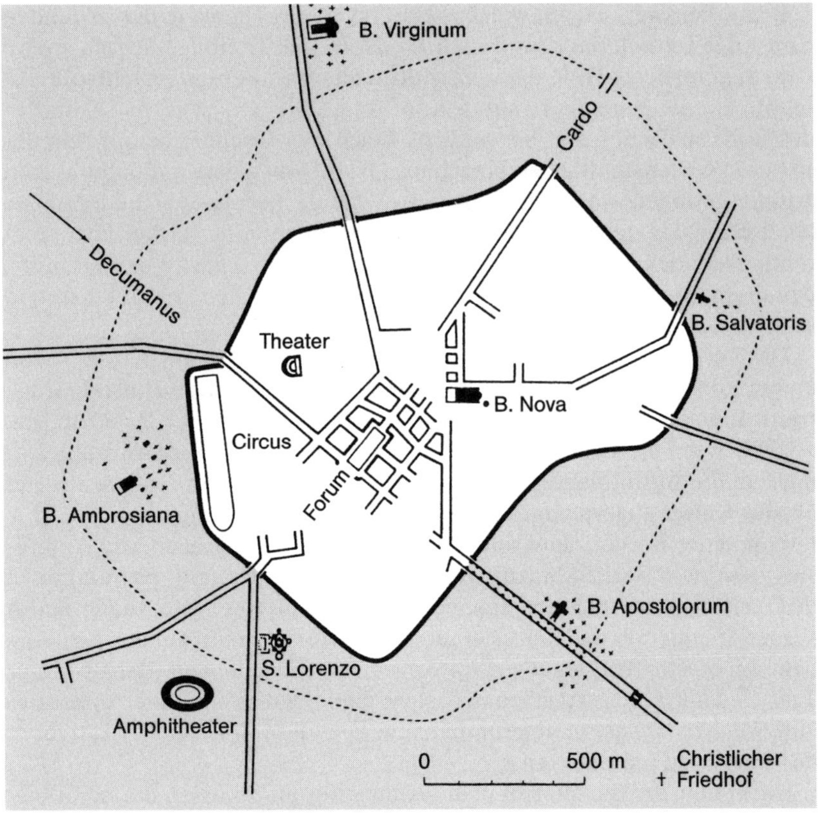

Abb. 13: Stadtplan von Mailand um 400. In der Residenzstadt bestehen weiter die herkömmlichen Vergnügungsstätten, aber der Stadtplan erhält durch Kirchen (B. = Basilika) und Friedhöfe zunehmend eine christliche Signatur.

Amtsführung, mit dem Vormundschaftsrecht, mit dem Gerichtswesen, mit dem Status der Senatoren und Palastbeamten, mit der Position ehemaliger Amtsträger, mit Fragen der Steuereintreibung und der Immunitäten von sonstigen Belastungen; er bemühte sich, die Zahl der für die Getreideversorgung unentbehrlichen Reeder (*navicularii*) stabil zu halten und die Ausnutzung von Juden und Samaritanern durch sie zu unterbinden, und dann ging es wieder einmal darum, die Dekurionen, gleich welchen Weg sie beruflich einschlugen, ihrer Stadt verpflichtet zu halten. Alles das Übliche – von vielem war schon in früheren Kapiteln die Rede, und ebenso vieles wird uns wieder begegnen.

Mit größerer Härte behandelte Theodosius die Häretiker. Ihre Kleriker wurden aus Städten und aus ihrem Umland verbannt; auch dort wurden Versammlungen untersagt. Andere Gesetze trieben den allmählichen Prozess der Christianisierung voran: Hinrichtungen sollen in der Fastenzeit ausgesetzt werden. Die Freilassung von Kindern, deren Eltern sie aus Not verkauft hatten, entsprach ebenfalls der christlichen Ethik, jedoch wieder einmal auch Vorstellungen, die von Heiden gepflegt wurden. Mit den übrigen Immunitäten etwa für Grammatiker und Rhetoren bestätigte Theodosius die der Kirchen.

Manche seiner Maßnahmen müssen in kirchlichen Kreisen zumindest ein Stirnrunzeln ausgelöst haben: So widmete sich die Gesetzgebung auch denjenigen Klerikern, die sich durch den Eintritt in den Dienst der Kirche ihren Aufgaben als Dekurionen entzogen hatten. Allerdings war die betreffende Regelung relativ großzügig: Wer bis 388 in den Klerus eingetreten war, sollte ungeschoren bleiben, wer später eintrat, auf sein Vermögen verzichten. Das klingt nach einem Kompromiss zwischen kirchlichen und staatlichen Interessen.

Als störend empfanden viele vornehme Römer den Übertritt von Frauen in den Stand der Diakonissen, zumal wenn diese noch ihr Erbe in die Kirche einbrachten oder in einem gebärfähigen Alter standen und durch ihren kirchlichen Dienst der Familie die Hoffnung auf strategisch vorteilhafte Ehen nahmen. Theodosius ging auch dieses Problem an. Zum einen verfügte er, dass eine Frau, die zu Hause Kinder hatte, frühestens im Alter von sechzig Jahren Diakonisse werden konnte. Ferner trug er Sorge dafür, dass ihr Statuswechsel den Familienbesitz nicht zu sehr schädigte, nicht einmal im Todesfalle: *Wenn sie stirbt, soll sie keine Kirche, keinen Kleriker, keinen Armen als Erben einsetzen.*[62] Vom Betrug durch listige Kleriker ist in diesem Kontext sogar die Rede. Auch die missbräuchliche Zulassung von Frauen zum Diakonat wird streng sanktioniert. Dieses Gesetz dürfte nach dem Herzen vieler vornehmer Römer formuliert worden sein, da der Kaiser hier die Möglichkeiten der Kirchen, Einfluss auf vornehme Familien und Geld zu gewinnen, erheblich einschränkte. Wieder einmal zeigt sich, dass Theodosius keineswegs allein kirchliche Interessen berücksichtigte.

Allerdings war der Kaiser anscheinend doch etwas zu weit gegangen: Das am 21. Juni 390 erlassene Gesetz wurde am 23. August, ungewöhnlich rasch, widerrufen.[63] Sofern der Konflikt um Thessalonica in diese Zeit gehört, was ja wahrscheinlich ist, mag man in der Rücknahme eine Geste guten Willens gegenüber Ambrosius sehen, ähnlich wie in jenem Gesetz, das eine Exekution von schweren Urteilen erst nach 30 Tagen gestattete. Allerdings wäre es keine besonders eindrucksvolle Geste gewesen, da jene Bestimmung an den Prätorianerpräfekten des Ostens gerichtet war, also die Mailänder Diözese nicht unmittelbar betraf.

Überdies waren die kaiserlichen Maßnahmen nicht einmal in den Tagen des Streites um das Blutbad von Thessalonica konsequent kirchenfreundlich. Am 2. September verfügte Theodosius, dass die Mönche sich lediglich an einsamen Plätzen und in Einöden aufhalten sollten, somit nicht in Städten – die notorischen Unruhestifter, derentwegen der Heermeister Timasius einige Monate zuvor Ambrosius angegangen war, wurden vom Kaiser zurückgedrängt. Dabei dachte er, wie aus einem späteren Gesetz ersichtlich wird, weniger an Ausschreitungen durch Mönche als an ihre Intervention bei Gericht für Beklagte, welche die Autorität staatlicher Richter in Frage stellen konnte.[64] Sichtbar wird wieder das Streben nach pragmatischen Lösungen, welche die Vielzahl unterschiedlicher Interessen in seinem Reich berücksichtigten. Der wortgewaltige Ambrosius hatte dabei durchaus Gewicht, aber es gab noch viele andere Faktoren, mit denen man rechnen musste und muss.

Die Bestimmungen, die an westliche Funktionäre gerichtet sind, ähneln in ihren leitenden Gedanken denen für den Osten und bilden wie die dortigen eine bunte Palette: Es geht um die städtischen Steuerzahlungen und um die Baupolitik, um das Gerichtswesen, um das Verhalten gegenüber Schuldnern, um das Kaufrecht. Der Heermeister Richomeres wird angewiesen, dafür Sorge zu tragen, dass Flüsse, in deren Nähe sich große Gruppen von Soldaten aufhalten, nicht verunreinigt werden.[65] Von Aquileia aus, bereits auf der Reise zurück in den Osten, verkündet Theodosius den Schutz der in Rom ansässigen Fremden gegen Veränderungen. Noch später, aber vor seiner Ankunft in Konstantinopel, verfügt er ein Notwehrrecht gegen nächtliche Überfälle, das ausdrücklich selbst dann gelten sollte, wenn Soldaten die Untäter waren. Das Unbehagen über die Militärs war dem Kaiser also bewusst.

Auch mit dem Rang ehemaliger Mitarbeiter der Waffenfabriken befasste sich die kaiserliche Kanzlei. Auffällig ist dabei, dass jetzt der *magister officiorum* für diese Werkstätten zuständig war; zuvor war es der Prätorianerpräfekt gewesen. Hatte der damalige Amtsinhaber, der machtbewusste Rufinus, die Aufgabe an sich gerissen? Strebte der misstrauische Kaiser nach einer Schwächung der Prätorianerpräfekten? Oder gab es vielleicht pragmatische, organisatorische Motive? Der Anlass dieser keineswegs unerheblichen Verwaltungsmaßnahme bleibt im Dunkeln.

In einem Punkt scheint die Gesetzgebung im Westen andere Akzente zu setzen als die im Osten. Energischer, so scheint es, wird hier gegen Eigenmächtigkeiten der Angehörigen von Eliten vorgegangen: Kein Statthalter soll ohne kaiserlichen Auftrag Rom betreten. Private Übergriffe, Selbstjustiz werden bekämpft, wobei Hochgestellte besonders strengen Sanktionen unterliegen. In diesen Kontext gehören vielleicht jene Verfügungen, die in Rom sowie in der ganzen Präfektur Illyrien und Italien die Vornehmen auffordern, lieber alte Gebäude wiederherzustellen als Neubauten zu errichten. Damit diente der Kaiser zweifellos dem Gemeinwohl, nicht aber dem Bedürfnis der Eliten nach Repräsentation.

Auch hier unternimmt Theodosius nichts Ungewöhnliches – schon vorher hatte man mitunter Neubauten verboten –, doch fällt die Schärfe des Tons ins Auge und das Fehlen entsprechender Bestimmungen für den Osten, das indes möglicherweise dem Zufall der Überlieferung geschuldet ist. Der Hintergrund ist vielleicht, dass der Kaiser es im Westen mit einer ungleich selbstbewussteren Aristokratie zu tun hatte als im Osten. Ein strenges Vorgehen selbst in Kleinigkeiten schien ihm offenbar angezeigt, um zu verdeutlichen, bei wem die Macht wirklich lag.

Christliche Akzente sind in der Gesetzgebung für den Westen, wo doch Ambrosius seinen Einfluss besonders massiv hätte geltend machen müssen, selten. Das erwähnte Gesetz gegen homosexuelle Prostituierte entsprach gewiss christlichen Moralvorstellungen, aber auch solchen, die viele Heiden jener Zeit teilten. Erst in der Schlussphase seines Aufenthaltes lässt sich bei Theodosius eine prononcierte christliche Gesetzgebung feststellen. Auf der Reise zurück in den Osten legte er empfindliche Strafen für Glaubensabweichler fest: Wer seine Taufe entweihte, sollte das Erbrecht und alle Ehrenrechte verlieren. Wer als christlicher Würdenträger Opfer darbrachte, sollte seinen Rang einbüßen und nicht einmal bei Reue über den Abfall vom Glauben wiedergewinnen.

Kurz vor seiner Abreise aus Italien, am 24. Februar, erließ der Kaiser ein strenges Verbot des heidnischen Kultes in Rom sowie ein sehr ähnliches, wenn auch in den Strafbestimmungen leicht modifiziertes, für das von schweren religiösen Unruhen heimgesuchte Ägypten; dies am 16. Juni, schon von Aquileia aus.[66] Jetzt soll vor allem das Gesetz interessieren, das sich auf Rom bezieht, auf das Zentrum der traditionalistischen Elite des Westens. Das Reskript, das an den römischen Stadtpräfekten Albinus – übrigens ein Heide, allerdings der Gatte einer Christin – gerichtet ist, besitzt wesentliche Bedeutung für die Politik des Theodosius und verdient daher eine Übersetzung:

Kein Mensch soll sich mit Opfern besudeln, niemand ein unschuldiges Opfertier schlachten, niemand Heiligtümer betreten, Tempel durchstreifen und durch sterbliche Arbeit verfertigte Bilder verehren, damit er nicht unter göttlichen und menschlichen Strafartikeln verklagt werde. Auch Statthalter soll dieses Gesetz einschließen, sodass, falls ein Anhänger des heidnischen Kultes an irgendeinem Ort, sei es auf der Reise, sei es in der Stadt, einen Tempel betritt, um anzubeten, er fünfzehn Pfund Gold selbst sofort zu zahlen gezwungen wird. Ebenso soll mit ähnlicher Geschwindigkeit sein Stab die gleiche Strafe zahlen, sofern er nicht dem Statthalter entgegengetreten ist und sofort unter öffentlicher Bezeugung Bericht erstattet hat. Dann folgen verschärfte Strafbestimmungen für höhere Beamte.[67]

Materiell bietet das Gesetz zunächst nichts Neues. Opferungen, Tempelbesuche, Verehrung für heidnische Götterbilder, all das war schon oft untersagt worden – private Kultausübung, die Theodosius im Jahr darauf verbieten sollte, wurde in diesem Gesetz noch nicht angesprochen. Doch um eine der zahlreichen Gesetzeswiederholungen handelt es sich nicht. Denn ein neuer Akzent kommt dadurch hinein, dass diese Regelung insbesondere auf angesehene Beamte zielt. Es sind vor allem hohe Funktionäre in den Provinzen, die hier genannt werden und für deren Wohlverhalten der Stab haftbar gemacht wird. Nach dem Adressaten zu schließen, bezieht sich das Gesetz auf Rom und Umgebung. Wie auch in einigen anderen Maßnahmen für den Westen wird hier ein Misstrauen des Theodosius gegen das sichtbar, was er als Eigenmächtigkeiten der hohen Herren begreifen musste. Wenn er zudem den Stab zur Denunziation auffordert, so greift er – allerdings nicht als erster Kaiser – in persönliche Bindungs- und Treueverhältnisse ein, die in der römischen Tradition sehr hoch gehalten wurden.

Das Verhalten des Herrschers ist durchaus verständlich: Wie sah es denn aus, wenn er ein Opferverbot erließ und höchste Beamte sich nicht daran hielten? Ebenso schlägt sich jedoch darin nieder, dass die antiheidnische Gesetzgebung des Kaisers eine Eigendynamik erhielt. Indem die Verweigerung heidnischer Praktiken zum Ausdruck der Loyalität wurde, gerieten die heidnischen Amtsträger in immer größere Schwierigkeiten.

Dieses Gesetz verrät somit christlichen Einfluss, entsprach aber eindeutig den Interessen des Theodosius beziehungsweise seiner Verwaltung. Nicht übersehen sollte man, wenn man den christlichen Einfluss abzuschätzen sucht, dass in dieser Zeit Heiden Schlüsselpositionen innehatten: Zwei Heiden, Symmachus und Tatianus, waren Consuln, besaßen somit zwar keine Macht, liehen dem Jahr aber ihren Namen; zwei weitere, Nicomachus Flavianus und wieder Tatianus, waren Prätorianerpräfekten, bekleideten somit ein mächtiges Amt. Wieder verbindet sich bei Theodosius eine Rhetorik stark formulierter Prinzipien mit einer beweglichen Personalpolitik. Dennoch zeitigten die Prinzipien schwerwiegende Folgen: Möglicherweise betrachteten manche Christen diese Gesetze als einen Freibrief, um gegen heidnische Heiligtümer zu wüten. Eine weitere Wirkung war das Ende der Olympischen Spiele der Antike in eben dieser Zeit, die jahrhundertelang ausgetragen worden waren und die Griechenfreunde immer wieder zusammengeführt hatten. Ihnen war die Grundlage entzogen.

Theodosius hatte sich nicht einmal drei Jahre im Westen aufgehalten und das Teilreich noch keineswegs vollständig gesichert, da strebte er zurück in den Osten. Dort waren ja Krisensymptome aufgetreten, am Hof mit dem Streit zwischen dem Kaisersohn Arcadius und seiner Stiefmutter Galla, an der Verwaltungsspitze mit dem umstrittenen Prätorianerpräfekten Tatianus, aber auch bei der gewöhnlichen Bevölkerung, die weiterhin zu Unruhen neigte. Offenbar erschien Theodosius sein Eingreifen hier nötiger als sein Verbleib im Westen. Dort blieb Valentinian II. als Herrscher eines großen Teilreiches zurück, doch verharrte er – und das geschah kaum freiwillig – in Gallien. Bei ihm weilte der Heermeister Arbogast, als Beschützer und als Aufpasser, wie Theodosius wohl hoffte.

Der Griff nach dem Westen war Theodosius gelungen. Er war eigentlicher Herr des gesamten Römischen Reiches, vom Euphrat bis zum Rhein, von Ägypten bis Britannien. Doch war er den Aufgaben, die das Reich stellte, letztlich nicht gewachsen. Weniger schwer wiegen unter realpolitischen Gesichtspunkten die Konflikte mit Ambrosius, die vor allem für die Formung des Bildes von Theodosius bei der Nachwelt so bedeutsam sind. Denn hier gelang dem Kaiser und dem Bischof ein Arrangement, das beiden Seiten gestattete, ihr Gesicht zu wahren.

Bedenklicher war die mangelnde Herrschaftsdichte in der Peripherie. Gallien, Britannien, Spanien und Ägypten erfuhren die Macht des Theodosius mit geringer Intensität, und in Africa schaltete Gildo weitgehend frei. Im Umfeld des Kaisers kam es sogar zu einem handgreiflichen Streit der bewährten Heermeister Promotus und Timasius mit Rufinus, der als *magister officiorum* bereits die Waffenfabriken unter seine Kontrolle gebracht hatte. Der Letztere setzte sich durch, Promotus verlor angeblich durch die Heimtücke seines Feindes das Leben, während Timasius Leben und Rang bewahrte. Gleichwohl musste dieses Ereignis zu einer Verunsicherung der militärischen Elite führen.

Nun kehrte Theodosius in den immer unruhiger werdenden Osten zurück, um wenigstens in seinem alten Reichsteil, auf dessen Wirtschaftskraft die Macht des Reiches beruhte, die Ordnung wiederherzustellen. Selbst in einer Zeit äußerer Ruhe, da die Perser stillhielten und die anderen Grenzvölker allenfalls kleinere Einbrüche unternahmen, konnte die Stabilität des Reiches nur mit äußerster Not bewahrt werden – da erahnt man, wie prekär die Lage des Kaisers, der in der Propaganda als der Herr der Welt erschien, tatsächlich war. Die Kräfte des Römischen Reiches waren bereits übermäßig beansprucht. Was würde geschehen, wenn ein äußerer Feind sich das zunutze machte?

VI. Rückkehr nach Konstantinopel (391–394)

Kampf um den wahren Glauben

Vom instabilen Westen, dem eine weitere Usurpation bevorstand, kehrte Theodosius in den krisengeschüttelten Osten zurück. Hier sah er sich allenthalben schwierigen Auseinandersetzungen gegenüber. Vor allem eskalierten die Konflikte zwischen Heiden und Christen, oder genauer: die Attacken von Christen auf die traditionellen Heiligtümer.

Am spektakulärsten waren die Ausschreitungen in Alexandria, wo schließlich das Kultbild im vielleicht bedeutendsten noch bestehenden heidnischen Heiligtum des Mittelmeerraums zerstört wurde, im Serapeion.[1] Dort verehrte man mit Serapis einen gräkoägyptischen Gott, der weit über die Grenzen Ägyptens hinaus die Frommen anzog. Seine prachtvolle Goldelfenbeinstatue erfüllte die Besucher Alexandrias mit Bewunderung. Am Anfang der anhaltenden Unruhen stand eine gezielte Provokation durch den Bischof Theophilos (384–412), die sich gegen ein anderes Heiligtum richtete. Sozomenos, der Kirchenhistoriker, berichtet detailreich über die Tat und ihre Folgen:

Der Bischof von Alexandria wandelte das dortige Dionysos-Heiligtum in eine Kirche um. Er hatte es nämlich auf sein Bitten vom Kaiser zum Geschenk erhalten. Nachdem die dortigen Kultbilder gereinigt (aus heidnischer Sicht also entweiht) *und das Allerheiligste geöffnet worden waren, führte er in der Absicht, seinen Spott mit den heidnischen Kultgegenständen zu treiben, die Funde in einem Umzug vor: Phalloi sowie anderes, was man im Tempel an Lächerlichem oder lächerlich Erscheinendem gefunden hatte, stellte er öffentlich zur Schau. Die Heiden waren von dem ungewohnten und unerwarteten Geschehen schockiert. Sie konnten nicht ruhig bleiben, sprachen sich gegenseitig Mut zu und griffen die Christen an. Indem sie die einen töten und die anderen verwunden, besetzen sie das Serapeion: Das war ein durch Schönheit und Größe ausgezeichnetes Heiligtum, das auf einem Hügel lag. Von dort machten sie wie von einer Burg Ausfälle, ergriffen Christen und zwangen sie unter Foltern zu opfern. Von denen, die sich weigerten, kreuzigten sie die einen, anderen brachen sie die Knochen, andere töteten sie mit verschiedenen Mitteln.*

Nachdem der Aufstand geraume Zeit angedauert hatte, kamen die Beamten zu ihnen, erinnerten sie an die Gesetze und forderten sie auf, die Kampfhandlungen zu beenden, sowie das Serapeion zu verlassen. Anführer der damaligen Truppen in Ägypten war Romanus, als Präfekt von Alexandria fungierte Euagrius. Da sie nichts auszurichten vermochten, erstatteten sie dem Kaiser Meldung. Das Bewusstsein davon, was sie gewagt hatten, machte die im Serapeion umso entschlossener, ferner ein gewisser Olympios, der im Gewand eines Philosophen bei ihnen war und sie davon überzeugte, dass man die Traditionen nicht aufgeben dürfe, sondern notfalls für sie sterben müsse. Da er sah, dass sie wegen der Vernichtung der Kultbilder niedergeschlagen waren, riet er ihnen, nicht ihren Glauben aufzugeben. Er erklärte nämlich, die Kultbilder seien vergängliche Materie und Abbilder und könnten deswegen verschwinden, doch wirkten in ihnen bestimmte Kräfte und flögen zum Himmel auf. Er vertrat nun solche Lehren, und umgeben von einer Menge von Heiden, hielt er sich im Serapeion auf. Nachdem dem Kaiser die Geschehnisse gemeldet worden waren, pries er die getöteten Christen als Menschen, die der Ehre des Martyriums teilhaftig geworden seien und für die (wahre) Lehre Gefahren auf sich genommen hätten. Die Mörder aber erlangten auf seinen Befehl eine Amnestie. Denn aus Respekt vor einer Wohltat würden sie am ehesten zum Christentum übertreten. Schließlich befahl er, die Heiligtümer in Alexandria zu zerstören, da diese an den Unruhen im Volk schuld seien. Es heißt, dass, als der betreffende Brief des Kaisers öffentlich verlesen worden sei, die Christen laut aufgeschrien hätten, weil er gleich am Anfang die Schuld den Heiden gab.[2]

Vier Parteien trugen zur Eskalation bei. Die wichtigsten Kontrahenten waren natürlich der aggressive Bischof und die widerständigen Heiden. Theophilos hatte, folgt man Sozomenos, bewusst Öl ins Feuer gegossen. Dass seine Anhänger, die Christen, sich durchaus nicht unschuldig fühlten, zeigt sich an ihrer erleichterten Reaktion auf die Verlesung des kaiserlichen Sendschreibens. Es gab übrigens noch eine ganz andere Lesart der Ereignisse, die Rufin überliefert, ein westlicher Kirchenhistoriker, der vor Sozomenos schrieb.[3] Er spielt die Rolle des Bischofs herunter, der nicht einmal den Befehl zur Zerstörung des Heiligtums erteilt, die Christen erscheinen bei ihm als bloße Opfer. Diese Version ist weniger glaubwürdig als die des Sozomenos, da angesichts der Machtverhältnisse eine Aggression seitens des Bischofs viel wahrscheinlicher ist als ein heidnischer Angriff.

Anführer der Heiden war, und das ist für die Zeit nicht ungewöhnlich, ein Philosoph,[4] dessen Lehren dem unbefangenen Leser nachgerade christlich anmuten, die aber verbreiteten Auffassungen des spätantiken Heidentums entsprechen. Schafe, die sich widerstandslos zur Schlachtbank treiben ließen, waren die Heiden keineswegs. Mit äußerster Brutalität gingen sie gegen Christen vor und hatten anscheinend jegliche Furcht vor staatlicher Gewalt abgelegt. Ihnen kam dabei zugute, dass in den antiken Städten verhältnismäßig wenige Einheiten lagen, die Polizeifunktionen wahrnehmen konnten, und dass die baulichen Verhältnisse mit ihren engen Gassen und den ummauerten Tempelanlagen die Entfaltung größerer Truppeneinheiten verhinderte.

Die weltliche Gewalt in Alexandria wurde durch zwei Beamte, einen militärischen und einen zivilen, repräsentiert, die beide offenkundig von der Situation überfordert waren und so reagierten, wie es einige Jahre zuvor schon jener Statthalter getan hatte, in dessen Amtsbereich die Synagoge von Callinicum lag. Sie berichteten an den Kaiser – laut Rufin allerdings erst, nachdem sie einige Zeit mit den Aufständischen verhandelt hatten. Der Kaiser taktierte, wie stets. Er konnte sich nicht ganz unschuldig an der Eskalation fühlen. Immerhin hatte er ja dem Bischof das Dionysos-Heiligtum überlassen. Vielleicht war das in jenen Tagen geschehen, in denen Theodosius das bereits erwähnte Gesetz erließ, das die heidnische Kultausübung nach dem Vorbild Roms in Ägypten verbot; möglicherweise begriff man die Regelung zum Dionysos-Heiligtum als eine Art von Ausführungsbestimmung. Wahrscheinlich hatte Theodosius nicht erwartet, dass der Bischof die Reinigung des Tempels zu einer beschämenden Demonstration gegen das Heidentum nutzen würde, und der Bischof dürfte kaum mit einem derartig heftigen Widerstand gerechnet haben. Keinesfalls jedoch konnte der Kaiser dem Bischof eine ausschließliche Schuld an den Vorfällen geben. Andererseits erinnerte sich vielleicht mancher am Hof an die ambivalente Haltung, die Theophilos während des Krieges gegen Maximus gezeigt hatte. Jetzt war die Gelegenheit da, ihn abzustrafen. Wenn ihm der Kaiser am Ende dennoch entgegenkam, so erweist das erneut sein Bestreben, möglichst viele Untertanen, auch die Skeptiker, einzubinden.

Die Art, wie der Kaiser auf die Meldung seiner entscheidungsschwachen Beamten reagierte, dokumentiert erneut seine taktische Beweglichkeit. Die Heiden konnten aufatmen, da sie eine Amnestie erlangten, und der Kaiser konnte ein solches gnädiges Verhalten gerade gegenüber christlichen Kritikern gut rechtfertigen. Die Christen erhielten überdies dadurch Genugtuung, dass ihre Straßenkämpfer zu Märtyrern erhoben wurden und dass sie nach ihrem Gefühl das Recht zur Zerstörung der Heiligtümer Alexandrias bekamen, wobei Sokrates ergänzt, das Vorgehen habe im Belieben des Bischofs gelegen.[5]

Aber stimmt diese Nachricht in dieser Pauschalität? Eine derartige Maßnahme wäre weitaus radikaler gewesen als sämtliche sonst bekannten antiheidnischen Bestimmungen des Kaisers, das jüngste Gesetz zu Ägypten eingeschlossen. Dennoch sollte man die Information nicht von vornherein verwerfen: Sozomenos war im Unterschied zu den anderen ‚synoptischen' Kirchenhistorikern Jurist, der die Feinheiten der Rechtssprache kannte. Extreme Missverständnisse gegenüber der Rechtslage sind von ihm nicht zu erwarten. Andererseits hatten Christen ein Interesse daran, die bald folgenden Tempelzerstörungen mit dem Hinweis auf das kaiserliche Gebot zu rechtfertigen; vielleicht interpretierten sie einfach die Erklärung des Kaisers, die Heiligtümer seien schuld, in überspitzter Weise. Dem Kaiser dürfte daran gelegen gewesen sein, die Bestrafung von Christen zu vermeiden, die Tempel mussten dafür schwer büßen.

Als Erstes kam das Mithras-Heiligtum an die Reihe. Doch die größte Aufmerksamkeit zog das Serapeion auf sich, das ja den Heiden als Festung gedient hatte. Nicht nur sein prunkvoller Bau begründete den Ruhm des Heiligtums, sondern auch die Macht des Gottes, der nach allgemeiner Auffassung über die Nilschwemme wachte, an der das Schicksal Ägyptens hing. Noch hatte niemand unter den Christen gewagt, Hand an diesen Ort zu legen. Jetzt, wohl 391, sah Theophilos die Stunde genommen, und zerstörte das Kultbild. Damit zeigte er – sofern man die religiöse Mentalität der Zeit ernst nimmt – die Schwäche des Serapis. Denn Christen rechneten durchaus mit der Existenz heidnischer Götter, wenn auch in Gestalt böser Dämonen. Theodoret, der fanatischste unter den antiken Kirchenhistorikern, berichtet triumphierend über die Zerstörung des Kultbildes:

Er (sc. Theophilos) schritt hinauf zum Heiligtum des Serapis – einige behaupten, dies sei gewissermaßen das größte und schönste auf der ganzen Welt gewesen –, da erblickte er das überaus große Kultbild, das (eben) durch seine Größe die Betrachter in Angst versetzte. Abgesehen von der Größe war auch die trügerische Legende im Schwange, dass, wenn jemand sich ihm nähere, die Erde in Wallung geraten und völliges Verderben alle erfassen werde. Aber er betrachtete diese Legenden als das Geschwätz trunkener alter Frauen, achtete die Größe gering, da sie die eines leblosen Gegenstandes war, und er befahl einem, der ein Beil trug, entschlossen auf den Serapis einzuhauen. Als jener loshieb, schrieen alle auf, in Furcht vor dem Gerede. Serapis aber, der den Schlag empfing, empfand weder Schmerz – er war nämlich aus Holz –, noch stieß er einen Laut aus, da er keine Seele hatte. Als ihm der Kopf abgeschlagen wurde, rannten scharenweise Mäuse aus dem Innern heraus. Eine Wohnstätte für Mäuse war nämlich der Gott der Ägypter. Sie schlugen ihn in kleine Teile und übergaben sie dem Feuer, den Kopf aber schleiften sie durch die ganze Stadt, unter den Augen seiner Anbeter, die über die Schwäche des von ihnen vormals Angebeteten spotteten.[6]

Die Zerstörung des Serapis-Heiligtums verlief wohl nicht ganz so glatt, wie es Theodoret in Szene setzt. Das erweist die Beschreibung des Sokrates, der von der Mitwirkung des zivilen und des militärischen Oberbeamten Ägyptens spricht und Straßenkämpfe erwähnt. Er deutet zudem an, dass der Bischof vom Befehl des Kaisers in einem Punkt abwich. Zwar schmolz er gemäß dessen Willen die Götterstatuen ein, doch verwendete er das Metall, um Gefäße für die Kirchen Alexandrias fertigen zu lassen, und nicht für die Armen, wie es der Kaiser angeordnet hatte.[7]

Was immer im Einzelnen sich abgespielt haben mag – die Zerstörung des Serapeions war ein Fanal, das im ganzen Reich Resonanz fand. Ein gewisser Sophronius widmete bald darauf diesem Ereignis eine eigene Schrift. In der wenige Jahre später verfassten Kirchengeschichte Rufins bildet es den Höhepunkt. Das Haupt des Aberglaubens war, so meinte er, abgeschlagen.[8] In der Alexandrinischen Weltchronik des 5. Jahrhunderts wird die Zerstörung gerühmt und durch ein eindrucksvolles Bild illustriert (Abb. 14). Selbst in Konstantinopel sprach man noch Jahrzehnte später davon. Dorthin waren, so Sokrates, zwei frühere heidnische Priester geflohen, die nunmehr als *grammatici*, also Lehrer der niederen Stufe, ihr Leben fristeten. Einer von ihnen, Helladios, durfte in dem urbanen Klima der Hauptstadt von seinen Heldentaten bei den Straßenkämpfen schwärmen: Neun Christen habe er niedergemacht.[9]

Dennoch, die ‚Reinigung' der Stadt im Sinne der christlichen Rigoristen schritt voran. Rufin berichtet darüber triumphierend und voll genießerischen Abscheus vor den heidnischen Scheußlichkeiten, die dabei aufgedeckt wurden. Selbst heidnische Symbole an Privathäusern wurden eliminiert. Die Elle, mit der man die Nilschwemme maß und der man eine entscheidende Bedeutung für das Eintreten der lebenserhaltenden Überflutung zusprach, wurde in eine Kirche überführt und so dem Einfluss des Serapis entzogen. Als einmal die Nilschwemme auszubleiben drohte, untersagte der Kaiser heidnische Opfer, obwohl er damit den Unmut der Bevölkerung riskierte.[10] Schließlich kamen die Fluten doch, und die meisten Alexandriner, so heißt es, bekehrten sich zum Christentum.

Alexandria wurde indes nicht zu einer rein christlichen Stadt; weiterhin lebten hier Heiden, die etwa an den städtischen Schulen und Hochschulen lehrten. Aber das Heidentum hatte an Sichtbarkeit verloren, das Christentum den öffentlichen Raum erobert. Nur die starke jüdische Minderheit durfte ihren Kult neben den Christen noch ausüben, war aber stets bedroht, bis sie unter dem Nachfolger des Theophilos, des Patriarchen Kyrill (412–444), vollends aus der Stadt vertrieben wurde. Alexandria war zum Experimentierfeld bischöflicher Macht geworden.

Die Hauptstadt Ägyptens war nicht der einzige Ort, an dem die Heiden für ihre Heiligtümer zu den Waffen griffen. Ein so heftiger Widerstand der Anhänger des alten Glaubens ist in früheren Epochen nicht bezeugt. Vielleicht spürten sie, dass es jetzt ums Ganze ging, vielleicht waren die Provokationen von Seiten mancher Christen unerträglich geworden.

In mehreren Städten des palästinisch-syrischen Raums brachen Gewalttätigkeiten los, wenn Heiden ihre Heiligtümer bedroht sahen. Im Bereich Apameias, einer durchaus bedeutenden Stadt, wurde sogar der Ortsbischof Markellos verbrannt, als er ein ländliches Heiligtum überfiel. Man sollte denken, dass darauf ein schweres Strafgericht folgte; tatsächlich

Abb. 14: Buchmalerei aus der Alexandrinischen Weltchronik (5. Jahrhundert). Der alexandrinische Bischof Theophilos triumphiert über Serapis.

wollten die Kinder des Bischofs – Vaterschaft aus dem Leben vor dem Amtsantritt war bei Bischöfen der Zeit nicht ausgeschlossen – Rache üben, aber die Synode der Provinz lehnte dies ab, mit der Begründung, man dürfe niemanden dafür strafen, dass er einem Christen den Märtyrertod gewährte, der ja den Platz im Himmel sicherte. Das klang für die Zeitgenossen weniger abwegig als für die Modernen, denen der Gedanken eines Jenseits fremder ist, war aber gewiss nicht allein Ausdruck der Religiosität, sondern auch des kaiserlichen Wunsches nach Pazifizierung. Wie stets bei Theodosius ergänzte die milde Durchführung eine strenge Gesetzgebung.

Der schon erwähnte Erlass zu Alexandria steht am Anfang einer verhältnismäßig dichten Reihe von Religionsgesetzen, die Theodosius während seines letzten Aufenthaltes im Osten erließ. Das Verbot eines Kultes in Tempeln und die strengen Strafandrohungen für Beamte, die über solche Verbrechen hinwegsahen oder sich gar selbst ihrer schuldig machten, ist zwar nur für Rom und Ägypten bezeugt, könnte jedoch auch für andere Regionen erlassen worden sein, doch die entsprechenden Belege fehlen.

Eine neue Qualität nahm die antiheidnische Gesetzgebung mit einem Reskript vom 8. November 392 an, das an den nunmehrigen Prätorianerpräfekten des Ostens, Rufinus, gerichtet war, somit für mehr als eine Provinz Geltung beanspruchte. Wegen seiner grundlegenden Bedeutung seien die relativ umfänglich erhaltenen Bestimmungen hier ausführlich zitiert:

Überhaupt niemand, von welcher Herkunft, aus welchem Stand von Menschen, von Würdenträgern er sein mag, sei er mit einem Amt versehen oder ehemaliger Amtsinhaber, sei er mächtig durch Geburt oder niedrig nach Herkunft, Stellung, Besitz, darf an irgendeinem Ort, in irgendeiner Stadt den jeglichen Gefühls entbehrenden Standbildern ein unschuldiges Opfertier schlachten oder an einem verborgeneren Heiligtum einen Lar durch ein Feuer, einen Genius durch Wein, die Penaten[11] *durch Räucherwerk verehren und (für sie) ein Licht anzünden, Weihrauch hinlegen oder Kränze aufhängen. Wenn nun jemand wagt, Vorbereitungen für ein Tieropfer zu treffen oder zitternde Eingeweide zu befragen, soll er wie bei Hochverrat, wenn er – wobei allen die Klage offen steht – angeklagt worden ist, die entsprechende Strafe empfangen, auch sofern er nichts gegen das Heil oder über das Heil der Herrscher ergründet hat. Es genügt nämlich zur Last der Anklage die Entschlossenheit, die Gesetze der Natur selbst aufzuheben, Verbotenes zu erforschen, Verborgenes zu offenbaren, Untersagtes zu versuchen, das Ende eines fremden Lebens zu ergründen, Hoffnung auf den Untergang eines anderen zu wecken. Wenn jemand aber Bilder, die von sterblicher Arbeit gemacht sind und die das Alter spüren werden, durch die Auflegung von Weihrauch ehrt und entsprechend dem lächerlichen Vorbild plötzlich fürchtet, was er selbst dargestellt hat, oder versucht, indem er einen Baum mit Binden schmückt oder einen Altar von ausgegrabenen Grassoden errichtet, nichtige Darstellungen zu ehren – mag er es auch mit einem geringeren wirtschaftlichen Einsatz, dennoch mit dem vollen Unrecht gegenüber dem Glauben tun –, so soll der als Angeklagter wegen Religionsfrevel mit dem Verlust des Hauses oder Besitzes bestraft werden, in dem er nachweislich dem heidnischen Aberglauben gedient hat. Denn wir sind der Auffassung, dass alle Örtlichkeiten, in denen nachweislich der Weihrauchdampf sich verbreitet hat, unserem Fiskus zuzuschlagen sind, wenn denn bewiesen wird, dass sie sich im Eigentum derjenigen befanden, die Weihrauch geopfert haben. Wenn aber in Tempeln oder öffentlichen Heiligtümern bzw. in fremden Gebäuden oder Ländereien irgendjemand sich unterfängt, eine solche Art des Opfers durchzuführen, soll er, sofern das Bauwerk nachweislich ohne Wissen des Herren in Anspruch genommen worden ist, gezwungen sein, als Strafe 25 Pfund Gold zu zahlen; denjenigen aber, der seine Genehmigung erteilt hat, wird die gleiche Strafe treffen wie den, der das Opfer ausführt.*[12]

Bisher hatte die antiheidnische Gesetzgebung der christlichen Kaiser allein auf den öffentlichen heidnischen Kult gezielt oder auf dessen schädliche Auswirkungen; jetzt drang der Staat selbst in private Bereiche vor. Jedwede Form eines heidnischen Rituals, selbst wenn es sich in Häusern abspielte, war untersagt. Zugleich gewährte das Gesetz eine Lizenz zur Denunziation: Jedermann konnte andere beschuldigen, den paganen Kult auszuüben. Sogar Männer vom Schlage des Libanios, die dem Heidentum zugetan waren, aber auf eine öffentliche Praktizierung verzichteten, mussten sich nun gefährdet fühlen.

Für die neue Qualität der Bekämpfung des Heidentums lassen sich verschiedene plausible Gründe anführen: Da ist die Hoffnung, durch ein energisches Vorgehen weitere Unruhen zu unterdrücken; schlechte Erfahrungen mit einzelnen Heiden wie den Präfekten Proculus und Tatianus mögen hineinspielt haben, ferner Einflüsse engagierter Christen, zu denen Rufinus zu rechnen wäre. Schließlich sollte man nicht übersehen, dass eine antiheidnische Gesetzgebung als Waffe gegen die traditionalistische Elite dienen konnte, da diese am ehesten zu Praktiken neigte, die sich mit dem Heidentum in Verbindung bringen ließen. Zudem gab es einen konkreten historischen Anlass: Im Westen war es zur Usurpation des Eugenius gekommen, der den Altgläubigen manche Zugeständnisse machte. Theodosius demonstrierte mit seinem Gesetz, dass er dagegen eindeutig auf der Seite des Christentums stand.

Die Christen hatten bei den religiösen Kämpfen der neunziger Jahre zwar viele Opfer zu beklagen, dennoch konnten sie triumphieren: In diesen Jahren wurde, von wenigen Ausnahmen abgesehen, das Heidentum im Römischen Reich unsichtbar – zum Verschwinden kam es nicht. Es lebte weiter in den Häusern der Vornehmen und vieler Armer, in der Stadt und auf dem Lande, es hatte seine intellektuellen Zentren in den Philosophenschulen, zumal in der Akademie Athens.

Die Nachfolger des Theodosius verschärften verschiedene Bestimmungen. Ausdrücklich tat dies Arcadius (395–408): Kultfunktionären wurden ihre verbliebenen Privilegien entzogen; die Zerstörung von Heiligtümern auf dem Lande, sofern das ohne Beeinträchtigung der öffentlichen Ordnung möglich sei – eine bezeichnende Einschränkung –, wurde befohlen. Im persönlichen Bereich wurden Sanktionen, die bislang nur abtrünnige Christen (Apostaten) trafen, den Heiden allgemein auferlegt: Nicht mehr die Glaubenspraxis als solches, sondern die einzelnen Anhänger wurden verfolgt, doch mit begrenztem Erfolg. Als Justinian (527–565) bewusst und unter großem Einsatz die letzten Reste des Heidentums ausmerzen wollte, gelang ihm das nicht vollständig. Sogar die Athener Philosophen, die nach Persien ausgewandert waren, kehrten in das Reich zurück, und über ihre Werke lebten die spätantiken Heiden fort, oft vermittelt durch christliche Autoren. Die Anhänger des alten Glaubens trugen wesentlich zu der ungeheuren geistigen Produktivität der Spätantike bei.

Parallel zum Kampf gegen das Heidentum ergriff Theodosius Maßnahmen, die das Christentum im nizänischen Sinne stärkten. Andersgläubigen Christen wurde untersagt, Kleriker zu weihen oder als Kleriker zu agieren; diejenigen, auf deren Grund und Boden etwas Derartiges geschah, wurden mit schweren Strafen belegt. Ferner wurde verboten, häretische Bischöfe einzusetzen oder zu bestätigen. Das bedeutete eine Diskriminierung der Glaubensabweichler, allerdings eine mit fiskalischem Hintergrund: Kleriker genossen eine Reihe von steuerlichen Privilegien, deren offenbar nur diejenigen teilhaftig werden sollten, die der Konfession anhingen, die Theodosius als die einzig wahre betrachtete. Wer den katholischen Glauben oder das Volk in Unruhe versetzt, sollte mit Deportation bestraft werden – auch dies richtet sich natürlich vornehmlich gegen Häretiker.

Andere Maßnahmen förderten die Rhythmisierung der Zeit nach christlichen Feiertagen: So heißt es etwa in einem Reskript an den Stadtpräfekten von Konstantinopel Proculus – einen Heiden – vom 17. April 392: *An den Sonntagen sind die Wagenrennen zu unterbinden, damit kein Auflauf wegen der Spiele die verehrenswerten Geheimnisse des christlichen Gesetzes verdränge, außer an den Geburtstagen unserer Milde*[13] – diese Ausnahme ist bezeichnend. In einem anderen Reskript wurde festgelegt, dass keine privaten oder öffentlichen Geschäfte an den 15 Tagen um Ostern betrieben werden sollten, um so die einzigartige Stellung des höchsten christlichen Festes ins allgemeine Bewusstsein zu rufen. Umgekehrt endete unter Theodosius – zu welchem Zeitpunkt genau, steht dahin – angeblich die Sitte, zum Geburtstag der Stadt im Hippodrom eine Prozession abzuhalten, die eindeutig heidnisch gefärbt war und deren Erinnerung sich noch über Jahrhunderte halten sollte.[14]

Die Präsenz des Christentums im Alltag wurde dadurch verstärkt, dass Theodosius am 17. April 392 das wenige Jahre zuvor erlassene Verbot gegen Mönche widerrief, sich in Städten aufzuhalten. Damit konnten sie dort wieder sprechen und den Bedrängten helfen, zum Beispiel vor Gericht eingreifen, was oft zu besonderem Verdruss führte und Anlass für die früheren Maßnahmen gewesen war.[15]

Solchen Aktivitäten von Kirchenleuten wirkte Theodosius allerdings an anderer Stelle entgegen: Niemand sollte sich einem Urteil entziehen oder eine Appellation zu erreichen suchen, indem er sich der Hilfe von Klerikern bediente.[16] Wer sich als Beamter bei evidenter Rechtslage auf die Intervention von Kirchenleuten berief, um ein Urteil zu annullieren, sollte mit hohen Strafen belegt werden. Bezeichnend für den Pragmatismus der Verwaltung des Kaisers und für die Priorität der Steuereintreibung ist folgendes Gesetz an einen hohen Finanzbeamten, den *comes sacrarum largitionum* Romulus:

Wenn öffentliche Schuldner es für angezeigt halten, in Kirchen Zuflucht zu suchen, wird man sie entweder sofort aus ihrem Versteck herausziehen oder statt ihrer die Bischöfe, die sie nachweislich verbergen, zur Zahlung heranziehen müssen. Deine vorzügliche Autorität möge also wissen, dass kein Schuldner fortan von Klerikern in Schutz genommen werden darf beziehungsweise dass diejenigen, die geglaubt haben, sie schützen zu müssen, die Schuld zu bezahlen haben.[17]

Der jeweils für die Steuereintreibung Verantwortliche durfte sich also zufrieden geben, sofern die Steuern tatsächlich einkamen; zugleich wurden die Kirchenleute für die Eingriffe in staatliche Interessen in die Pflicht genommen. Bedenklich aus kirchlicher Sicht musste vor allem eines sein: Der Kaiser war nicht bereit, auf das Kirchenasyl Rücksicht zu nehmen, wenn es um Steuern ging. Seine gelebte Frömmigkeit kannte fiskalische Grenzen.

In der Besserstellung der Mönche ist vor diesem Hintergrund kein Nachgeben gegenüber der Kirche zu sehen; vielmehr wurden die Probleme jetzt präziser gefasst, indem man die Möglichkeiten, in Prozesse einzugreifen, beschränkte, denn was hier über Kleriker gesagt wurde, übertrug man wahrscheinlich auf Mönche. Bemerkenswert sind diese Gesetze besonders deswegen, weil Theodosius selbst ja verschiedentlich die Interventionen von Klerikern wohl wollend behandelt hatte, wie am Beispiel der Bischöfe Flavian und Ambrosius deutlich wurde. Eine Kehrtwende bedeuteten sie nicht, vielmehr wollte der Herrscher offenbar die Kontrolle über die Interventionen behalten – verständlicherweise, da sonst der Willkür im Rechtswesen Tür und Tor geöffnet gewesen wäre. Beobachtenswert für die Entwicklung der Mentalität in der Elite ist es daneben, wenn erstmals Beamte wegen Bevorzugung der Christen verwarnt werden mussten.

Wie in den Jahren zuvor und wie viele andere Kaiser vor ihm war Theodosius während seines letzten Aufenthaltes in Konstantinopel bestrebt, die öffentliche Moral zu heben. Ehebruch sollte unverzüglich verfolgt, Ausreden wie etwa die Berufung auf Verwandtschaft nicht akzeptiert werden; ebenso wenig sollte eine privilegierte rechtliche Stellung helfen. Doch hier gilt das Gleiche wie für die übrige moralisierende Gesetzgebung: Die ethischen Ansprüche des Christentums waren nicht einzigartig, sondern wurden von vielen, gerade den traditionsbewussten Heiden geteilt.

Auch die Juden gerieten in das Visier der kaiserlichen Gesetzgebung. Die Vielehe wurde ihnen untersagt,[18] das heißt, sie sollten gezwungen werden, sich den sittlichen Ansprüchen der Nicht-Juden zu beugen, ein Eingriff in die inneren Verhältnisse der Religionsgemeinschaft, für den es im Verbot der Leviratsehe bereits ein Vorbild gab. Immerhin wurde den jüdischen Behörden das Recht, interne Angelegenheiten zu regeln, bestätigt, allerdings nach einem für die römischen Autoritäten transparenten Verfahren.[19] Schließlich wurde in der jahrhundertealten Tradition römischen Rechts ausdrücklich betont, dass die Versammlungen der Juden erlaubt und ihre Synagogen geschützt seien. Der Kaiser erklärte sogar, er sei ungehalten, wenn ihre Zusammenkünfte an einigen Plätzen verboten worden seien. Wer Synagogen plünderte oder zerstörte, sollte streng bestraft werden.[20]

Man sollte in diesem Gesetz, das am 29. September 393 an den Heermeister des Ostens, Addaeus, erging, nicht primär eine Reaktion auf den Konflikt mit Ambrosius um die Synagogenzerstörung von Callinicum sehen. Zum einen war der zeitliche Abstand erheblich, zum anderen verlangte Ambrosius nicht explizit und jedenfalls nicht primär ein allgemeines Recht auf Synagogenzerstörung, sondern eine Begnadigung für den Bischof, der einen solchen Gewaltakt unterstützt hatte und den die kaiserliche Strafe zu einem Verräter an seinem Glauben oder zu einem Märtyrer gemacht hätte. Eine Missverständnis wäre es, die kaiserliche Politik als judenfreundlich zu bezeichnen: Hinter den Maßnahmen steht eine jahrhundertealte Tradition und das vorrangige Bestreben, jegliche Anlässe für Unruhen zu unterbinden – und die bedrohlichsten Akteure waren nunmehr vielerorts die Christen.[21]

Die Religionspolitik des Theodosius war in seinen letzten Jahren aufs Ganze gesehen differenziert. Wenn es in einem nach seinem Tode erlassenen Reskript heißt, dass das, was er gegen Heiden und Häretiker verfügt habe, nun strenger durchzusetzen sei,[22] so belegt das eine Milde in der Praxis, wie sie ja für seinen Regierungsstil charakteristisch war. Gleichwohl klang der Ton unter ihm strenger, eine zunehmende Zahl religiöser

Praktiken wurden als Delikte definiert, die Strafen entwickelten sich zu größerer Härte. Theodosius betrieb die Durchsetzung des nizänischen Glaubens intensiver als je zuvor, dennoch weiterhin, ohne einen totalen Anspruch durchzusetzen.

Nicht allein Gesetze brachten den ohnehin fortschreitenden Prozess der Christianisierung voran, sondern auch ein symbolischer Akt. Am 18. Februar 392 wurde eine kostbare Reliquie, das Haupt Johannes des Täufers, zum Hebdomon, einer Örtlichkeit am siebten Meilenstein vor Konstantinopel, gebracht, wo man eine Kirche für ihn errichtete. Hier erhob sich bereits ein kaiserlicher Palast, in dem wohl nach dem Vorbild des Valens 383 Arcadius und 393 Honorius zu Herrschern ausgerufen worden waren, hier sollten sich später die Truppen für den Feldzug gegen den Usurpator Eugenius sammeln. Mit der Gegenwart der Reliquie erhielt der Ort eine besondere Heiligkeit, die eine prachtvolle, neu errichtete Kirche veranschaulichte. Schon vorher, vor allem unter dem Homöer Constantius II. (337–361), waren Reliquien nach Konstantinopel übertragen worden, um die Kirchen aufzuwerten, jetzt konnte man hier eine der wertvollsten verehren, die, wie man sich berichtete, unter einem wunderbaren Zeichen in die Stadt gelangt war: Die Reliquie sei bei makedonianischen Mönchen in Kilikien aufgefunden worden. Valens, der Homöer, habe versucht, sie auf einem öffentlichen Wagen nach Konstantinopel überführen zu lassen. Doch in der Nähe von Chalkedon sei es trotz aller Anstrengungen nicht mehr möglich gewesen, das Gefährt voranzubewegen. Später sei Theodosius dorthin gekommen und habe sich bemüht, die heilige Jungfrau Matrona, die das Haupt hütete, dazu zu bewegen, ihm die Reliquie zu überlassen. Die habe schließlich nachgegeben, da sie erwartete, dass er genauso scheitern werde wie sein Vorgänger. Der Nizäner aber legte seinen Purpur um das Behältnis und brachte es zum Hebdomon.

Sichtbar gewährte Johannes der Täufer diesem Herrscher seine Huld, die er dem Homöer Valens versagt hatte. Davon ließ sich sogar ein makedonianischer Priester überzeugen, der die Reliquie ebenfalls betreut hatte und jetzt zum Nizänertum übertrat, nicht aber die Jungfrau Matrona, die den Überzeugungsversuchen des Kaisers widerstand und offenbar widerstehen durfte. Auch dies war ein Akt integrativer Religionspolitik: Der Kaiser eignete sich ein heiliges Objekt an, das bisher von Häretikern verwahrt worden war, und erwies damit seine göttliche Begnadung, gerade gegenüber den rivalisierenden Konfessionen, deren Angehörige er, sofern sie religiöse Autorität besaßen, persönlich einzubinden suchte und nicht verfolgte.[23]

Ebenso wichtig ist die symbolische Inszenierung dieser Reliquientranslation. Der Kaiser ehrte Johannes den Täufer, indem er das Behältnis für dessen Haupt mit seinem Gewand bedeckte: War das eine Geste der

Demut, ähnlich wie der Bußakt von Mailand, oder zeigte der Kaiser so seine Nähe zu Christus? Wie dem auch sei – Christianisierung und Neudefinition der kaiserlichen Rolle bilden einen Prozess.

Die letzte Phase der Herrschaft des Theodosius weist die kirchenfreundlichsten Züge auf. Heiden wurde sogar die private Kultausübung untersagt, Häretiker wurden aus allen Örtlichkeiten vertrieben, verschiedene Maßnahmen förderten die Durchdringung des Alltags mit christlichen Zeiteinteilungen und Werten. Doch wahrte er seine Unabhängigkeit gegenüber der Kirche. Wenn sie oder ihre Repräsentanten wichtigen Staatszielen wie der Erzwingung von Urteilen und der Steuereintreibung in den Weg kamen, so waren schwere Strafen fällig. Der Staat blieb die entscheidende Instanz und der allerchristlichste Theodosius zuallererst ein römischer Kaiser.

Anhaltende Spannung: Theodosius und die Verwaltung des Ostens

So bedrängt die Lage des Theodosius in seinem übergroßen Reich bei nüchterner Betrachtung erscheinen mag, er inszenierte seine Herrschaft triumphal. Zwar scheint er im Sommer 391 ohne größere Feierlichkeiten Konstantinopel betreten zu haben, doch hielt er am 10. November 391, als einige begrenzt erfolgreiche Kämpfe gegen Goten ausgefochten waren, noch einmal einen offiziellen Einzug, und den in aller Pracht: Seine beiden Söhne, der vor Ort gebliebene Arcadius wie der heimkehrende Honorius, standen an seiner Seite und führten die Dauerhaftigkeit der Dynastie vor Augen. Schließlich trat der Bevölkerung Konstantinopels der überlegene Sieger des Bürgerkriegs und der Herrscher über das Römische Reiches entgegen, das zu diesem Zeitpunkt in keinem schwerer wiegenden Krieg stand, und gewiss führte er den Betrachtern reiche Beute vor; machtvolle Truppen dürften paradiert, Spiele werden für Entspannung und Dankbarkeit gesorgt haben.

Mit mehr Zurückhaltung werden die Angehörigen der Elite die Entwicklungen verfolgt haben. Wie schon 380, beim ersten Einzug des Theodosius in Konstantinopel, folgten ihm zahlreiche Männer aus dem Westen, die offenbar das Vertrauen des Herrschers genossen. Der wichtigste unter ihnen war der bereits mehrfach erwähnte Rufinus.[24] Er stammte aus Gallien, offenbar aus keiner sonderlich vornehmen Familie. Nach der Thronbesteigung des Theodosius trat er in den Dienst des Hofes und erwarb früh erheblichen Einfluss. 388 ist er als *magister officiorum*, als höchster Beamter am Hof, bezeugt und galt seither als der starke Mann in der Umgebung des Kaisers, der über den Erfolg von Gesandtschaften entschied und Karrieren fördern oder blockieren konnte; überdies wurde ihm die

Zuständigkeit für die Waffenfabriken übertragen. Er begleitete den Kaiser nach Rom, er soll vor dem Bußakt von Mailand zwischen Theodosius und dem Bischof Ambrosius vermittelt haben, und in einem Konflikt mit den hoch angesehenen Heermeistern Timasius und Promotus vermochte er sich zu behaupten.

Im Osten setzte Rufinus seine steile Karriere fort, obwohl er des Griechischen kaum mächtig war. 392 erhielt er den Consulat, seit dem 10. September ist er als Prätorianerpräfekt bezeugt; er verweilte in diesem Amt bis über den Tod des Theodosius hinaus. Zweifellos war er in diesen Jahren der mächtigste Mann nach dem Kaiser, zumal er über Privattruppen gebot. Er betrieb sogar seine eigene Baupolitik, indem er etwa den Antiochenern eine Säulenhalle stiftete.

Als es einmal zu einer Trübung des Verhältnisses zum Kaiser zu kommen drohte, bewies er ihm die Treue. Kaum hatte der von ihm protegierte Lucianus, damals als *comes Orientis* höchster Beamter im syrischen Bereich, den kaiserlichen Tadel auf sich gezogen, eilte Rufinus an dessen Amtssitz Antiochia und ließ ihn erschlagen.[25]

Rufinus ist zusammen mit Gestalten wie dem Prätorianerpräfekten Cynegius oder dem früh verstorbenen Gatten der Olympias Nebridius Repräsentant einer neuen Generation von Funktionären, die sich von einer intensiven Frömmigkeit leiten ließen.[26] Im Falle des Rufinus scheint die Familie christlich geprägt gewesen zu sein; jedenfalls ist über seine Schwester bezeugt, dass sie eine dreijährige Wallfahrt ins Heilige Land unternahm. Er selbst errichtete auf seinem Gut neben seiner Grabpyramide eine mit Reliquien von Petrus und Paulus ausgestattete Kirche samt Kloster, in das er ägyptische Mönche einlud. Und er empfing, seinem Kaiser gleich, als Präfekt die Taufe, damals für hohe weltliche Beamte eine ungewöhnliche Entscheidung. Der Mailänder Ambrosius nennt ihn einem Dritten gegenüber seinen ‚Freund'.[27] Diese Frömmigkeit muss man gewiss ernst nehmen, doch darf man das taktische Moment nicht übersehen: Der im Osten sozial isolierte Rufinus verschaffte sich auf diese Weise Rückhalt bei bestimmten, durchaus einflussreichen Gruppen – ähnlich wie Jahre zuvor Theodosius, der fremde Kaiser aus dem Westen, versucht hatte, die Nizäner an sich zu binden.

Unter den anderen westlichen Funktionären, die Theodosius begleiteten, waren bemerkenswert viele Gallier, die ihre Karriere vielleicht ihrem Landsmann Rufinus verdankten.[28] Einer von ihnen war Pacatus, der uns bereits als Lobredner des Kaisers begegnet ist und der 393 als Inhaber eines hohen Finanzamtes im Osten auftauchte.

Das hieraus wieder erschließbare Misstrauen des Theodosius gegenüber östlichen Funktionären war keineswegs paranoisch, denn im Falle von Tatianus und Proculus, für die Zeit seiner Abwesenheit in die hohen Würden der Prätorianer- und der Stadtpräfektur eingesetzt, hatte er ja in der Tat schlechte Erfahrungen gesammelt, auf die er mit harten Strafen reagierte.[29] Zwischen dem 30. Juni und 26. August 392 wurde Tatianus gestürzt und in seinem Amt als Prätorianerpräfekt eben durch Rufinus ersetzt. Sein Sohn, der Stadtpräfekt Proculus, floh. Man vermochte indes Tatianus unter Versprechungen dazu zu bewegen, ihn an den Hof zurückzuholen, wo dann strenges Gericht gehalten wurde. Über den Jüngeren wurde im Herbst 393 das Todesurteil verhängt, das man am 6. 12. 393 vollstreckte, vor den Augen des Vaters.

Allerdings hatte Theodosius anscheinend wieder einmal einen seiner publikumswirksamen Gnadenakte vollziehen wollen, indem er im letzten Augenblick jemand aussandte, der die Exekution verhindern sollte; doch traf dieser, angeblich durch Rufinus aufgehalten, zu spät ein, sodass Proculus tatsächlich enthauptet wurde. Gegenüber Tatianus gelang das entsprechende Manöver besser: Der Henker hielt, so berichtet ein Prediger, das Seil schon dicht vor seinem Hals, da gewährte der Herrscher Gnade, und Tatianus durfte fortan das Leben eines mittellosen Verbannten führen.[30] Dieser Umgang mit den Verurteilten ist aus moderner Sicht menschenverachtend, konnte aber erneut den Kaiser als ebenso durchsetzungsfähigen wie milden Herrscher erweisen.

Mit Konsequenz versuchte der Kaiser, die Folgen der Herrschaft der beiden Präfekten zu beseitigen: Konfiskationsstrafen, die Tatianus veranlasst hatte, sollten aufgehoben werden, auch solche, die infolge von Hinrichtungen ergangen waren.[31] Zusätzliche Belastungen für die Provinzialen beziehungsweise Dekurionen, die auf ihn zurückgingen, wurden aufgehoben.[32] Befremdlich ist eine Art von Sippenhaftung, die der Kaiser verfügte: Die Lykier, die Landsleute des Tatianus, sollten von Ämtern ausgeschlossen sein, eine Bestimmung, die erst nach dem Tode des Theodosius außer Kraft gesetzt wurde. Dies ist ein Indiz für die Verankerung der beiden Würdenträger in ihrer Heimat und die Bedeutung regionaler Netzwerke im spätantiken Staat. Aufgehoben wurde auch der Versuch des Proculus, bei der Verteilung der Lebensmittel an die Bewohner Konstantinopels nach Leistung zu gehen, statt sich an bestimmte mehr oder weniger erbliche Rechtstitel zu binden.

Obgleich Tatianus und seinem Sohn in heidnischen Kreisen ein ehrenvolles Andenken bewahrt blieb und Theodosius in diesen Monaten schärfere antiheidnische Gesetze erließ, sollte man ihre Absetzung nicht primär nach diesem Gesichtspunkt interpretieren; in der Prätorianerpräfektur Italien und Illyrien behielt mit Flavianus ein Exponent des Heidentums sein Amt. Es handelte sich eher um Schwierigkeiten mit der einheimischen östlichen Aristokratie. Der Versuch des Kaisers, über Tatianus und seinen Sohn Proculus, die aus dem Osten stammten, die Vornehmen dieser

Region an sich zu binden, war gescheitert, nicht zuletzt deswegen, weil die östliche Aristokratie keineswegs eine homogene Gruppe darstellte, sondern verschiedene regionale Interessen verfolgte.

Bei der Verteilung der Consulate nahm der Kaiser keine Rücksicht auf den Ehrgeiz östlicher Aristokraten: 392 wurde neben dem Kaisersohn Arcadius der Prätorianerpräfekt Rufinus, der Mann des Westens und Vertraute des Kaisers, Consul. 393 ließ Theodosius sich selbst zum Consul erheben, daneben einen aus Skythien, das heißt wohl gotischem Gebiet, stammenden Militär namens Abundantius, der möglicherweise mit Thermantia, einer Nichte des Theodosius, verheiratet war.[33] 394, als der Bürgerkrieg gegen Eugenius drohte, traten Arcadius und Honorius den Consulat an, um allen vor Augen zu führen, wie fest die Dynastie stand und welch eindeutige Ansprüche der Kaiser für seine Söhne geltend machte. Gewiss waren alle diese Consulerhebungen von prachtvollen, die gesamte Bevölkerung Konstantinopels einbeziehenden Feiern begleitet. Doch die Senatoren mussten in der unbefriedigenden Rolle von Zuschauern verharren; keiner von ihnen durfte das Amt bekleiden. Größten Wert legte Theodosius hingegen auf die Verbundenheit mit der militärischen Elite. Nicht zufällig wuchsen gerade die Kinder des Heermeisters Promotus am Hofe auf.

Es hätte nahe gelegen, wenn der Kaiser angesichts der zunehmenden Verbreitung des Christentums in den Führungsschichten auf Repräsentanten dieses Glauben gesetzt hätte. Immerhin entstammte ja der Bischof der Hauptstadt, Nectarius, der Senatorenschaft. Doch scheint es Theodosius nicht einmal gelungen zu sein, ein entspanntes Verhältnis zu den christlichen Senatoren aufzubauen. Die christliche Gesinnung konnte sogar zu speziellen Schwierigkeiten führen. So hatte Theodosius, wie erwähnt, die vornehme, früh verwitwete Olympias zu einer Ehe zwingen wollen; diese war jedoch unter Berufung auf das biblische Verbot der Widerverheiratung im Witwenstand geblieben und nicht einmal weich geworden, als der Kaiser ihr die Verfügungsgewalt über ihr Vermögen entzog. Jetzt änderte der Kaiser seine Haltung und gestattete ihr nicht nur, über ihren Besitz zu verfügen, sondern auch den Übertritt ins Diakonat. Vielleicht war dies als eine Geste gegenüber der christlich geprägten Aristokratie Konstantinopels gemeint gewesen, doch bleiben die Hintergründe offen.

Vielleicht fehlte dem Herrscher ein Themistios, der einerseits die kaiserlichen Pläne an die Senatoren vermitteln, andererseits bei jenem Verständnis für die hohen Herren schaffen konnte. Der Redner war inzwischen gestorben, und niemand hatte ihn ersetzt. Der Kaiser war von seinen Vertrauten aus dem Westen umgeben und wurde möglicherweise sogar von den übrigen Angehörigen der zivilen Elite abgeschottet. Umgekehrt erwarteten die östlichen Aristokraten nach der Tatianus-Krise wahrscheinlich nicht mehr viel von dem misstrauischen Kaiser.

Betrachtet man die Gesetze dieser Jahre, so fällt auf, welche Bedeutung diejenigen zum Eherecht haben. Doch abgesehen von den oben erwähnten, auch nicht ausschließlich christlich geprägten Bestimmungen zum Ehebruch, kann hier von der zielgerichteten Durchsetzung einer christlichen Moral keineswegs die Rede sein, vielmehr geht es um Technisches, vor allem um Vermögensfragen. Nachgerade im Widerspruch zu Vorstellungen strenger Christen stand es, wenn eine zweite Ehe, wie sie der Kaiser selbst lebte, hingenommen und vom Kaiser sogar wie eine Selbstverständlichkeit behandelt wurde.

Wie schon in den Jahren zuvor bezog die Masse der Regelungen sich auf die Frage der Sicherung von staatlichen Einnahmen, zumal durch Steuern, und auch die Problemfelder gleichen sich. Wieder einmal gab man sich alle Mühe, die Zahl derer, die für die Abgaben der Städte verantwortlich waren, zu halten oder gar zu erweitern, ein Entweichen aus dem Stand wenn irgend möglich zu verhindern oder doch das Vermögen derer, die entkamen, für die Stadt zu sichern, selbst wenn die Betreffenden Kleriker waren. Der Aufstieg eines Kurialensohnes in den Senat sollte erst dann möglich sein, wenn drei Brüder vorhanden waren. Auf der anderen Seite sollten die Steuereintreiber der Kurialen unter akzeptablen Bedingungen tätig werden – Libanios hatte ja verdeutlicht, welche Schwierigkeiten ihnen entgegenschlagen konnten. Auch sonst fand die Zumutbarkeit von Regelungen Beachtung, ferner die Transparenz und Effizienz des Eintreibungsverfahrens; auf Beschwerdemöglichkeiten über falsche Einschätzungen wiesen Gesetze ausdrücklich hin. In Verfahrensfragen schloss Theodosius ebenfalls wiederholt an frühere Gesetze an: Eine Adäration der Steuern sollte nicht erfolgen.

Führende Kuriale sollten von körperlichen Züchtigungen ausgenommen sein, ein Privileg, das einstmals alle genossen hatten. Es sind solche Regelungen, welche die innere Differenzierung des Standes belegen. Noch in anderer Weise wurden herausragende Mitglieder begünstigt – aber eben nur eine Minderheit. Für die Masse der Kurialen zumal in den unbedeutenderen Städten verdüsterte sich die Lage zusehends: Auf ihnen lasteten weiter die steuerlichen Bürden, ohne dass sie ihre Standesprivilegien noch nutzen konnten. Immerhin ist ein Bemühen erkennbar, die Kurien vor Übergriffen der Militärs, wie sie Libanios beklagt hatte, zu schützen, – doch wieder galt eine besondere Aufmerksamkeit den führenden Dekurionen.[34]

Eine Reihe von Bestimmungen betrafen die Reeder, die die Versorgung der Großstädte sicherten, die *navicularii*. Wie bei den Dekurionen stand das Bemühen um die Erhaltung des Mitgliederstandes im Zentrum, ferner das Ziel, die Gruppe vor Unzumutbarem zu bewahren. Ein anderer Berufsstand, die herausragenden Ärzte, die *archiatri*, bekam seine Privilegien nicht nur bestätigt, sondern sogar erweitert. Hier zeigt sich einmal mehr, dass es verkehrt wäre, den spätantiken Kaisern zu unterstellen, sie wollten nicht anderes als die Auspressung ihrer Untertanen: Zumal Theodosius verfolgte bei aller Konsequenz in der Steuereintreibung eine nuancierte Politik.

Mehr Aufmerksamkeit als bisher widmete der Kaiser der Frage des verödeten Landes. Die Inbesitznahme verlassenen Gebietes erleichterte er, trug aber auch für die alsbaldige Steuereintreibung von den neuen Besitzern Sorge. Die Schollenbindung der Kolonen wurde bekräftigt: Obwohl sie Freie seien, sollen sie als *Sklaven des Bodens selbst, für den sie geboren sind*, gelten.[35]

Die Domänenpächter wurden an ihre Pflichten gebunden und in ihren Rechten bestätigt. Andere Einnahmequellen gelangten gleichfalls in den Blick der Verwaltung: Die Abgaben der Goldwäscher wurden festgesetzt und die private Ausbeutung von Marmorsteinbrüchen, die als kaiserlicher Besitz galten, verboten. Ferner unterband man private Münzprägungen konsequent. Der Missbrauch des *cursus publicus* wurde weiter (und das heißt hier sicherlich: weiter erfolglos) bekämpft.

Bemerkenswert ist, wie oft man von Senatoren hört, denen es Schwierigkeiten bereitete, ihren finanziellen Verpflichtungen zu genügen. Spezielle Regelungen wurden für diejenigen getroffen, die nicht in der Lage schienen, die Steuern zu entrichten oder bestimmte öffentliche Aufgaben zu erfüllen. Die Ernennung von Prätoren, deren wichtigste Obliegenheit die Veranstaltung teurer Spiele war, sollte letztlich in der Hand von Steuerbeamten liegen, welche die besten Kenntnisse über die jeweiligen Besitzverhältnisse hatten. Selbst bei ehemaligen Inhabern hoher Ämter, somit eigentlich einflussreichen Persönlichkeiten, hielt man es für nötig, sie vor übermäßigen Belastungen zu schützen. Für die gewöhnlichen Senatoren in den Provinzen, die offenbar deutlich schwächer waren als die Statthalter, gab es eine Art von Ombudsmännern (*defensores*), deren Rechte man bekräftigte. Die Tendenz, dass gewöhnliche Senatoren während der Spätantike noch schwächer und eine kleine Gruppe höherer, kaisernaher Beamter ungleich stärker wurden, zeichnet sich hier bereits ab.

Das Militärwesen bot immer wieder Anlass für neue Regelungen, die veranschaulichen, welche Schwierigkeiten die Angehörigen der Truppen ihrer Umgebung bereiten. So war es nötig, zu betonen, dass sie nicht für die Exekution privater Geschäfte genutzt werden durften. Es wurde genau geregelt, was sie nicht fordern durften, wenn sie bei Privatleuten einquartiert waren. Scharfe Sanktionen drohten umgekehrt, falls die Markierungen der Quartiermeister beseitigt wurden, wenn also jemand versuchte, das Zeichen zu entfernen, welches ein Haus als geeignet für die Einquartierung von Soldaten auswies.

Das militärische Avancement sollte nach Verdienst, nicht nach Seniorität erfolgen, doch wurde gleich eine Ausnahme festgelegt: Soldatenkinder konnten sofort in Soldatenlisten eingetragen werden, sodass sie bei Beförderungen einen gewissen Vorteil genossen, obschon sie weiter nach Leistungskriterien aufsteigen sollten. Ferner sollte auch bei weniger bedeutenden öffentlichen Aufgabenbereichen wie etwa dem Stab eines Statthalters auf die angemessene Herkunft der Mitglieder geachtet werden.

Zudem kamen viele Verfahrensfragen bei Rechtsgeschäften und Prozessen zur Sprache, die auf Missstände im Justizwesen verweisen. Eine Reihe weiterer Bestimmungen geben einen wertvollen Einblick in Schwierigkeiten des Alltags im Römischen Reich: Die Verbrechen, die in verschiedenen Regionen begangen wurden, sollten durch eigene *defensores* bekämpft werden.[36] Schauspielerinnen sollten keine übermäßig prächtigen, gar an die Kleidung von Senatorinnen gemahnenden Gewänder tragen. Der Stadtpräfekt von Konstantinopel hatte dafür zu sorgen, dass neue Bauwerke nicht begonnen wurden, solange alte verfallen und unfertig waren. Privatleute sollten nicht unter öffentlichen Baumaßnahmen leiden oder eine Entschädigung erhalten. Beim Bergbau, der ebenfalls letztlich in kaiserlicher Verantwortung erfolgte, war darauf zu achten, dass Gebäude durch Stollenbau keinen Schaden nahmen.

Sympathisch berührt den modernen Betrachter eine letzte hier anzuführende Regelung: *Wenn jemand ohne Verständnis für Mäßigung und voll Schamlosigkeit geglaubt hat, durch ein ruchloses oder freches Schimpfwort unsere Majestät beleidigen zu müssen und im Trunk sich als unruhiger Schmäher seiner Zeit erwiesen hat, wollen wir nicht, dass er strafrechtlich belangt werde noch irgendetwas Hartes oder Schwerwiegendes erleide. Denn wenn etwas seiner Unbesonnenheit entspringt, muss man es verachten, wenn seinem Wahnwitz, ist es höchst bedauernswert, wenn einem Unrecht, muss man es verzeihen. Daher soll man ohne jede Einschränkung die Dinge uns zur Kenntnis bringen, damit wir aufgrund der Persönlichkeit der Menschen ihre Äußerungen bewerten und ein Urteil darüber fällen, ob man sie ignorieren oder ordnungsgemäß verfolgen muss.*[37]

Hier zeigt sich eine bekannte Seite des Kaisers: seine pragmatische Großzügigkeit. Er verzichtete darauf, jede Beleidigung zu verfolgen, konnte so sein Image als milder Kaiser pflegen und verhinderte zugleich, dass solche Denunziationen den Rechtsfrieden gefährdeten, behielt sich aber das letzte Wort vor. Insgesamt sind seine Gesetze von dem Bestreben getragen, Lösungen zu finden, welche die Interessen der Untertanen berücksichtigten. Wichtiger als alles andere aber war der Mangel an Steuereinnahmen, die der Kaiser zuvörderst für die Bezahlung der Soldaten benötigte, und seine fiskalischen Interessen verfolgte er rigoros.

Die werdende Hauptstadt: Konstantinopel

Es scheint aus späterer Sicht wie selbstverständlich, dass Konstantinopel die Hauptstadt des Oströmischen Reiches war. Doch dies ist das Ergebnis einer langen Entwicklung. Noch der Vorgänger des Theodosius, Valens, hatte Antiochia bevorzugt, das günstiger lag, falls man einen Feldzug gegen Persien plante. Konstantinopel hingegen erlaubte die Kontrolle des Balkans und war besser geeignet, um die Entwicklungen des Westens im Auge zu behalten. Daher bot es sich für Theodosius als Residenz an. Antiochia hingegen sah ihn zumindest als Kaiser nie.

Allerdings musste Theodosius das ‚Zweite Rom' – der Titel begegnet zuerst auf dem dortigen Konzil – für kürzere und längere Reisen oft verlassen. Vieles spricht gleichwohl dafür, dass er die Stadt zu seiner dauerhaften Residenz machen wollte, wie es dann seine Nachfolger taten. Jedenfalls sorgte er großzügig für die Versorgung der Bevölkerung, wie jene Roms stets von kaiserlichen Spenden profitiert hat. Zudem baute er Konstantinopel prachtvoll aus (Abb. 15). Schon bei der Behandlung von Gesetzen war von Maßnahmen die Rede, die der Verschönerung des Stadtbildes dienten. Vor allem aber wagte Theodosius sich an große Projekte, die der herrscherlichen Repräsentation dienten. Sie lassen sich nur in einem begrenzten Umfang fassen, da Konstantinopel zwar nicht nur mehrere Zerstörungen erlebte, sondern auch als Stadt weiterbestand und immer wieder neu bebaut wurde, sodass vieles aus der Antike verloren ist. Von zwei der Projekten lässt sich immerhin ein gewisser Eindruck gewinnen, vom Obelisken, den er wohl 392 im Hippodrom errichten ließ, und vom Theodosius-Forum, das 393 geweiht, aber gewiss noch nicht zu Lebzeiten des Kaisers vollendet wurde.

Der fast 20 Meter hohe Obelisk steht auf einer Basis aus zwei Sockeln (Abb. 16).[38] Er war im 15. Jahrhundert v. Chr. vom Pharao Thutmosis III. im Ammon-Heiligtum zu Karnak zum Gedenken an siegreiche Feldzüge in Asien geweiht worden. Seine Seiten sind von Hieroglyphen bedeckt, die über die Siege des großen Eroberers berichten. Schon frühere Kaiser seit Augustus (27 v. Chr.–14) hatten Obelisken aufgestellt, um die Ausdehnung ihres Einflusses zu dokumentieren und an die Tradition des ägyptischen Königtums anzuschließen, vor allem aber um den Sonnengott zu ehren. Trotzdem verwendeten christliche Kaiser sie weiter: Zuletzt unter Constantius II. (337–361) war mit großen Mühen ein Obelisk in der alten Hauptstadt Rom errichtet worden, Julian hatte dasselbe in Konstantinopel versucht. Nun gelang dies Theodosius. Er festigte damit den Anspruch der Stadt, mit dem Alten Rom gleichrangig zu sein. Dies unterstrich der Aufstellungsort: das politische Zentrum der Stadt, der Hippodrom. Damit schloss er neuerlich an eine ältere Tradition an. Augustus,

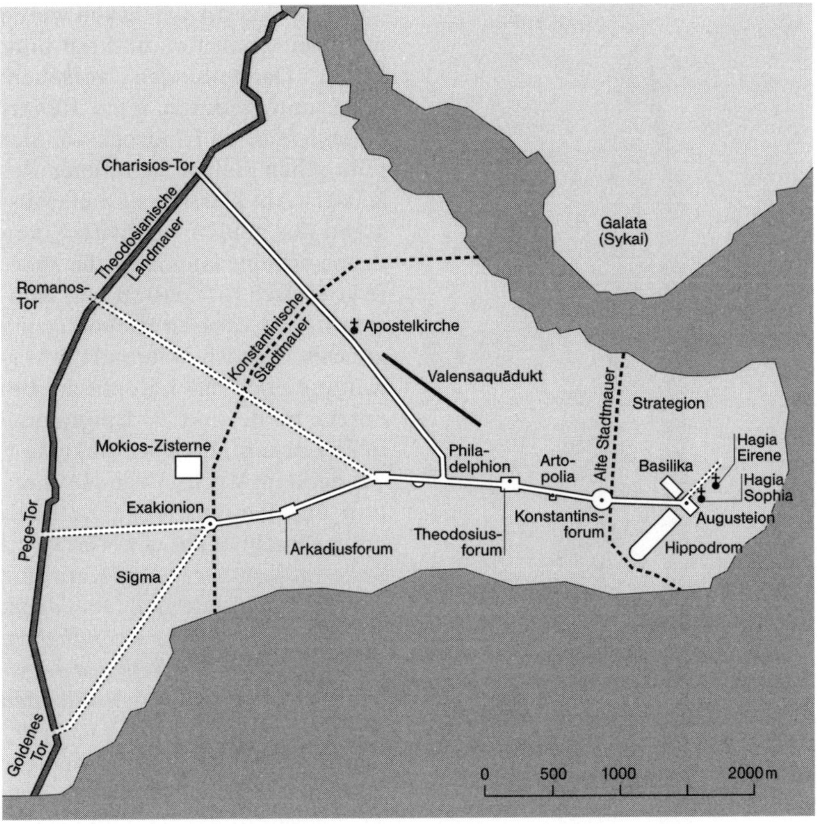

Abb. 15: Stadtplan von Konstantinopel in der Zeit des Theodosius. Die Theodosianische Landmauer wurde unter Theodosius II. errichtet.

Nero (54–68) und Constantius II. hatten jeweils Obelisken in Rennbahnen aufgestellt.

Der Hippodrom[39] garantierte größtmögliche Öffentlichkeit: Hier war das Volk Konstantinopels versammelt, um die großzügigen Spiele, die ihnen die kaiserliche Gunst gewährte, zu genießen. Hier trat es in Kontakt zum Kaiser, der direkt von seinem Palast aus auf seine Tribüne, das so genannte Kathisma, gelangen konnte, das seinerseits über eine Treppe mit dem Hippodrom verbunden war. Eine genaue Datierung der Aufstellung ist nicht möglich. Sicher ist lediglich – wie die unten zu besprechenden Inschriften beweisen –, dass sie während der Stadtpräfektur des Proculus, also zwischen 388 und 392 erfolgte.

Der Sockel des Obelisken wurde mit zwei Inschriften und mit bildlichen Darstellungen versehen; er vermittelt durch seine Reliefs einen lebhaften Eindruck von der politischen Selbstdarstellung des Kaisers. Am klarsten sind die Aussagen der beiden Inschriften, von denen die eine lateinisch, die andere griechisch ist – passend für Konstantinopel, dessen Bevölkerung griechisch sprach, während die Verwaltung noch das Lateinische benutzte. Beide sind als Epigramme in elegischen Distichen abgefasst, das heißt im Wechsel von Hexametern und Pentametern. Die lateinische Inschrift auf der Nordwest-Seite gegenüber dem Kathisma gibt sich als Rede des Obelisken: *Einst war ich schwer zu handhaben, doch erhielt ich den Befehl, den heitere Gelassenheit ausstrahlenden Herren zu gehorchen und nach der Auslöschung der Usurpatoren die Siegespalme zu tragen. Alles weicht Theodosius und seiner immer währenden Nachkommenschaft. So bin ich innerhalb von dreißig Tagen besiegt und bezwungen worden und wurde während der Amtszeit des Proculus in die hohen Lüfte gehoben.*[40] Der politische Triumph über die Usurpatoren – gemeint sind offenbar Maximus und sein Sohn – wird mit dem technischen in Verbindung gebracht. Theodosius erweist sich als allseitig überlegen.

Abb. 16: Der Theodosius-Obelisk in Konstantinopel, Gesamtansicht.

Die zweite, die griechische Inschrift ist an der Südost-Seite angebracht, gegenüber den Rängen der einfachen Bevölkerung: *Die vierseitige Säule, die immer als Last auf dem Boden lag, wagte allein Kaiser Theodosius aufzurichten. Er ließ sich von Proculus unterstützen, und es gelang in zweiunddreißig Tagen, die so große Säule zum Stehen zu bringen.*[41]

Offenbar hatte der Obelisk schon geraume Zeit in Konstantinopel gelegen, bevor jemand sich an seine Aufrichtung wagte. Von dem Sieg über die Usurpatoren ist hier nicht die Rede, sondern allein vom technischen Gelingen.

Auf beiden Inschriften wurde Proculus erwähnt, dessen Name allerdings nach dem Sturz beseitigt und einige Jahre später erneuert werden musste. Seine Nennung ist aufschlussreich und sollte davor warnen, das Monument allein als Zeugnis kaiserlicher Repräsentation zu fassen. Es ist ebenso Ausweis senatorischer Leistungsfähigkeit, allerdings einer, die im Dienste des Kaisers steht: Proculus wird eben zur Hilfe gerufen, man braucht auch ihn. Der Wunsch der Senatoren nach Teilhabe wird fühlbar. Bemerkenswert ist ferner, dass die Inschriften allein auf den Obelisken Bezug nehmen, nicht aber auf die Reliefs. Diese müssen indes bei der geschichtlichen Interpretation im Zentrum stehen, obwohl sie sich ihrerseits nicht genau datieren lassen, denn sie sind anscheinend nach der Errichtung des Obelisken verfertigt worden. Die Arbeit an ihnen, deren Stil nicht einheitlich ist, kann sich durchaus bis in die Regierungszeit des Arcadius (395–408) hingezogen haben.

Beginnen wir mit den Darstellungen am unteren Sockel, an den beiden Seiten, die nicht mit Inschriften belegt sind. Auf der Nordost-Seite wird die Errichtung des Obelisken selbst wiedergegeben (Abb. 18), auf der Südwest-Seite Wagenrennen (Abb. 19). Die Reliefs vermitteln einen Eindruck von der Schwierigkeit der Tat, die schon die Inschriften hervorgehoben hatten, ferner von der Großzügigkeit, welche die Veranstaltung der Spiele bedeutete.

Deutlicher sichtbar und größer als die unteren Reliefs sind jene auf dem oberen Sockel, die alle vier Seiten bedecken und die dicht gestaffelte Personengruppen zeigen. Es ist gewissermaßen das Publikum des auf dem unteren Sockel Dargestellten oder gleichsam ein Spiegelbild jener, die im Hippodrom saßen. Auf allen vier Seiten sind die Reliefs in ein oberes und ein unteres Register geteilt. Im Zentrum des oberen steht immer, wie nicht anders zu erwarten, ein Kaiser, aber in jeweils verschiedenen Kontexten, wie auch die unteren Register sehr unterschiedlich gestaltet sind.

Auf der Nordwest-Seite (Abb. 17) erkennt man im unteren Bildstreifen zwei Gruppen von Barbaren, die kniefällig, das heißt als Unterworfene, Gaben darbringen. Nach dem Ritual, durch das man dem Herrscher und seinem Haus verehrend begegnete, mussten die Männer sich jetzt auf den

Abb. 17: Nordwest-Seite der Basis des Theodosius-Obelisken.

Abb. 18: Nordost-Seite der Basis des Theodosius-Obelisken.

Boden hinstrecken – was darstellerisch weniger attraktiv war – und, sofern sie das Recht dazu hatten, den kaiserlichen Purpur küssen. Durch ihre Tracht sind die Barbaren näher bestimmt. So kennzeichnen ihre Pelze die nördlichen Germanen und die phrygische Mütze mit den Bundhosen die östlichen Perser, die von Theodosius nie besiegt wurden. Man sollte diese Darstellung daher nicht auf einen konkreten Sieg beziehen. Der Kaiser tritt dem Betrachter vielmehr als beständiger Sieger über alle Völker entgegen.

Er sitzt im oberen Register unter einem Bogen, gemeinsam mit drei kleineren, prächtig gekleideten Personen. Der Bogen, der durch die besondere Gestaltung des Geländers hervorgehoben wird, gibt wohl den Baldachin des Kathismas, der kaiserlichen Tribüne, wieder. Ringsum stehen Leibwächter und einige Große der Reiches in entsprechender Gewandung.

An der Nordost-Seite (Abb. 18) sind im unteren Register vornehme, in Chlamys gekleidete Männer dargestellt, mit unterschiedlichen Gesten. Das Tor zwischen ihnen ist wohl als der Zugang zum Hippodrom anzusprechen. Im oberen Bildstreifen erscheint erneut der Kaiser unter einem Baldachin, dieses Mal sitzend und umgeben von vier stehenden Gestalten: zwei Knaben, die ihn flankieren, sowie einem Amtsträger und einem Leibwächter.

An der Südwest-Seite (Abb. 19) sitzen vier Personen unterhalb des ebenfalls im oberen Bildstreifen befindlichen Baldachins; aus ihnen ist der *Augustus* durch seine Größe herausgehoben. Die drei jüngeren zeigen den Redegestus. Umgeben sind die vier wieder von Leibwächtern und vornehm Gekleideten. Im unteren Register erkennt man Vornehme, zum Teil mit Jubelgesten, in der Mitte befindet sich eine große Treppe, auf der zwei Männer stehen, die sich als Beamte identifizieren lassen.

Schließlich zur Südost-Seite gegenüber dem Kathisma (Abb. 20): Im unteren Bildstreifen begegnen in dichter, ununterbrochener Reihe klein dargestellte, weniger vornehm Gekleidete, unterhalb von ihnen, noch kleiner, Musikanten und Tänzer. Im oberen Register steht der Kaiser, jetzt nicht mehr auf dem Kathisma: Denn der Architrav ist gerade. Vermutlich handelt es sich um das so genannte Stama, von dem aus man den Siegern der Rennen Kränze zu überreichen pflegte, wie offenbar auf dem Relief dargestellt, wenn auch der Empfänger fehlt. Um ihn herum stehen, noch unterhalb des Daches, fünf Gestalten, vorne zwei Knaben, dahinter zwei Leibwächter und ein Amtsträger, erneut flankiert durch Leibwächter und durch hohe Beamte. Hier erblickt man den Kaiser, der Leistung belohnt und generös Spiele gibt.

Probleme werfen jene drei bzw. vier Gestalten auf, die jeweils in unmittelbarer Nähe zum Kaiser gezeigt werden.[42] Sicher handelt es sich bei

Abb. 19: Südwest-Seite der Basis des Theodosius-Obelisken.

Abb. 20: Südost-Seite der Basis des Theodosius-Obelisken.

dem *Augustus* nicht um Valentinian II. Denn auch sonst wird im Osten der schwache Westherrscher auf öffentlichen Denkmälern seinem östlichen Kollegen nachgeordnet, obwohl er der dienstältere und somit formal höherrangige *Augustus* war. Dennoch bereitet die Identifikation des *Augustus* Schwierigkeiten. Die Identifikation mit Theodosius liegt nahe, doch Arcadius, der während der Abwesenheit seines Vaters die Geschäfte in Konstantinopel führte, kommt ebenfalls bei einzelnen Reliefs in Frage. Die jeweils kleiner Dargestellten müssen Angehörige der theodosianischen Dynastie sein; doch die genaue Zuordnung ist nicht möglich: Arcadius war sicherlich darunter, ebenso Valentinian II. und Honorius, der im Januar 393 zum *Augustus* ausgerufen werden sollte. Denken muss man überdies an Gratian, den zum Zeitpunkt der Aufstellung des Obelisken noch nicht verstorbenen Sohn Galla Placidias, und an Eucherius, den Sohn der Nichte und Adoptivtochter Serena, die mit dem inzwischen einflussreichen Stilicho verheiratet war. Für eine ganz klare Zuordnung fehlt leider die Handhabe.

Trotz aller Streitigkeiten um Details besteht indes über die – letztlich entscheidende – Grundaussage des Monuments Klarheit: Die Dynastie des Kaisers und damit die Dauerhaftigkeit seiner Herrschaft wurde zelebriert. Indem ferner auf der Südwest-Seite gerade die jungen Angehörigen des kaiserlichen Geschlechtes mit dem Redegestus dargestellt wurden, hob man ihre intellektuelle Kompetenz hervor.[43] Ferner wurde die Eintracht der Kaiser evoziert, die in fester, Valentinian II. allerdings unterordnender Gemeinschaft wiedergegeben sind. Schließlich unterstreichen Darstellung wie Inschrift die Sieghaftigkeit des Kaisers, die in dem Wagenrennen gespiegelt wurde. Dabei fällt auf, dass anders als auf der Theodosius-Säule der konkrete Sieg, dessen ja in der Inschrift gedacht wurde, nämlich der über Maximus, nicht bildlich dargestellt wurde. Dafür wurde der Sieg über die Natur, über den widerspenstigen Obelisken gefeiert.[44] Die wenigsten Betrachter werden die Subtilitäten der Darstellung gewürdigt haben, die wichtigsten Botschaften aber werden jedem deutlich geworden sein, zumal die Inschrift von der ewigen Nachkommenschaft des Kaisers sprach.

Es hat Versuche gegeben, die Beamten, die an verschiedenen Stellen den Kaiser umgeben, mit Namen zu belegen. Sie sind jedoch müßig, da die Gesichter keine porträthaften Züge aufweisen; vielmehr handelt es sich um zwei Typen mit geringfügigen Variationen, den jungen und den alten Mann. Überdies ist es unwahrscheinlich, dass die Beamtendarstellungen auf bestimmte Einzelpersonen zielten.[45] Lediglich eines lässt sich mit Bestimmtheit sagen: Proculus und Tatianus waren nicht wiedergegeben, denn sonst wären ihre Gesichter bewusst zerstört worden, was hier nicht geschehen ist.

Bemerkenswert ist angesichts der sonstigen Selbstdarstellung des kaiserlichen Hauses das Fehlen der Frauen, die bei solchen Spielen anwesend sein konnten; allerdings scheinen sie in den späteren Regierungsjahren des Theodosius tatsächlich in den Hintergrund getreten zu sein. Bemerkenswert ist ferner, dass das Christentum hier keine Bedeutung hat. Allenfalls an einem Feldzeichen auf der Nordost-Seite ist in griechischen Buchstaben das XP, das für den griechischen Christus-Namen steht, erkennbar. Aber das war lediglich die Wiedergabe eines gebräuchlichen Feldzeichens, nicht jedoch ein Hinweis darauf, dass der Kaiser sich als spezifisch christlicher Herrscher darstellen lasse. Dies wäre schon deswegen schwierig gewesen, weil die Spiele als solche von vielen Christen nach wie vor abgelehnt wurden.

Bezeichnend ist im Übrigen, dass die Bischöfe, die ja inzwischen durchaus zur Elite des Reiches zählten, auf den Reliefs nicht erscheinen. Das erklärt sich nicht nur aus der Distanz der christlichen Würdenträger gegenüber Spielen, sondern auch daraus, dass dies den Konventionen völlig widersprochen hätte. Keineswegs hatte das Christentum schon alle Bereiche der Gesellschaft durchdrungen. Die Repräsentationskunst bediente sich hier der tradierten Bildersprache: Der Kaiser erschien als Sieger und Wohltäter, als das Haupt einer Dynastie, die auf Dauer gestellt war. Es ginge zu weit, wenn man vermutete, Theodosius habe den Obelisken ausgewählt, um die heidnische Aristokratie für sich zu gewinnen;[46] gewiss aber forcierte er sein christliches Engagement nicht so weit, dass er eine entsprechende Bildsprache – die es ohnehin noch nicht gab – durchzusetzen versuchte. Das hat wahrscheinlich kaum jemand unter den Zeitgenossen überrascht; es ist ein Privileg der Nachwelt, eine solche Erwartung an Theodosius heranzutragen.

Es wurde schon bei der Interpretation der Inschriften auf die bemerkenswerte Rolle des Stadtpräfekten Proculus hingewiesen. Vielleicht macht dies verständlich, warum der Kaiser von so vielen deutlich gekennzeichneten Beamten umgeben ist. Dies spräche ebenfalls dafür, dieses Monument nicht als ein Werk kaiserlicher Selbstdarstellung allein aufzufassen, sondern auch als den Versuch von Senatoren, ihre – durch Theodosius gefährdete – Position in der bevorzugten Residenz des Kaisers zur Geltung zu bringen. Die Abwesenheit des Kaisers, der während der Planungsphase im Westen geweilt haben dürfte, hätte solche Bestrebungen erleichtern können.

Die Reliefs des Theodosius-Obelisken gehören zu den bekanntesten und bedeutendsten Kunstwerken der Spätantike. Sie waren nicht dazu gedacht, ein bestimmtes Ereignis festzuhalten: Nie waren Theodosius, Arcadius, Honorius und Valentinian II. gleichzeitig in Konstantinopel; bezeichnend dafür, wie wenig man an eine konkrete Realität dachte, ist die scheinbare Inkonsistenz, dass in einer der Inschriften vom Sieg über die

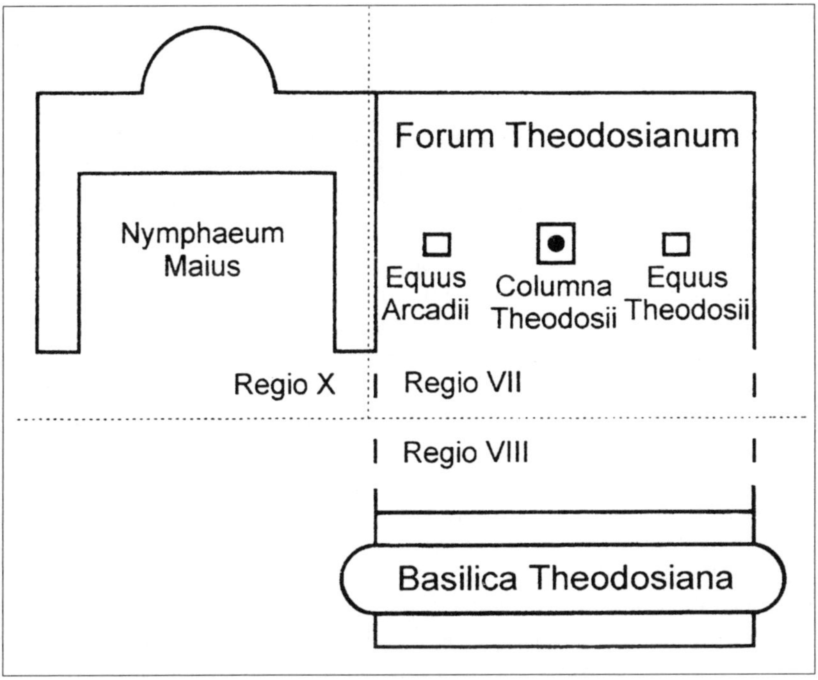

Abb. 21: Schematischer Plan des Theodosius-Forums.
Equus meint Reiterstandbild, *columna* Säule.

römischen Usurpatoren die Rede ist, während ein Relief Barbaren als Unterworfene zeigt. Vielmehr geht es darum, den Kaiser und seine Nachkommenschaft in ihrer dauerhaften, überlegenen Stellung zu zeigen.

Die Blickrichtung der Personen ist nicht psychologisch begründet, sondern funktional: Während die Kaiser frontal erscheinen, sind die Beamten und Soldaten ihnen mit den Gesichtern leicht zugewandt, wohingegen die Barbaren ihr Profil zeigen. Auch die Größenverhältnisse sind bedeutungshaltig, zumal die überragende Größe des *Augustus*. Mit der Klarheit der Repräsentation wurde jene ideologische Deutlichkeit erreicht, die die spätantike Staatskunst kennzeichnet[47] – die hier allerdings eventuell durch senatorische Einflüsse gebrochen ist. Dem modernen Betrachter erscheinen die Reliefs starr und schematisch. Diese Darstellungsweise ist jedoch nicht Ausdruck eines künstlerischen Unvermögens, sondern eines spezifischen Kunstwollens, das an diesem Kunstwerk exemplarisch zum Ausdruck kommt.

Noch einen anderen städtischen Raum gestaltete Theodosius prägend, das Forum, das seinen Namen trägt (Abb. 21).[48] Es lag innerhalb desjenigen Bereichs der Stadt, der durch die konstantinische Erweiterung hinzugekommen war. Der Platz bildete keine abgeschlossene Einheit, vielmehr führte über ihn die Mese, die wichtigste Straße der Stadt, die den Weg in das politische Zentrum bildete. Die Anlage dürfte also belebt gewesen sein. Vermutlich hatten schon Konstantin und Valens erste Ansätze zu einer Gestaltung der Platzanlage an dieser Stelle unternommen, doch das Konzept als Ganzes ist eindeutig theodosianisch. Es scheint an das Trajan-Forum in Rom anzuknüpfen, wie ja mitunter die Herkunft des Theodosius von dem ebenfalls aus Spanien stammenden, als vorbildlich geltenden Kaiser Trajan (98–117) abgeleitet wurde.[49] Allerdings sollte man den Zusammenhang, der zumal in östlichen Quellen keine größere Rolle spielt, nicht überbetonen: Das Trajan-Forum bot sich wegen seiner Imposanz, die gerade ein zeitgenössischer Autor belegt,[50] auf jeden Fall als Vorbild an. Entscheidend war, dass Konstantinopel eine Anlage erhielt, durch die es mit Rom wetteiferte.

Das Forum wurde von der übrigen Stadt durch eine Umgebungsmauer und zwei Toranlagen abgetrennt, von denen einige Reste erhalten sind. Diese besaßen in der Zeit des Theodosius drei Durchgänge und waren prachtvoll ausgestaltet, unter anderem mit Standbildern des Arcadius und Honorius über den Bögen (Abb. 22).

Das zentrale Element der Anlage bildete eine weithin sichtbare Säule, von der nur wenige Reste erhalten sind, die aber aus Beschreibungen einigermaßen rekonstruierbar ist.[51] Deren Errichtung begann, wie erwähnt, bereits 386; wohl erst 393/4 wurde sie mit einer Statue des Kaisers bekrönt. Die innen begehbare Säule war mit spiralförmig nach oben verlaufenden Reliefs geschmückt, wie man sie von der Trajan- und der Mark-Aurel-Säule in Rom kennt. Das Thema der Theodosius-Säule bildeten die Siege über die Goten – möglicherweise gab es zudem Hinweise auf den Sieg über Maximus,[52] das Monument gehört auf jeden Fall in den Kontext triumphaler Propaganda, mit der Theodosius von Beginn seiner Herrschaft an die Bevölkerung der Stadt für sich einzunehmen hoffte.

Ein Gedicht, das in eine Sammlung von Kleindichtung eingegangen ist, bezog sich anscheinend auf eine Reiterstatue des Theodosius wohl auf dem Forum. Übersetzt lauten diese in einem erhabenen, altertümlichen Griechisch verfassten Verse: *Du bist vom Osten hervorgesprungen, eine zweite Licht bringende Sonne, Theodosius, den Sterblichen gegenüber mild, als Mitte des Firmaments. Dabei hattest du den Ozean zu den Füßen nach dem unendlichen Land, von allen Seiten umstrahlt, behelmt, das strahlende Ross mit Leichtigkeit zügelnd, Großherziger, auch wenn es leidenschaftlich ist.*[53]

Der Leser lernte den Kaiser als einen Herrscher kennen, der widerstrebende Kräfte, hier auf sein Pferd bezogen, unter Kontrolle zu bringen

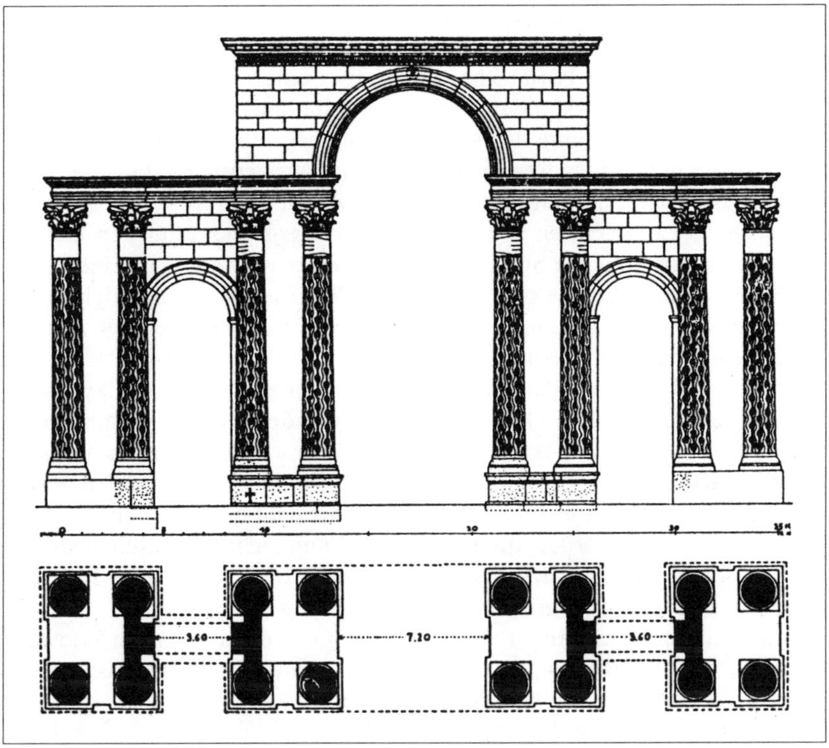

Abb. 22: Rekonstruktionsskizze der Toranlage des Theodosius-Forums.

vermag. Die Annäherung des Kaisers an die Sonne hatte seit langem zur Bildsprache des Herrscherkultes gehört und wird hier unbefangen weitergeführt. Natürlich leuchtete die Metaphorik auch einem Christen unmittelbar ein, natürlich war sie nicht dezidiert antichristlich – aber sie erweckte pagane Assoziationen. Indessen gab es noch eine andere Assoziation: Konstantin der Große. An ihn hatte Theodosius in mancherlei Beziehung angeknüpft, und die Sonnensymbolik war in seinem Umfeld verbreitet. Vielleicht wollte Theodosius sich über diese Inschrift in die Tradition des Kaisers stellen, dessen Name seine Residenz trug.

Allerdings ist keineswegs sicher, ob man es bei dem Werk, das aufgrund seiner anspruchsvollen Sprache allein den Hochgebildeten zugänglich war, mit einem offiziellen Text zu tun hat, der tatsächlich auf dem Monument angebracht war, oder mit dem Versuch eines Dichters, sich aus Anlass der Aufstellung des Reiterdenkmals ins Gespräch zu bringen.

Ferner ließ der Kaiser auf seinem Forum eine nicht erhaltene Basilika errichten, also eine große (28 × 80 × 8 m) mehrschiffige Halle. Sie diente offenbar als Versammlungsort für bestimmte weltliche Zeremonien.

Die Errichtung des Forums hatte sich über einen langen Zeitraum hingezogen: Erst 393 wurde die Anlage eingeweiht, und damals waren keineswegs bereits alle Monumente vollendet. Viele Einzelheiten des Komplexes sind strittig und werden angesichts der Fundlage strittig bleiben, dennoch ist die Funktion der Anlage erschließbar. Der Kaiser trat seinen Untertanen als Sieger über Goten wie über Bürgerkriegsgegner entgegen. Zudem richtete er den Plan der Stadt auf seine Person aus, indem er eine Platzanlage gestaltete, die zentral war und die jeder passierte, der sich in das Zentrum der Stadt begab, nicht zuletzt der Herrscher, wenn er zu festlichen Anlässen dort feierlich einzog.

Bezeichnend ist das Fehlen von Hinweisen auf eine christliche Symbolik an den Bauwerken. Die Theodosius-Säule wurde nicht mit einem christlichen Zeichen geschmückt, im Unterschied zur knapp zwanzig Jahre später geschaffenen Arcadius-Säule, die einen Sieg im Zeichen des Kreuzes feierte. Auch hier setzte Theodosius offenbar nicht auf eine neue Symbolik, die bald in den Vordergrund trat.[54] Das kann nicht überraschen, da der Kaiser sich ja auch sonst in seiner Repräsentation wie in der Münzprägung einer religiös eher offenen Darstellungsweise bediente.[55]

Auch auf dem Augusteion, dem Platz im politischen Zentrum Konstantinopels, war Theodosius präsent. Hier stand eine (allein literarisch überlieferte) Silberstatue des Theodosius auf einer Säule. Zudem ist – weniger zuverlässig – von Standbildern seiner beiden Söhne unterhalb der Säule die Rede.[56] Demnach müsste das Monument, sofern es noch zu Lebzeiten des Theodosius errichtet wurde, aus seinen letzten Regierungsjahren stammen. Schließlich sind weitere Standbilder an verschiedenen Stellen der Stadt mit unterschiedlicher Zuverlässigkeit bezeugt[57] – und vermutlich gab es deren noch mehr, sodass die Bevölkerung an den öffentlichen Plätzen immer wieder an ihren Kaiser erinnert wurde, wie dies ja seit Kaiser Augustus üblich war.[58]

Der Kaiser, der in der Gesetzgebung deutlicher denn je die Christianisierung vorantrieb, blieb in der baulichen Repräsentation offenbar religiös neutral; weiterhin nahm er auf die Empfindlichkeiten der Nicht-Christen Rücksicht, die unter den Senatoren Konstantinopels einen großen Einfluss ausübten und sicherlich zahlenmäßig noch ins Gewicht fielen.[59]

Weniger fassbar sind in der Baupolitik des Theodosius, soweit sie heute erkennbar ist, Kirchen und Klöster. Mehrere Kirchen gab es natürlich bereits in Konstantinopel, auch im Zentrum. Von einigen weiteren, die unter Theodosius entstanden sein sollen, ist in späten, daher nicht immer vertrauenswürdigen Quellen die Rede;[60] Klosteranlagen scheinen gefehlt zu haben.[61] Der wohl bedeutendste Kirchenbau des Theodosius war der schon erwähnte für die Kopfreliquie Johannes des Täufers im Hebdomon wenige Meilen vor der Stadt. Die Architektur und Ausstattung müssen prachtvoll gewesen sein; aber eine genauere Vorstellung lässt sich nicht gewinnen, da das Bauwerk verschwunden ist. Die kirchliche Prägung der Städte schritt im Übrigen gewiss voran, ohne dass es einer energischen Unterstützung seitens des Kaisers bedurfte.

Es ist überaus schwierig, ein plastisches Bild vom Konstantinopel der Zeit des Theodosius zu gewinnen: Zu viele Zerstörungen und zu viele Erneuerungen hat die Stadt im Laufe der Geschichte erlebt. Kein einziges Bauwerk der Zeit ist detailgenau zu rekonstruieren. Der Obelisk steht einsam aufrecht. Für die säkularen Bauten lässt sich immerhin ein klarer Tenor erkennen: Sie dienen der Selbstdarstellung des Kaisers als Haupt einer dauerhaften Dynastie sowie als Sieger, zudem unterstreichen sie den Anspruch Konstantinopels, ein Zweites Rom zu sein. Sowohl der Obelisk als auch das Forum greifen stadtrömische Vorbilder auf. Die geringe Zahl der Kirchenbauten, die aus der Kenntnis späterer Entwicklungen überraschen mag, sollte keinen Anlass zu Missverständnissen bieten. Es ist durchaus denkbar, dass Theodosius noch weitere Sakralbauten errichten ließ, von denen weder Überreste noch Nachrichten bewahrt sind. Allerdings war es offenbar gerade nicht die Absicht des Theodosius, mit Konstantinopel eine rein christliche Stadt zu schaffen. Theodosius wollte anscheinend eine Hauptstadt für alle Römer; unter das Zeichen des Kreuzes stellte er die öffentlichen Plätze jedenfalls nicht.[62]

Vergleicht man die Baupolitik des Theodosius mit jener Justinians (527–565), so wird klar ersichtlich, wie verschieden dessen Haltung war: Bei ihm sind kirchliche Bauten und christliche Symbole beherrschend. Obgleich Theodosius die Christianisierung des Reiches durchaus vorantrieb, verzichtete er offenbar nach Möglichkeit auf alles, was die Nicht-Christen provozieren musste.

Scheinbare Beruhigung: Die Außenpolitik und das Verhältnis zum Westen

Die Grenzen des Ostreiches blieben in der Zeit, da Theodosius in Konstantinopel weilte, weitgehend ruhig. Auf dem Balkan allerdings war während des Aufenthalts des Kaisers im Westen ein Aufstand losgebrochen. Er ging anscheinend von jenen dort ansässigen Gruppen aus, die das frühere Friedensarrangement nicht oder nicht mehr akzeptieren wollten, vielleicht auch von Völkerschaften, die über die Donau nachgedrängt waren. Als einer ihrer Exponenten erscheint der nachmals berühmte Alarich. Im Kern dürfte es sich bei dem Völkergemisch somit um Goten gehandelt haben. Die Anwesenheit des hohen römischen Militärs Butherich gerade in Thessalonica, dessen Ermordung das Blutbad dort ausgelöst hatte, dürfte im Zusammenhang dieser Konflikte zu sehen sein. Denn es bedurfte eines energischen Einsatzes, um diese Feinde, die sich nach Plünderungszügen rasch wieder in unwegsames Gelände zurückzogen, militärisch zu fassen.

Eine Lösung war nicht gefunden worden. Theodosius, der, wie die Ausstellungsorte der Gesetze zeigen, 391 schon in Konstantinopel angekommen war, musste nach Thrakien zurückkehren. Zunächst übernahm er selbst die Leitung der Operationen, verlor jedoch einen Kampf am Hebrus und wäre, so heißt es in einer anekdotisch ausgemalten Quelle, beinahe Opfer eines Überraschungsangriffs der Feinde geworden. Seinem Heermeister Promotus, der sich gegenüber den Goten schon bewährt hatte, gelang es, ihn zu retten; er setzte die militärischen Manöver fort, die einmal mehr die Grenzen der kriegerischen Begabung des Theodosius offenbart hatten.[63] Promotus vermochte einige Erfolge erzielen, doch fiel er einem feindlichen Hinterhalt zum Opfer. Jetzt trat Stilicho, der Gatte der Kaisernichte Serena, auf den Plan und führte die Kämpfe unter erheblichen Mühen zu einem Abschluss: Er brachte es dahin, Alarich und seine Mannen einzuschließen, doch musste er sie nach Abschluss eines Vertrags, der wahrscheinlich dem Abkommen von 382 ähnelte, wieder freigeben. Der Dichter Claudian behauptet, dass Rufinus – mit dem Stilicho, Claudians Förderer, nach dem Tode des Theodosius eine Rivalität auf Leben und Tod austragen sollte – Theodosius in verräterischer Weise zu diesem Frieden verlockt habe.[64] Dennoch entsprach das Abkommen durchaus den Interessen des soldatenarmen Rom, das möglichst wenige verlustreiche Kämpfe ausfechten wollte. Alarich sollte tatsächlich bald darauf Theodosius als Verbündeter im Bürgerkrieg dienen – allerdings verfolgte er, wann immer möglich, seine eigene Politik: Er war es, unter dessen Führung 410 Rom nach Jahrhunderten der Sicherheit wieder eine Eroberung erlebte.

Zunächst einmal schien sich die römische Stärke indes unter Theodosius zu erneuern, sofern man jedenfalls dem ersten Eindruck folgt. Bei näherem Hinsehen wird die Schwäche des Kaisers offensichtlich. Zumal Africa genoss weiterhin eine Sonderstellung. Historisch gesehen war es gewöhnlich mit der Präfektur Italien verbunden gewesen. Doch scheint ein Arrangement zwischen Theodosius und Valentinian II. 391 vorgesehen zu haben, dass Africa von Konstantinopel aus verwaltet werden sollte. An ihn und andere africanische Beamte ergingen jedenfalls Gesetze von dort.[65] Dennoch bewahrte Gildo, der mit einem stolzen Heermeistertitel versehen war, hier eine starke Machtposition. Als es zum Schwur kam und Theodosius die Heeresfolge gegen Eugenius einforderte, verweigerte Gildo sich ihm. Der Kaiser zeigte hier, auch in der Sicht von Autoren, die unter seinem Nachfolger Honorius schrieben, erneut eine empfindliche Schwäche.[66] Sicher unter Kontrolle hatte er lediglich Kleinasien, Syrien und Ägypten; am Rande zerfaserte sein Reich.

Aus dem Westen hört man wenig in der Zeit. Eine direkte Kontrolle durch Theodosius war aus der Ferne nicht mehr möglich. Manch ein Altgläubiger witterte anscheinend Morgenluft. Jedenfalls erschien vor Valentinian II. eine Gesandtschaft, die ein altes Thema auf den Tisch brachte: die Wiederherstellung des Victoria-Altars in der Kurie des Senats. Natürlich wurde das Gesuch abgeschmettert, was Ambrosius, der sich jetzt mit Valentinian II. eines Glaubens wusste, auf seinen Einfluss zurückführte.[67]

Der Westen besaß in Arbogast einen energischen Heermeister, der an Einfluss und Ansehen die anderen Kommandeure weit überragte. Der Franke führte erfolgreiche Abwehrkämpfe gegen seine Landsleute, die an der Rheingrenze, vor allem bei Köln Einfälle versuchten. Italien selbst war etwa 393 durch fremde Völker bedroht, die sich zwar bald zurückzogen, aber den Senat dennoch zu einem Hilferuf an Valentinian II. veranlassten.

Daneben ging die gewöhnliche Politik weiter, die für uns im Alltag der Gesetzgebung fassbar ist. Man musste in Gallien gegen die Versuche einschreiten, sich widerrechtlich kaiserlichen Besitz anzueignen – ein Zeichen für den enormen Autoritätsverlust des Herrschers. Auch von Statthaltern, die Angehörigen der Zentralverwaltung nicht die nötige Ehrerbietung erwiesen, ist die Rede. Hinzu kamen die üblichen Verwaltungsangelegenheiten: Findern von Schätzen wurde in großzügiger Weise gestattet, ihren Fund ungeschmälert zu genießen. Missbräuche bei der Staatspost, dem *cursus publicus*, waren abzustellen.

Aus der Leichenrede des Ambrosius zu Valentinian II. erfährt man einiges über dessen Regierungsweise.[68] Da der Mailänder Bischof vor dem zeitgenössischen Publikum nicht alles aus der Luft gegriffen haben kann, verdienen seine Angaben bei aller Einseitigkeit grundsätzlich Vertrauen. Valentinian versuchte sich demnach als ein Herrscher zu präsentieren, der seine Verwandtschaft nicht zum Schaden seiner Untertanen begünstigte und den gewöhnlichen Rechtsweg respektierte; vor allem aber scheint er ostentativ fromm gelebt zu haben, indem er auf viele persönliche Vergnügungen verzichtete, sich keinen Ausschweifungen hingab und Todesurteile vermied. Darin ist er durchaus mit Theodosius vergleichbar. Er ging sogar noch weiter, indem er bei Feierlichkeiten auf Zirkusspiele verzichtete. Zu diesem Stil würde es passen, wenn er tatsächlich die Taufe angestrebt hätte[69]: Wollte Valentinian II. seinen Mitkaiser in Hinblick auf die Demonstration von Gläubigkeit übertreffen? Auf jeden Fall wird deutlich, dass der neue, christliche Stil des Kaisertums sich im ausgehenden 4. Jahrhundert allenthalben durchzusetzen begann und dass ein Mann wie Ambrosius von einem Kaiser dabei mehr verlangte, als Theodosius bot, der schon seine Vorgänger übertraf.

In der Selbstdarstellung, soweit sie auf Münzen greifbar ist (Abb. 12), versuchte Valentinian II. sich mitunter mit Theodosius auf eine Stufe zu stellen und gleichzeitig Arcadius, seinen wichtigsten Rivalen, zurückzusetzen.[70] Seine Position als dienstältester *Augustus* – die etwa in den Gesetzestexten und auf den westlichen Inschriften nach wie vor erkennbar blieb – scheint der Westkaiser zwar nicht herausgehoben zu haben, wohl aber rückte er das Bild der Herrschaft, das Theodosius vermittelte, insofern zurecht, als er den Ostkaiser nicht als alleiniges Oberhaupt über zwei geringere *Augusti* präsentierte.

Dennoch bestand kein Zweifel an der Schwäche Valentinians, zumal zwischen ihm und dem mächtigen Arbogast ein Konflikt schwelte: Der Kaiser wünschte eine größere Unabhängigkeit. Wenn er denn tatsächlich ein Taufbegehren an Ambrosius richtete, so strebte er möglicherweise danach, in dem Mailänder Bischof und in den italischen Kreisen, die diesen respektierten, Verbündete zu gewinnen. Tatsächlich machte Ambrosius sich im Frühjahr 392 auf den mühseligen Weg über die Alpen. Doch musste er die Reise abbrechen. Er hatte die Nachricht empfangen, dass Valentinian unter mysteriösen Umständen ums Leben gekommen war.

VII. Wieder im Westen

Die zweite Usurpation: Arbogast und Eugenius

Theodosius schien seine Herrschaft über das Gesamtreich geschickt abgesichert zu haben, indem er Valentinian II. mit Männern seines Vertrauens umgab. Die Klagen über Eigenmächtigkeiten des Feldherren Arbogast, die Valentinian II. ihm zukommen ließ, dürfte er mit Erleichterung registriert haben. Auf diese Weise würde sein Kollege, der ja nach wie vor ihm formal übergeordnet war, niemals in die Lage versetzt werden, mit ihm auch nur zu rivalisieren.

Indes unterschätzte Theodosius offenbar das Selbstbewusstsein des Arbogast. Der siegreiche Feldherr hatte sein Prestige bei den Soldaten gemehrt; außerdem scheint er seinerseits Vertraute in Schlüsselpositionen befördert zu haben. Nicht zuletzt musste er wissen, dass Theodosius nur unter großen Schwierigkeiten im Westen eingreifen konnte, er selbst also einen erheblichen Handlungsspielraum besaß.

Bezeichnend ist eine Episode, die einen lebhaften Eindruck davon vermittelt, welches Bild man sich von den Verhältnissen am westlichen Hof machte: Valentinian II. habe Arbogast seine Entlassungsurkunde ausgehändigt, somit seine Befugnisse als Kaiser gegenüber dem widerborstigen Feldherren geltend gemacht. Doch hohnlachend habe der Militär sie zerrissen und erklärt, er verdanke seine Macht nicht dem Kaiser, sondern sich selbst; schließlich hatte er sich ja nach dem Tode Bautos zum Anführer der Truppen aufgeschwungen. Diese Provokation musste der junge Kaiser, der von allen Seiten – von Ambrosius, von Theodosius und jetzt von seinem Feldherren – gedemütigt worden war, hinnehmen. Es kursierten noch weitere Geschichten: Der Kaiser habe mit dem Schwert auf Arbogast losgehen wollen – und sei von seinem eigenen Leibwächter daran gehindert worden. Einen Vertrauten, den er mit seinem kaiserlichen Mantel vor dem Angriff Arbogasts habe schützen wollen, sei von diesem dennoch getötet worden; der Germane habe sich nicht einmal gescheut, dabei das kaiserliche Gewand zu zerschneiden. Schon dass man so etwas herumerzählte, erweist die Schwäche des Kaisers, der allmählich das Erwachsenenalter erreichte.

Die Streitigkeiten endeten in einer Katastrophe. Am 15. Mai 392 fand man Valentinian II. erhängt im Palast von Vienne auf. Offen blieb, ob er Selbstmord begangen hatte oder umgebracht worden war. Vieles spricht für die Annahme eines Suizids, denn Arbogast, der allein als Mörder in Frage kommt, war anscheinend auf das Ereignis schlecht vorbereitet und

Abb. 23: Münze des Eugenius. Die Vorderseite zeigt sein – bärtiges – Porträt mit der Umschrift *D(ominus) N(oster) Eugenius P(ius) F(elix) Augustus*: Unser Herr Eugenius, fromm und erfolgsverwöhnt, *Augustus*; auf der Rückseite *Victoria* (Sieg) *Augg* (= zweier *Augusti*) um ein einträchtiges Kaiserpaar; vgl. Abb. 2; 11.

zögerte lange, bis er auf die neue Situation reagierte. Vielleicht hatte Valentinian keinen anderen Weg gesehen, seine Würde zu bewahren.[1]

Arbogast hätte jetzt die Regierungsgeschäfte führen und die Entscheidung des Theodosius über die Nachfolge abwarten können. Schließlich standen diesem zwei Söhne zur Verfügung, von denen einer bereits nomineller Kaiser war. Doch entschied er sich, vielleicht aus schlechtem Gewissen, dagegen und bot – nach einiger Bedenk- oder Suchzeit – einen eigenen Kandidaten auf; die Möglichkeit, selbst Kaiser zu werden, dürfte er als Heide und ‚Barbar' nicht ernsthaft erwogen haben. Der Mann, für den er sich entschied, konnte nicht den Beifall des Theodosius finden. Es war ein gewisser Eugenius, ein Rhetor, der sich einen Philosophenbart stehen ließ (Abb. 23), wie ihn zuletzt unter den Kaisern der Heide Julian getragen hatte, obwohl er sich mindestens nach außen hin zum Christentum hielt.[2] Am 22. August 392 fand seine Kaisererhebung in Vienne statt.

Gänzlich unerfahren in politischen Angelegenheiten war Eugenius nicht. Er hatte als Leiter einer der Hofkanzleien im Westen fungiert, was wohl mehr bedeutete, als Briefe zu redigieren. Aber er war ein Mann ohne ernst zu nehmende Gefolgschaft und, noch wichtiger, bar jeder militärischen Erfahrung. Seine Erhebung zum Kaiser ist nur verständlich, wenn es sich um eine Notlösung handelte oder Arbogast bewusst auf eine schwache Persönlichkeit setzte. Kaum wahrscheinlich ist die Vermutung, Arbogast, der selbst nicht zum Christentum konvertiert war, habe aus religiösen Motiven gehandelt und daher einen Kaiser erhoben, der als Vertreter der alten Bildung eher geneigt sein musste, das Heidentum zu tolerieren. Denn ansonsten erscheint Arbogast als nüchterner Machtpolitiker, und jedem, der realistisch dachte, musste klar sein, wie wenige Kräfte der Kampf für den alten Glauben nur noch zu mobilisieren vermochte.

Wie jeder umsichtige Usurpator wählte Eugenius keinen Konfrontationskurs mit dem bisherigen Kaiser, sondern suchte dessen Gunst zu gewinnen. Den Leichnam Valentinians II. behielt er nicht als Unterpfand – anders als Maximus es mit dem Gratians getan hatte. Die Gebeine wurde nach Mailand überführt und dort offenbar noch vor dem Sommer bestattet.[3] Die Schwestern Valentinians durften, ohne behelligt zu werden, in Mailand Aufenthalt nehmen.

Der dortige Bischof Ambrosius hatte den Freiraum, mit Theodosius über Einzelheiten der Feierlichkeit für Valentinian II. zu korrespondieren. Die Gelegenheit nutzte er, um gegenüber dem Ostkaiser seine persönliche Vertrautheit mit dem Verstorbenen auszumalen. Anscheinend hatte Theodosius misstrauisch reagiert, da Ambrosius nach dem Tod des jungen Mannes lange untätig geblieben war.[4] Zur Bestattung hielt Ambrosius, nachdem er schon an demselben Tag im Gottesdienst über Valentinian gesprochen hatte, für einen offenbar auserlesenen Kreis eine diplomatisch ausgefeilte Leichenrede,[5] in der er den Verstorbenen als Verkörperung christlichen – das heißt nicht zuletzt Ambrosius ergebenen – Herrschertums pries und kein klares Wort zum neuen Regiment fallen ließ, weder zustimmend noch kritisch, natürlich auch über die eigentliche Todesursache schwieg. Immerhin will er angedeutet haben, dass Valentinian das Opfer einer Usurpation wurde,[6] aber ein wirkliches Risiko ging er nicht ein.

Eugenius ließ, ganz loyal, Münzen mit Bildern des Theodosius und des Arcadius schlagen; er beanspruchte lediglich die dritte Stelle für sich.[7] Auf einer offiziellen Inschrift, die in Köln errichtet wurde, werden ebenfalls Theodosius und Arcadius genannt, und zwar, wie es sich für die dienstälteren Kaiser gehörte, vor Eugenius.[8] Bemerkenswert ist, dass dieser Priester als Gesandte zu den Verhandlungen mit Theodosius schickte. Möglicherweise wollte er damit Zweifel an seiner christlichen Haltung zerstreuen. Theodosius antwortete offenbar auf die ersten Botschaften freundlich und ausweichend. Ob das als Zeichen der Unentschlossenheit gewertet werden sollte oder vielleicht nicht doch eher taktisch bedingt war, steht dahin. Auf keinen Fall gab es für Theodosius eine Möglichkeit, direkt loszuschlagen. Zunächst musste der Osten geordnet werden, und die Mobilisierung von Truppen kostete Zeit und Geld.

Anscheinend vermied Eugenius vorerst, in das militärisch nach Gallien hin ungeschützte Italien einzufallen. Vielmehr zog er mit einem ungewöhnlich großen Heeresaufgebot an den Rhein, um dort mit den Herrschern der Franken und Alamannen alte Verträge zu erneuern. Offenbar wollte der Kaiser seinen Soldaten und seinen Untertanen demonstrieren, wie entschlossen er trotz seiner Herkunft aus der Verwaltung die Grenzen des Reiches militärisch sicherte.

Anders als im Falle des Maximus, ließ Theodosius alsbald erkennen, dass er die Avancen des Usurpators zurückwies. Für das Jahr 393 wurden im Westen und im Osten verschiedene Consulpaare benannt: Das machte den Bruch manifest. Während im Westen Eugenius, wie unter neu ernannten Kaisern üblich, selbst den Consulat antrat und Theodosius als Kollegen benannte, erhob Theodosius im Osten neben sich den bewährten Militär Abundantius zum Consul, missachtete somit den Usurpator. Zudem ließ er am 23. Januar Honorius, der wohl schon lange als Herrscher über den Westen beziehungsweise Italien vorgesehen war, zum *Augustus* ausrufen, womit Valentinian ersetzt war. Selbstverständlich erteilte Eugenius, der seinen Anspruch übergangen sah, zu dieser Kaisererhebung nie seine Zustimmung. Bis zum Herbst wurde der Bruch auch auf Seiten des Eugenius sichtbar vollzogen. Er allein erscheint auf einer auf den 25. Oktober 393 datierten Inschrift aus Capua als Inhaber des Consulats.[9]

Inzwischen war es Eugenius gelungen, seinen Einfluss auf Italien auszudehnen und einen einflussreichen Bündnispartner zu gewinnen: Nicomachus Flavianus, um dessen Loyalität Theodosius sich einst so sehr bemüht hatte und der eine Schlüsselposition, eben die Präfektur für Italien und Illyricum, bekleidete. Anscheinend bruchlos ging der Beamte in die Dienste des neuen Machthabers über. Theodosius, wie stets vorsichtig taktierend, scheint ihn nicht seines Postens enthoben zu haben, wohl aber seinen Amtssprengel schrittweise verkleinert zu haben.[10] Eugenius machte unterdessen im Westen den gleichnamigen Sohn des Nicomachus Flavianus zum Stadtpräfekten. Er nutzte anscheinend sein Amt, um für die vertraulichen Gerichtsverhandlungen des Senats ein eigenes Gebäude zu errichten.[11] Die neue Regierung gab damit dem vornehmen Gremium zu verstehen, wie ernst man es nahm.

Der angestrengte Versuch des Theodosius, die westlichen Eliten an sich zu binden, war fehlgeschlagen. Nicomachus wurde von Eugenius für das nächste Jahr, 394, zum Consul erhoben, während Theodosius seinen beiden Söhne Honorius und Arcadius den Consulat verlieh und damit wieder einmal die Festigkeit seiner Dynastie unterstrich. Auffälligerweise besetzte Eugenius allem Anschein nach lediglich eine Consulstelle: Offenbar wollte er weiterhin und trotz allem demonstrieren, dass er an der Reichseinheit festhielt und dem Ostkaiser das Recht zugestand, seinen eigenen Consul zu ernennen. Sogar in Africa konnte Eugenius anscheinend Einfluss gewinnen, vor allem Beamte dort einsetzen und die Getreidezufuhr sicherstellen. Allerdings war diese Region durch die Dominanz Gildos für keinen der Höfe leicht zu kontrollieren.

Nicomachus galt, wie bereits erwähnt, nicht allein als ein einflussreicher Senator, sondern auch als einer der Exponenten des Heidentums, der anders als viele Gesinnungsgenossen mehr tat, als lediglich die Bildung zu pflegen: Er nährte ein ausgeprägtes, durchaus praktisches Interesse an Wahrsagekünsten, namentlich an der Auguraldisziplin, das heißt an der Deutung des Verhaltens von Vögeln als Vorzeichen. Die bei jedem offiziellen Akt durchgeführte Zeremonie hatte zu den Wesenselementen der römischen Religion gehört. Das Wirken der Auguren war aber schon seit Constantius II. (337–361) immer wieder verboten worden, sodass sie nur noch im Verborgenen ausgeübt werden konnte, zumal seit den bekräftigenden Maßnahmen des Theodosius.

Offenbar erhoffte Nicomachus von Eugenius eine großzügigere Handhabung, und er sollte sich nicht täuschen. Zwar zeigte Eugenius keine christenfeindliche Haltung und sagte sich persönlich vom Christentum keineswegs los; vielmehr machte er der Mailänder Kirche sogar Geschenke und wollte dort beten.[12] Dennoch steht außer Zweifel, dass Eugenius dem Heidentum größere Handlungsspielräume verschaffte. Eine solche Politik der ‚Toleranz' gegenüber bislang verfolgten Gruppen war ja keineswegs ungewöhnlich, vielmehr lag sie für jeden neuen Herrscher nahe, da er hoffen konnte, auf diese Weise seine Anhängerschaft zu verbreitern oder doch wenigstens niemanden zu brüskieren.

Erneut war Eugenius bemüht, Theodosius nicht vor den Kopf zu stoßen, zunächst jedenfalls: Als bei ihm eine Gesandtschaft von Senatoren erschien, die darum bat, die alten Kulte zu erneuern, wurde sie abschlägig beschieden, womit Eugenius an die Entscheidungen von Valentinian II. und Theodosius anknüpfte. Dennoch wagte man eine zweite Gesandtschaft, die gleichfalls noch keinen unmittelbaren Erfolg hatte, doch bald darauf mit einem Entscheid zu ihren Gunsten belohnt wurde, möglicherweise ein Indiz für die zunehmende Distanzierung des Eugenius von Theodosius. Eugenius ging dabei anscheinend nicht einmal so weit, die Heiligtümer offiziell zu restituieren, vielmehr schenkte er sie – formal wohl nur die Grundstücke mit Gebäuden – einzelnen vornehmen Römern als Anerkennung für ihre Verdienste und machte damit den Kult wieder möglich, ohne den Staat mit hineinzuziehen.

Ganz gleich, wie die administrative Abwicklung erfolgte: Die Schenkungen genügten, um den Jubel der Heiden auszulösen und auch ein großes Engagement, zumal in Rom und Umgebung, wo der Einfluss der Nicomachi Flaviani am stärksten war. Der Prätorianerpräfekt selbst soll eine Reihe alter, anstößiger, blutrünstiger Kulte wieder zelebriert haben, wie ein rabiat antiheidnisches Gedicht behauptet.[13] Eine Inschrift aus Ostia (Abb. 24, 25) verkündete die Erneuerung eines Tempels durch einen Beamten, der es nicht versäumt, den unstreitig legitimen Kaisern Theodosius und Arcadius

Abb. 24: Heidnische Weihung in Ostia aus der Zeit des Eugenius.

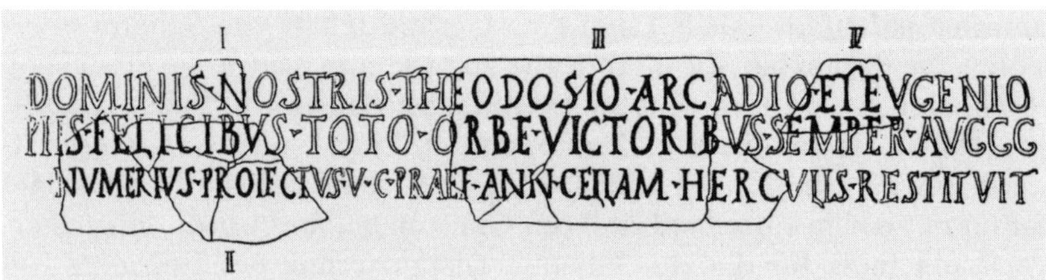

Abb. 25: Rekonstruktion des unteren Texts der Inschrift. Er lautet übersetzt: Für unsere Herren Theodosius, Arcadius und Eugenius, den frommen und erfolgsverwöhnten, Siegern im ganzen Erdkreis, immer Augusti, hat Numerius Proiectus, Angehöriger des Senatorenstandes, Leiter der Lebensmittelversorgung, das Heiligtum des Herkules erneuert.

Reverenz zu erweisen.[14] Aber vollständig wurde das Alte nicht wiederhergestellt. Die hergebrachte Verbindung von Staat und Religion restituierte Eugenius nicht; es handelte sich um private Initiativen. Aufgrund dieser Politik gewann der Usurpator in den heidnischen Senatoren eine Gruppe, die durch ihr Selbstbewusstsein und ihren Besitz gewiss imponierte, deren Macht dennoch sehr begrenzt war. Andererseits verprellte er engagierte

Christen – mochten die Heiden sich auch dadurch bestärkt fühlten, dass Verse umliefen, laut denen das Christentum nach so vielen Jahren untergehen werde, wie ein Jahr Tage hat.[15] Und diese 365 Jahre waren aus Sicht der Untertanen des Theodosius jetzt bald verstrichen.

Wie aber reagierten die Christen? Von den Homöern, die von einer ‚Toleranzpolitik' hätten profitieren können, hört man nichts. Anscheinend waren sie schon zu sehr geschwächt, um noch irgendein Gewicht in die Waagschale werfen zu können. Unter den Nizänern ist Ambrosius gut fassbar, da er verschiedentlich – und nicht ohne Grund – die Notwendigkeit verspürte, sich für sein Verhalten zu rechtfertigen. Eugenius scheint sich frühzeitig brieflich an den angesehenen Bischof gewandt zu haben; dieser aber verzichtete zunächst auf eine Antwort, um schließlich doch die Korrespondenz aufzunehmen, allerdings, wie er betont, lediglich um zugunsten Dritter zu intervenieren. Als der Usurpator im Sommer 394 nach Mailand einzog, wich Ambrosius aus und begab sich nach Bologna, sodann nach Faenza und Florenz, um erst wieder an seinen Bischofssitz zurückzukehren, nachdem Eugenius ihn verlassen hatte. Eine direkte Konfrontation wagte er in Abwartung des Ausgangs des Bürgerkriegs nicht.

Natürlich konnte Eugenius mit dem Verhalten des Bischofs nicht zufrieden sein. Er tadelte ihn schriftlich, und Ambrosius würdigte ihn einer Antwort.[16] In seinem Brief sprach er den Usurpator als *imperator clementissimus*, ‚gnädigster Kaiser', an und ließ Zweifel an der Legitimität seiner Herrscherstellung nicht erkennen. Seine Distanzierung erklärte er nicht etwa mit der fragwürdigen Legitimität des Eugenius, sondern bezog sich auf dessen heidenfreundliche Politik. Dabei versäumte er nicht, darauf hinzuweisen, dass er sich gegenüber Valentinian II. und Theodosius nicht anders verhalten habe, und rückte dadurch Eugenius in die Reihe der rechtmäßigen Kaiser. Die Reaktion zeigt den Bischof auf der Höhe seines diplomatischen Könnens. Er konzentriert sich ganz auf die christliche Sache und macht keine explizit politischen Äußerungen, gibt sich aber loyal. Später, nachdem Theodosius wieder die Macht errungen hatte, verschob Ambrosius zur Rechtfertigung seines Gebarens selbstverständlich die Akzente.

Wie auch immer man die Reichweite der heidenfreundlichen Politik des Eugenius beurteilen will,[17] in einem Punkt hatte sie eine durchschlagende Wirkung: Sie gab Theodosius den – gewiss willkommenen – Anlass, einen Religionskrieg zu inszenieren. Seit 393 war mit militärischen Auseinandersetzungen zu rechnen; Eugenius stellte sich jedenfalls darauf ein. Es war schon die Rede davon gewesen, dass er sich im Sommer 394 in Mailand aufhielt. Die Stadt war eine Etappe auf dem Zug Richtung Osten, denn irgendwo im illyrisch-italischen Grenzraum musste die Entscheidung zwischen ihm und Theodosius fallen, der sich mit einem starken Aufgebot dem Westen näherte. Anders als Maximus drang Eugenius nicht in die Osthälfte des Reiches ein, sondern erwartete seinen Feind, den er offiziell weiterhin als Mitkaiser interpretierte, innerhalb seines eigenen Reichsteils, um die Tür für Verhandlungen offen zu lassen. Doch Theodosius war nicht zu einem friedlichen Ausgleich bereit.

Der Gegenschlag

Als die Nachricht vom Tode Valentinians II. den östlichen Hof erreichte, demonstrierte man dort gewiss Trauer; glaubhaft wird berichtet, dass Galla, die anscheinend wieder an den Hof zurückgekehrt war, über das Ende ihres Bruders tief betrübt gewesen sei.[18] Aber in aller echten oder gespielten Trauer muss ein Gefühl der Erleichterung mitgeschwungen haben: Wäre Valentinian älter geworden und hätte er mehr Ansehen gewonnen, so hätte man ihm durchaus die Entschlossenheit zutrauen können, gegen die Umklammerung durch Theodosius aufzubegehren und seine Rechte als *senior Augustus* geltend zu machen. Nun aber schien die theodosianische Dynastie vollends ungefährdet. Man brauchte nicht einmal zu fürchten, dass durch den Tod des Kaisers Gallien verloren gehe, denn Arbogast hielt weiter das Heft in der Hand und hatte bisher die Region erfolgreich verteidigt.

Als die Meldung von der Erhebung des Eugenius eintraf, muss der Hof hingegen wie vom Donner gerührt gewesen sein. Jedermann dürfte sich an die Machtübernahme des Maximus erinnert haben. Theodosius hatte es jetzt erneut mit einem Usurpator zu tun, der von einem erfahrenen Feldherren gestützt wurde und an dessen baldige Niederwerfung nicht zu denken war. Vielleicht bereute Theodosius es jetzt, dass er so viele seiner Vertrauten mit nach Osten genommen hatte, die im Westen jetzt bitter fehlten.

Der Donnerschlag kam zu einer Zeit, als Theodosius die Verhältnisse im Osten nicht völlig geordnet hatte. Sein Verhältnis zur dortigen Aristokratie war nach wie vor spannungsreich; in Thrakien mit seinen unruhigen Goten herrschte noch keine Ruhe. Daher ist verständlich, dass der Kaiser die Gesandten des Eugenius mit einer hinhaltenden Antwort verabschiedete. Das Schlimmste, was jetzt hätte eintreten können, wäre der sofortige Einfall eines Bürgerkriegsgegners in den Osten gewesen.

Die Vorbereitung des Gegenschlages war umfassend, unter pragmatischen wie unter religiösen Aspekten. Mit der Ausrufung des Honorius zum *Augustus* im Januar gab Theodosius kund, dass er die Ansprüche des Eugenius ignorierte. Es muss ein begeisterndes Fest gewesen sein. In einer feierlichen, für künftige Kaisererhebungen vorbildlichen Zeremonie wurde Honorius in die Stadt geführt und der Bevölkerung präsentiert.[19] Doch gab es ein düsteres Vorzeichen: Um die dritte Stunde trat Dunkelheit ein.

Militärisch blieb einiges zu tun. Die unberechenbaren Goten waren nicht nur ruhig zu stellen, sondern auch für den Feldzug zu gewinnen. Die Versuche des Theodosius, über strengere Regeln bei der Rekrutierung von Römern das Heer zu stärken, hatten sich ja nicht bewährt. Obwohl man den größten Teil des Ostheeres aufbot, benötigte man daher fremde Kontingente. Die Goten mochten formal zur Heeresfolge verpflichtet sein, wussten jedoch ohne Zweifel, dass Theodosius auf sie angewiesen war. Dieser wiederum konnte davon profitieren, dass die Goten keineswegs geschlossen handelten, sondern verschiedene Anführer besaßen, die miteinander rivalisierten und in einem unterschiedlichen Maße zu Kompromissen bereit waren.

Zosimos berichtet, ein Teil der Goten habe Verrat geplant. Deswegen sei es während eines Besuchs im kaiserlichen Palast zu handgreiflichen Auseinandersetzungen unter ihnen selbst gekommen, die von der kaiserlichen Leibwache beendet worden seien.[20] Exponent der romtreuen Goten war, so hört man, mit Fravitta ein Heide, der von Theodosius so sehr gefördert wurde, dass er sogar die Erlaubnis erhielt, eine Römerin zu heiraten; ihm gegenüber stand ein gewisser Eriulf. Der Bericht über ihre Händel ist natürlich mit Vorsicht zu nehmen, da dem heidnischen Geschichtsschreiber daran gelegen war, das Scheitern der Politik des Kaisers zu illustrieren. Andererseits leuchtet es ein, dass viele Goten kein Interesse hatten, den weiten Zug in den Westen auf sich zu nehmen, um einen Rivalen des Theodosius niederzuwerfen. Denn der Usurpator wäre nicht umhin gekommen, ihre Position anzuerkennen. Andererseits konnte ein einzelner Anführer in der kompetitiven gotischen Gesellschaft darauf hoffen, durch kriegerische Erfolge Ansehen und Einfluss bei seinen Truppen zu gewinnen. Trotz aller Widerstände gelang es indes, starke gotische Truppenteile zu mobilisieren. Damit hatte der Kaiser nicht nur wertvolle Kämpfer gewonnen, sondern auch die Situation auf dem Balkan entschärft, da potentielle Aggressoren abzogen. Während des Zuges gegen Maximus hatte Theodosius ja diesbezüglich schlechte Erfahrungen gemacht.

Als Anführer der Goten zog – und das ist bezeichnend für deren Beweglichkeit – Alarich mit, der zuvor noch in antirömische Unruhen verwickelt gewesen war. Er wiederum wurde einem anderen Goten, Gainas, unterstellt. Dies war insofern heikel, als Alarich als Spross des Königsgeschlechts der Balthen einem Goten geringerer Abkunft zu gehorchen hatte. Wie die Kommandoverhältnisse im Einzelnen geregelt und in welchem Umfang die Goten römischen Offizieren direkt untergeordnet wa-

Abb. 26: Diptychon, das auf der rechten Seite höchstwahrscheinlich Stilicho (in teils germanischer Kleidung), auf der linken seine Frau Serena und den Sohn Eucherius zeigt.

ren, steht nicht fest. Immerhin gab es während des Feldzugs keine Widersetzlichkeit bei den Goten.

Für den Feldzug stand Theodosius eine gegenüber dem Maximus-Feldzug erneuerte, aber bereits bewährte Garde von Kommandeuren zur Verfügung. Ursprünglich hatte Richomeres die Reitereinheiten führen sollen, obwohl er mit Arbogast verwandt war; doch erkrankte er tödlich. Nun wurde ein weiterer erfahrener Mann, Timasius, zum obersten Kommandeur bestellt, dem ebenfalls als Heermeister Stilicho, der Gatte der Kaisernichte Serena, beigegeben wurde (Abb. 26). Neben Gainas kommandierte ein gewisser Saul die fremden Einheiten, ferner ein Mann iberischer Herkunft namens Bacurius. Plausiblerweise legte man Wert darauf, dass römische Militärkommandeure der gleichen Herkunft waren wie ihre Soldaten. Mit den Feldherren zog das Gros des oströmischen Heeres. Die Bedrohung durch Eugenius betrachtete Theodosius offenbar als schwerwiegend genug, um die militärische Entblößung der östlichen Grenzen in Kauf zu nehmen.

Administrativ stand zunächst die Neuordnung Illyricums im Vordergrund. Eigentlich lag die Zuständigkeit bei Nicomachus Flavianus, zu dessen Prätorianerpräfektur die Region gehörte, aber spätestens seit seinem Abfall musste Theodosius eine neue Lösung suchen. Die Angaben über die Amtssprengel derjenigen, denen Gesetze zugeleitet wurden, zeigen, dass Theodosius im Winter 392/3 den Machtbereich des Nicomachus immer weiter einschränkte;[21] eine tatsächliche Kontrolle der Gebiete war natürlich erst nach einer militärischen Besetzung möglich. Aus Africa hatte Theodosius wenig Hilfe zu erwarten, zumal Gildo wohl eher Eugenius zuneigte. Immerhin ließ er sich zu keinen offenen Verrat am Ostkaiser hinreißen: Weiter ergingen Gesetze aus Konstantinopel an Africa, das sich somit formal nicht der Herrschaft Konstantinopels entzogen hatte, und dabei wurden so unkriegerische Angelegenheiten wie Ehebruch behandelt. Doch dem Befehl, den rechtmäßigen Kaiser zu unterstützen, leistete Gildo keine Folge; er wartete illoyal ab.

Theodosius wollte nicht nur seinen Divisionen vertrauen, sondern, wie es seiner Selbstdarstellung gegenüber den Christen entsprach, vor allem Gottes Rat und Hilfe erlangen. An verschiedenen heiligen Städten in und nahe Konstantinopel verrichtete er Gebete. Wie schon vor dem Auszug gegen Maximus suchte er den Rat des ägyptischen Eremiten Johannes. Von ihm wollte er wissen, ob er Eugenius angreifen oder dessen Vorstoß abwarten solle. Der Eunuch Eutrop erhielt als Kammerherr den Auftrag, Johannes an den Hof zu bringen oder ihn wenigstens zu befragen. Da man den Verschnittenen keine politischen und schon gar keine dynastischen Ambitionen zutraute, konnten sie derartige vertrauliche Missionen gefahrlos übernehmen. Johannes ließ sich zwar nicht auf eine Reise nach Konstantinopel ein, doch erteilte er Eutrop eine Antwort: Theodosius werde siegen und den Usurpator stürzen, werde aber nach dem Sieg in Italien aus dem Leben scheiden – das wissen zumindest jene christlichen Quellen zu berichten, die später in Kenntnis dieser Ereignisse geschrieben wurden.[22] Als Eutrop unter Arcadius zu einem der mächtigsten Männer im Reich aufstieg, scheint er sich seiner Verbindung zu Johannes gerühmt zu haben: Heilige Männer dienten immer öfter dazu, die Machtstellung weltlicher Herren zu legitimieren. Zunächst einmal konnte Theodosius allenthalben verkünden, dass er die höchste Autorität für seinen Feldzugsplan gewonnen habe.

Möglicherweise ist noch ein anderes religionspolitisches Signal als Reaktion auf die Usurpation zu erklären: Wenige Monate nach der Ausrufung des Eugenius, am 8. November 392, erließ Theodosius das bereits zitierte antiheidnische Gesetz, mit dem sogar die private Kultausübung unterbunden werden sollte. Wollte Theodosius damit ein unzweideutiges religionspolitisches Zeichen gegen den heidenfreundlichen Usurpator setzen?

Es ist unbekannt, wie man in diesen Tagen mit einem weiteren, sicher überlieferten düsteren Zeichen umging, das Theodosius während der Vorbereitungen zum Aufbruch traf: Galla starb am 29. April 394 im Kindbett zusammen mit dem Neugeborenen. Der Kaiser hatte nur wenig Zeit, seine junge Frau zu betrauern, dann brach er zu dem Feldzug auf.

Ein Feldzug der Wunder

Die erste Station des Auszuges von Kaiser und Heer war das Hebdomon, jener Komplex aus Palast und Kirche am siebten Meilenstein vor Konstantinopel, in den Theodosius das Haupt des Johannes hatte bringen lassen. Hier sprach er ein Gebet für den günstigen Ausgang des Feldzugs und bat den Täufer um Beistand. An dieser Station wurde der Feldzug erneut unter das Zeichen des christlichen Glaubens gestellt, obgleich kein Zweifel bestehen kann, dass das oströmische Heer bis in die höchsten Ränge hinauf auch Heiden umfasste.[23]

Der Vormarsch ging langsam vonstatten. Am 20. Mai ist Theodosius in einem Heraclea bezeugt, wo er sich die Zeit nahm, einige gesetzliche Bestimmungen, die keineswegs kriegswichtig waren, auszufertigen: Es ging um die Beamten, die in den Büros höher Würdenträger arbeiteten, ferner wurden (das kann man immerhin als kriegsbedingte Einsparmaßnahme gelten lassen) Reduktionen bei öffentlichen Spielen festgelegt sowie erneut betont, dass solche Veranstaltungen nicht an Sonntagen stattfinden dürften; schließlich forderte Theodosius dazu auf, Bilder der Bühnenkünstler und Wagenlenker von Stätten zu entfernen, an denen der Kaiser geehrt wurde, Miminnen sollten nicht die Gewänder von Nonnen tragen und Christen vom Schauspielberuf fern gehalten werden.

Am 20. Juni 394 befand Theodosius sich in Adrianopel. Er erließ dort ein Gesetz, laut dem die Eunomianer das Recht, zu erben und zu vererben, zurückerhalten sollten, womit er ausdrücklich eine frühere Bestimmung widerrief. Ein Sinneswandel zu einer duldsameren Politik dürfte mit diesem Gesetz nicht verbunden gewesen sein; davon ist jedenfalls sonst nichts zu erkennen. Wahrscheinlicher ist, dass Theodosius sich kirchenpolitisch den Rücken frei halten wollte, denn die Eunomianer waren in Konstantinopel ausgesprochen stark.

Der nächste Ort, an dem ein Aufenthalt des Theodosius belegbar ist, liegt weit im Westen, an der Grenze zum Herrschaftsgebiet des Eugenius. Auf dem Weg von Emona (Laibach) nach Aquileia marschierte er durch die Julischen Alpen im heutigen Slowenien. Vermutlich rechnete er mit dem Feind auf den Passhöhen. Dort freilich stand niemand. Als Theodosius den Abstieg wagte, musste er erkennen, dass er von Arbogast in einer Ebene erwartet wurde, die hinter einem Engpass lag. Der Feldherr des Westens hatte den Ort geschickt gewählt, denn hier vermochte das kaiserliche Heer sich nicht zu entfalten und bildete scheinbar eine leichte Beute. Es kam am 5./6. September 394 zu einer Schlacht, die nach einem nahe gelegenen Flüsschen Frigidus bezeichnet wird.[24]

Der Kampf verlief anders, als man es erwartet hatte. Was dort geschah, konnte man nach den Begriffen der Zeit allein als Mirakel deuten. Theodoret, derjenige Kirchenhistoriker, der den größten Hang zu Wundergeschichten hatte, überliefert die reich ausgestaltete christliche Version: Zunächst berichtet er von einem günstigen Traum, der Theodosius nach einer unter Gebet verbrachten Nacht zuteil geworden sei. Darin wird er von zwei Vorkämpfern, Johannes dem Täufer und dem Apostel Philipp, geheißen, seine Truppen zur Schlacht zu ordnen; ein Soldat empfängt gleichsam zur Bestätigung denselben Traum.[25] Am folgenden Tag gehen beide Heere in Position:

Als die Schlachtreihen sich aufgestellt hatten, war die Masse der Feinde viele Male größer. Von ganz geringer Zahl war nämlich das dem Kaiser zugeordnete Heer. Als beide Seiten begannen, ihre Geschosse zu schleudern, zeigten die Vorkämpfer (sc. Johannes der Täufer und Philipp), dass ihre Versprechen zutrafen. Ein gewaltiger Wind nämlich, der den Feinden ins Gesicht blies, trieb ihre Pfeile davon. Ihre Wurfspieße und Speere und all ihre Geschosse waren unwirksam. Weder ein Schwerbewaffneter noch ein Bogenschütze noch ein Leichtbewaffneter vermochte dem Heer des Kaisers Schaden zuzufügen. Eine ungeheure Menge von Staub zwang sie allerdings auch, die Lider zu schließen und sich um ihre angegriffenen Augen zu kümmern. Die Soldaten des Kaisers, die von diesem Sturm gar nicht betroffen waren, töteten entschlossen die Feinde. Als jene das sahen und der göttlichen Hilfe gewahr wurden, warfen sie die Waffen nieder und baten den Kaiser um Schonung.[26]

Was darf man solch einer Quelle überhaupt glauben? Aus der Topographie erhält Theodorets Geschichte eine bemerkenswerte Bestätigung: Die Gegend beim antiken Frigidus ist berüchtigt für plötzlich aufkommende Fallwinde.[27] Daher darf man annehmen, dass dieses Naturereignis, über das andere Quellen ebenfalls berichten,[28] tatsächlich stattgefunden hat, zumal es sich nicht um einen Topos handelt. Dass allerdings, wie Theodoret behauptet, die kaiserlichen Truppen zahlenmäßig weit unterlegen gewesen seien, wird man nicht glauben dürfen. Theodosius hatte ja nach seinem Sieg über Maximus das Ostheer verstärkt und zudem seinen Feldzug gut vorbereitet. Offenbar ging es dem Kirchenhistoriker an diesem Punkt darum, die Wunderhaftigkeit des Sieges noch schärfer zu zeichnen.

Der Heide Zosimos hat natürlich nichts über ein christliches Wunder zu erzählen, sondern berichtet, Theodosius habe mit seinen Leuten Truppen des Eugenius, die sich bereits als Sieger gefühlt hätten, beim Essen überrascht.[29] Dies ist eine isolierte Nachricht, deren Wert dadurch weiter gemindert wird, dass derartige Berichte in antiken Schlachtenschilderungen sehr oft auftauchen. Möglicherweise hat Zosimos hier gewissermaßen ein Versatzstück verwendet, um nicht von dem Naturereignis sprechen zu müssen.

Die christlichen Autoren beschränken sich nicht darauf, das Wunder zu überliefern, sondern sie inszenieren – und darin folgen sie gewiss der theodosianischen Propaganda – die ganze Schlacht als Kampf des Christentums gegen das Heidentum. So wissen sie von heidnischen Feldzeichen zu berichten, welche die Anhänger des Eugenius in der Nähe des Schlachtortes platziert hätten.[30] Die Nachricht muss nicht falsch sein, da ja Eugenius gegenüber paganen Traditionen duldsam war, doch fällt auf, dass sie erst in späten Quellen erscheint.

Umgekehrt betonen die Christen, Theodosius selbst habe die entscheidende Wende in der Schlacht durch ein Gebet herbeigeführt, das er entweder – so Theodoret – in der Nacht vor dem Entscheidungstag oder am Tag selbst gesprochen habe.[31] Gewiss darf man davon ausgehen, dass Gebete verrichtet wurden; wie ausgedehnt sie waren, steht jedoch dahin. Ohne Zweifel wurde indes später, unter den Söhnen des Theodosius, das Gebet des Kaisers für den Schlachtenausgang in der Wahrnehmung der Zeitgenossen so wichtig, dass die persönliche Teilnahme des Kaisers am Feldzug nicht mehr notwendig schien.[32] Möglicherweise wurden daher spätere Zustände auf die Regierung des Theodosius rückprojiziert.

Über alle Wunder und ihren realen Hintergrund hinaus lassen sich noch einige Einzelheiten des Kampfes fassen. Fast alle Gewährsleute, darunter der Zeitgenosse Ambrosius, überliefern, was diesem wunderbaren Sieg vorausgegangen war und was Theodoret verschweigt: Theodosius hatte gotische Einheiten vorgeschickt, welche anscheinend die feindlichen Reihen durchbrechen sollten. Doch wurden sie zu Tausenden hingemetzelt oder, um es im Landser-Jargon auszudrücken, verheizt. Der Jubel des frommen Bischofs über das Gemetzel war groß, auch der später schreibende christliche Historiker Orosius heißt die Abschlachtung der Goten gut.[33] Der Kirchenhistoriker Rufin versteigert sich sogar zur Erklärung, Gott habe zeigen wollen, dass Theodosius es nicht nötig habe, dank Barbaren zu siegen.[34] Die christliche Nächstenliebe fand offenbar ein Ende, wenn es um Nicht-Römer ging, die nicht einmal dem Nizänertum anhingen. Trotz der beschönigenden Deutungen späterer Autoren bleibt jedoch eines klar: Es sah am Abend des ersten Tages schlecht aus für die kaiserliche Sache.

Für den Sieg am Folgetag muss eine Heldentat des iberischen Kommandeurs Bacurius von wesentlicher Bedeutung gewesen sein, der vielleicht im Kampf fiel. Denn diese Leistung wird von wundergläubigen Autoren hervorgehoben, obwohl sie sich mit nichts spezifisch Christlichem verbinden ließ.[35] Theodosius scheint persönlich eingegriffen und sich dabei, wie meist in militärischen Angelegenheiten, verschätzt zu haben. Angeblich fiel er dem für Eugenius kämpfenden, vermutlich germanischen Offizier Arbitio in die Hände, der im Rücken der kaiserlichen Truppen gestanden haben muss, jedoch die Fronten wechselte: Wenn die Notiz stimmt, wäre Theodosius wieder das Glück treu geblieben.

Es sind die uns überlieferten, bruchstückhaften Informationen, die ich hier zusammengetragen habe. Was lässt sich also einigermaßen zuverlässig über die Schlacht sagen? Der erste Tag war für Theodosius so verlustreich, dass er das Ende hätte bedeuten können. Doch am zweiten Tag errang er, auch dank einem Naturereignis einen Sieg. Wie immer man seine Rolle in der Schlacht einschätzt: Er hat Fortüne gehabt. Oder, christlich gesprochen, Gott hat an Theodosius ein Wunder gewirkt.

In Konstantinopel erzählte man sich, zum Zeitpunkt der Schlacht sei ein Dämon in der Kirche im Hebdomon erschienen, der Johannes den Täufer geschmäht, ihm aber seine Niederlage eingestanden habe. Aus der Sicht der Zeitgenossen war das eine plausible Erzählung. Niemand konnte mehr daran zweifeln, dass Theodosius der von Gott gewollte Kaiser war.[36]

Die Gegner erkannten ihre Niederlage an. Eugenius scheint ein ähnliches Los wie Maximus ereilt zu haben – wenn die Quellenautoren die Geschichte nicht einfach von dem einen zu dem anderen übertragen haben[37]: Er flehte Theodosius um Gnade an, wurde aber von dessen Soldaten niedergemacht, sodass den Kaiser keine direkte Schuld traf. Arbogast verübte Selbstmord. Auch der ältere Nicomachus Flavianus scheint diesen aus der Sicht der Antike ehrenvollen Tod gewählt zu haben.

Theodosius zeigte sich gegenüber den Feinden, deren er habhaft werden konnte, gnädig und verhängte über keinen ein Todesurteil. Stattdessen entsandte er seinen Kammerherren Johannes, um für die Sicherheit derer Sorge zu tragen, die in den Kirchen Asyl gesucht hatten. Ein solches Verhalten entsprach seinem integrativen Herrschaftsstil und seinen christlichen Ansprüchen, war aber auch durch sein Interesse bestimmt, angesichts der notorischen Rekrutenknappheit möglichst viele Soldaten für seine Armee zu gewinnen. Bezeichnenderweise machte er sich sogleich an eine militärische Neuordnung: Die beiden Heere, das siegreiche des

Ostens und das geschlagene des Westens, wurden zu einem Reichsheer unter dem Befehl Stilichos vereint.

Seine Inszenierung als christlicher Kaiser setzte Theodosius fort. Er enthielt sich, so berichtet jedenfalls Ambrosius, wegen der großen Zahl der Gefallenen reuig des Abendmahls, bis seine *filii* (‚Söhne, Kinder') vom Osten kommend wohlbehalten bei ihm eintrafen und damit bezeugten, dass Gott ihm weiter gnädig sei.[38] Persönliche Frömmigkeit und politisches Kalkül kommen hier zusammen: Auf diese Weise konnte Theodosius seinen Goten ebenso wie den in sein Heer aufgenommenen Truppen Arbogasts demonstrieren, wie tief ihn ihre Verluste betrübten. Alarich, der über den Umgang mit seinen Landsleuten entsetzt gewesen sein muss, versuchte er anscheinend mit einem römischen Titel zu trösten.

Widerstand gegen Theodosius, der angeblich den Kopf des Eugenius überall in Italien herumzeigen ließ, erhob sich nun nicht mehr. Das Römische Reich war jetzt in einer Hand vereint. Zum letzten Mal hatte ein römischer Kaiser nicht nur formal, sondern tatsächlich die Herrschaft über das Gesamtreich errungen.

Der Tod des Kaisers und der Weg zur Spaltung

Vor dem Herrscher über das Imperium türmten sich die Aufgaben: Die Grenzen waren gefährdet, am Rhein, wo bisher Arbogast für einen verlässlichen Schutz gesorgt hatte, aber auch an der Donau oder am Euphrat, von wo Truppen abgezogen worden waren; Africa hatte sich der Kontrolle der Zentralverwaltung längst entzogen. In seinen gotischen Truppen gärte es, weil sie am Frigidus einen so hohen Blutzoll hatten zahlen müssen. Die Herrschaft im Westen musste neu geordnet werden, denn schon längst hatte sich herausgestellt, dass ein Kaiser Kollegen oder nachgeordnete *Caesares* benötigte, um die Macht im ganzen Reich auszuüben. Schließlich waren die inneren Gegner zu integrieren, und den Osten durfte er dabei nach den Erfahrungen mit Tatianus nicht aus den Augen verlieren.

Die nächste größere Stadt auf dem Weg in den Westen war Aquileia. Dorthin kam, wer Theodosius gratulieren wollte und wer ein schlechtes Gewissen hatte. Zu den Letzteren gehörte der Mailänder Ambrosius, der zwischen Usurpator und Kaiser laviert und beiden ehrerbietige Briefe geschrieben hatte. Das war aus der Sicht des Bischofs, der zunächst einmal auf seine Diözese und seine eigene Stellung zu achten hatte, legitim, doch in den Augen des Kaisers ein Indiz mangelnder Loyalität. Ambrosius schrieb sogleich, um sein Verhalten zu rechtfertigen. Aus dem ersten Brief lässt sich erschließen, dass der Kaiser ihm vorgeworfen hatte, er habe Mailand verlassen, weil er geglaubt habe, der legitime Herrscher sei von Gott verlassen. Das weist der Bischof von sich. Er habe nur Eugenius nicht begegnen wollen: *Ich hatte nämlich nicht die Mailänder Kirche, die mir von Gott anvertraut ist, verlassen; sondern ich mied die Anwesenheit dessen, der zur Gotteslästerung herabgesunken war.*[39] Gerne wolle der Bischof eine Dankmesse feiern, die Theodosius anstelle der Triumphbögen früherer Zeiten angeordnet habe. Sodann ergeht der Bischof sich in rühmenden Worten für den Kaiser, die in einen Lobpreis seiner Milde münden, die er auch seinen Feinden gewähren möge.

Doch weiterhin blieb Ambrosius unsicher. Durch den Kammerherren habe er dem Kaiser seinen Dank für die Wohltaten ausrichten lassen – in irgendeiner Weise muss Theodosius also reagiert haben –, aber er habe das Gefühl, nicht genug getan zu haben. Deswegen entsende er jetzt den Diakon Felix, also einen Vertrauten, um sein Schreiben zu übermitteln. Er soll außerdem im Namen des Ambrosius um Gnade für jene bitten, die sich zur Kirche geflüchtet hatten. Das Ende des Briefes ist einem beschwörenden Ton gehalten:

Groß ist, was wir erbitten, aber wir erbitten es von demjenigen, dem der Herr Unerhörtes und Bewunderungswürdiges gewährt hat, von dem, dessen Milde wir kennen und dessen Frömmigkeit wir als Geisel halten. Von dort erwarten wir, das geben wir zu, noch mehr, weil ja so, wie du dich mit deiner Tüchtigkeit besiegt hast, du dich sogar mit deiner Frömmigkeit besiegen musst. Dein Sieg ist nämlich, wie man es beurteilen muss, nach der überkommenen Weise und mit den alten Wundern dir geschenkt worden wie dem heiligen Moses, Josua, Samuel und David, nicht nach menschlicher Berechnung, sondern durch das Geschenk der himmlischen Gnade.[40]

Erneut versuchte der Bischof, seine geistliche Autorität wie sein Amt als Fürsprecher der Unglücklichen, in diesem Falle der geschlagenen Feinde des Theodosius, zu nutzen, um den Kontakt zum Kaiser zu begründen und letztlich eigensüchtige Ziel zu verfolgen. So gewandt der Bischof jedoch argumentierte, Erfolg hatte er mit seinen Briefen nicht. Jedenfalls musste er dem Kaiser in Aquileia persönlich Abbitte leisten. Wie das Treffen verlief, ist nicht überliefert. Doch man darf sicher sein, dass Theodosius nach all seinen früheren Begegnungen mit dem hochfahrenden Bischof dessen Geste der Ergebenheit, die allein schon in der Reise lag, goutiert hat. Endlich erlangte der Bischof Verzeihung.

Theodosius machte sich auf den Weg in die Residenz Mailand und kam einen Tag nach Ambrosius dort an. Vielleicht hatte er auf die Geleit des Bischofs keinen Wert gelegt, vielleicht wollte Ambrosius seine Ergebenheit demonstrieren, indem er dem Kaiser gleichsam den Weg bereitete. Jedenfalls gaben sie sich in Mailand versöhnt. Dort empfing Theodosius wieder das Abendmahl und vertraute während eines Gottesdienstes seine Nachkommen dem Bischof an. Mailand war der geeignete Ort für den

Neuaufbau der Verwaltung des Westens. Den Plan dürfte Theodosius im Grundsätzlichen schon bei seinem früheren Aufenthalt im Westen gefasst haben, als er 388 in Begleitung des Honorius Rom besuchte und seinen Sohn wahrscheinlich gar zum *Caesar* erhob. Honorius sollte nunmehr Herrscher über den Westen werden, wie es Arcadius im Osten war. Aus diesem Grunde wurde der Knabe nach Mailand gerufen, wo er bald, von seiner Mutter begleitet, eintraf.

Ahnte Theodosius, dass er an einer tödlichen Krankheit litt? Jedenfalls berief er für den gerade zehnjährigen Honorius einen Vormund, Stilicho, den mit der kaiserlichen Adoptivtochter Serena verheirateten Oberbefehlshaber germanischer Abkunft. Wie Rufinus im Osten als Westler in keine Netzwerke eingebunden war, so war Stilicho ein Mann des Ostens, der im Westen über keine Beziehungen zu Hochgestellten verfügte.[41] Vermutlich gehörte dies zum Plan, da Theodosius den traditionellen Eliten misstraute und sich durch die Ereignisse der letzten Jahre, zumal durch die Untreue westlicher Senatoren unter Eugenius, bestätigt finden musste.

Unter den Senatoren regte sich das schlechte Gewissen: Natürlich versäumte man nicht, Siegesfeiern abzuhalten. Eine Gesandtschaft ging von Rom nach Mailand ab, um Theodosius' Stimmung zu erkunden. Erleichtert werden die Vertreter Roms gewesen sein, wenn sie hörten, wie Theodosius den Tod des älteren Nicomachus Flavianus beklagte. Eine Beruhigung bedeutete es gewiss, dass dessen Sohn begnadigt wurde.

Die Gesamtlage erschien den Senatoren anscheinend günstig genug, um dem Kaiser neue Consuln vorzuschlagen, nämlich Olybrius und Probinus, die noch im Kindesalter befindlichen Söhne des bereits verstorbenen hoch angesehenen Senators Probus, der seinerseits 371 Consul gewesen war.[42] Ein solcher Vorschlag war klug: Probus war nicht nur Vertreter eines der größten senatorischen Geschlechter des 4. Jahrhunderts, sondern auch Christ und sehr loyal gegenüber dem herrschenden Kaiser. Sein Geschlecht vermochte eindrücklich zu demonstrieren, wie sich senatorischer Habitus und christlicher Glauben im Sinne des Theodosius verbinden ließen.

Doch konnte der Kaiser dem zustimmen? Hatte er nicht die Senatoren Ostroms weitgehend vom Consulat fern gehalten? War es nicht passender, einen Angehörigen der kaiserlichen Familie zum Consul zu erheben, um die wiedererlangte Macht über das ganze Reich sinnfällig zu machen? Solche Überlegungen müssen Theodosius durch den Kopf gegangen sein, und dennoch folgte er dem Vorschlag aus Rom – den er möglicherweise selbst lanciert hatte. Damit hatten die Senatoren zwar kein bisschen Macht gewonnen, doch ein Zeichen guten Willens empfangen und ein Signal dafür, wo ihre Zukunft lag: im Christentum und in der Loyalität zur herrschenden Dynastie. Claudian feierte das Ereignis mit einem Panegyrikus in prangenden Worten, verzichtete allerdings darauf, irgendeine christliche

Anspielung fallen zu lassen. Der Code der religiösen Neutralität blieb offenbar im höfischen Milieu erhalten. Immerhin scheint Theodosius den Versuch gemacht zu haben, heidnische Senatoren zu bekehren;[43] derartige Mahnungen werden sie mit der Geduld, die einem schlechten Gewissen erwächst, angehört haben.

Dem Volk gegenüber gab sich Theodosius weniger rigoros als Valentinian II. beziehungsweise der Valentinian, den Ambrosius imaginiert hatte: Er veranstaltete durchaus Zirkusspiele. Erneut zeigt sich die Bereitschaft des Kaisers, trotz aller negativer Erfahrungen mit möglichst breiten Kreisen zu einem Ausgleich zu gelangen und die Vorschriften christlicher Lehrer nicht allzu streng für sich auszulegen.[44]

Arcadius und Honorius, beide in diesem Jahr Consuln, hatte Theodosius 394 im Osten gelassen. Den meisten wird klar gewesen sein, dass angesichts der Jugend der Kaisersöhne der Prätorianerpräfekt Rufinus nun die bestimmende Gestalt war. Er hatte schon erheblichen Einfluss besessen, als Theodosius noch selbst in Konstantinopel residierte, und seine Macht wuchs mit der Abwesenheit des Kaisers noch weiter. Allerdings waren es zunächst Aufgaben der Alltagspolitik, die er zu bewältigen hatte: Selbst eine Feier wie die Einweihung der Theodosius-Säule auf dem gleichnamigen Forum wollte man in der Krisenzeit nicht auslassen. Überdies scheinen noch 394 die Arcadius-Thermen, eine neue großzügige Badeanlage, eingeweiht worden zu sein.

Ein hochrangig besetztes Konzil schlichtete im selben Jahr den Streit um die Besetzung des Bischofsstuhls im arabischen Bostra. Dabei scheint die kaiserliche Verwaltung in keiner Weise eingegriffen zu haben.[45] Vermutlich hätte Theodosius hier stärker seine Macht zur Geltung gebracht.

Vielleicht wurde um diese Zeit die Ehe zwischen Arcadius und Eudoxia, einer Tochter des germanischen Heermeisters Bauto, vorbereitet, die am 27. April 395 – ein Vierteljahr nach dem Tod des Theodosius – stattfinden sollte. Wahrscheinlich hatte man das Ziel, damit die durch den Tod Arbogasts und das Gotenmassaker am Frigidus verunsicherten Barbaren zu beruhigen. Auf jeden Fall galt das Ereignis als eine Niederlage des Prätorianerpräfekten Rufinus, dem man nachsagte, er selbst habe seine eigene Tochter mit Arcadius verheiraten wollen.

Die Gesetze, die man im Osten in jener Zeit erließ, stehen in der Kontinuität der früheren und behandeln die alten Probleme: Statthalter gebärdeten sich zu eigenmächtig, sei es in der Baupolitik, sei es, dass der Gouverneur von Ägypten ihm nachgeordnete Statthalter ihres Amtes zu entheben wagte; die Flucht der Dekurionen wurde bekämpft, nichtnizänischen Christen jedwede religiöse Betätigung untersagt, die Verpachtungspraxis bei Domänengütern reguliert und wieder einmal musste man gegen den Missbrauch der Staatspost einschreiten.

Unruhen, wie sie das städtische Leben der Spätantike rhythmisierten, scheinen ebenfalls in diesen Monaten ausgebrochen zu sein. Eine Quelle behauptet, 394 sei unter dem heidnischen Stadtpräfekten Honoratus eine große Synagoge in Konstantinopel errichtet worden, das habe zu Unruhen geführt, doch aufgrund des Einwirkens des Ambrosius habe Theodosius den Aufständischen verziehen und fortan den Synagogenbau in Konstantinopel untersagt. Da dürfte die Callinicum-Episode den Bericht des byzantinischen Historikers beeinflusst haben, dessen Historizität mithin massiven Zweifeln unterliegt.[46] Dass aber während der Abwesenheit des Kaisers in der Stadt leicht Revolten ausbrachen, ist auch sonst bezeugt, sodass man den Kern der Nachricht – antijüdische Ausschreitungen – nicht von vornherein verwerfen sollte.

Im Winter 394 auf 395 erwies sich die Ostgrenze, die lange relativ ruhig gewesen war, wieder einmal als durchlässig. Hier fielen Hunnen ein, die bis in das Innere des Reiches vordrangen[47]. Und in Ägypten plünderten Wüstenvölker. Der Osten des Reiches war somit keineswegs gefestigt. Auch von hier aus musste man nach Mailand schauen, um zu sehen, wie der Kaiser die zahlreichen Probleme in den Griff zu bekommen versuchte, und dabei hoffen, dass die Truppenpräsenz im Osten sich bald wieder erhöhen werde.

Sorgenvoll beobachteten die Zeitgenossen die schlechten Vorzeichen während des Winters: Schwere Erdbeben, anhaltende Regenfälle, Sonnenfinsternis. Theodosius verfiel nicht in Aktivismus, er demonstrierte der Bevölkerung von Mailand den Glanz kaiserlicher Macht. Am 17. Januar 395 feierte er gemeinsam mit seinem kürzlich eingetroffenen Sohn und Thronerben Wagenrennen. Der Kirchenhistoriker Sokrates schildert in nüchternen Worten, was dabei geschah: *Als sein Sohn* (sc. Honorius) *nach Mailand gekommen war, erholte er* (sc. Theodosius) *sich von der Krankheit und hielt zur Feier des Sieges Wagenrennen ab. Und vor dem Mittagessen fühlte er sich gesund, während er die Wagenrennen verfolgte. Nach dem Mittagessen aber begann er sich plötzlich unwohl zu fühlen. Er war nicht in der Lage, zu den Spielen zu gehen und trug seinem Sohn auf, die Wagenrennen zu Ende zu führen. Nach Einbruch der Nacht starb er, unter dem Consulat des Probinus und Olybrius, am 17. Januar.*[48] Anscheinend hatte er noch in seinen letzten Stunden den geistlichen Beistand des Ambrosius gesucht. Dieser verbreitete das Wort, das der Kaiser als letztes, mit versagender Stimme, gesprochen haben soll: *Dilexi:* ‚Ich habe geliebt'. Ambrosius bezog es auf einen Psalm, der die Liebe zu Gott feierte.[49]

Theodosius hatte fast auf den Tag genau 16 Jahre regiert und war nur 47 Jahre alt geworden; eine banale Krankheit, die Wassersucht, hatte ihn dahingerafft. Wie sollte es weitergehen? Bischof Ambrosius übernahm die Aufgabe, am 25. Februar eine Leichenrede zu halten, jene Rede, aus der ich im Prolog bereits zitiert habe. Dies bedeutete eine Entscheidung für eine dezidiert christliche Bestattung, was keineswegs schon völlig selbstverständlich war. Es hatte indes Streit um den Termin gegeben, wahrscheinlich auch um die sonstige Abwicklung. Denn die Rolle, die jemand bei der Bestattung eines Kaisers einnahm, indizierte, welche Position ihm fortan zugedacht war. Man wartete schließlich nach dem Tode des Theodosius, Mailänder Brauch folgend, 40 Tage, was Ambrosius ausführlich mit alttestamentarischen Beispielen rechtfertigen musste.[50]

In der erhaltenen Rede feiert der Bischof den Kaiser als die Verkörperung des wahrhaftigen christlichen Kaisertums. Er habe den falschen Glauben bekämpft, das Heidentum unterdrückt und seinen Feinden Verzeihung gewährt. Im Himmel werde er nicht nur seinen Verwandten, sondern auch Konstantin begegnen. Die Bindung an den ersten christlichen Kaiser, die Theodosius in seiner Selbstdarstellung immer wieder evoziert hatte, kommt an dieser Stelle deutlich zum Ausdruck.

Die Leichenrede diente nicht zuletzt dazu, ganz weltliche Sorgen anzusprechen. Ambrosius rief die Söhne auf, nach dem Vorbild ihres Vaters allenthalben Gnade walten zu lassen und – hier wird es sehr konkret – Steuererleichterungen, die Theodosius in Aussicht gestellt hatte, tatsächlich vorzunehmen. Mit beiden ‚Anregungen' setzte er die Regierung unter Druck, denn jetzt, wo diese populären Ziele vom Bischof in der Öffentlichkeit zur Sprache gebracht worden waren, konnte man sie schwerlich aufgeben. Noch ein letztes Mal spielte Ambrosius die Macht aus, die ihm sein Bischofssitz gewährte; während der folgenden Jahren tritt er in den Hintergrund. Der einbalsamierte Leichnam des Theodosius wurde nach Konstantinopel überführt und am 8. November 395, viele Monate nach seinem Tod, in der Apostelkirche, der Grabstätte oströmischer Kaiser, beigesetzt.[51]

Eines schien Theodosius besonders umsichtig geregelt zu haben: seine Nachfolge. Zwei Söhne mit der Würde eines *Augustus* standen bereit, und obgleich Ambrosius in seiner Leichenrede den Zuhörern noch einmal die Treueverpflichtung gegenüber den Kindern einschärfen zu müssen glaubte,[52] gab es keinen Versuch, deren Nachfolgerecht zu bestreiten, keine Usurpation. Honorius, bereits in Mailand, war nunmehr Herrscher des Westens, Arcadius dagegen des Ostens. Zudem wirkte am westlichen Hof ein Mann, dessen Macht alles überragte. Sein Name ist schon öfters gefallen: Stilicho, der Gatte von Theodosius' Adoptivtochter Serena, als oberster Heermeister, *magister utriusque militiae*, zugleich Inhaber des höchsten militärischen Amtes. Mit ihm konnte rangmäßig allenfalls der Heermeister Timasius rivalisieren, der jedoch nicht mit der kaiserlichen Familie verwandt war. Die Bedeutung dieses Faktors wuchs mit der Erhebung von Stilicho zum Vormund des jungen Kaisers – wobei er sogar verbreiten ließ,

Theodosius habe ihm in seinen letzten Tagen die Verantwortung für beide Söhne übertragen.[53]

Und hier begann das entscheidende Problem. Die Verantwortlichkeit Stilichos für Honorius stand außer Zweifel; im Osten aber, wo Arcadius residierte, herrschte Rufinus, der Prätorianerpräfekt, der ebenfalls einen erheblichen Machtanspruch nährte und der nicht bereit war, eine Vorrangstellung Stilichos anzuerkennen; zudem war nicht einzusehen, warum der etwa achtzehnjährige Arcadius einen Vormund haben sollte. Allerdings besaß Rufinus eine erheblich schwächere Position als sein Rivale, denn sein Versuch, in die Verwandtschaft des Kaiserhauses aufzusteigen, war fehlgeschlagen – und er verfügte über keine militärische Macht. Der Osten war weitgehend von Truppen entblößt und wurde an den Grenzen von fremden Völkern heimgesucht.

Zudem war ein altes Problem neu aufgerührt worden. Empört über die dramatischen Verluste am Frigidus kehrten die Goten in den Osten zurück. Die Erlaubnis dazu hatte Stilicho ihnen bald nach dem Tod des Kaisers erteilt, allerdings waren sie völlig unzureichend mit Lebensmitteln versorgt. So nährten sie sich, und das lag vielleicht sogar in der Absicht Stilichos, aus dem Land: Plündernd und sengend durchzogen sie den Balkan; die einheimische Bevölkerung stand ihnen ungeschützt und wehrlos gegenüber.

Ein Indiz für die Unpopularität des Rufinus ist das Gerücht, er habe die Goten ins Land geholt. Das ist kaum glaubhaft, denn die Plünderungen widersprachen seinen Interessen; sie dienten dagegen Stilicho, der sie losgeworden war und zugleich seinen Rivalen schädigte. Obwohl die Goten bis vor die Mauern Konstantinopels vordrangen, gelang es Rufinus, sich der schwierigen Lage zu entwinden. In ein gotisches Gewand gehüllt, erschien er im Lager der Feinde, die genau genommen immer noch römische Truppen waren, und bewog Alarich zum Rückzug. Eine Atempause immerhin.

Im Frühjahr 395 eröffnete Stilicho einen Feldzug gegen Alarich. Dafür musste er Richtung Osten marschieren, was gewiss die dortige, militärisch kaum gestützte Regierung nervös machte. Dem Heermeister des Westens gelang es, Alarich, der sich mit seinen Leuten eingeigelt hatte, zu stellen und einzuschließen. Der Sieg schien zum Greifen nahe, aber Stilicho zögerte jetzt, zum entscheidenden Schlag anzusetzen, vielleicht um seine Truppen zu schonen, vielleicht um Alarich als Faustpfand gegen den Osten zu behalten, vielleicht aufgrund einer geheimen Abmachung mit dem Goten. Damit geriet er allerdings in eine heikle Zwangslage. Konstantinopel forderte nunmehr die östlichen Verbände zurück und mochte sich durch das Zögern Stilichos bestärkt fühlen. Dieser fügte sich und entließ das Ostheer unter der Führung des Gainas. Respektierte Stilicho die Autorität des *senior Augustus* Arcadius? Fürchtete er einen Konflikt mit Rufinus – oder mit Gainas? Wollte er sich darauf konzentrieren, seine Macht im Westen zu festigen? Jedenfalls zog Stilicho nach Italien zurück und ließ Alarich freie Hand auf dem Balkan; wieder folgten verheerende Plünderungen.[54]

Mit Erleichterung müssen Arcadius und Rufinus der Ankunft der Soldaten entgegengesehen haben, die endlich wieder eine wirksame militärische Verteidigung des Reiches gestatteten. Am 27. November 395 war es so weit. Die beiden zogen, dem Brauch folgend, vor die Mauern der Stadt, um das Heer feierlich zu empfangen. Der Kaiser schritt die Front ab, begleitet von seinem Prätorianerpräfekten Rufinus, der sich leutselig gab. Doch auf ein Zeichen des Gainas wurde er von Soldaten umringt, die ihn vor den Augen des hilflosen Kaisers niedermachten. Die Nachricht von dem Lynchmord verbreitete sich in Windeseile. Die Menschen strömten zum Ort der Tat, sangen Spottlieder und schändeten den Leichnam brutal. Denn jedermann litt unter Steuergesetzen, für die man Rufinus verantwortlich machte, der sich angeblich selbst zum Herrscher aufwerfen wollte. Welches Aufsehen der Tod erregte, zeigt sich darin, dass Theologen ihn gerne als Exempel für die Wechselhaftigkeit des Schicksals nutzten.[55]

Die Machtlosigkeit des Kaisers war demonstriert worden, ebenso wie die Skrupellosigkeit des Militärs. Die Ermordung des Rufinus hätte Stilicho zum Herrscher über das Gesamtreich machen können, und natürlich kolportierte man, dass er die Mörder zur Tat angestiftet habe. Doch Rechnungen dieser Art gingen nicht auf. Es war Gainas, der zur maßgeblichen militärischen Gestalt im Osten aufstieg. Allerdings musste er sorgsamer als Stilicho auf die starken zivilen Milieus der Hauptstadt achten und neben sich, als den eigentlichen politischen Kopf, einen gewissen Eutrop dulden. Dieser Eunuch armenischer Herkunft war von einem niedrigen Palastamt zur Position eines Vertrauten des Theodosius aufgestiegen – er hatte seinerzeit den Eremiten Johannes zu den kaiserlichen Feldzugsplänen befragt. Unter Arcadius setzte seine Karriere sich fort. Schon im Jahre 399 sollte er entgegen aller Tradition den Consulat bekleiden. Doch Eutrop verlor die Gunst des Kaisers wieder und damit seinen Einfluss, zuletzt sogar das Leben. Damit sank der Stern des Gainas; schließlich sah er sich einem zunehmenden Widerstand seitens der städtischen Bevölkerung, aber auch der Konkurrenz anderer Militärs gegenüber, bis man ihn im Jahre 400 mit seinen Anhängern aus Konstantinopel vertrieb. Die in der Stadt verbliebenen Goten fielen einem kollektiven Lynchmord zum Opfer; Gainas starb in der Schlacht.

Die Macht im Osten hatte Stilicho durch den Anschlag auf Rufinus nicht erringen können, ja nicht einmal in seinem eigenen Reichsteil vermochte er sich dauerhaft zu halten; er fiel 407 höfischen Intrigen zum

Opfer. Zwar saßen somit gut zehn Jahre nach dem Todes des Theodosius seine beiden Söhne weiterhin auf ihren Thronen, aber seine Nachfolgepläne waren nichtig geworden, und das Reich driftete noch weiter auseinander. Der Kaiser hatte die Leidenschaft der Rivalität unter seinen Vertrauensleuten unterschätzt. Ironischerweise bildeten die Goten Alarichs ein letztes verbindendes Glied zwischen Osten und Westen, indem sie, stets plündernd, mal dahin und mal dorthin zogen, bis sie schließlich mit der Eroberung der Stadt Rom 410 spektakulär zeigten, wie wenig die kaiserliche Macht im Westen noch galt.

Schon in früheren Jahrzehnten hatte das Reich Teilungen erlebt; was aber unter den Söhnen des Theodosius geschah, war gravierender.[56] Der Westen, um den Theodosius gerungen hatte, fiel germanischen Völkern anheim; der Osten des Reiches hingegen, in dem er mit großem Einsatz seine innere Herrschaft errichtet hatte, stabilisierte sich. Zivile, römische Kräfte gewannen die Oberhand. In der Gestalt des Byzantinischen Reiches sollte das Römische Reich noch mehr als ein Jahrtausend bestehen. Diesen Prozess der Spaltung kann allenfalls die Nachwelt als unumkehrbar begreifen. Für die Zeitgenossen bedeutete die Aufteilung der Herrschaft unter den Söhnen des Theodosius etwas, was sie schon öfters erlebt hatten. Sie durften damit rechnen, dass ein starker Herrscher es irgendwann wieder in seiner Hand vereinen würde, wie es Theodosius gelungen war. Diese nichtige Hoffnung hielt sich lange Zeit.

VIII. Theodosius der Große

Wer spricht von Siegen? Überstehn ist alles.
(Rilke, Requiem für Wolf Graf von Kalckreuth)

Unzufriedenheit hatte sich angestaut in den letzten Monaten der Regierung des Theodosius. Nach seinem Tode wurden alsbald neue Akzente gesetzt. Arcadius – oder soll man Rufinus sagen? – forderte, die Religionsgesetze des Kaisers mit größerer Strenge durchzuführen.[1] Seine Zugeständnisse gegenüber den Eunomianern wurden rückgängig gemacht, die Diskriminierungen der Lykier, die aufgrund des Wirkens des Prätorianerpräfekten Tatianus verfügt worden waren, bereits 396 aufgehoben und er selbst rehabilitiert; seine Familie erlebte später einen Wiederaufstieg. Im Westen verkündete man eine weitgehende Amnestie für die Amtsträger des Usurpators Eugenius. Die Goten, um die Theodosius sich bemüht hatte, wurden sich selbst überlassen.

Es ist nicht bekannt, was am Hof und in der Administration über den Toten getuschelt wurde: Distanz dürfte vorgeherrscht haben. Die Stimmen der Pragmatiker, der Militärs und derjenigen, die in direkter politischer Verantwortung standen, sind jedoch für uns kaum noch hörbar. Immerhin vermittelt ein zeitnaher Geschichtsschreiber, der diesem Milieu zuzuordnen ist, ein differenziertes, nicht von religiösen Vorurteilen bestimmtes Bild des Kaisers, der anscheinend durch Sittenreinheit beeindruckte.[2] Die allermeisten Quellen, die sich über Theodosius' Wesen äußern, sind dagegen in irgendeiner Weise religiös inspiriert, zudem stammen sie ganz überwiegend aus späteren Jahren.

Für die nichtnizänischen Christen steht in der Überlieferung Philostorg, ein eunomianischer Kirchengeschichtsschreiber.[3] Er erklärt, Theodosius sei eines guten Todes gestorben, da er Siege errungen, zwei Söhne hinterlassen und das Reich ohne Bürgerkrieg an sie weitergegeben habe. Die Ursache dieser Erfolge liegt für den Christen auf der Hand: Es ist der leidenschaftliche Kampf gegen die heidnischen Götzenbilder. Gleichwohl prangert Philostorg die schlechten Sitten des Kaisers an, sein unmäßiges und verschwenderisches Leben. Aus seiner Sicht war ja Theodosius der Häretiker.

Die Vorstellung einer sittlichen Verlotterung steht im Zentrum der paganen Kritik an Theodosius. Sie wird am umfassendsten durch Zosimos repräsentiert, dessen Werk hier nicht zufällig oft herangezogen wurde. Er schöpft wiederum aus einem gewissen Eunap, der als ein Zeitgenosse des Theodosius mit seinen Werken kämpferisch für die heidnische Tradition und Gegenwart eintrat.[4] Theodosius erscheint in dieser Tradition als ein träger, raffgieriger, verschwenderischer, überaus leicht beeinflussbarer Herrscher tyrannischer Natur, wobei Zosimos konzediert, dass der Kaiser durchaus in der Lage gewesen sei, in Notfällen seine Kräfte anzuspannen. Doch an zahlreichen Einzelmaßnahmen übt er eine vernichtende Kritik: Indem er die Goten ins Reich holt, betreibt Theodosius die Auflösung des Reiches, mit der Neuordnung des Heerwesens schwächt er es, mit der Bekämpfung des Heidentums entzieht er ihm seine Grundlagen, die Städte werden unter seinem Regiment ruiniert.

Solche negativen, dem offiziell verbreiteten Kaiserbild widersprechenden Stimmen bilden allerdings eine Minderheit in der antiken Überlieferung. Den Kanon lobpreisender Autoren eröffnet Ambrosius mit seiner Leichenrede, in der er Theodosius zu einem wahrhaft christlichen Kaiser stilisiert.[5] Ein solches Kaisertum schließt ein Fehlverhalten in Einzelfällen keineswegs aus, wofür bei Ambrosius vor allem das Blutbad von Thessalonica steht. Da jedoch selbst ruhmreiche alttestamentarische Herrscher wie David oder Salomo gesündigt hatten, konnte der Bischof mit biblischen Exempeln den Makel unschwer und ehrenvoll erklären. Zugleich versah dies die Kleriker mit einer neuen Rolle. Sie waren das unverzichtbare Korrektiv für den Herrscher: Wie der Prophet Nathan König David getadelt hatte, so durfte Ambrosius seinen Kaiser kritisieren. In dieser Tradition steht das Theodosius-Bild des Augustinus, das neben den militärischen und religionspolitischen Erfolgen die Demut (*humilitas*) des Kaisers herausstellt, womit es das mittelalterliche Bild des Kaisers am nachhaltigsten bestimmte.[6] Im Osten prägte der Konstantinopolitaner Bischof Johannes Chrysostomos frühzeitig das weniger vielschichtige Bild eines frommen und sieghaften Kaisers.[7]

Die Werke der nizänischen Kirchenhistoriker, die innerhalb ihrer Konfession die nuanciertesten Darstellungen vermitteln, betonten ebenso nachdrücklich wie Ambrosius den christlichen Glauben und die Tugendhaftigkeit des Kaisers: Rufin, der von dem Mailänder Bischof tief beeindruckt war, tat dies auf Latein; sein Werk wurde aber ins Griechische übersetzt, sodass es im Osten wirken konnte. Nicht erhalten ist die Kirchengeschichte des Gelasius von Caesarea, die vermutlich für die späteren Darstellungen intensiv genutzt wurde. Dabei handelt es sich vor allem um die – für dieses Buch viel genutzten – Kirchengeschichten des Sokrates, Sozomenos und vor allem des Theodoret. Dieser entwarf das konsistenteste Bild des Kaisers: Stets für den wahren Glauben kämpfend, leistete er sich, seiner menschlichen Natur entsprechend, zwar schwere Fehler, bereute sie aber aufgrund von Ermahnungen der Kirchenleute und war somit ein guter Herrscher.[8]

Die Grundhaltung der Nizäner schlug sich in der Bezeichnung ‚der

Große' für Theodosius nieder. Ursprünglich bezog sich das griechische Wort *mégas*, das seinem Namen beigegeben wurde, darauf, dass er gegenüber seinem Enkel Theodosius II. (408–450) der ältere war. Doch bald wurde der Titel aufgeladen mit der Bedeutung ‚historische Größe'. In diesem Sinne ist er zuerst bei dem ökumenischen Konzil von Chalkedon 451 bezeugt.[9] Auf diesem Konzil kam es zwar zu einer Zerreißprobe der Kirche, doch über alle Parteiungen hinweg war man sich über die Größe des Theodosius einig. Fortan blieb der Beiname haften und verbreitete sich auch im lateinischsprachigen Raum.

Noch ein zweiter christlicher Kaiser der Antike führt den Beinamen ‚der Große': Konstantin (306–337). Er und Theodosius bilden in der Überlieferung oft ein Paar. Der eine nahm als erster römischer Herrscher das Christentum an, der andere verhalf dem Christentum in seiner nizänischen Form zum Durchbruch. Bereits Theodosius selbst hatte diese Verbindung hergestellt, indem er sich in seiner Selbstdarstellung gerne auf Konstantin bezog. Die Verdienste dieser beiden Kaiser um den wahren Glauben dominieren ihr Bild in der christlich geprägten Geschichtsschreibung des Mittelalters und der Frühen Neuzeit, auch wenn gerade unter Protestanten kritische Stimmen laut wurden, da Theodosius als Vertreter einer ‚katholischen' Gläubigkeit erschien und sein Gegenpart Ambrosius für einen fehlgeleiteten kirchlichen Einfluss auf den Staat stand.

Die säkulare Historiographie der Neuzeit hatte schwerwiegende Bedenken gegen einen Begriff von ‚Größe', der kirchlich geprägt war. Für die meisten blieb Theodosius eine blasse Herrschergestalt. Jacob Burckhardt (1818–1897), dem grundlegende Reflexionen über die Frage der historischen Größe zu verdanken sind, übergeht ihn taktvoll, als er die Träger des entsprechenden Beinamens durchmustert.

Wenn man Theodosius Größe zubilligte, dann in dem Sinne, dass es ihm gelungen war, das Römische Reich noch einmal, ein letztes Mal, auch *de facto* zu einigen und es einigermaßen gegenüber äußeren Feinden zu sichern. Das Ende seiner Herrschaft gilt weithin als Epochendatum.[10] Eine zentrale Rolle bei der Beurteilung spielt dennoch seine Religiosität: Für den aufklärerisch gesonnenen Otto Seeck (1850–1921) etwa, dessen Darstellung über den ‚Untergang der antiken Welt' bis heute unersetzt ist, wird sie zu einem weitgehend negativen Merkmal. Zwar konzediert er Theodosius, ernsthaft bemüht gewesen zu sein, christlichen Prinzipien zu folgen und persönlich hohen sittlichen Maßstäben gerecht zu werden, doch sei der Glaube oft in Aberglauben umgeschlagen und habe den Kaiser zu irrationalen Entscheidungen getrieben. Theodosius erscheint als ein Mensch mit respektablen Absichten, der aufgrund seiner inneren Schwäche den Einflüsterungen seiner Umgebung ausgesetzt ist und ihnen stets nachgibt. Das hört sich dann etwa so an: *Es fehlte … Theodosius nicht an gutem Willen, doch bei der inneren Haltlosigkeit seines Charakters, der in der Kirche den einzigen festen Halt zu finden meinte, aber niemals fand, ist ihm trotzdem alles zuzutrauen. Auch Züge zweideutiger Hinterhaltigkeit werden wir bei ihm noch manches Mal bemerken; denn ganz wahr und ehrlich zu sein, ist das Vorrecht einer starken Männlichkeit, wie sie diesem Kaiser durchaus fremd war.*[11]

Sehr viel ernster nimmt den Glauben des Theodosius Wilhelm Enßlin (1885–1965). Seit seiner Taufe bemüht Theodosius sich, tatsächlich das Christentum zur Richtschnur seines Handelns zu machen: *In der ganzen Zeit seiner Regierung ist er von dem als richtig und als gottgeboten erkannten Ziel, zu Nutz und Frommen des christlich orthodoxen Glaubens und der ihn hütenden Kirche zu wirken, nicht abgerückt.*[12] Diese Interpretationen vertieften und nuancierten die grundlegenden Darstellungen seines Schülers Adolf Lippold, die in Deutschland maßgeblich sind.[13] Vergleichbar ist im angelsächsischen Bereich die Deutung Noel Kings, der eine nachgerade systematische Politik des Aufbaus eines christlichen Kaisertums zu erkennen meint.[14]

In diesem Buch habe ich versucht, ein anderes Bild des Kaisers zu entwerfen, eines Kaisers nämlich, der weniger bestimmten Prinzipien verhaftet war, sondern sich um die Integration des Reiches bemühte und auf Probleme eher reagierte, als dass er gestaltete. Bevor ich indes noch einmal die leitenden Gesichtspunkte erläutere, muss ich eines vorausschicken: Als Persönlichkeit ist Theodosius, trotz des Optimismus mancher moderner Forscher, mit dem Quellenmaterial, das dem Althistoriker zur Verfügung steht, kaum zu fassen.

Wir besitzen keine Selbstzeugnisse, sondern lediglich Beurteilungen anderer oder allenfalls offizielle Texte, die in seinem Umkreis entstanden sind. Besonders schwer einzuschätzen ist die zentrale Frage seiner Religiosität. An vielen Stellen habe ich Maßnahmen des Kaisers erwähnt, die in der Forschung gerne mit seiner Frömmigkeit erklärt werden, die aber auch andere Interpretationen zulassen. Dies bedeutet nicht, dass ich die Aufrichtigkeit seiner christlichen Gesinnung in Frage stellen will – darüber ist dem Historiker gar kein Urteil möglich. Man kann lediglich aus dem belegbaren Handeln Vermutungen über die Motive der historischen Akteure ableiten und sie gegeneinander abwägen. Keinesfalls lässt sich Theodosius' Verhalten allein mit seinem Glauben begreiflich machen. Machtsicherung muss seinen Blick auch geleitet haben. Wir werden auf diese Frage bei der Behandlung seiner Religionspolitik zurückkommen.

Oft hört man, Theodosius sei leutselig gewesen, doch kann es sich dabei ebenfalls um eine Selbstinszenierung gehandelt haben, wie sie unter antiken Herrschergestalten verbreitet war. Das Bild eines finsteren Tyrannen wollte niemand bieten. Eine Eigenschaft lässt sich hingegen aufgrund der

Übereinstimmung sonst weit auseinander gehender Quellen wahrscheinlich machen: der Jähzorn des Kaisers. Es heißt bei dem Dichter Claudian, allein seine Nichte Serena sei in der Lage gewesen, ihn bei Wutanfällen zu beschwichtigen oder seine Depressionen zu lindern.[15] Manche seiner politischen Entscheidungen wurden auf seinen Zorn zurückgeführt, doch hier muss man wieder Vorsicht walten lassen; da Erregbarkeit bei Herrschern in der Antike weithin als charakteristisch und als verzeihlich galt, konnte man leicht einen solchen Grund vorschieben, um rasch wechselnde Entscheidungen plausibel zu machen.

Auch wenn man ein Psychogramm des Theodosius nicht entwerfen kann, lässt er sich als öffentliche Person, als inszenierte Person, als Handelnder nach dem Maßstab der Altertumswissenschaften gut fassen. Hier wird in der Behandlung der Goten wie der Heiden, der nichtnizänischen Christen wie der Juden, der Dekurionen wie der Reichseliten seine integrative Grundhaltung sichtbar. Ein solches Bestreben kann man vielleicht mit Gutherzigkeit oder christlicher Gesinnung erklären, ergibt sich aber schlüssiger aus taktischen Notwendigkeiten. Theodosius war als Kaiser selten stark genug, um bei Konflikten aufs Ganze zu gehen, und er musste stets die Ressourcen des Reiches schonen.

In der äußeren Politik fällt ebenfalls Friedfertigkeit auf: Den Kampf gegen die Goten führte er nicht bis zu ihrer Vernichtung, sondern nahm sie in das Reich auf. Er verzichtete auf expansive Unternehmungen und brach, anders als mancher seiner Vorgänger, keinen Prestigefeldzug vom Zaun, um seine Sieghaftigkeit zu demonstrieren. Bezeichnenderweise nahm der Herrscher keinen Siegerbeinamen an, während seine Vorgänger und viele Nachfolger gerne mit Titeln wie *Gothicus*, *Alamannicus* oder *Sarmaticus* glänzten.[16]

Eine solche Politik lässt sich zwar wieder mit christlichen Geboten begründen, jedoch vor allem mit der Notwendigkeit, die römischen Truppen zu schonen: Die Armee war nach Adrianopel erheblich geschwächt; der Kaiser selbst besaß, nach seinem fruchtlosen Vorgehen auf dem Balkan zu schließen, allenfalls geringe militärische Qualitäten. Daher war er auf gute Beziehungen zu Militärs angewiesen, die er, selbst Sohn eines Feldherren, deutlich mehr hofierte als hochrangige Zivilisten; sie suchte er mit Hilfe von Eheschließungen an sich zu binden. Wenn die Generäle indes durch überragende Erfolge gestärkt worden wären, hätten sie ihn an Macht überflügeln können, wie es bald darauf den Kaisern des Westreiches widerfuhr. Schon daher war es sinnvoll, ihnen nicht zu viel Gelegenheit zu geben, Kriegsruhm zu gewinnen.

Die militärische Zurückhaltung und Schwäche des Theodosius hätte, so sympathisch sie manchem modernen kontinentalen Betrachter anmutet, desaströse Folgen haben können, doch seine Fortüne (frühere Zeiten hätten die Fortuna beschworen), die Theodosius über viele Jahre begleitete, begünstigte ihn auch hier. Die Ruhe an der Ostgrenze verdankte er vor allem der inneren Schwäche Persiens, das von Thronfolgekämpfen heimgesucht wurde. Wenn das Perserreich dennoch bei der Teilung Armeniens ein weitaus größeres Gebiet erhielt, so illustriert das die militärische Schwäche der Römer im Osten. Umso unglücklicher war, dass der Kaiser wegen seines Feldzugs gegen Maximus die Ostgrenzen von Truppen entblößte. Die dort gelegenen Provinzen hatten unter dieser Entscheidung im Winter 394/5 schwer zu leiden, als fremde Völker plündernd und raubend einfielen. Hier hätte Theodosius eine schwere Aufgabe erwartet, wenn er denn zurückgekehrt wäre.

Doch zum Vorgehen des Theodosius gab es kaum eine Alternative, denn nicht äußere Feinde gefährdeten seine Herrschaft am stärksten, sondern innere, Usurpatoren. Ihr Auftreten, zumal ihre Anfangserfolge bezeugen, wie schwer es ihm fiel, das Imperium unter Kontrolle zu halten. Während des größten Teils der Herrschaftszeit war das Römische Reich geteilt und besaß der Westen ein eigenes Machtzentrum. Das brachte immerhin der Verteidigung nach außen Vorteile. Sowohl Maximus als auch Eugenius wussten die Grenzen an Rhein und Donau zu sichern, und dies weitaus effizienter als später Honorius, Theodosius' Sohn. Ob Theodosius als Alleinherrscher das Römische Reich zusammengehalten und seine Grenzen wirksam verteidigt hätte, steht dahin. Gleichwohl: Er vermochte, aufs Ganze gesehen, die äußere Stellung des Reiches zu bewahren; mehr hatten auch militärisch tüchtige Vorgänger wie Valentinian I. oder Konstantin der Große nicht vollbracht.

Administrativ setzte Theodosius keine wirklich neuen Akzente. Sein zu Beginn der Regierung unternommener Versuch, das römische Heer stärker aus Römern zu rekrutieren, schlug fehl. Ansonsten trieb er wie die früheren Kaiser die Belastung der Bevölkerung durch Steuern voran und versuchte die chronische finanzielle Unterversorgung des Römischen Reiches an ihren Symptomen zu kurieren. Dabei betonte er oft das Prinzip der Billigkeit, setzte aber gewöhnlich das Interesse des Staates mit aller Härte durch, sodass der Niedergang vieler Not leidender Städte nicht aufgehalten wurde.

Die generelle Integrationsbereitschaft des Theodosius wurde in Hinblick auf die Elite von seinem Misstrauen gegenüber den Aristokraten zumal des Ostens konterkariert. Dies führte dazu, dass er Vertraute aus dem Westen in hohe Positionen hievte, denen es oft an Ortskenntnis und Einfühlungsvermögen mangelte. Ein Beispiel ist Rufinus, der zwar seine Macht zeitweise brutal durchsetzen konnte, aber immer verhasst blieb und bald nach Theodosius' Tod ermordet wurde. Das Misstrauen des Kaisers gegen die hergebrachten Eliten war indes durchaus nicht paranoisch: Als

Theodosius für die Zeit seines Feldzugs gegen Maximus mit Tatianus einen Heiden aus dem Osten mit der dortigen Prätorianerpräfektur betraute, tat er einen Fehlgriff, denn dieser betrieb seine eigenen Geschäfte. Ebenfalls als Fehlgriff erwies sich Nicomachus Flavianus, ein weiterer Heide, der im Westen 390 Prätorianerpräfekt wurde. Er fiel zu einem Usurpator ab.

Die Zurückhaltung des Theodosius gegenüber den zivilen Eliten entsprang keinesfalls einer grundsätzlichen Missachtung der traditionellen Bildung, die diese Kreisen pflegten. Der Kaiser förderte im Gegenteil viele offenbar gerade um ihrer Bildung willen.[17] Zahlreiche Autoren, zumal Historiker, zeigten sich dem Kaiser verbunden und erwarteten anscheinend dessen Förderung. Ammian scheint gehofft zu haben, mit seinem Geschichtswerk am Hof Anklang zu finden.[18] Nicomachus Flavianus, der später abfallen sollte, dedizierte Theodosius ein Geschichtswerk;[19] Aurelius Victor vollzog eine Stiftung zu Ehren des Kaisers.[20] Der Historiker Eutrop erhielt offenbar hohe Ämter.

Auch in seiner Selbstdarstellung mithilfe der bildenden Kunst war Theodosius traditionsgebunden. Genauso wie die Panegyrik befleißigte sich die Repräsentationskunst religiöser Neutralität. Von Christus ist nicht die Rede, und das Kreuz wird, soweit sich erkennen lässt, nicht als Objekt der Verehrung, sondern als Teil des Alltags etwa auf Truppenstandarten wiedergegeben. Die klassizistische Stilrichtung jener Epoche gibt dieser Haltung sinnfällig Ausdruck.[21]

Hinsichtlich der Masse der Bevölkerung – politisch relevant waren vor allem die Metropolen – folgte Theodosius dem Kurs seiner Vorgänger. Wie es einem Kaiser gebührte, gab er Spiele und Wagenrennen, worin er sich von Valentinian II. unterschied; er suchte die Menschen durch Bauten wie durch großzügige Geschenke zu beeindrucken. Anders als manche andere Kaisern war Theodosius stark bemüht, den Eindruck der Leutseligkeit zu verbreiten – nicht nur in Rom. Das könnte sich in seinem mutmaßlichen Porträt spiegeln, falls er dort tatsächlich mit der *corona civica*, dem Kranz für die Errettung von Bürgern, wiedergegeben ist (Abb. 27).[22]

Dennoch flackerten viele Unruhen auf, die Theodosius mit einem Wechselspiel von Härte und Milde erstickte, ob in Konstantinopel, in Antiochia, in Thessalonica oder in Alexandria. Bedrohlich für seine Herrschaft waren solche Empörungen nie, sie sind jedoch ein Symptom des fortbestehenden Unmuts auf lokaler Ebene.

Die Religionspolitik besaß in der Spätantike entscheidende Bedeutung. Diese war bei Theodosius gekennzeichnet durch sein frühzeitiges ostentatives Bekenntnis zum nizänischen Glauben einerseits und eine Rücksichtnahme auf die Erfordernisse der praktischen Politik andererseits. Theodosius inszenierte sich als frommer Kaiser. Dass dies keine reine Maske war, ergibt

Abb. 27: Mutmaßliches überlebensgroßes Porträt des Theodosius mit Bürgerkrone.

sich daraus, dass er in einer existentiellen Notsituation die Taufe erbat, die seine Handlungsmöglichkeiten beschnitt, da er nunmehr einer kirchlichen Bußdisziplin unterlag. Auch seine Lebensweise lässt sich in gewissen Zügen mit christlichen Lehren in Verbindung bringen: Er war im Konsum verhältnismäßig bescheiden und blieb seinen Frauen treu, was aber im ausgehenden 4. Jahrhundert auch von Heiden erwartet wurde. Im Übrigen muss man schon hier einen Vorbehalt anmelden: Aus streng christlicher Sicht wäre das Witwertum der zweiten Ehe, jener mit Galla, vorzuziehen gewesen.

In einigen Bereichen der Politik wandte der Kaiser Prinzipien an, die sich aus dem Christentum ableiten ließen, etwa in seiner Zurückhaltung gegenüber Todesstrafen. Doch sollte man nicht vergessen, dass eine solche Einstellung für frühere, nichtchristliche Herrscher verschiedentlich bezeugt ist; außerdem hat Theodosius es mehrfach, etwa im Falle der Usurpatoren Maximus und Eugenius, geschickt vermieden, sich selber die Hände blutig zu machen, aber die Soldaten gewähren lassen. In Schlachten ging er genauso skrupellos vor wie andere Herrscher auch; gnadenlos nahm er das Gemetzel an den Goten während der Schlacht am Frigidus hin.

In der Religionsgesetzgebung förderte er das Christentum zumal in der nizänischen Richtung, scheute sich aber etwa in Steuerfragen nicht, das staatliche Interesse zur Geltung zu bringen. Auffällig ist eine gewisse Spannung zwischen Deklaration und Handlung, die besonders deutlich im Falle der Heiden hervortritt. Mit immer schärferen Gesetzen versuchte Theodosius deren Kultausübung zu unterbinden, selbst im privaten Bereich, der bislang verschont geblieben war. Unter seiner Herrschaft wurden sie endgültig aus dem öffentlichen Raum der meisten Städte und Dörfer verdrängt. Dennoch duldete und förderte er zahlreiche Heiden in seiner Umgebung und legte offenbar keinen Wert darauf, seine antiheidnischen Verfügungen energisch in die Tat umzusetzen.

Konsequenter war das Vorgehen gegen die Gruppen, die er als Häretiker betrachtete. Ihre Gemeinden wurden aus den Städten verdrängt, ihre Kirchenorganisationen aufgelöst und ihre Gebäude enteignet. Als Einzelne indes blieben sie anscheinend weitgehend unbehelligt. Angeblich war Eunomios der einzige Führer einer Konfession, der mit Verbannung bestraft wurde, und seine Existenz im Exil gestaltete sich leidlich. Selbst wenn es eine größere Zahl von Verbannungen gegeben haben sollte, spiegelt sich in dieser Überlieferung der Eindruck wider, die Sanktionen seien milde gewesen. Allerdings sind Häretiker anders als die Heiden in hohen Positionen nicht bezeugt, obgleich manche zeitweise am Hof gewirkt haben müssen.

Die Zurückhaltung des Kaisers bei Strafmaßnahmen gegen einzelne Häretiker erklärt vielleicht, warum der Übergang von einem homöischen zu einem nizänischen Kirchenregiment so geräuscharm erfolgte. Man darf vermuten, dass in den meisten Städten, so wie es vereinzelt zu belegen ist, ein Großteil der häretischen Kleriker von den nizänischen Bischöfen übernommen wurde, ohne Widerstand zu leisten. Am Ende der Regierung des Theodosius waren die Homöer weitestgehend verschwunden, eine durchaus bemerkenswerte Entwicklung, die der Kaiser erheblich beschleunigt hatte. Innerer Friede kehrte in den Kirchen allerdings nicht ein; neue Kämpfe zerrissen sie im nächsten Jahrhundert.

Bei der Behandlung der Juden folgte Theodosius Bahnen, die seit Jahrhunderten vorgezeichnet waren. Er duldete und schützte einigermaßen die Gemeinden, doch kein praktizierender Jude hatte eine Chance, in die Reichselite aufzusteigen, und die zunehmende Bedrohung der Religionsgemeinschaft im Alltag dämmte Theodosius nicht ein. Wie in seiner sonstigen Politik ist er auch im religiösen Bereich willens, den verschiedenen Gruppen entgegenzukommen – soweit er das gegenüber den Nizänern verantworten konnte.

Diese duldsame, integrative Politik des Kaisers entfaltete sich in einer religiösen Landschaft, in der immer wieder, von den unterschiedlichsten Gruppen geschürt, Gewalttätigkeiten aufflammten. Viele Auseinandersetzungen werden auf regionaler Ebene ausgetragen worden sein, ohne dass unsere Quellen sie erwähnen. Bei schwerwiegenden Ausbrüchen von Gewalt erfragten die Zuständigen die Entscheidung des Kaisers. Er war hier einerseits als Christ gefordert, andererseits als Reichsoberhaupt, das ein starkes Interesse am inneren Frieden haben musste. Im Ergebnis stützte Theodosius in der Regel die Christen: Weder mussten sie die Synagoge von Callinicum wiedererrichten noch wurden sie für ihre Provokation der Heiden von Alexandria bestraft. Gleichbehandlung konnten die Nicht-Nizäner unter seiner Herrschaft nicht erwarten; allenfalls bemühte der Kaiser sich, unbillige Härten ihnen gegenüber zu vermeiden, wenn er etwa, ebenfalls in Alexandria, darauf verzichtete, die Ermordung von Christen zu ahnden.

Der religiöse Unmut konnte auf diese Weise einigermaßen kanalisiert werden. Die Übergriffe der Heiden in Alexandria richteten sich nicht gegen die kaiserliche Regierung, sondern gegen die Christen, und die Offenheit des Eugenius gegenüber Heiden veranlasste zwar den einen oder anderen Senator zum Bruch mit Theodosius, aber eine Massenbewegung von Anhängern der traditionellen Kulte löste sie nicht aus.

In vielen Dingen schloss sich Theodosius eng an seine Vorgänger an. Neu an seinem Regierungsstil erscheint mir vor allem eines: die Fähigkeit, das Christentum, das zu einer herausragenden sozialen Potenz geworden war, für die Machtbehauptung zu nutzen. Sie zeigt sich bereits darin, wie konsequent er das Nizänertum in den Dienst seiner Herrschaftssicherung im Osten stellte. Allerdings sollte man nicht von einer Staatskirche sprechen, schon deswegen nicht, weil beide Institutionen personell konsequent getrennt waren: Staatliche Amtsinhaber waren nicht zugleich kirchliche Würdenträger, auch wenn der Kaiser verschiedentlich in die Kirche eingriff und die Bischöfe faktisch immer mehr weltliche Macht erlangten. Hinzu kommt, dass das Christentum sich seit Konstantin als ein sperriger Verbündeter des Staates erwiesen hatte; es war niemals so integriert in das städtische Leben und so dominiert von der säkularen Elite wie die heidnische Religion. Die Kleriker hatten im Übrigen eine unabhängigere Stellung als die weltlichen Beamten, da sie weniger von kaiserlicher Förderung abhingen. Die Kritik der Bischöfe an bestimmten Verhaltensweisen der Kaiser konnte als gefährlich und zerstörerisch empfunden werden. Die ständige Mahnung zur Milde war geeignet, die Durchsetzungsfähigkeit der Regierung zu schwächen.

Theodosius jedoch vermochte gerade die Kritik von Bischöfen wie Flavian oder Ambrosius in seinem Herrschaftsstil aufzuheben. Indem er ihren Mahnungen nachgab, kam er in die vorteilhafte Lage, strenge Strafen korrigieren zu können, ohne sein Gesicht zu verlieren. Der oft als Demütigung des Kaisers interpretierte Bußakt von Mailand stellte für Theodosius einen Ausweg aus einer verfahrenen Lage dar, die ihn als einen grausamen Tyrannen erscheinen ließ. Die Inszenierung als milder Kaiser gelang Theodosius durch solche Akte vorzüglich; indem er nicht grundsätzlich darauf verzichtete, harte Strafen zu verhängen, blieb ihm der Respekt der Untertanenbevölkerung sicher.

Zukunftsweisend waren in jener Zeit radikale Christen: Männer wie Augustinus oder Paulinus von Nola, die ihr bisheriges Leben völlig änderten, um allein ihrem Gott zu dienen; selbst sein frommer Prätorianerpräfekt Rufinus und sein Kollege Valentinian II. scheinen konsequenter gewesen zu sein als Theodosius. Sie vollzogen die christlichen Gebote mit einer Rigorosität, die vielen Zeitgenossen noch fremd war, wie sie aber in der nächsten Generation immer häufiger wurde.

Man sollte daher die Bedeutung der Förderung des Christentums durch Theodosius für den Prozess der Christianisierung des Reiches nicht zu hoch veranschlagen. Ein klares Konzept ist bei ihm nicht zu erkennen. Auch bei der Unterstützung der Nizäner und der Bekämpfung der Heiden hat er sich offenbar in einem hohen Maße von tagespolitischen Interessen leiten lassen. Ebenso wenig entsprang die Aufnahme der Goten ins Reich dem Willen, Barbaren und Römer zu verbinden, sondern der Einsicht in eine doppelte militärische Zwangslage: Das Reich vermochte die Eindringlinge nicht niederzuwerfen und litt unter einem Mangel an Soldaten. Aber eben diese Sensibilität für politische und religiöse Entwicklungen und der klare Blick für deren Nutzbarkeit zeichnen den Kaiser aus.

Theodosius reagierte auf anstehende Probleme und versuchte sie so zu lösen, dass er möglichst viele Reichsangehörige und potentielle Feinde zu integrieren vermochte. Er war kein Gestalter der Geschichte, kein Beweger, nichts Brillantes haftet ihm an; was er tat, hätten andere ebenso vollbringen können. Als groß im Sinne Jacob Burckhardts kann er also tatsächlich nicht gelten. Vielmehr hatte er genug daran zu arbeiten, sich mit den Umständen zu arrangieren, die Eliten des Reichs an sich zu binden, die Usurpatoren zu zügeln und die neue Macht der Kirchen zu kanalisieren. Und dabei blieb ihm die Fortüne treu. Fortuna, Fortüne, Glück, kontingente Ereignisse, Dusel, wie immer man es nennen will, halfen Theodosius über Schwierigkeiten hinweg; dafür bildet die Schlacht am Frigidus mit ihrem Sieg bringenden Wind das prägnanteste Beispiel.

Für seine christlichen Zeitgenossen war das aber eben kein Zufall, sondern ein unwiderlegliches Zeichen der Gnade Gottes, die Theodosius durch seine Frömmigkeit erworben hatte. Und in seiner religiösen Haltung, ob aufrichtig oder nicht, liegt der Schlüssel für seine historische Bedeutung. Theodosius wurde wirkungsmächtig, weil die nizänische Kirche so stark geworden war und weil er erkannte, wie er sie für seine Interessen nutzen konnte: Er gewann aus ihr Gesinnungsgenossen und mithilfe der jungen Religion neue Handlungsspielräume, sodass er auf der Grundlage von Demut und Milde seine Macht erhalten konnte. Und zugleich gewannen Christen trotz der Vorsicht des Kaisers im Alltag wie in der Regierungspraxis an Einfluss. Insofern hat die Kirche recht daran getan, Theodosius den Titel eines Großen zu verleihen, und die Geschichtsschreibung darf ihr im Bewusstsein dieser Tradition folgen.

Anmerkungen

Prolog

[1] Grundlegend für jede Beschäftigung mit Theodosius sind die Arbeiten von Lippold 1973 – schon wegen der Fülle von Belegen unverzichtbar – und 1980. Sehr konventionell ist der Überblick von S. Williams/G. Friell, Theodosius. The Empire at Bay, London 1994.

[2] Ambr., Ob. Theod. 33–35.

I. Einführung: Ein Reich der Vielfalt

[1] Dieses Kapitel soll lediglich ein Panorama bieten, das dem Leser Grundlagen für das Verständnis der folgenden Ausführungen vermittelt. Zum spätantiken Reich gibt es verschiedene brauchbare Handbücher, s. Demandt 1989, dessen Literaturangaben durch die Homepage http://www.fu-berlin.de/fmi/antike/Bibliographie.html ergänzt werden; Jones 1964; Stein 1928/1949; naturgemäß disparater, aber sehr nützlich ist Cameron/Garnsey 1998; ein vielseitiges Bild zeichnet Matthews 1989.

[2] Zur Sozialgeschichte Vittinghoff 1990.

[3] Zum Militärwesen vgl. M. Clauss, Heerwesen, RAC 13 (1986), 1073–1113; Elton 1996; von grundlegender Bedeutung trotz des scheinbar engen Themas ist auch Hoffmann 1969/70.

[4] Zur zivilen Administration sind unter den Handbüchern als geraffte Zusammenfassung R. Delmaire, Les institutions du Bas-Empire romain de Constantin à Justinien. I. Les institutions civiles palatines, Paris 1995; wichtig für die Städte, auch wenn sein Schwerpunkt später liegt, ist J. H. W. G. Liebeschuetz, Decline and Fall of the Roman City, Oxford 2001.

[5] Zu den Deutungsproblemen etwa Harries 1995.

[6] Vgl. R. Rilinger, Die Interpretation des späten Imperium Romanum als „Zwangsstaat", GWU 36 (1985), 321–340; H. J. Horstkotte, Die „Steuerhaftung" im spätrömischen „Zwangsstaat", Frankfurt a. M. [2]1988.

[7] S. T. Honoré, Law in the Crisis of Empire 379–455 AD. The Theodosian Dynasty and its Quaestors. With a Palingenesia of Laws of the Dynasty, Oxford 1998, dessen Optimismus ich nicht teile.

[8] Vgl. Salzman 2002, deren Werk überhaupt für die westliche Aristokratie wichtig ist.

[9] A. Winterling (Hrsg.), Comitatus. Beiträge zur Erforschung des spätantiken Kaiserhofes, Berlin 1998.

[10] Zur neuen Bedeutung der Bischöfe Brown 1992.

[11] Vgl. zu dem Phänomen Brown 1982.

[12] Vgl. dazu Leppin (in Vorbereitung).

[13] Zum Problem E. Baltrusch, Die Christianisierung des Römischen Reiches. Eine Zäsur in der Geschichte des Judentums?, HZ 266 (1998), 23–46, der allerdings die Kontinuitäten vielleicht zu stark betont.

[14] Hanson 1988; zur Einführung geeignet W. D. Hauschild, Alte Kirche und Mittelalter, Gütersloh [2]2000. Die zahlreichen Einzelforschungen (als ein besonders qualitätsvolles Beispiel sei hier H. C. Brennecke, Studien zur Geschichte der Homöer [Beiträge zur historischen Theologie 73], Tübingen 1988, erwähnt) harren einer systematischen Aufarbeitung.

II. Die Jugend eines Militärs

[1] Zu seiner Entwicklung s. Demandt 1972; Nixon/Rodgers 1994, 517 ff., die nur in wenigen Punkten auseinandergehen.

[2] Wesch-Klein 2002, 59 f.; R. Tomlin, The Date of the ‚Barbarian Conspiracy', Britannia 5 (1974), 303–309, 303.

[3] Amm. Marc. 27,8,3; vgl. 28,3,1 f.

[4] Amm. Marc. 28,5,15.

[5] Amm. Marc. 29,4,5 f.

[6] Amm. Marc. 29,6,15 f.; vgl. mit ähnlicher Tendenz Zos. 4,16,6.

[7] Zu den viel diskutierten Hintergründen etwa Demandt 1969; Rodgers 1981; Errington 1996a, 441 ff.

[8] So Errington 1996 a, 447 f.

[9] Oros. 7,33,7; Hier., Chron. ad a. 376.

III. Die ersten Jahre: Ein fremder Kaiser im Osten (379–382)

[1] Ruf., HE 11,13.

[2] Diese Bezeichnung rechtfertigt sich aus der späteren historischen Entwicklung, als die Westgoten in Spanien, die Ostgoten aber östlich davon, in Italien, lebten. Älter und treffender sind die Bezeichnungen Tervingen, Visi (oder Vesi-)Goten. Der Letzteren entspricht die Bezeichnung ‚Ostrogoten' für die Ostgoten. Volksetymologisch konnten so die heute üblichen Bezeichnungen entstehen. Zu der langen Diskussion um die Ethnogenese bzw. *ethnicity* der germanischen Völker, die hier nicht in den Details verfolgt werden kann, s. exemplarisch W. Pohl/H. Reimitz, Strategies of Distinction. The Construction of Ethnic Identities 300–800, Leiden etc. 1998.

[3] Zum Gotenvorstoß ins Reich s. Wolfram [3]1990, 125 ff. und detailfreudiger, aber weniger souverän Wanke 1990, 111 ff.; mit vielen ungewöhnlichen Akzenten Heather 1991, 122 ff.

[4] Eunap, Fr. 42. Hohe Zahlenangaben in antiken Quellen sind notorisch unzuverlässig.

[5] P. Barceló, Roms auswärtige Beziehungen unter der Constantinischen Dynastie (306–363) (Eichstätter Beiträge 3), Regensburg 1981, 115 f.; 135 f.; 141; vgl. Heather 1991, 128 ff.

[6] Vgl. Errington 1997, 27ff.

[7] Zu den Einzelheiten der militärischen Operationen s. Hoffmann 1969/70, I 440ff.; Wolfram [3]1990, 129ff.; Wanke 1990, 111ff.; vgl. M. Speidel, Sebastian's Strike Force at Adrianople, Klio 78 (1996), 434–437.

[8] N. Bitter, Kampfschilderungen bei Ammianus Marcellinus, Bonn 1976, 108ff.; Matthews 1989, 295ff.

[9] Zur Einordnung des Verhaltens der römischen Beamten vor Adrianopel s. MacMullen 1988, 183ff. Barnes 1998, 183 weist allerdings darauf hin, dass es eines von Ammians Darstellungszielen ist, die zunehmende Korruption bis Valens aufzuzeigen, sodass seine Worte mit Vorsicht zu nehmen sind.

[10] Amm. Marc. 31,13,19.

[11] Amm. Marc. 31,16,8.

[12] Lib., Or. 24.

[13] Später wird in den nizänischen Berichten über den Tod des Valens durchaus eine gewisse Häme sichtbar, s. Leppin 1996, 100ff.

[14] Thdt., HE 5,5f. Zur Kaisererhebung des Theodosius grundlegend Errington 1996a; ferner H. Sivan, Was Theodosius I a Usurper?, Klio 78 (1996), 198–211; Lizzi 1998, 135–148.

[15] Leppin 1996, 105ff.

[16] Theodoret ist sich dieses Problems natürlich bewusst und behauptet, dass Theodosius bei einer späteren Gelegenheit Meletios, der ihm noch nicht vorgestellt war, erkannt habe (HE 5,7,22f.) – das macht die Darstellung keineswegs glaubwürdiger. Vanderspoel 1998, 193 übersieht diese Passage. Seine Behauptung, dass Theodosius frühzeitig die Unterstützung der östlichen Bischöfe gesucht habe, lässt sich daraus überhaupt nicht begründen. Im Übrigen wäre der mächtige Petros II. von Alexandria der nächstliegende Ansprechpartner gewesen – der auch später als einer der Normalbischöfe genannt wird (CTh 16,1,2) –, nicht der schwache Meletios.

[17] Pan. Lat. 2 (Pacatus),10–12.

[18] Them., Or. 15, 198 a. Zur Deutung der Stelle Vanderspoel 1998, 187f. Angesichts der untechnischen Ausdrucksweise des Themistios darf man das entsprechende Wort nicht zu sehr pressen.

[19] Socr., 5,2,2f.; 5,6,2; Soz. 7,2,2; 7,4,1f. Auch Philost. 9,17; 19 erweckt diesen Eindruck.

[20] Them., Or. 14,182 c; 15,198 a; Pan. Lat. 2 (Pacatus), 10. Aus., Grat. Act. 2,8 schreibt den Sieg Gratian zu, was dem Brauch entsprach, da dieser damals Kaiser war, nicht aber Theodosius. Errington 1996a, 449f. plädiert mit starken Argumenten dafür, den Sieg gegen die Sarmaten schon vor die Ernennung des Theodosius zum Heermeister zu setzen. Doch wäre für die Kaisererhebung ein nur kurz zurückliegender Sieg sehr wichtig gewesen.

[21] Cons. Const. Ad a. 379,1; Cons. Ital., Ad a. 379; Marc. Com., Ad a. 379.

[22] Errington 1996a; Vanderspoel 1998, 190.

[23] So Sivan 1996.

[24] Grundlegend für die militärischen Entwicklungen der nächsten Jahre Hoffmann 1969/70, I 458ff.; Wolfram [3]1990, 138ff.; Gutmann 1991, 192ff.; Errington 1996b.

[25] Vgl. Lib., Or. 1,186.

[26] Them., Or. 14,182 c.

[27] Cons. Const., Ad a. 379,3; 380,2; 380,3; vgl. zum letzten Socr. 5,6,6; Chron. Pasch., Ad a. 378; Zos. 4,33,1, der die dabei entfaltete Pracht kritisiert. Zum genauen Datum Errington 1996b, 16, Anm. 90.

[28] Cons. Const., Ad a. 382,2.

[29] Zos. 4,25,2–4.

[30] Zos. 4,33.

[31] Errington 1996b, 22ff.

[32] Dafür etwa Gutmann 1991, 204ff.; Schulz 1993, 178; anders, mit starken Argumenten Heather 1991, 334ff.

[33] Them., Or. 15,190d–191a.

[34] Ambr., Spir. 1, prol. 17. Die Schrift dürfte zwischen Februar und Sommer 381 entstanden sein.

[35] Them., Or. 16,209 a/b.

[36] Grundlegend Schulz 1993, 57ff. mit der Übersicht über die Quellen 178f.

[37] In diese Richtung, allerdings wohl zu weit, geht auch F. M. Ausbüttel, Die Dedition der Westgoten von 382 und ihre historische Bedeutung, Athenaeum 66 (1988), 604–613; vgl. M. Mirković, 'Υπήκοοι und σύμμαχοι. Ansiedlung und Rekrutierung von Barbaren bis zum Jahr 382, in: K. Dietz u. a. (Hrsg.), Klassisches Altertum, Spätantike und Frühes Christentum. FS A. Lippold, Würzburg 1993, 425–434, die die Besonderheit des Abkommens von 382 betont, ferner G. Wirth, Rome and its Germanic Partners in the Fourth Century, in: W. Pohl (Hrsg.), Kingdoms of the Empire. The Integration of Barbarians in Late Antiquity (Transformation of the Roman World 1), Leiden etc. 1997, 13–55.

[38] Vgl. Errington 1996b, 22ff.; s. auch Vera 1983.

[39] Them., Or. 16, 208 b.

[40] Them., Or. 16,211 a/b; vgl. Or. 34,25.

[41] Vgl. dazu z. B. L. J. Daly, Themistius' Concept of φιλανθρωπία, Byzantion 45 (1975), 22–40; zur triumphalistischen Rhetorik, die auch Themistios prägt, s. P. J. Heather, Foedera and Foederati of the Fourth Century, in: W. Pohl (Hrsg.), Kingdoms of the Empire. The Integration of Barbarians in Late Antiquity (Transformation of the Roman World 1), Leiden etc. 1997, 57–74.

[42] Vgl. zu den Details Wolfram [3]1990, 141ff.; Heather 1991, 157ff.

[43] Zos. 4,40, insbes. 5; vgl. O. Schmitt, Der „Gotensieg" von Tomi. Verlauf und Hintergründe, Historia 46 (1997), 379–384.

[44] Ob er allerdings dann noch auf einem weiteren Posten in *Achaia* verwendet wurde (PLRE I 394), das ist fraglich; der Name war nicht übermäßig selten.

[45] Lib., Or. 19,16.

[46] Wohl aber einige seiner Gefährten, s. Lizzi 1998, 140.

[47] Vgl. Gluschanin 1989, 228.

[48] Zos. 4,27; vgl. dazu kritisch Demandt 1970, 720ff.; eher zuversichtlich Errington 1996b, 5. Hoffmann 1969, 497 bringt die Passage mit der Reform der Kommandostruktur im Jahre 388 in Verbindung.

[49] So Vanderspoel 1998, 192f. aufgrund der konfusen Zeugnisse einiger Chroniken.

[50] Vgl. für prosopographische Einzelheiten, die zeigen, daß auch andere Regionen durchaus zum Zuge kamen, Matthews 1971, 1073 f.; 1975, 107 ff.; Errington 1996 b, 2 f.; Bravo 1996; 1998.

[51] Amm. 31,16,8; Eun., Frg. 42 B; Zos., 4,26,2–9; vgl. zu dem Ereignis C. Zuckerman, Cappadocian Fathers and the Goths, T&M 11 (1991), 473–486, 479 ff.; vgl. Barnes 1998, 185, entscheidend ist Greg. Nyss., De sancto Theodoro 61,15–62,2; für das ältere Datum S. Elbern, Das Gotenmassaker in Kleinasien (378 n. Chr.), Hermes 115 (1987), 99–106.

[52] Zos. 4,26,5 f.

[53] Zu ihm, einem Favoriten der jüngeren Forschung, s. H. Leppin, Einleitung, in: Themistios, Staatsreden. Übersetzung mit Erläuterungen (Bibliothek der griechischen Literatur 46), Stuttgart 1998, 1–26 (in diesem Band finden sich auch die Datierungen der Reden begründet, die hier vorausgesetzt werden); Vanderspoel 1998; Heather 1998; Errington 2000.

[54] Them., Or. 17,216 b/c.

[55] Hinweis von P. Heather (Oxford).

[56] Lib., Or. 24.

[57] Zos. 4,30,3–5.

[58] Dazu Downey 1959, insbes. 46 f.

[59] Vgl. A. M. Schneider, Das Regium sepulchrum apud comitatum zu Konstantinopel (Nachr. Ak. d. Wiss. Gö., Phil.-hist. Kl. 1950, 15), Göttingen 1950.

[60] Vgl. S. Rebenich, Vom dreizehnten Gott zum dreizehnten Apostel? Der tote Kaiser in der Spätantike, ZAC 4 (2000), 300–324.

[61] CTh 9,35,4.

[62] Greg., Nyss., De deitate filii et spritus sancti (PG 46, 557 b).

[63] Grundlegend für die Deutung von Theodosius' Religionspolitik Ehrhardt 1964; Lizzi 1996; vgl. ferner MacLynn 1994, 106 ff., der die taktischen Motive des Theodosius hervorhebt und die Rivalität gegenüber Gratian betont; außerdem MacLynn 1998, der zu Recht unterstreicht, daß man bei Theodosius keinen gefestigten nizänischen Glauben aufgrund seiner Herkunft vermuten dürfe.

[64] Socr. 5,6,2–5.

[65] Soz. 7,4,3–6 ; CTh 16,1,2.

[66] G. Bardy, Le concile d'Antioche (379), RevBén 45 (1933), 196–213; A. de Halleux, „Hypostase“ et „Personne“ dans la formation du dogme trinitaire (ca. 378–381), RHE 79 (1984), 313–369; 625–670, 640 ff.

[67] Barnes 1997.

[68] S. dazu Gottlieb 1973, 60 ff.

[69] Grog. Naz., Or. 36,2; möglicherweise sind De vita sua 859–862 (Ernennung durch Petros) oder 1072–1112 auf diesen Vorgang zu beziehen.

[70] Enßlin 1953, 27. Diese herausragende Arbeit ist charakteristisch für die ältere Forschung, die in Theodosius den Anhänger und Verwirklicher feststehender religionspolitischer Ziele betrachtet hat; die moderne Forschung betont stärker die Situationsgebundenheit seiner Entscheidungen. Grundlegend dafür, auch für vieles an den folgenden Ausführungen Lizzi 1996.

[71] CTh 16,1,2 mit 16,2,25.

[72] Gottlieb/P. Barceló 1993.

73 Greg. Naz., De vita sua 1282f.

74 Greg. Naz., De vita sua 1287–1304.

75 CTh 16,5,6.

76 Errington 1997, 48ff.

77 Vgl. zu dem Konzil Ritter 1965; R. Staats, Das Glaubensbekenntnis von Nizäa-Konstantinopel. Historische und theologische Grundlagen, Darmstadt 1996; aus althistorischer Sicht Errington 1997, 41ff.; Gómez Villegas 2000, 79ff.; 159ff.

78 Soz. 7,8.

79 Greg. Naz., Ep. 88; 202. Mit starken Argumenten plädiert N. MacLynn, The Voice of Conscience. Gregory Nazianzen in Retirement, in: Vescovi e pastori in epoca teodosiana 2 (Studia Ephemeridis Augustianum 58), Rom 1997, 299–308, 304ff. für eine Frühdatierung des zweiten Briefes auf 383 statt 387.

80 Erst die Konzilsakten von Chalkedon (451) überliefern ein Glaubensbekenntnis, das auf das Konzil von 381 zurückgeführt wird. Doch ist die Datierung des Textes in der vorliegenden Fassung strittig.

81 Ambr., Ep. e.c. 9 (13), insbes. 3 und 8.

82 Parast. 1 (Patria II 110). Zwar sind diese Quellen grundsätzlich nicht zuverlässig; da aber das Bild des Theodosius als Begünstiger der Homöer, das an dieser Stelle durchschimmert, der späteren Theodosius-Tradition nicht entspricht, halte ich die Nachricht für glaubwürdig (gegen Berger 1988, 635f.).

83 CTh 16,1,3 mit Errington 1997, 64f.; grundlegend für die Religionsgesetzgebung des Theodosius ist nach wie vor Noethlichs 1971.

84 Gratian war, so heißt es, der erste Kaiser, der sich dieser Funktion verweigerte (Zos. 4,36,5), wobei die Datierung (das Spektrum geht von 376 bis 383) unsicher ist. Ob die Kaiser dabei koordiniert handelten oder ob Theodosius im Osten mit dem Problem nicht konfrontiert wurde, muss offen bleiben; möglicherweise war das Ereignis weitaus weniger dramatisch, als oft unterstellt wird, vgl. Errington 1997, 33f., Anm. 63 mit Lit.

85 CTh 16,5,9 mit Noethlichs 1971, 138f.

86 In den homöischen Diss. Max. 41; 64. 71–73 erscheint Theodosius als jemand, der den Vorstellungen Gratians gezwungenermaßen folgt, was wohl als homöisches Wunschdenken zu betrachten ist.

87 Sokr., HE 5,10,6–30; vgl. Soz., HE 7,12,1–10; s. zu dem Ereignis M. Wallraff, Il „Sinodo di tutte le eresie“ a Costantinopoli (383), in: Vescovi e pastori in epoca teodosiana 2 (Studia Ephemiridis Augustianum 58), Rom 1997, 271–279.

88 Soz. 7,12,12; vgl. Greg. Naz., De vita sua 1293f. Die Zurückhaltung bei der Anwendung der Gesetze wird auch durch eine spätere, unverdächtige Quelle bestätigt: CTh 16,10,13.

89 Treffend beobachtet von R. P. Vaggione, Eunomius of Cyzicus and the Nicene Revolution, Oxford 2000, 317f.

IV. Sicherung des Erreichten (383–388)

[1] S. o. Zur Politik des Theodosius gegenüber den Persern vgl. Blockley 1992, 39ff.

[2] Them., Or. 16,212d–213a. Gemeint ist mit der letzten Bemerkung Nisibis, das Jovian 364 den Persern überlassen musste.

[3] Vgl. Pan. Lat. 2 (Pacatus), 22,3, eine Nachricht, die um arabische Quellen ergänzt werden muss; vgl. I. Shahid, Byzantium and the Arabs in the Fourth Century, Washington 1984, 203ff., der allerdings spekulative, teils auch übermäßig personalisierende Vorstellungen entfaltet.

[4] Vgl. Vera 1979.

[5] Zu ihm Enßlin 1930; Matthews 1975, 173ff.; A. R. Birley, Magnus Maximus and the Persecution of Heresy, BRL 66 (1983), 13–43.

[6] So in seinem Brief an Papst Siricius Coll. Avellana 40,1 (CSEL 35).

[6a] Epit. Caes. 47,6; Zos. 4,35,2.

[7] Vgl. T. D. Barnes, Patricii under Valentinian III, Phoenix 29 (1975), 155–170, 159f.; anders Rodgers 1981, 93ff.

[8] Pan. 2 (Pacatus), 24,1.

[9] F. H. Weissbach, Theodosiopolis 1, RE V A 2 (1934), 1922–28.

[10] Vgl. zur Teilung Armeniens R. C. Blockley, The Division of Armenia between the Romans and the Persians at the End of the Fourth Century A.D., Historia 36 (1987), 222–234; ferner Gutmann 1991, 226ff.; G. B. Greatrex, The Background and the Aftermath of the Partition of Armenia in A.D. 387, AHB 14 (2000), 35–48; zur Lage der Christen Blockley 1992, 44; F. Decret, Les conséquences sur le christianisme en Perse de l'affrontement des empires romain et sassanide de Shapur I à Yazdegerd I, Rech. Aug. 14 (1979), 91–152, 148ff.

[11] Baldus 1984. Vielleicht sollte diese Propaganda auch die Erfolge des Vaters Theodosius in Britannien evozieren.

[12] Vgl. zum Problem Barnes 2000.

[13] Them., Or. 19, 227 b/c.

[14] Vgl. Vera 1979.

[15] D. Vera, I rapporti tra Magno Massimo, Teodosio e Valentiniano II nel 383–384, Athenaeum 53 (1975), 267–301; Dörner 2001; zu den Münzen Baldus 1984, 188; J. Kent, „Concordia" Solidi of Theodosius I. A Reappraisal, NC 153 (1993), 77–90, 80ff. (vgl. Barnes 2000, 297f.); zu Euodius Barnes 2000, 296.

[16] Zu ihm MacLynn 1994; zusammenfassend Leppin 2000, 61ff. Die hier behandelten Konflikte sind sorgsam nachgezeichnet bei Groß-Albenhausen 1999, 63ff.

[17] Grundlegend für die Gesandtschaften des Ambrosius ist sein Brief 30 (24); vgl. dazu Groß-Albenhausen 1999, 94ff.; Dörner 2001 (der weniger als ich mit Stilisierungen des Ambrosius rechnet); vgl. ferner zum Verhältnis von Ambrosius und Maximus C. R. Raschle, Ambrosius in psalm. 61,16–27. Eine Predigt gegen den Usurpator Magnus Maximus, GFA 5 (2002), 225–243.

[18] Für ein frühes Datum spricht Ep. 30 (24), 12, meines Erachtens eine Anspielung auf den Prozess gegen die Priscillianer (der gleichfalls nicht sicher zu datieren ist), ebenso auch Dörner 2001, der 219f.; 237ff. das Datierungsproblem und die einschlägige Forschung eingehender behandelt; für die Frühdatierung auch Barnes 2000, 293ff.

[19] Ambr., Ep. 30 (24).

[20] Ziegler 1970, 74ff.

[21] Hauptquelle ist Sulp. Sev., Chron. 2,46–51; vgl. zu Priscillian und seine Bewegung H. Chadwick, Priscillian of Avila: the Occult and the Charismatic in the Early Church, Oxford 1976; V. Burrus, The Making of a Heretic: Gender, Authority, and the Priscillianist Controversy, Berkeley/Los Angeles/London 1995.

[22] Sulp. Sev., Chron. 2,50,5. Selbst der Heide Pacatus hält das Verhalten des Maximus für erwähnens- und verurteilenswert (Pan. 2,29,2f.).

[23] Ambr., Ep. 72 (17); 73 (18); vgl. zu der Episode auch Ambr., Ob. Val. 19f.

[24] Das so genannte Feriale Campanum (ILS 4918 [CIL X 3972]) mit D. E. Trout, Lex and iussio. The Feriale Campanum and Christianity in the Theodosian Age, in: R. W. Mathisen (Hrsg.), Law, Society and Authority in Late Antiquity, Oxford 2001, 162–178.

[25] Ambrosius brüstet sich dieses Ereignisses in einem ausführlichen Brief an seine Schwester: Ep. 77 (22); s. ferner August., Conf. 9,7,16; Paul., V. Ambr. 15f.; vgl. MacLynn 1994, 211ff., der indes die Wirkung auf die Kaiserin unterschätzt, von der selbst der von ihm als Kronzeuge herangezogene Augustinus sagt, daß sie die Verfolgungen eingestellt habe.

[26] Coll. Avellana 39 (CSEL 35).

[27] S. MacLynn 1994, 218.

[28] Zos. 4,42,3; vgl. Pan. Lat. 2 (Pacatus), 30,2.

[29] Ambr., Ep. 25(53), 2f. Diese, Theodosius umschmeichelnde Bemerkung könnte hinter der Behauptung Theodorets (HE 5,15) stehen, Theodosius habe Valentinian als Erstes zum nizänischen Glauben bekehrt, die allerdings auch dem Bestreben des Autors entspringt, die Politik des Kaisers ganz unter nizänische Vorzeichen zu stellen, s. Leppin 1996, 160. Skeptisch gegenüber der Bekehrung ist Groß-Albenhausen 1999, 129f.

[30] Aus der reichen Lit. s. MacCormack 1981, 214ff.; Kiilerich 1993, 19ff.; Meischner 1996 (die an Theodosius II. denkt, dagegen zwingend Raeck 1998, 520ff.); Kolb 2001, 220ff.

[31] Pan. Lat. 2 (Pacatus), 32, 1f.

[32] Vgl. Gluschanin 1989, 238f.

[33] Baldus 1984, 387ff.

[34] Aug., Civ. Dei 5,26; vgl. Aug., De cura pro mort. ger. 21; Ruf., HE 2,19. Dem heiligen Martin wurde eine gewissermaßen komplementäre Weissagung gegen Maximus zugeschrieben, s. Sulp. Sev., V. Mart. 20,8f.

[35] Ambr., Ep. 74; e.c. 1a (40),22.

[36] Pan. Lat. 2 (Pacatus), 44,2.

[37] Hoffmann 1969/70, I 480ff.

[38] Wiemer 1995, 104f.; vgl. zu gebildeten Beamten v. Haehling 1978, 586, Anm. 271.

[39] Vgl. Liebeschuetz 1990, 24.

[40] Greg. Naz., Ep. 202; ferner die Rede Gregors von Nyssa auf die verstorbene Kaiserin Flaccilla nach der Deutung von Leppin 2000 a.

[41] Coll. Av. 2 und 2a; vgl. zu den Vorgängen unter anderen Gesichtspunkten J. F. Ubiña, El libellus precum y los conflictos religiosos en la Hispania de Teodosio, in: R. Teja/C. Pérez (Hrsg.), Congreso internacional La Hispania de Teodosio, Segovia 1998, 59–68.

42 Socr. 5,20,4–6.

43 CTh 12,1,112.

44 Zum Problem K. L. Noethlichs, Spätantike Wirtschaftspolitik und Adaeration, Historia 34 (1985), 102–116.

45 CTh 8,5,48.

46 CTh 9,27,6.

47 Wesch-Klein 2002, 67; s. ferner Mal. 12,37; 41.

48 CTh 15,5,2, das für hohe Beamte Einschränkungen beim Besuch von Spielen verfügt, könnte ebenfalls entgegen der Überlieferung an Cynegius gerichtet sein; vgl. Errington 1992 450, Anm. 50; vgl. jedoch Matthews 1997, 208.

49 CTh 3,7,2 (= 9,7,5 = CI 1,9,6).

50 CTh 3,1,5; vgl. G. De Bonfils, CTh. 3,1,5 e la politica ebraica di Teodosio I, BIDR 92–93 (1989/90), 47–72.

51 Lib., Or. 1,239–241; 19,21; 20,15; 23,13; Them., Or. 19,229 D. Man kann nicht ausschließen, daß die Bemerkungen des Themistios und des Libanios sich auf zwei verschiedene Unternehmen beziehen, was den Eindruck der Unruhe noch verstärken würde. Vielleicht noch ein drittes Attentat ist mit Them., Or. 16,216 D gemeint, wo von jungen Leuten aus Gallien oder Galatien die Rede ist.

52 H. U. Wiemer, Der Sophist Libanios und die Bäcker von Antiochia, Athenaeum 84 (1996), 527–548, 531 ff. zu den Krisen der Jahre 383 und 384/5.

53 Dazu Leppin 1999.

54 Lib., Or. 30,9, 15. Als indirekte Wirkung dieser Politik wird die Zerstörung eines Heiligtums in Palmyra interpretiert: B. Gassowska, Maternus Cynegius, Praefectus Praetorio Orientis and the Destruction of the Allat Temple in Palmyra, Archeologia 33 (1982), 107–123.

55 Zum Problem mit Lit. Wiemer 1995, 123 ff., der allerdings mit einer Publikation erst für das Jahr 390 rechnet.

56 Lib., Or. 30,44–46.

57 Lib., Or. 30,8.

58 Aus dem Bericht Theodorets über die Zerstörung des Heiligtums von Apamea geht sogar hervor, dass Markellos sie erst in Angriff nahm, als der Präfekt schon abgereist war (HE 5,21,7); bei einem späteren Versuch, einen Tempel zu zerstören, wurde Markellos von seinen bewaffneten Begleitern in Stich gelassen und fand den Märtyrertod; vgl. Soz. 7,15,12–14; Thdt., HE 5,21,16 sowie unten.

59 CTh 16,10,9; vgl. 16,10,7 vom 21. Dezember 381.

60 Noethlichs 1971, 169 f.

61 Them., Or. 16,213 a/b; 18,224 b/c-225 c.

62 Vgl. etwa das Missorium des Theodosius (Abb. 8) oder den Obelisken (Abb. 17; 19) mit Raeck 1998.

63 Zon. 13,19; AA SS 19.7., IV 606; Cyr. Scyth. V. Euth. 21; Apophth. Patr., Arsenios 4; 29; vgl. 1. Nach 36 und 42 galt er in seiner Erzieherrolle sogar als Vater der Prinzen.

64 Them., Or. 19,231 a; Ambr., Ep. 74; e.c. 1a (40), 13.

65 Thdt., HE 5,16,1–5; vgl. V. Amphil. (PG 39,24 B-25 A); Sym., V. Amphil. 7 (PG 116,965 D-968 C); Zon., 13,19. Theodoret mag an CTh 16,5,11 gedacht haben, falls ihm überhaupt ein konkretes Gesetz vorschwebte.

[66] Holum 1982, 6ff.; M. Marco, Política dinástica en la corte de Teodosio I. Las imágines de Aelia Flavia Flaccilla, in: R. Teja/C. Pérez (Hrsg.), Congreso internacional La Hispania de Teodosio, Segovia 1998, 155–164; Leppin 2000a; ein mutmaßliches Porträt J. Meischner, Zum Porträt der „Poppäa" Albani, Latomus 52 (1993), 399–406.

[67] Soz. 7,6,3; Thdt., HE 5,19,1–5.

[68] Genn., Vir. ill. 16 (PL 58,1069).

[69] Thdt., HE 5,19,2–4.

[70] ILS 780 (CIL IX 333; 8950); vgl. Symm. Rel. 9,4. Grundlegend Vera 1979.

[71] Hrsg. von A. Spira in: Gregorii Nysseni Opera 9, Leiden 1967, 459–472.

[72] GNO IX 481, 6–8; zur Deutung Leppin 2000a, 497f.

[73] Vgl. Scharf 1998.

[74] Vgl. S. Rebenich, Gratian, a Son of Theodosius, and the Birth of Galla Placidia, Historia 34 (1985), 372–385; ders., Gratianus redivivus, Historia 38 (1989), 376–379. Erwähnt wird Gratian in Ambr., Ep. e.c. 11 (51),17; Ambr., Ob. Theod. 40 sowie ILS 818 (CIL XI 276; ILCV 20) mit Rebenich 1985, 376. Noch schattenhafter ist die Existenz eines Sohnes Johannes, die sich lediglich aus der genannten Inschrift ableiten lässt.

V. Die Fremdheit des Vertrauten: Theodosius im Westen (388–391)

[1] CTh 15,14,6–8.

[2] Errington 1992, 446; vgl. Vera 1983; Matthews 1997, 210.

[3] S. etwa Chron. Gall. 388; Aug., Civ. 5,26; Thdt., HE 5,15,3; Zos. 4,47,2.

[4] Vgl. Pearce 1934, 128ff.

[5] Hoffmann 1969/70, I 486.

[6] Ambr., Ep. e.c. 9 (13).

[7] Ambr., Ep. 74 (40); e.c. 1a (40),25; e.c. 11 (51),1; Ob. Theod. 17; Pan. Lat. 2 (Pacatus) 45,4–7 spricht anlässlich der Gnadenakte natürlich nicht von Ambrosius, da er sich religiöser Neutralität befleißigt.

[8] Grundlegend Groß-Albenhausen 1999, 99ff. Inspirierend, aber in einigen Punkten fragwürdig MacLynn 1994, 298ff. Die einzigen Quellen zu dem Ereignis stammen von Ambrosius bzw. aus seinem Umkreis. Es handelt sich um ein Schreiben an den Kaiser: Ep. 74 (40); e.c. 1a (40). Der Brief ist in zwei Versionen überliefert, die sich nicht allein in Äußerlichkeiten unterscheiden: Die eine ist diejenige, die Ambrosius selbst veröffentlichte, die andere (der Brief e.c. = *extra collectionem*, außerhalb der Sammlung) war an einen Brief an seine Schwester angehängt. Dort fehlt die Drohung, den Kaiser öffentlich bloßzustellen, was dafür spricht, daß dies die ursprüngliche Version war, denn es war zum Zeitpunkt der Abfassung des Briefes noch nicht absehbar, dass eine solche Konfrontation nötig werden würde; vgl. die Argumentation und die Tabelle in den Prolegomena von M. Zelzer zu CSEL 10,3 (Wien 1982), XXI f. Ferner schrieb Ambrosius einen eigenen Brief an seine Schwester in dieser Angelegenheit e.c. 1 (41). Hinzu kommt Paul, V. Ambr. 23. Zon. 13,18 bringt die Intervention des Ambrosius mit antijüdischen Ausschreitungen in Konstantinopel zusammen.

[9] Ambr., Ep. 74 (40), 23.

[10] Ambr., Ep. 74; e.c. 1a (40).

[11] Ambr., Ep. 74; e.c. 1a (40), 7.

[12] Bemerkenswerterweise ist sie aus der überarbeiteten Version von § 9 ausgemerzt worden, da dort das Wort *milites* fehlt.

[13] Ambr., Ep. 74; e.c. 1a (40), 11.

[14] Ambr., Ep. 74; e.c. 1a (40), 27.

[15] MacLynn 1994 hat die Aufmerksamkeit auf diese Wendung gelenkt, schießt aber über das Ziel hinaus, wenn er 302 die Bewahrung der Privilegien von Klerikern als Hauptziel des Schreibens sieht. Das entspricht nicht dessen Proportionen.

[16] Ambr., Ep. e.c. 1 (41), 27 f.

[17] Leppin 1998, 25.

[18] Symm., Ep. 2,13 wohl zu CTh 4,4,2.

[19] Anders Cameron 1969, 260, Anm. 25.

[20] Vgl. J. Matthews, Symmachus and the magister militum Theodosius, Historia 20 (1971), 122–128.

[21] Zum Datum Errington 1992, 453.

[22] Sie ist der zweite Panegyrikus in der Reihe der *Panegyrici Latini*. Am besten benutzbar in der kommentierten und übersetzten Ausgabe von C. E. V. Nixon und B. S. Rodgers, Berkeley/Los Angeles/Oxford 1994 mit einer Einführung 437 ff. Vgl. zu ihr Lippold 1968; Ernesti 1998, 321 ff., zu Pacatus Matthews 1971, 1078 ff.

[23] Dazu Lippold 1968, 241 ff., der die Bemerkungen plausibel mit gleichzeitigen Bemühungen, die große römische Vergangenheit in Erinnerung zu halten, in Verbindung bringt; Ernesti 1998, 328 ff.

[24] Pan. Lat. 2 (Pacatus), 32, 3–5.

[25] Lit. bei Ernesti 1998, 335 ff.

[26] Bravo 1996, 387.

[27] So etwa Seeck 1920–23, V 225.

[28] CIL VI 31413 f.; 36959. Dazu H. von Heintze, Der spätantike Kaiserkopf in Tivoli, Villa d'Este, MDAI (R) 91 (1984), 399–415, 415; Bauer 1996, 17; 19.

[29] Dass die Kaisernichte Serena in dieser Zeit das Magna-Mater-Heiligtum geschändet habe und deswegen verflucht worden sei (Zos. 5,38,3 f. mit nicht verlässlichem zeitlichen Bezug), erscheint bei diesem Kontext nicht glaubhaft.

[30] CTh 16,5,18; vgl. Noethlichs 1971, 151 f.

[31] CTh 9,16,11.

[32] Socr., 5,18,3–11; vgl. zum ersten Teil G. C. Hansen, Illegale Zwangsarbeit im spätantiken Rom (Sbb. der Ak. d. Wiss. der DDR 14 G), Berlin 1987, 17–22.

[33] Philost., 10,9.

[34] Sid. Apoll., C. 5,354–363.

[35] CTh 15,1,25; vgl. CI 8,11,6. Diese Gesetzgebung steht in einer gewissen Tradition, s. A. Geyer, „Ne ruinis urbs deformetur". Ästhetische Kriterien in der spätantiken Baugesetzgebung, Boreas 16 (1993), 63–77, insbes. 69 ff..

[36] Socr. 6,2,6–8; vgl. Soz. 8,2,17 f.

[37] Vgl. Wiemer 1995, 105.

[38] Lib., Or. 47,35.

[39] Lib., Or. 47,7 f.

[40] Überlegungen bei Scharf 1998, 497.

[41] Dazu W. Enßlin, Olympias 10, RE XVIII 1 (1939), 183f.

[42] Marc. Com., Ad a. 390.

[43] Zon. 13,19.

[44] Folgende Quellen sind zentral: Ambr., Ep. e.c. 11 (51); Ob. Theod. 34; Ruf., HE 11,18; Paul., V. Ambr. 24; Soz. 7,25; Thdt., HE 5,17,3–18; Aug., Civ. 5,26. Die byzantinischen Texte, die von Übergriffen der Soldaten in Anwesenheit des Kaisers sprechen, beziehen sich entweder auf ein anderes Ereignis oder haben eine Kenntnislücke gefüllt; vgl. Zon. 13,18; Ioh. Mal. 13,42; Theoph. 5884; Georg. Cedr., Hist. Comp. (PG 121,605 A). S. aus der Literatur etwa: Kolb 1980, 41–74; MacLynn 1994, 315ff.; Groß-Albenhausen 1999, 118ff., die beide zu einer erheblich negativeren Einschätzung der Rolle des Ambrosius gelangen als der Verfasser. Zur Datierung s. A. Vecchio, La strage di Tessalonica. Nuove ricerche sulla data: 389 o 390?, in: S. Felici (Hrsg.), Humanitas classica. Fs. R. Iacoangeli, Rom 1992, 115–144, der entgegen der Mehrheit der Forschung und nicht überzeugend für 389 als Jahr des Bußaktes plädiert.

[45] Die christlichen Quellen suggerieren einen Zornesausbruch des Kaisers, was ihrer Anthropologie entspricht. Doch die Darstellung des wohl informierten Paulinus von Mailand (V. Ambr. 24) lässt erkennen, dass der Entscheidung ein längerer Diskussionsprozess vorausging.

[46] Soz. 7,25,4.

[47] Ambr., Ob. Theod. 13; vgl. ohne christliche Interpretation Ps.-Aur. Vict., Epit. 48,13.

[48] Ep. e.c. 11 (51), 6.

[49] Ruf., HE 11,18, der die Leistungen des Ambrosius durchaus anerkennt, vgl. 11,15; Aug., Civ. 5,26.

[50] Ep. e.c. 11 (51).

[51] CTh 9,40,13. Errington 1992, 448ff. hat mit bemerkenswerten Gründen für eine Datierung auf 382 plädiert; doch scheinen mir die Einwände von Matthews 1997, 202ff. überzeugend.

[52] Eus., HE 6,34. Eine andere Version der Geschichte bei Joh. Chrys., Bab. 6.

[53] Thdt., HE 5,18,20f.; vgl. Soz. 7,25,9.

[54] Aug., Civ. 5,26.

[55] R. Schieffer, Von Mailand nach Canossa. Ein Beitrag zur Geschichte der christlichen Herrscherbuße von Theodosius dem Großen bis Heinrich IV., DA 28 (1972), 333–370, 340ff.

[56] Thdt., HE 5,18,5. Dazu Leppin 1996, 114ff.

[57] Thdt., HE 5,18,25.

[58] Cass., Hist. 9,30,5ff.

[59] Exemplarisch dazu P. Stephan, „Im Glanz der Majestät des Reiches“. Tiepolo und die Würzburger Residenz, 2 Bde., Weißenhorn 2002, I 125ff.; 281ff.

[60] Ambr., Ep. e.c. 10 (57),4.

[61] Ambr., Ep. 70 (56), 3.

[62] CTh 16,2,27; vgl. Soz. 7,16,11, der hierin eine Reaktion auf den sittlichen Niedergang sieht. Das Gesetz bezog sich indirekt auf neutestamentarische Regelungen, s. 1. Tim. 5,9f.

[63] CTh 16,2,28. Von diesem Gesetz weiß Sozomenos anscheinend nicht, wie auch der CI 1,3,9 noch auf das erste Gesetz rekurriert. J. Evans Grubbs, Virgins and Widows, Show-Girls and Whores. Late Roman Legislation on Women and Christianity, in: R. W. Mathisen (Hrsg.), Law, Society and Authority in Late Antiquity, Oxford 2001, 220–241, will 229f. diese Gesetze auf den Wunsch des Kaisers zurückführen, Olympias von ihrem eigensinnigen Vorgehen abzuhalten.

[64] CTh 16,3,1f.

[65] CTh 7,1,13

[66] CTh 16,10,10f.; vgl. Lizzi 1996, 356ff.

[67] CTh 16,10, 10.

VI. Rückkehr nach Konstantinopel (391–394)

[1] Dazu A. Baldini, Problemi della tradizione sulla ‚distruzione' del Serapeo di Alessandria, RSA 15 (1985), 97–152; Haas 1997, 161ff.

[2] Soz. 7,15,2–7; vgl. Thdt., HE 5,22,1–3.

[3] Ruf., HE 11,22f.

[4] S. zu dem Problem G. Fowden, The Pagan Holy Man in Late Antique Society, JHS 102 (1982), 33–59; H. Leppin, Proklos. Der Philosoph als Theurg, in: A. Goltz u. a. (Hrsg.), Gelehrte in der Antike. FS Alexander Demandt, Köln/Weimar/Wien 2002, 251–260.

[5] Socr. 7,16,1.

[6] Thdt., HE 5,22,3–6; Socr. 5,16; vgl. Ruf., HE 2,23, der den Bischof weniger exponiert und erwähnt, dass die einzelnen Teile des Standbildes an verschiedenen Plätzen Alexandrias verbrannt wurden.

[7] Socr. 5,16,5–11.

[8] Ruf., HE 11,24.

[9] Socr. 5,16,9–14.

[10] Ruf., HE 11,24–31.

[11] Lar, Genius und Penaten waren Gottheiten, die im Privatleben verehrt wurden.

[12] CTh 16,10,12.

[13] CTh 2,8,20.

[14] Patria II 87 (= Parast. 5) mit Berger 1988, 550ff.

[15] CTh 16,3,2.

[16] CTh 9,40,15.

[17] CTh 9,45,1.

[18] CI 1,9,7.

[19] CTh 16,8,8.

[20] CTh 16,8,9.

[21] Vgl. zur Wirkung der Politik des Theodosius gegenüber den Juden R. L. Wilken, The Jews and Christian Apologetic after Theodosius I Cunctos Populos, HThR 73 (1980), 451–471, 465f.

[22] CTh 16,10,13.

[23] Vgl. zum Hintergrund auch S. Diefenbach, Frömmigkeit und Kaiserakzeptanz im frühen Byzanz, Saeculum 47 (1996), 35–66, 43ff.

[24] Zu ihm Clauss 1981, 187 ff.; Fitschen 2001.

[25] Zu der Episode O. Seeck, Libanius gegen Lucianus, RhM 73 (1920–24), 84–101; T. D. Barnes, The Victims of Rufinus, CQ 34 (1984), 227–230.

[26] Vgl. dazu Matthews 1975, 127 ff.

[27] Ambr., Ep. 45 (52),1.

[28] Dazu Matthews 1971. v. Haehling 1978, 583 f. meint, dass Theodosius nach dem Bußakt von Mailand zurückhaltender in der Verwendung heidnischer Funktionäre gewesen sei, führt aber fairerweise selbst die Gegenbeispiele an.

[29] Vgl. zu Daten und Verlauf S. Rebenich, Beobachtungen zum Sturz des Tatianus und des Proculus, ZPE 76 (1989), 153–165.

[30] Aster., Hom. 4,9,3 (PG 40,224 f.); Phot., Bibl. 258.

[31] CTh 9,42,12 f.

[32] CTh 11,1,23; 12,1,131.

[33] Scharf 1998, 498 f.

[34] CTh 12,1,128.

[35] CI 11,52,1.

[36] CTh 1,29,8.

[37] CTh 9,4,1.

[38] Vgl. für die historische Interpretation Rebenich 1991; Raeck 1998; Kiilerich 1998; Kolb 2001, 225 ff.; Ritzerfeld 2001. Publikation durch G. Bruns, Der Obelisk und seine Basis auf dem Hippodrom zu Konstantinopel (Istanbuler Forschungen 7), Tübingen 1935.

[39] Dazu Bauer 1996, 247 ff., zum Obelisken 251 ff.; zum genauen Aufstellungsort teils spekulativ: L. Safran, Points of View. The Theodosian Obelisk Base in Context, GRBS 34 (1993), 409–435. Zur Vorgeschichte des Obelisken A. Effenberger, Überlegungen zur Aufstellung des Theodosios-Obelisken im Hippodrom von Konstantinopel, in: B. Brenk (Hrsg.), Innovation in der Spätantike (Spätantike – Frühes Christentum – Byzanz B 1), Wiesbaden 1996, 207–271.

[40] ILS 821 (CIL III 737).

[41] ILS 821 (AP 9,682); zur Lesung Πϱόϰλῳ vgl. Al. Cameron, A Biographical Note on Claudian, Athenaeum 44 (1966), 32–40, 33 f. Dass in der griechischen Inschrift von 32, in der lateinischen von 30 Tagen die Rede ist, dürfte allein der dichterischen Freiheit geschuldet sein.

[42] Vgl. etwa Rebenich 1991; Ernesti 1998, 145 ff. mit Lit.; Kolb 2001, 236 ff. mit Forschungsübersicht.

[43] Raeck 1998.

[44] Zu Recht betont von Ritzerfeld 2001; vgl. J. Geyssen, Presentations of Victory on the Theodosian Obelisk Base, Byzantion 68 (1998), 47–55.

[45] Vgl. Kiilerich 1998, 42; methodisch sinnvoll ist das Vorgehen Kolbs, 2001, 233 f., der bestimmte Amtsträger aufgrund ihrer Tracht plausibel identifiziert, aber auf die Nennung von Namen verzichtet.

[46] In diese Richtung: E. Demougeot, Obélisques égyptiennes à Rome en 357 et à Constantinople en 390, in: Dies., L'empire romain et les barbares d'occident (IVe–VIIe siècle). Scripta varia, Paris 1988, 253–272.

[47] Dazu W. Raeck, Modernisierte Mythen. Zum Umgang der Spätantike mit klassischen Bildthemen, Stuttgart 1992, 15 ff.

[48] Berger 1988, 323ff.; Bauer 1996, 187ff. mit einer schlüssigen Rekonstruktion, die angesichts der Quellenlage nicht den Anspruch der Sicherheit erhebt. Für das Forum war ferner die Bezeichnung *Forum Tauri* verbreitet; zu den Hintergründen Bauer 1996, 187.

[49] Vgl. Ps.-Aur. Vict., Epit. 48,1–10 ; Claud., IV Cons. Hon. 18–20; Oros. 7,34,2f.

[50] Amm. Marc. 16,10,15.

[51] Vgl. neben der allgemeinen Lit. zum Forum Kiilerich 1993, 51ff.; M. Jordan-Ruwe, Das Säulenmonument. Zur Geschichte der erhöhten Aufstellung antiker Porträtstatuen (Asia Minor Studien 19), Bonn 1995, 140ff.

[52] M. Speidel, Die Garde des Maximus auf der Theodosiussäule, IM 45 (1995), 131–136.

[53] AP 16,65; vgl. Bauer 1996, 198ff.; Ernesti 1998, 96ff.

[54] E. Dinkler, Das Kreuz als Siegeszeichen, ZThK 62 (1965), 1–20 = ders., Signum crucis. Aufsätze zum Neuen Testament und zur christlichen Archäologie, Tübingen 1967, 55–76, hier: 69f. glaubt, dass ein Patria II 50 erwähntes, dort auf Konstantin den Großen zurückgeführtes Kreuz auf dem Konstantins-Forum von Theodosius errichtet sei und hat damit viel Zustimmung gefunden (etwa Berger 1988, 290; Bauer 1996, 354 hält sich bedeckt). Doch beruht die Datierung lediglich auf stilistischen Kriterien und wohl auch auf der Vorannahme, Theodosius sei ein in jeder Beziehung streng christlicher Kaiser gewesen.

[55] Vgl. zur Münzprägung C. Vera García/M. García Martínez, Aproximación al estudio de Teodosio I en la moneda de su época, R. Teja/C. Pérez (Hrsg.), Congreso internacional La Hispania de Teodosio, Segovia 1998, 729–737.

[56] Berger 1988, 238f.; Jordan-Ruwe 1993, 161f., Bauer 1996, 162.

[57] Berger 1988, 275f.; 494f.; 555; vgl. 723; Bauer 1996, 165; 223.

[58] Jüngst wurde die Auffassung vertreten, das Goldene Tor, durch das Triumphzüge in die Stadt gingen, sei von Theodosius dem Großen errichtet worden; vgl. J. Bardill, The Golden Gate in Constantinople. A Triumphal Arch of Theodosius I, AJA 103 (1999), 671–696. Doch wird auf der Inschrift dort lediglich ein Tyrann erwähnt, anders als auf dem Obelisken. Das scheint mir – zumindest für die Inschrift – eher auf die Zeit Theodosius' II. (408–450) zu weisen. Die Erklärung Bardills (1999, 683, Anm. 36), dies sei durch das Metrum bedingt, ist bei einem so wichtigen Phänomen unzureichend.

[59] Fraglich ist die Einordnung von Tempelreliefs aus Ephesos, die den Kaiser und Verwandte neben antiken Göttern zeigen könnten; vgl. nur Ernesti 1998, 154ff.

[60] Gut erschlossen bei Berger 1988, 501; 642; 651f.; 743f.

[61] Fitschen 2001, 100.

[62] Dies war keineswegs ausschließlich in Konstantinopel so, vgl. für das besonders gut erschließbare Aphrodisias in Karien R. R. Smith, Late Antique Portraits in Public Context. Honorific Statuary at Aphrodisias in Caria, A.D. 300–600, JRS 89 (1999), 155–189.

[63] Die Einzelheiten, die ich hier bewusst etwas vage formuliert habe, sind unklar und müssen aus disparaten Quellen gewonnen werden, s. insbes. Zos. 4,48f.; ferner Claud., VI cons. Hon. 107f., vgl. Get. 524; grundlegend Wolfram [3]1990, 142f.; Heather 1991, 181ff.; vgl. aber etwa auch Hoffmann 1969/79, II 204f., Anm. 195. Zumal bei dem Bericht über die Gefährdung des Kaisers könnte es sich um eine Motivdoppelung innerhalb des Werks des Zosimos handeln.

[64] Claud., Stil 1,94ff.; In Ruf. 1,314ff.
[65] CTh 1,12,4; 9,7,9; 10,19,14; 12,1,133; 13,11,6.
[66] Claud., VI cons. Hon. 106ff.; Gild. 235ff.
[67] Ambr., Ob. Val. 52; Ep. e.c. 10 (57),5.
[68] Ambr., Ob. Val. 15–17; 37; 66.
[69] Dies behauptet Ambr., Ob. Val. 23; 25; Ep. 25 (53), 2.
[70] J. W. E. Pearce, in: RIC X, 8.

VII. Wieder im Westen

[1] Starke Argumente zugunsten der Hypothese eines Selbstmords bringt B. Croke, Arbogast and the Death of Valentinian II, Historia 25 (1976), 235–244; vgl. zu den Entwicklungen aus der Sicht des Ambrosius MacLynn 1994, 330ff.

[2] Grundlegend zu ihm Szidat 1979, der zu Recht hervorhebt, dass vor allem Theodosius den religiösen Charakter des Bürgerkriegs forciert habe.

[3] Zum Hintergrund s. Biermann 1995, 154ff.

[4] Vgl. Ambr., Ep. 25 (53),1–3.

[5] Zu ihr mit vielen guten Einzelbeobachtungen Biermann 1995, insbes. 87ff. und 154ff. (zu den zwei Reden vgl. 134, Anm. 57 auf der Grundlage von Ambr., Ob. Val. 30, wo Ambrosius einen *sermo ad plebem* erwähnt); zum theologischen Hintergrund Gerbenne 1999.

[6] Ambr., Ob. Val. 79; vgl. 25–27. Allerdings sollte man nicht vergessen, dass die Rede später herausgegeben worden ist. Möglicherweise hat Ambrosius sie nach dem Sieg des Theodosius überarbeitet.

[7] J. W. E. Pearce, Eugenius and His Eastern Colleagues, NC 17 (1937), 1–27, 1ff.; vgl. P. Bastien, Le monnayage de l'atelier de Lyon. Du règne de Jovien à la mort de Jovin (363–413) (Numismatique romaine 16), Wetteren 1987, 68f. Seine Vermutung, Eugenius habe sogar Münzen mit dem Porträt des Honorius prägen lassen (69f.) ist nicht so klar belegt, dass sie allgemeinere historische Überlegungen, die dagegen sprechen, ungültig macht.

[8] ILS 790 (CIL XIII 8262).

[9] CIL X 4492. Allerdings ist die Inschrift von einem Privatmann gestiftet, sodass sie nicht unbedingt die offizielle Position widerspiegelt.

[10] Ich folge Errington 1992, 445.

[11] ILS 5222 (CIL VI 1718); vgl. Bauer 1996, 11f.

[12] Paul., V. Ambr. 31.

[13] Carmen c. paganos, das natürlich gerade die anstößigsten Kulte anführt; vgl. dazu J. F. Matthews, The Historical Setting of the ‚Carmen contra paganos' (Cod. Par. Lat. 8084), Historia 19 (1970), 464–479, der 1975, 241ff. Nicomachus einen außerordentlich großen Einfluss zuspricht. Die Datierung ist nicht unstrittig.

[14] AEp 1948, 127.

[15] Aug., Civ. 18,53f.; vgl. Ruf., HE 11,33.

[16] Ambr., Ep. e.c. 10 (57); Groß-Albenhausen 1999, 120ff.

[17] Die Behauptung, Nicomachus und Eugenius hätten bei ihrer Abreise von Mailand gedroht, nach einem Sieg die dortigen Kirchen in Ställe zu verwandeln und

die Kleriker in die Armee zu zwingen (Paul., V. Ambr. 31), ist gewiss Ausfluss ambrosianischer Propaganda, denn ein solches Verhalten hätte völlig unnötige Unruhen provoziert.

[18] Zos. 4,55,1; Joh. Ant., Frg. 187. Dass sie zurückgekehrt war, ergibt sich auch daraus, dass Theodosius im Sommer 393 ein Kind mit ihr gezeugt haben muss, s. u.

[19] Const. Porph., Caer. 1,9,1,412,18–417,7 mit V. Tiftixoglu, Die Helenianai nebst einigen anderen Besitzungen, in: H. G. Beck (Hrsg.), Studien zur Frühgeschichte Konstantinopels (Misc. Byz. Mon. 14), München 1973, 49–120, 79ff.

[20] Zos. 4,56,2f.

[21] Errington 1992, 444f.

[22] Soz. 7,22,7f.; Ruf., HE 11,32; Pall., Hist. Laus., 35; Thdt., HE 5,24,1f.

[23] Szidat 1979, 504f.

[24] Versuche zu einer militärgeschichtlichen Rekonstruktion der Schlacht bei Seeck 1920–23, V 251ff. (dabei ist schon fraglich, ob Ambr., Ob. Theod. 7 auf diesen Kampf zu beziehen ist); F. Paschoud, Appendice 3, in: Ders. (Hrsg.), Zosime. Histoire nouvelle. Livre IV, Paris 1979, 474ff. Allerdings bin ich angesichts der starken ideologischen Einfärbung der Quellen (vgl. z. B. Buck 1988, 48ff.; Gerbenne 1999, 171ff.) skeptisch gegen Bemühungen, möglichst viele Angaben der Quellen zu harmonisieren und daraus ein schlüssiges Bild vom Verlauf zu gewinnen; so auch M. Springer, Die Schlacht am Frigidus als quellenkundliches und literaturgeschichtliches Problem, in: R. Bratož (Hrsg.), Westillyricum und Nordostitalien in der spätrömischen Zeit (Situla, Band 34), Ljubljana 1996, 45–92 trotz der Vorbehalte von F. Paschoud, Pour un mille six centième anniversaire. Le Frigidus en ébullition. AntTard 5 (1997), 275–280.

[25] Thdt., HE 5,24,5–10.

[26] Thdt., HE 5,24,11–14.

[27] Vgl. M. Kovač, Bora or Summer Storm. Meteorological Aspects of the Battle of Frigidus, in: R. Bratož (Hrsg.), Westillyricum und Nordostitalien in der spätrömischen Zeit (Situla, Band 34), Ljubljana 1996, 109–118.

[28] Ambr., In psal. 36,25; Ruf., HE 11,33; Ioh. Chrys., CPG 4441,6 (PG 63,491); Aug., Civ. 5,26; Oros. 7,35,17f.; Socr. 5,25,14; Soz. 7,24,6; Claud., III cons. Hon. 93ff.; vgl. Ambros., Ep. e.c. 2 (61),3; Ep. e.c. 3 (62),4.

[29] Zos. 4,58,4; Joh. Ant., Frg. 187.

[30] Jupiter: Aug., Civ. 5,26; Herakles: Thdt., HE 5,24,4; 5,24,17.

[31] In der Nacht davor: Oros., Hist. 7.35,14f.; Thdt., HE 5,25,4. Während der Schlacht: Ruf., HE 11,33; Socr. 5,25,12; Soz. 7,24,4; Joh. Ant., Frg. 187.

[32] Vgl. etwa Leppin 1996, 135ff.

[33] Oros., Hist. 7,35,19 (10000 Tote); vgl. Socr. 5,25,11f. Zos. 4,58,2f. spricht von den Verlusten, erwähnt aber auch eine Sonnenfinsternis, was ebenfalls ein Versatzstück aus anderen Schlachtenschilderungen sein muss, da es zum fraglichen Zeitpunkt keine Finsternis gab.

[34] Ruf., HE 11,33.

[35] Ruf., HE 11,33; Socr. 7,25,13; Zos. 4,58,3.

[36] Auch der Panegyrikus des Paulinus von Nola scheint in Reaktion auf diese Schlacht geschrieben worden zu sein; vgl. S. Mratschek, Der Briefwechsel des Pauli-

nus von Nola. Kommunikation und soziale Kontakte zwischen christlichen Intellektuellen (Hypomnemata 134), Göttingen 2002, 218ff.

37 Ruf., HE 11,33; Socr. 5,25,15; Soz. 7,24,7; vgl. Oros., Hist. 7,35,19. Zos. 4,58,5 und Thdt., HE 5,24,14–17 bieten wenig glaubwürdige abweichende Versionen.

38 Ambr., Ob. Theod. 34. Das Problem liegt in dem Plural *filiorum*, da Arcadius wahrscheinlich nicht in Mailand war. Möglicherweise ist an die Adoptivtochter Serena gedacht, die Honorius begleitete, oder an seine Halbschwester Galla Placidia; vgl. auch Paul., V. Ambr. 32.

39 Ep. e.c. 2 (61), 2.

40 Ep. e.c. 3 (62), 4.

41 Seine Selbstdarstellung zeigt sich vermutlich in dem Diptychon aus Monza (Abb. 26), dessen Zuweisung indes nicht unstrittig ist; vgl. K. J. Shelton, The Diptych of the Young Office Holder, JbAC 25 (1982), 132–171; R. Warland, Status und Formular in der Repräsentation der spätantiken Führungsschicht, RM 101 (1994), 175–202, 177ff. (skeptisch); B. Kiilerich/H. Torp, Hic est, hic Stilicho. The Date and Interpretation of a Notable Diptych, JdI 104 (1989), 319–371.

42 Zu Probus M. G. Schmidt, Ambrosii carmen de obitu Probi. Ein Gedicht des Mailänder Bischofs in epigraphischer Überlieferung, Hermes 127 (1999), 99–116.

43 Aug. Civ. 5,26; Prud., C. Symm. 1,408ff. (dazu J. Harries, Prudentius and Theodosius, Latomus 43 [1984], 69–84, 80ff.); vgl. aus heidnischer Sicht Zos. 4,59,1.

44 Einen zweiten Rombesuch, wie Zosimos (4,59,1–3) ihn beschreibt, hat er allerdings nicht unternommen; so Paschoud 1975, 100ff. zu Recht gegen Cameron 1969.

45 Vgl. Fitschen 2001, 92f.

46 Zon. 13,18,19–29; vgl. etwa Dagron 1974, 259f.

47 Dazu G. und M. Greatrex, The Hunnic Invasion of the East of 395 and the Fortress of Ziatha, Byzantion 69 (1999), 65–75.

48 Socr. 5,26,3f.; vgl. Soz. 7,29,3f., der im Unterschied zu Sokrates nicht von einer Siegesfeier spricht; vgl. ferner aus den zahlreichen Notizen Hyd., Ad a. 395.

49 Ambr., Ob. Theod. 18; vgl. 35.

50 Ambr., Ob. Theod. 2f.

51 Socr. 6,1,3; Marc. Com., Ad a. 395; Chron. Pasch., Ad a. 395; vgl. M. J. Johnson, On the Burial Places of the Theodosian Dynasty, Byzantion 61 (1991), 330–339, 330ff. Mit gebotener Vorsicht erwägen das Vorhandensein eines Kenotaphs in Rom R. Biering/H. v. Hesberg, Zur Bau- und Kulturgeschichte von St. Andreas apud S. Petrum. Vom Phrygianum zum Kenotaph Theodosius des Großen?, RQA 82 (1987), 145–182.

52 Ambr., Ob. Theod. 11.

53 Claud., In Ruf. II 4–6; De Nupt. Hon. et Mar. 307 f.; III cons. Hon. 151ff.; IV cons. Hon. 432f.; Cons. Stil. 2,50ff.; Olymp., Frg. 2; vgl. Claud., In Ruf. II 152; Cons. Stil. 1,140f.; In Eutr. 2,599–602; Zos. 5,4,3; 5,34,6; zu den Hintergründen s. Al. Cameron 1969, 267ff. (der wenig überzeugend zwei verschiedene *settlements* vermutet).

54 Vgl. auch die Bemerkungen bei Claud., In Ruf. 197ff.

55 Hier., Ep. 60,16; Aster., Hom. 4 (PG 40,224 C).

56 Formal gesehen war das Römische Reich in der Zeit von Thronvakanzen im Westen oder Osten wieder geeint. Das führte aber nicht zu einer tatsächlichen Vereinigung der Regierung.

VIII. Theodosius der Große

1 CTh 16,10,13pr.; vgl. zum Folgenden CTh 16,5,25; 9,38,9; TAM II 186f. mit L. Robert, Hellenica IV, Paris 1948, 47ff.; R. Scharf, Die Familie des Fl. Eutolmius Tatianus, ZPE 85 (1991), 223–231; CTh 15,14,9–11.

2 Vgl. Ps.-Aur. Vict., Epit. 48,8–19; vgl. zur Datierung Al. Cameron, The Epitome de Caesaribus and the Chroncile of Marcellinus, CQ 51 (2001), 322–327.

3 Philost. 11,2.

4 Zos. 4,50; vgl. Paschoud 1975, 133ff.; Buck 1988; V. Escribano, Tryphé y cristianismo en Zósimo. La representación tiránica de Teodosio. Athenaeum 86 (1998), 526–539; F. Paschoud, La figure de Théodose chez les historiens païens, in: R. Teja/C. Pérez (Hrsg.), Congreso internacional La Hispania de Teodosio, Segovia 1998, 193–200.

5 Vgl. zu seiner Wirkung F. E. Consolino, Teodosio e il ruolo del principe cristiano dal *De obitu* di Ambrogio alle storie ecclesiastiche, CrSt 15 (1994), 257–277.

6 Aug., Civ. 5,26.

7 Ioh. Chrys., CPG 4441,6; vgl. Ernesti 1998, 293ff., dessen Arbeit eine Fundgrube für zeitnahe Zeugnisse über Theodosius bildet.

8 Leppin 1996, 105ff.

9 ACO 2,1,2, S. 53,3; 2,1,3, S. 118,4.

10 Demandt 1984, 218. Verbreitet als Epochendatum ist allerdings auch die Schlacht von Adrianopel 378 (Demandt, ebd., 217f.), der Theodosius seine Stellung verdankte.

11 1920–23, V 180.

12 Enßlin 1953, 88.

13 1973; 1980.

14 N. Q. King, The Emperor Theodosius and the Establishment of Christianity, London 1961, insbes. 96.

15 Claud., L. Ser., 134ff.

16 Trotz Pac. 5,6, s. Nixon/Rodgers 1994, 454, Anm. 20.

17 Wiemer 1995, 104f.

18 Matthews 1989, 8f. aufgrund von Lib., Ep. 1063.

19 ILS 2948 (CIL VI 1783).

20 ILS 2945 (CIL VI 11869).

21 Kiilerich 1993.

22 Vgl. J. Meischner, Studien zur spätantiken Kaiserikonographie, JdI 110 (1995), 431–446, 436ff., insbes. 439 sowie dies., Das Porträt der theodosianischen Epoche I (380–405 n. Chr.), JdI 105 (1990), 303–324, 311.

Glossar[1]

Adäration: Erbringung bestimmter Abgaben zumal für die Truppenversorgung in Geld statt in Sachleistungen.

Africa: Lateinischsprachiger Teil Nordafrikas, nicht Ägypten; grob mit den besiedelbaren Gebieten des heutigen Maghreb gleichzusetzen.

Anhomöer: Christliche Konfession, die lehrte, dass Christus und Gott ungleich (*anhómoios*) seien. Maßgeblicher Lehrer war Eunomios, daher auch Eunominaer genannt.

Apollinaristen: Christliche Konfession, für die sich in Christus göttlicher Geist mit menschlichem Fleisch verband. Wurde von den übrigen Nizänern zunehmend als Häresie betrachtet.

Arianer: Im eigentlichen Sinne Anhänger des Arius, der lehrte, dass es bei der Entstehung der Welt einen Zeitpunkt gegeben habe, als Christus noch nicht existiert habe. Später Kampfbegriff der Nizäner, der nach Möglichkeit durch präzisere Begriffe ersetzt werden sollte. Daneben bezeichnet Arianismus die von germanischen Völkern rezipierte Gestalt des Christentums, die sich von der homöischen Konfessionen ableitet.

Augustus: Kaisertitel der Spätantike. Viele *Augusti* – wie etwa die Söhne des Theodosius zu Lebzeiten ihres Vaters – trugen den Titel lediglich nominell. Der *senior Augustus* war der dienstälteste und damit formal höchstrangige *Augustus*. Die Kaisergattin führte nicht automatisch den Titel einer *Augusta*, sondern musste eigens in diese Stellung erhoben werden.

Caesar: Titel des designierten Thronfolgers, der oft bereits die Verantwortung für einen Reichsteil trug.

Comes Orientis: Dem Prätorianerpräfekt nachgeordneter Zivilbeamter, der im syrisch-palästinischen Bereich tätig war. Er stand als Verwalter einer Diözese auf derselben Ebene wie die Vikare, war ihnen aber im Rang vorgeordnet.

Comes rerum privatarum: ‚Minister für Privatbesitz'. Hoher Finanzbeamter, zuständig für den kaiserlichen Besitz.

Comes sacrarum largitionum: ‚Minister für die kaiserlichen Schenkun-

[1] Der Verfasser muss einräumen, dass er sich in Hinblick auf die Bezeichnungen kirchlicher Gruppen Idiosynkrasien leistet. Dabei versucht er die sehr differenzierten, von der Althistorie unzureichend berücksichtigten Forschungsergebnisse der Patristik aufzunehmen, zugleich aber im Sinne der Einleitung eine Begrifflichkeit zu vermeiden, die schon im Namen (z.B. Orthodoxie, Katholizismus) die Verbindlichkeit einer Lehre unterstellt.

gen'. Höchster Finanzbeamter, zuständig für staatliche Ausgaben und Einnahmen in Edelmetall.

Cursus publicus: Staatliches, reichsweites Transportsystem, das eigentliche schnelle Reisen von Funktionären und Gesandten ermöglich sollte, aber viele weitere Benutzer anzog.

Dekurionen, s. Kuriale.

Diptychon: Aus zwei aufeinander klappbaren hochrechteckigen, durch Scharniere verbundenen Täfelchen bestehend, konnte das Diptychon etwa als Schreibtafel verwendet werden, da die Innenseite mit Wachs überzogen war. Seit dem 4. Jahrhundert breitete sich die Sitte aus, die Außenseiten aus (üblicherweise bemaltem) Elfenbein zu fertigen und reich zu verzieren, um die Diptycha als Geschenke beispielsweise aus Anlass eines Amtsantritts zu verwenden.

Donatisten: Schismatische Gruppe in Africa, die sich im Gefolge der diokletianischen Christenverfolgung zu Beginn des 4. Jahrhunderts herausgebildet hatte, da ein Bischof der Großkirche von einem Bischof geweiht wurde, der dabei Schwäche gezeigt hatte. Blieb in Africa stark und bildete oft einen Rückhalt der Opposition gegen die Zentralgewalt.

Eunomianer, s. Anhomöer.

Greutungen: Germanisch geprägte Völkerschaft, aus der sich die Ostgoten entwickelten.

Heermeister: *Magister militum*. Höchste militärische Rangstufe. Die genaue Funktion wechselte. Mehrere gleichrangige konnten für regionale Sprengel zuständig sein, es konnte aber auch ein Heermeister über den übrigen Heermeistern eines Reichsteils stehen.

Homöer: Christliche Konfession, die lehrte, dass Christ und Gott gleich (*hómoios*) gewesen seien, und sich damit von den Nizänern absetzte. Sie wurde insbesondere von Constantius II. (337–361) und Valens (364–375) gefördert. Ihre Gegner rechneten sie dem Arianismus zu.

Homoousianer, s. Nizäner.

Honoratus: Über den Dekurionen stehender, durch besondere Privilegien geehrter Reichsbewohner, der in der Regel hohe Ämter in der Reichsverwaltung bekleidet hatte.

Kuriale: Angehörige des städtischen Rates, auf denen die Pflicht lag, das Steueraufkommen ihrer Heimat zu sichern, was als starke Belastung empfunden wurde. Auch Dekurionen genannt.

Magister militum, s. Heermeister.

Magister officiorum: Leiter der Hofverwaltung.

Makedonianer: Christliche Konfession, die auf den 360 abgesetzten Bischof von Konstantinopel Makedonios zurückgeführt wurde und die den Heiligen Geist eindeutig Gott unterordnete. Zumeist mit Pneumatomachen identifiziert.

Manichäer: Religiöse Bewegung persischen Ursprungs, die für ihren ausgeprägten Dualismus bekannt war. Da hier Elemente des Christentums aufgegriffen wurden, galten sie in der Gesetzgebung vielfach als Häretiker.

Nizäner: Christliche Konfession, die unter Berufung auf das Konzil von Nizäa (325) die Auffassung vertrat, dass Christus und Gott wesensgleich (*homooúsios*) seien. Von Theodosius dem Großen gefördert.

Novatianer: Christliche Gruppierung, die mit den Nizänern dogmatisch übereinstimmte, aber eine andere Lebenspraxis wählte und sich vor allem in der Einschätzung der Buße unterschied.

Prätorianerpräfekt: Höchster ziviler Beamter unter dem Kaiser. Es gab mehrere regionale Präfekturen, deren Grenzen sich verschoben, deren Kernlandschaften aber blieben: *Oriens* (Kleinasien, Syrien, Ägypten); zeitweise *Illyricum* (Balkan und Griechenland); *Italia et Africa*; *Galliae* (Spanien, Gallien, Britannien), wobei es immer wieder zu Wechseln in der Abgrenzung der Sprengel kommen konnte.

Priscillianismus: In Spanien und Gallien verbreitete Lehre, die auf außergewöhnliche asketische Praktiken setzte; von den Nizänern als häretisch verurteilt und vom Usurpator Maximus bekämpft.

Quaestor sacri palatii: Hofbeamter, der für die Formulierung von Gesetzen zuständig war; zu unterscheiden vom republikanischen Quästor, der hauptsächlich mit finanziellen Angelegenheiten zu tun hatte.

Reskript: Kaiserliche Verfügungen zu Einzelfragen, die an ihn herangetragen werden.

Senior Augustus, s. *Augustus*.

Stadtpräfekt (*praefectus urbi*): Vornehmlich repräsentatives, aber mit gewissen administrativen Funktionen von lokaler Bedeutung ausgestattetes Amt in Rom und Konstantinopel.

Tervingen: Germanisch dominierte Völkerschaft, aus der sich die Westgoten entwickeln.

Vikar: Beamter zwischen Statthaltern und Prätorianerpräfekten, der vornehmlich für Appellationsfragen zuständig war.

Literatur

Ausbüttel, F. M., Die Dedition der Westgoten von 382 und ihre historische Bedeutung, Athenaeum 66 (1988), 604–613.

Baldus, H. R., Theodosius der Große und die Revolte des Magnus Maximus, Chiron 14 (1984), 175–192.

Barceló, P., Roms auswärtige Beziehungen unter der Constantinischen Dynastie (306–363) (Eichstätter Beiträge 3), Regensburg 1981.

Barnes, T. D., The Collapse of the Homoeans in the East, Stud. Patr. 29 (1997), 3–16.

Barnes, T. D., Ammianus Marcellinus and the Representation of Historical Reality, Ithaca/London 1998.

Barnes, T. D., Ambrose and the Basilicas of Milan in 385 and 386. The Primary Documents and their Implications, ZAC 4 (2000), 282–299.

Bauer, F. A., Stadt, Platz und Denkmal in der Spätantike, Mainz 1996.

Berger, A., Untersuchungen zu den Patria Konstantinupoleos [ΠΟΙΚΙΛΑ BYZANTINA 8], Bonn 1988.

Biermann, M., Die Leichenreden des Ambrosius von Mailand. Rhetorik, Predigt, Politik (Hermes-ES 70), Stuttgart 1995.

Blockley, R. C., The Division of Armenia between the Romans and the Persians at the End of the Fourth Century A.D., Historia 36 (1987), 222–234.

Blockley, R. C., East Roman Foreign Policy. Formation and Conduct from Diocletian to Anastasius (ARCA 31), Leeds 1992.

Bravo, G., Prosopografia teodosiana (I). En torno al llamado 'clan hispano', Gerión 14 (1996), 381–398.

Bravo, G., Prosopografia teodosiana (I). El presunto 'clan hispano' a la luz del análisis prosopográfico, in: R. Teja/C. Pérez (Hrsg.), Congreso internacional La Hispania de Teodosio, Segovia 1998, 21–30.

Brown, P., Society and the Holy in Late Antiquity, London 1982.

Brown, P., Power and Persuasion in Late Antiquity, Towards a Christian Empire, Madison 1992 (dt. 1995).

Buck, D. F., Eunapius of Sardis and Theodosius the Great, Byzantion 58 (1988), 36–53.

Cameron, Al., A Biographical Note on Claudian, Athenaeum 44 (1966), 32–40.

Cameron, Al., Theodosius the Great and the Regency of Stilico, HSCPh 73 (1969), 247–280.

Cameron, Al., Claudian. Poetry and Propaganda at the Court of Honorius, Oxford 1970.

Cameron, Al./J. Long, Barbarians and Politics at the Court of Arcadius, Berkeley/Los Angeles/Oxford 1993.

Cameron, Al., The Epitome de Caesaribus and the Croncile of Marcellinus, CQ 51 (2001), 322–327.

Cameron, Av./P. Garnsey (Hrsg.), The Cambridge Ancient History, Bd. XIII. The Late Empire, A. D. 337–425, Cambridge 1998.

Clauss, M., Der magister officiorum in der Spätantike (4.–6. Jahrhundert). Das Amt und sein Einfluß auf die kaiserliche Politik (Vestigia 32), München 1980.

Dagron, G., Naissance d'une capitale. Constantinople et ses institutions de 330 à 451 (Bibliothèque Byzantine. Etudes 7), Paris 1974.

Demandt, A., Der Tod des älteren Theodosius, Historia 18 (1969), 598–626.

Demandt, A., Magister militum, RE S XII (1970), 553–790.

Demandt, A., Die Feldzüge des älteren Theodosius, Hermes 100 (1972), 81–113.

Demandt, A., Der Fall Roms. Die Auflösung des Römischen Reiches im Urteil der Nachwelt, München 1984.

Demandt, A., Die Spätantike. Römische Geschichte von Diocletian bis Justinian 284–565 n. Chr. (HdA 3,6), München 1989.

Dörner, N., Ambrosius in Trier. Zu den Hintergründen der zweiten Gesandtschaft bei Maximus (Ambrosius epist. 30 [24]), Historia 50 (2001), 217–244.

Downey, G., The Tombs of the Byzantine Emperors at the Church of the Holy Apostles in Constantinople, JHS 79 (1959), 27–51.

Duval, Y. M., La présentation arienne du concile d'Aquilée de 381. A propos des „Scolies Ariennes" sur le concile d'Aquilée par R. Gryson, RHE 76 (1981), 317–331.

Ehrhardt, A., The First Two Years of the Emperor Theodosius I, JEH 15 (1964), 1–17.

Elbern, S., Das Gotenmassaker in Kleinasien (378 n. Chr.), Hermes 115 (1987), 99–106.

Elton, H., Warfare in Roman Europe, AD 350–425, Oxford 1996.

Enßlin, W., Maximus 33, RE 14,2 (1930), 2546–2555.

Enßlin, W., Die Religionspolitik des Kaisers Theodosius d. Gr. (SBAW 1953,2), München 1953.

Ernesti, J., *Princeps christianus* und Kaiser aller Römer. Theodosius der Große im Lichte zeitgenössischer Quellen (Paderborner Theologische Studien 25), Paderborn/München/Wien/Zürich 1998.

Errington, R. M., The Praetorian Prefectures of Virius Nicomachus Flavianus, Historia 41 (1992), 439–461.

Errington, R. M., The Accession of Theodosius I, Klio 78 (1996), 438–453. (= 1996 a)

Errington, R. M., Theodosius and the Goths, Chiron 26 (1996), 1–27. (= 1996 b)

Errington, R. M., Church and State in the First Years of Theodosius I, Chiron 27 (1997), 21–72.

Errington, R. M., Themistius and His Emperors, Chiron 30 (2000), 861–904.

Fitschen, K., Der Praefectus praetorio Flavius Rufinus. Ein hoher Reichsbeamter als Gestalt der Kirchengeschichte zur Zeit der „Theodosianischen Wende", ZAC 5 (2001), 86–103.

Gerbenne, B., Modèles bibliques pour un empereur. Le De obitu Theodosii d'Ambroise de Milan, in: Rois et reines de la Bible au miroir des Pères (Cahiers de Biblia patristica 6), Straßburg 1999, 161–176.

Girardet, K. M., Trier 385. Der Prozeß gegen die Priszillianer, Chiron 4 (1974), 577–608.

Gluschanin, E. P., Die Politik Theodosius' I. und die Hintergründe des sog. Antigermanismus im Oströmischen Reiche, Historia 38 (1989), 224–249.

Gómez Villegas, N., Gregorio de Nazianzo en Constantinopla. Ortodoxia, heterodoxia y régimen teodosiano en una capital cristiana (Nueva Roma 11), Madrid 2000.

Gottlieb, G., Ambrosius von Mailand und Kaiser Gratian (Hypomnemata 40), Göttingen 1973.

Gottlieb, G./P. Barceló, Das Glaubensedikt des Kaisers Theodosius vom 27. Februar 380: Adressat und Zielsetzung, in: K. Dietz u. a. (Hrsg.), Klassisches Altertum, Spätantike und frühes Christentum. FS Adolf Lippold, Würzburg 1993, 409–423.

Greatrex, G., The Background and the Aftermath of the Partition of Armenia in A.D. 387, AHB 14 (2000), 35–48.

Groß-Albenhausen, K., Imperator christianissimus. Der christliche Kaiser bei Ambrosius und Johannes Chrysostomus (FAB 3), Frankfurt am Main 1999.

Gutmann, B., Studien zur römischen Außenpolitik in der Spätantike (364–395 n. Chr.), Bonn 1991.

Haas, C., Alexandria in Late Antiquity. Topography and Social Conflict, Baltimore, Md. 1997.

Haehling, R. v., Die Religionszugehörigkeit der hohen Amtsträger des Römischen Reiches seit Constantins I. Alleinherrschaft bis zum Ende der Theodosianischen Dynastie (324–450 bzw. 455 n. Chr.) (Antiquitas 3,23), Bonn 1978.

Hanson, R. P. C., The Search for the Christian Doctrine of God. The Arian Controversy 318–381, Edinburgh 1988.

Harries, J., Prudentius and Theodosius, Latomus 43 (1984), 69–84.

Harries, J., Law and Empire in Late Antiquity, Cambridge 1995.

Heather, P., The Crossing of the Danube and the Gothic Conversion, GRBS 27 (1986), 289–318.

Heather, P., Goths and Romans 332–489, Oxford 1991.

Heather, P., Themistius. A Political Philosopher, in: M. Whitby (Hrsg.), The Propaganda of Power. The Role of Panegyric on Late Antiquity (Mnemosyne Suppl. 183), Leiden 1998, 125–150.

Hoffmann, D., Das spätrömische Bewegungsheer und die Notitia Dignitatum, 2 Bde. (Epigraphische Studien 7), Düsseldorf 1969/70.

Holum, K. G., Theodosian Empresses. Women and Imperial Dominion in Late Antiquity (Transformation of the Classical Heritage 3), Berkeley/Los Angeles/London 1982.

Honoré, T., Virius Nicomachus Flavianus, mit einem Beitrag von J. F. Matthews (Xenia 23), Konstanz 1989.

Jones, A. H. M., The Later Roman Empire 284–602. A Social, Economic, and Administrative Survey, 3 Bde., Oxford 1964.

Jordan-Ruwe, M., Das Säulenmonument. Zur Geschichte der erhöhten Aufstellung antiker Porträtstatuen (Asia Minor Studien 19), Bonn 1995.

Kelly, C., Emperors, Government and Bureaucracy, in: Cameron/Garnsey 1988, 138–183.

Kiilerich, B., Late Fourth Century Classicism in the Plastic Arts. Studies in the So-Called Theodosian Renaissance (Odense University Classical Studies 18), Odense 1993.

Kiilerich, B., The Obelisk Base in Constantinople. Court Art and Imperial Ideology (Acta ad archaeologiam et artium historiam pertinentia. Series altera in 8° 10), Rom 1998.

King, N. Q., The Emperor Theodosius and the Establishment of Christianity, London 1961.

Kolb, F., Der Bußakt von Mailand. Zum Verhältnis von Staat und Kirche in der Spätantike, in: H. Boockmann/K. Jürgensen/G. Stoltenberg (Hrsg.), Geschichte und Gegenwart. FS Karl Dietrich Erdmann, Tübingen 1980, 41–74.

Kolb, F., Herrscherideologie in der Spätantike, Berlin 2001.

Leppin, H., Zum Wandel des spätantiken Heidentums (in Vorbereitung).

Leppin, H., Von Constantin dem Großen zu Theodosius II. Das christliche Kaisertum bei den Kirchenhistorikern Socrates, Sozomenus und Theodoret (Hypomnemata 110), Göttingen 1996.

Leppin, H., Steuern, Aufstand und Rhetoren: Der Antiochener Steueraufstand in heidnischer und christlicher Sicht, in: H. Brandt (Hrsg.), Gedeutete Realität. Krisen, Wirklichkeiten, Interpretationen (3.–6. Jh. n. Chr.) (Historia ES 134), Stuttgart 1999, 103–123.

Leppin, H., Die Kirchenväter und ihre Zeit. Von Athanasius bis Gregor dem Großen, München 2000.

Leppin, H., Das Bild der kaiserlichen Frauen bei Gregor von Nyssa, in: H. Drobner/A. Viciano (Hrsg.), Gregory of Nyssa: Homilies on the Beatitudes. An English Version with Commentary and Supporting Studies. Proceedings of the Eighth International Colloquium on Gregory of Nyssa, Leiden/Boston/Köln 2000, 487–506 (2000a).

Liebeschuetz, J. H. W. G., Barbarians and Bishops. Army, Church and State in the Age of Arcadius und Chrysostom, Oxford 1990.

Lippold, A., Herrscherideal und Traditionsverbundenheit im Panegyricus des Pacatus, Historia 17 (1968), 228–250.

Lippold, A., Theodosius I., RE S XIII (1973), 837–961.

Lippold, A., Theodosius der Große und seine Zeit, München 1980.

Lizzi, R., La politica religiosa di Teodosio I. Miti storiografici e realtà storica, RAL 9,5,7 (1996), 323–361.

Lizzi, R., L'ascesa al trono di Teodosio I, in: R. Teja/C. Pérez (Hrsg.), Congreso internacional La Hispania de Teodosio, Segovia 1998, 135–148.

MacCormack, S. G., Art and Ceremony in Late Antiquity, Berkeley 1981.

MacLynn, N., Ambrose of Milan. Church and Court in a Christian Capital, Berkeley/Los Angeles 1994.

MacLynn, N., Theodosius, Spain and the Nicene Faith, in: R. Teja/C. Pérez (Hrsg.), Congreso internacional La Hispania de Teodosio, Segovia 1998, 171–178.

MacMullen, R., Corruption and the Decline of Rome, New Haven/London 1988.

Matthews, J., Gallic Supporters of Theodosius, Latomus 30 (1971), 1073–1099.

Matthews, J., Western Aristocracies and Imperial Court, A.D. 364–425, Oxford 1975.

Matthews, J., The Roman Empire of Ammian, London 1989.

Matthews, J. F., *Codex Theodosianus* 9.40.13 and Nicomachus Flavianus, Historia 46 (1997), 196–213.

Meischner, J., Das Porträt der theodosianischen Epoche I (380–405 n. Chr.), JdI 105 (1990), 303–324.
Meischner, J., Das Missorium des Theodosius in Madrid, JdI 111 (1996), 389–431.
Nixon, V./B. S. Rodgers, In Praise of the Roman Emperors. The Panegyrici Latini, Berkeley/Los Angeles/Oxford 1994.
Noethlichs, K. L., Die gesetzgeberischen Maßnahmen der christlichen Kaiser des vierten Jahrhunderts gegen Häretiker, Heiden und Juden, Diss. Köln 1971.
Noethlichs, K. L., Heidenverfolgung, RAC 13 (1983), 1149–1190.
Paschoud, F., Cinq études sur Zosime, Paris 1975.
Pearce, J. W. E., Notes on Some Aes of Valentinian II and Theodosius, NC 14 (1934), 114–130.
Raeck, W., Doctissimus imperator. Ein Aspekt des Herrscherideals in der spätantiken Kunst, AA 1998.
Rebenich, S., Beobachtungen zum Sturz des Tatianus und des Proculus, ZPE 76 (1989), 153–165.
Rebenich, S., Zum Theodosiusobelisken von Konstantinopel, IM 41 (1991), 447–476.
Ritter, A. M., Das Konzil von Konstantinopel und sein Symbol (Forsch. zur Kirchen- und Dogmengeschichte 15), Göttingen 1965.
Ritzerfeld, U., „Omnia Theodosio cedunt subolique perenni". Überlegungen zu Bildprogramm und Bedeutung des Theodosiusobelisken und seiner Basis in Konstantinopel, JbAC 44 (2001), 168–184.
Rodgers, B. S., Merobaudes and Maximus in Gaul, Historia 30 (1981), 82–105.
Rubin, Z., The Conversion of the Visigoths to Christianity, MH 38 (1981), 34–54.
Salzman, M. R., The Making of a Christian Aristocracy, Social and Religious Change in the Western Roman Empire, Cambridge/Mass. 2002.
Scharf, R., Verwandte des theodosianischen Kaiserhauses. Ein Nachtrag zur PLRE, Historia 47 (1998), 495–499.
Schmitt, O., Der „Gotensieg" von Tomi. Verlauf und Hintergründe, Historia 46 (1997), 379–384.
Schulz, R., Die Entwicklung des römischen Völkerrechts im vierten und fünften Jahrhundert n. Chr. (Hermes-ES 61), Stuttgart 1993.
Seeck, O., Geschichte des Untergangs der antiken Welt, 6 Bde., Berlin $^{2-4}$1920–23 (ND Darmstadt 2000).
Speidel, M., Sebastian's Strike Force at Adrianople, Klio 78 (1996), 434–437.
Staats, R., Das Glaubensbekenntnis von Nizäa-Konstantinopel. Historische und theologische Grundlagen, Darmstadt 1996.
Stein, E., Geschichte des spätrömischen Reiches I; Histoire du Bas-Empire II, Wien 1928, Brüssel/Amsterdam 1949.
Szidat, J., Die Usurpation des Eugenius, Historia 28 (1979), 487–508.
Vaggione, R. P., Eunomius of Cyzicus and the Nicene Revolution, Oxford 2000.
Vanderspoel, J., Themistius and the Imperial court. Oratory, Civic Duty, and Paideia from Constantius to Theodosius, Ann Arbor 1995.
Vera, D., I rapporti fra Magno Massimo, Teodosio e Valentiano II nel 383–384, Athenaeum 53 (1975), 267–301.

Vera, D., Le statue del senato di Roma in onore di Flavio Teodosio e l'equilibrio dei poteri imperiali in età teodosiana, Athenaeum 57 (1979), 381–403.

Vera, D., La carriera di Virius Nicomachus Flavianus e la prefettura dell'Illirica orientale nel IV secolo d. C., Athenaeum 61 (1983), 24–63; 390–426.

Vittinghoff, F., Gesellschaft, in: Ders. (Hrsg.), Europäische Wirtschafts- und Sozialgeschichte in der römischen Kaiserzeit (Hb. der eur. Wirtschafts- und Sozialgesch. 1), Stuttgart 1990, 687–712.

Wallraff, M., Il „Sinodo di tutte le eresie" a Costantinopoli (383), in: Vescovi e pastori in epoca teodosiana 2 (Studia Ephemiridis Augustianum 58), Rom 1997, 271–279.

Wanke, U., Die Gotenkriege des Valens. Studien zu Topographie und Chronologie im unteren Donauraum von 366 bis 378 n. Chr., Frankfurt a. M. etc. 1990.

Wesch-Klein, G., Der Laterculus des Polemius Silvius. Überlegungen zu Datierung, Zuverlässigkeit und Aussagewert einer antiken Quelle, Historia 51 (2002), 57–88.

Wiemer, H. U., Die Rangstellung des Sophisten Libanios unter den Kaisern Julian, Valens und Theodosius. Mit einem Anhang über Abfassung und Verbreitung von Libanios' Rede Für die Tempel (or. 30), Chiron 25 (1995), 89–130.

Wilken, R. L., John Chrysostome and the Jews. Rhetoric and Reality in the Late 4th Century, Berkeley 1983.

Wirth, G., Rome and Its Germanic Partners in the Fourth Century, in: W. Pohl (Hrsg.), Kingdoms of the Empire. The Integration of Barbarians in Late Antiquity (Transformation of the Roman World 1), Leiden etc. 1997, 13–55.

Wolfram, H., Die Goten. Von den Anfängen bis zur Mitte des sechsten Jahrhunderts, München ³1990.

Ziegler, J., Zur religiösen Haltung der Gegenkaiser im 4. Jh. n. Chr. (FAS 4), Kallmünz 1970.

Zuckerman, C., Cappadocian Fathers and the Goths, T&M 11 (1991), 473–486.

Register*

* Personennamen werden vollständig erfasst, topographische und Sachbegriffe in Auswahl. Die Angaben zu den jeweiligen Funktionen sind bewusst knapp gehalten und dienen lediglich einer ersten Orientierung, die Daten sind zum Teil umstritten.

Abbildungsnachweis

Abb. 1: Das spätantike Trier in der zeichnerischen (teils hypothetischen) Rekonstruktion. Rheinisches Landesmuseum, Trier.
Abb. 2: Theodosius als Kaiser. Münzen und Medaillen AG, Basel, Auktion 43, Nr. 500.
Abb. 3: Mosaikfries aus der Kirche Hagios Georgios in Thessalonica. Hirmer Verlag Foto-Archiv, München.
Abb. 4: Münze des Maximus. Münzen und Medaillen AG, Basel, Auktion 43, Nr. 499.
Abb. 6: Münze zum Feldzug gegen Maximus. Gerhard Hirsch, München, Auktion 169, Nr. 1424.
Abb. 7: Ambrosius. Bildarchiv Foto Marburg.
Abb. 8, 9: Missorium des Theodosius. Aus: R. Delbrück, Die Consulardiptychen und verwandte Denkmäler (Studien zur spätantiken Kunstgeschichte im Auftrag des DAI 2), Berlin und Leipzig 1926, Tafel 62, Tafel 3 a–d.
Abb. 10: Arcadius als Kaiser. Münzen und Medaillen AG, Basel, Auktion 38, Nr. 661.
Abb. 11: Flaccilla als *Augusta*. Münzen und Medaillen AG, Basel, Auktion 38, Nr. 640.
Abb. 12: Valentinian II. als Kaiser. Münzen und Medaillen AG, Basel, Auktion 43, Nr. 498.
Abb. 13: Stadtplan von Mailand um 400. Aus: R. Krautheimer, Three Christian Capitals, Topography and Politics, Berkeley/Los Angeles/London: University of California Press 1998.
Abb. 14: Buchmalerei aus der alexandrinischen Weltchronik. Aus: Denkschriften der kaiserlichen Akademie der Wissenschaften, Philosophisch-Historische Klasse Bd. 51, Wien: Alfred Hölder Verlag 1906, Tafel VI, Verso.
Abb. 16: Der Theodosius-Obelisk in Konstantinopel, Gesamtansicht. DAI Istanbul (Neg. R 29421).
Abb. 17: Nordwest-Seite der Basis des Theodosius-Obelisken. DAI Istanbul, Foto: P. Steyer (Neg. 64/633).
Abb. 18: Nordost-Seite der Basis des Theodosius-Obelisken. DAI Istanbul, Foto: P. Steyer (Neg. 64/634).
Abb. 19: Südwest-Seite der Basis des Theodosius-Obelisken. DAI Istanbul, Foto: P. Steyer (Neg. 64/635).
Abb. 20: Südost-Seite der Basis des Theodosius-Obelisken. DAI Istanbul, Foto: W. Schiele (Neg. 64/65).
Abb. 21: Schematischer Plan des Theodosius-Forums. Aus: Franz Alto Bauer, Stadt, Platz und Denkmal in der Spätantike, Mainz 1996, 194.
Abb. 22: Rekonstruktionsskizze der Toranlage des Theodosius-Forums. Aus: Franz Alto Bauer, Stadt, Platz und Denkmal in der Spätantike, Mainz 1996, 199.
Abb. 23: Münze des Eugenius. Sammlung Walter Niggeler, Nr. 1565.

Abb. 24: Heidnische Weihung in Ostia aus der Zeit des Eugenius. Ministero per i beni culturali e ambienti, Istituto Centrale per il catalogo e la documentazione, Rom (Neg. E 27351).

Abb. 25: Rekonstruktion des Texts der Inschrift. Aus: Harvard Theological Review 38 (1945), 201.

Abb. 26: Diptychon. Aus: R. Delbrück, Die Consulardiptychen und verwandte Denkmäler (Studien zur spätantiken Kunstgeschichte im Auftrag des DAI 2), Berlin und Leipzig 1926, Tafel 63.

Abb. 27: Mutmaßliches überlebensgroßes Porträt des Theodosius mit Bürgerkrone. DAI Athen, Foto: G. Hellner (Neg. 83/229).